教育部人文社会科学研究一般项目
"泽及枯骨：清代江南义葬与地方社会"（11YJC770017）

湖北省人文社科重点研究基地武当文化研究与传播中心学术基金

群体·社会丛书
QUNTI SHEHUI CONGSHU

清代江南义葬与地方社会

QINGDAI JIANGNAN YIZANG YU
DIFANG SHEHUI

黄永昌 著

中国社会科学出版社

图书在版编目（CIP）数据

清代江南义葬与地方社会/黄永昌著.—北京：中国社会科学出版社，2017.4

（明清群体·社会丛书）

ISBN 978 - 7 - 5203 - 0117 - 6

Ⅰ.①清… Ⅱ.①黄… Ⅲ.①葬俗—研究—中国—清代 Ⅳ.①K892.22

中国版本图书馆 CIP 数据核字（2017）第 067741 号

出 版 人	赵剑英	
责任编辑	卢小生	
责任校对	王佳玉	
责任印制	王 超	
出　　版	中国社会科学出版社	
社　　址	北京鼓楼西大街甲 158 号	
邮　　编	100720	
网　　址	http://www.csspw.cn	
发 行 部	010 - 84083685	
门 市 部	010 - 84029450	
经　　销	新华书店及其他书店	
印　　刷	北京明恒达印务有限公司	
装　　订	廊坊市广阳区广增装订厂	
版　　次	2017 年 4 月第 1 版	
印　　次	2017 年 4 月第 1 次印刷	
开　　本	710×1000　1/16	
印　　张	20.25	
插　　页	2	
字　　数	298 千字	
定　　价	90.00 元	

凡购买中国社会科学出版社图书，如有质量问题请与本社营销中心联系调换
电话：010 - 84083683
版权所有　侵权必究

序　言

慈善是中华文化的优良传统，也是人类文明的共同价值。作为社会文明进步的重要标志，慈善事业日益成为一种时尚的生活方式，在社会中发挥日益重要的作用。进入21世纪以来，中国慈善发展势头强劲，捐赠额和基金会数量屡创新高，公益行动、志愿者、非政府组织、微慈善、网络慈善……各种新生事物如雨后春草，正在改变中国社会的面貌。2008年，汶川地震和北京奥运会让我们真切感受到大爱中国的巨大能量。2015年，国务院出台《关于促进慈善事业健康发展的指导意见》；2016年3月，《慈善法》审议通过，中国慈善事业驶上了快车道。由于种种原因，制度法规不健全、监督管理不到位、慈善活动不规范、慈善氛围不浓厚，影响了慈善事业的健康发展。2011年6月，"郭美美事件"引发的红十字会信任危机，迅速殃及整个慈善事业。一次恶性事件，竟然撼动百年红会基业，让其信誉跌到谷底，也折射出当前慈善发展的尴尬局面：一边是迅速增长的慈善组织数量与善款数额，一边是脆弱的资金链条和社会信任的缺失。

慈善事业的持续健康发展，有赖于全社会慈善意识的增强和慈善文化的培育。习近平同志指出："要广泛普及慈善文化、弘扬慈善精神、宣传慈善典型，激发社会各界参与慈善事业的热情，在全社会形成人人心怀慈善、人人参与慈善的浓厚氛围，共同为构建社会主义和谐社会作出应有贡献。"[①] 在汲取传统精华、借鉴海外经验的基础上，结合社会主义制度优势，塑造具有时代性和民族性的慈善文化，是中国当前慈善公益事业持续健康发展的必由之路。

---

① 《齐心协力发展慈善事业，建设和谐社会》，《浙江日报》2006年12月13日第一版。

友善是社会主义核心价值观的重要内容，儒释道均强调慈善，各种典籍中相关记载更是汗牛充栋。《周易》说："积善之家，必有余庆；积不善之家，必有余殃。"《道德经》说："天道无亲、常与善人。"《论语》说："仁者爱人。""泛爱众，而亲仁，行有余力，则以学文。"佛教讲："诸恶莫作，诸善奉行，自净其意，是诸佛教。"《太上感应篇》讲："积德累功，慈心于物。"《了凡四训》提倡："命自我立，福自己求。"这些不是空洞的说教，而是深深扎根于民众生活之中的主流价值。慈善文化是中华优秀传统文化的重要内容。除关注慈善思想外，应该将目光更多投向慈善制度、组织及慈善家群体之中。

回顾历史，人们经常会陷入矛盾之中：对于先贤的嘉言懿行或制度典章如数家珍，赞誉有加；但对组织运作及具体实践则语焉不详，诸多贬斥。对于传统慈善，这一点体现的格外明显。中国最早的慈善组织是什么？各种社会保障政策施行情况如何？政府的恤政能否纳入慈善事业范畴？养济院、育婴堂、同善堂、清节堂都是哪些名堂？传统慈善对当下有何借鉴之处？这些问题，慈善实务界和学术界很多人都说不清楚。对于中国传统慈善，很长时间充斥着深深的偏见与误解。十多年前，《中国大百科全书》"慈善事业"词条，认为慈善"带有浓重的宗教和迷信，其目的是为了做好事求善报……它只是对少数人的一种暂时的、消极的救济……它的社会效果存有争议。"这种表述在很长时间代表了舆论与学界的流行看法。如果追溯会发现，这种观点晚清时期就很普遍了。120多年前，美国传教士明恩溥（Arthur Henderson Smith）在《中国人的气质》一书中将仁慈列为中国人的"美德"，又认为中国人"缺乏同情心"。他写道："让现实的慈善活动变成一种本能，无论是否有确知的需求，都利用一切机会去做善事，这样的心理在中国人中间几乎是完全看不到的。这的确不能说是人类的进步。""任何一个有脑子的中国人都会意识到，为减轻灾害所做的那些努力全都是徒劳无益的，无论是个人的善举还是政府的干预。"他不无自豪地提出，中国人应该学西方，"必须经历西方国家所经历过的那个过程，这个过程使仁慈成为生活中一个固有的组成部分"。他又很惊讶："在完全缺乏体制、统筹和监管的情况下，慈善行为居然还能进行下来。"① 从这些论述中很容易看到近代化过程中对中国传统的贬损和否定，以及西方中心主义的优越感。

作为一个伟大而悠久的文明，难道中国文化是说得很好，做得很差么？"传统"是落后的过去，还是故纸堆、博物馆中的遗存呢？这些绝非无关宏旨的小问题，而是关乎中华文化自觉、自信、自强的重要问题。1912年，在哥伦比亚大学攻读哲学博士的上海人朱友渔提交了《中国慈善事业的精神》（The Spirit of Chinese Philanthropy）的博士学位论文。他用自己的研究，有力地驳斥了西方的观点："中国人在公共慈善领域的作为是不值一提的，而且中国人本土的美德中并不包含慈善精神。"他将中国置于世界文明之中，对历代的慈善思想和实践做了第一次全面的论述。他提出："民间自发产生和参与的慈善实际上是如此普遍，以至于来自帝国的慈善显得相形见绌。""中国慈善精神反映出中华民族心中业已成熟的社会意识。""随着民族精神和民族向心力的崛起，中国慈善将会拥有更广阔的国民基础。"处于亡国灭种的危难之际，他从慈善事业出发，发现了中国可贵的新国民精神，认为中国独自的慈善博爱精神可以成为近代民主主义的基础，中国土生土长的善会善堂可以成为近代都市行政的基础。在书的末尾，他高呼："公元前2000年，世界见证了古代中国的崛起。公元后2000年的今天，在新的历史时代下，中国新国民精神正在萌芽成长，一个崭新的中国正在崛起。"② 读着这本小册子，不禁为那颗滚烫的赤子之心感动得热泪盈眶。"萧瑟秋风今又是，换了人间。"辛亥革命没有根本改变中国，百年后的今天，中国正在快速崛起，弘扬中华优秀传统文化高歌猛进，中华慈善事业也在迅猛发展。如何重新估价的传统慈善事业，显得很有意义。

永昌博士的新著《清代江南义葬与地方社会》即将由中国社会科学出版社出版了，问序于我。翻看厚厚的书稿，深感这是很有学术价值

---

① ［美］明恩溥：《中国人的气质》，刘文飞、刘晓旸译，上海三联书店2007年版，第141—148页。

② 朱友渔：《中国慈善事业的精神：一项关于互助的研究》，中山大学中国公益慈善研究院翻译组译，商务印书馆2016年版。

和现实意义的成果。中国传统慈善事业类型多样，体系复杂，地域差距极大，区域研究和类型研究显得格外重要。五年前，他的《传统慈善组织与社会发展：以明清湖北为中心》，是学界第一本研究湖北慈善史的论著。这本由博士学位论文完善而来的新作，是第一本研究义葬的论著。从2007年攻读博士学位至今，可谓"十年磨一剑"。作者系统梳理义葬的理念与制度的发展演变，分析江南义葬类慈善事业的基本形态、时空发展、社会功能等，以义葬为中心，关照慈善事业与地方社会整体。全书逻辑严密，抽丝剥茧，揭示了传统慈善的丰富内涵和诸多面向。从本科到参加工作，永昌博士执着深耕于慈善文化领域，直面学术前沿，善于理论创新，具有良好的学术素养。三十多岁，大好年华，希望他能珍惜学术人生，研究之路越走越宽，成果越来越多。

　　是为序。

杨立志
2017年5月30日

目 录

绪 论 …………………………………………………………………… 1

第一章 何以生江南：清代义葬的渊源与背景 ……………………… 17

    第一节 传统义葬思想与实践 ………………………………………… 17

    第二节 清代江南的环境与社会 ……………………………………… 31

    第三节 礼俗之间：清代江南的丧葬弊俗 …………………………… 41

    第四节 江南的丧葬问题与社会应对 ………………………………… 57

第二章 时空脉络：清代江南义葬的发展轨迹 ……………………… 71

    第一节 清代江南义葬阶段特征 ……………………………………… 71

    第二节 苏南义葬的发展 ……………………………………………… 81

    第三节 浙西义葬的发展 ……………………………………………… 101

    第四节 江南乡镇义葬发展 …………………………………………… 112

第三章 清代江南义葬的形态功能 …………………………………… 128

    第一节 捐设义冢与保墓护茔 ………………………………………… 128

    第二节 整顿停棺不葬与施棺助葬善举 ……………………………… 140

    第三节 尸骸问题与掩骼埋胔善举 …………………………………… 157

    第四节 善后之政：灾荒与战乱中的义葬 …………………………… 166

    第五节 安抚羁旅：客寓商旅的义葬善举 …………………………… 179

第四章 善的体系：传统慈善事业的诸面向 ……………………… 197
 第一节 义葬的思想文化根源 ………………………………… 197
 第二节 清代江南善人群体与慈善网络 ……………………… 209
 第三节 善举与政教：义葬的政治文化内涵 ………………… 219
 第四节 清代慈善发展的困境与应对 ………………………… 229

第五章 国家与社会：明清社会变迁中的义葬善举 ………………… 253
 第一节 明清社会变迁与儒家困境 …………………………… 253
 第二节 从义葬看明清国家与社会 …………………………… 260
 第三节 慈善与法律之间：以尸场报验善举为中心 ………… 276
 第四节 清代江南义葬的社会效应 …………………………… 292

参考文献 …………………………………………………………………… 299

绪　论

一　选题缘起

中国拥有悠久丰富的慈善理念与实践，具有明显的民族特色，在历史长河中发挥着重要作用。然而，长期以来，没有引起学界足够重视，只有零星研究。随着世界史学的转型，20世纪80年代以来，慈善史进入研究视野，海外学者以夫马进、梁其姿等为代表，涌现出以《中国善会善堂史研究》《施善与教化》等经典之作。90年代中期，慈善事业被官方重新肯定。20多年来，国内研究呈井喷式发展势头，以周秋光、王卫平为代表，一大批学者围绕中国慈善史进行全面深入的研究。作为新兴学术热点，灾荒与慈善研究激发了学界极大的研究兴趣，成为史学研究最受关注的领域之一。近年来，成果累累，新锐迭出，改变了在国内研究相对滞后的局面，但研究领域有待拓展，若干时段、区域和专题研究相对不足。经过多年不懈的研究，中国本土慈善文化日益为社会所熟知，推动着新时期慈善公益事业的发展。

《孟子》说："养生者不足以当大事，惟送死可以当大事。"作为文明礼仪之邦，中国历来重视丧葬祭祀，以"事死如事生，事亡如事存"（《中庸》）为理想。《礼记·月令》有"埋骼掩胔"之文，《周礼》有"冢人""墓大夫"之制，周文王有"泽及枯骨"的美政。历代对于丧葬困难群体或枯骨遗骸多有救恤，相关慈善组织陆续出现。宋明以来，漏泽园、义冢等遍布天下。晚明时期，以同善会、葬亲会为发端，善会善堂涌现，中国慈善史进入了新的阶段。清代善会善堂林立，善行义举众多，达到传统慈善事业的巅峰。传统慈善体系庞杂多样，养老、育婴、恤嫠、济贫、赈灾、施药、惜字等济物利人的善举多达数十种。传统慈善的重点是救助贫苦无告，主要围绕"养生送死"展开。在诸多善举类型中,丧葬类善举形态最为丰富,包括设置义冢、施赠棺木、掩骼埋胔、助葬代葬、尸场报验、保墓护茔、安放祭祀等诸多类型,产生了诸如葬会、施棺局、代赈会、掩埋局、枯骨会等专门的慈善组织,还有义阡、丙舍、义扛、报验等颇具特色的内容,不妨统称为"义葬"。据梁其姿统计,清代共有施棺类善堂589个,数量仅次于育婴类善堂;综合性善堂338个,其功能主要是施棺助葬。义葬类善举类型复杂多样,相关善会善堂最多,然而,目前很少受学界和社会关注和研究。义葬不是单纯的慈善问题,还与丧葬礼仪、移风易俗、基层管理、救灾济贫、会馆公所、城市空间、近代转型等诸多问题密切相关。今天,回首看这些传统慈善文化的东西,惊奇之余常有"换了人间"的感慨。面对不时冒出来的种种公益慈善与殡葬业的负面新闻,以及"死不起"的现象,令人不胜唏嘘,原来历史并未走远!

二 义葬相关研究

学界对义葬的相关研究,大多是围绕善会善堂、整顿丧葬弊俗或公墓问题等相关论题所涉及,有零星几篇直接研究丧葬类善举的,远没有形成体系。

夫马进与梁其姿较早涉及义葬问题。夫马进于1989年发表了《上海——清末上海的近代化和义冢问题》①的文章,后作为《中国善会善堂史》一书第11章。该文讨论了上海近代化过程中,泽及枯骨的传统善举与社会公益与公共卫生诸新观念行为的冲突与问题的终结。从早期的两次四明公所事件到20世纪前后华界公共建设,义冢问题作为一个顽固的对立者,然而,随着时代的发展,善堂与义冢的保护者态度日趋软化,为"增进生人之幸福为优先选择"而牺牲义冢。这一过程,善堂逐步向慈善事业与都市行政转变。梁其姿在《施善与教化——明清的慈善组织》中,将施棺类及综合性善堂作为嘉庆以来慈善组织小社区化和儒生化的典范。据她统计,清代共有施棺类

---

① [日]夫马进:《上海——清末上海的近代化和义冢问题》,《转换期的人间4·都市》,岩波书店1989年版。

善堂589个,数量仅次于育婴类善堂;综合性善堂338个,其主要功能是施棺助葬。这些善堂大部分出现于嘉道以后。在第六章中,作者系统地论述了明清施棺善举发展的阶段特征,认为这些善堂的普及旨在协助政府推动教化政策,以济贫方式宣导传统文化价值;同时通过收养流民及掩埋浮尸,保持公共卫生和社区利益。另外,高桥孝助等学者对此也有一定的研究。

国内对义葬问题关注较多的是冯贤亮。他在《明清江南地区的环境变动与社会控制》一书中,详述江南民间盛行火葬和丧事用佛等习俗,这是官方控制和民间意识形态长期处于对立状态的体现,其实质是对民众控制的争夺。《土火之争:清代江南乡村的葬俗整顿与社会变革》一文,分析了火化之风盛行的原因及地区差异,认为咸丰朝前后江南的义冢存废发生了明显的变化。一是公共卫生意识逐步纳入官绅提倡土葬的理论中,二是战乱后江南城乡出现大量的无主荒山荒地,为推广土葬提供了契机。《义冢坟茔:明清江南的民众生活与环境保护》一文,研究江南广泛存在的义冢群,论述义冢坟茔的发展状况、修缮重建、运营管理,以及义冢于公共卫生与环境保护等的关系。作者认为,江南义冢的大量存在与火葬风行,停棺不葬等直接相关,这些弊俗违背传统理念,因而遭到官方的禁革。《太湖平原的环境刻画与城乡变迁(1368—1912)》中对两文进行了综合和拓展。新作对葬亲社进行了专题研究,浙西葬亲社从清初至清末一直踵行不绝,与地方的文化传承、官绅阶层对儒家思想中伦理孝道观念的长期提倡,以及太平天国战争后整顿地方社会、重建统治秩序相契合。①

吴琦、黄永昌将施棺助葬类善举统称为"义葬",认为清代义葬善举体系最庞杂,有施赊棺木、掩骸埋胔、助葬代葬等不同类型,以

---

① 冯贤亮:《明清江南地区的环境变动与社会控制》,上海人民出版社2002年版;《土火之争:清代江南乡村的葬俗整顿与社会变革》,《传统中国研究集刊》第二辑,上海人民出版社2006年版;《义冢坟茔:明清江南的民众生活与环境保护》,《中国社会历史评论》第七辑,天津古籍出版社2006年版;《太湖平原的环境刻画与城乡变迁(1368—1912)》,上海人民出版社2008年版。《葬亲社:清代浙西乡村地方士人的施善活动与传承变化》,《浙江学刊》2016年第3期。

及施棺会、掩埋局、保墓局等专门组织，综合型善会善堂也大多以施棺、掩埋作为最基本的业务。江南作为善会善堂的发源地，义葬尤为发达，堂会数量是各类善举中最多的，因而很具代表性。① 黄永昌对阻葬问题进行深入研究，提出阻葬行为利用命案、尸骸进行敲诈勒索，阻挠丧葬以牟取私利，其类型多样，成因复杂。阻葬造成了极大的困扰和危害。根据阻葬的具体情形，国家与社会采取各种手段加以整顿和调控。其中善会善堂通过提供一系列服务，成为整顿阻葬的主体力量，命案报验则成为清代中后期一项独特的善举。② 黄鸿山认为，围绕着命案相验这一司法程序，清代江浙地区形成一系列经费摊派和敲诈勒索现象，给地方社会带来沉重的负担和极大的困扰，成为严重的社会问题。清代中央和地方官府曾采取应对措施，但始终难以解决问题。地方社会只得被迫行动起来，设立善堂代办相关事宜和代筹相验经费，取得一定成效。这是清代施棺代葬类善堂格外兴盛的重要原因。③

义葬善举的一个重要的目的在于整顿弊俗，规范礼仪。清代江南多丧葬鄙俗，学界对此有所研究。常建华认为明清江南火葬流行的原因在于受佛教影响，迷信风水、停丧不葬所致，贫不能葬，习俗移人及人地关系紧张等方面。另外，对官方的例禁政策有所论述。④ 王卫平较早研究清代江南的停丧不葬问题，认为导致这一现象的原因或为贫困无力，或为惑于风水，或为地方恶势力阻葬。这一现象引发了诸多社会问题，政府则通过屡颁禁令予以禁革，地方则通过成立善堂，协助官府消除恶习，取得良好的效果。⑤ 陈江在《明代中后期江南社

---

① 吴琦、黄永昌：《清代江南的义葬与地方社会：以施棺助葬类善举为中心》，《学习与探索》2009年3期。
② 黄永昌：《清代江南的阻葬问题与社会调控》，《近代史学刊》第7辑，华中师范大学出版社2010年版。
③ 黄鸿山：《善堂与恶政：清代江浙地区的命案相验问题及其应对》，《清史研究》2015年第1期。
④ 常建华：《试论明清江南的汉族火葬风俗》，《南开史学》1991年第1期。
⑤ 王卫平：《清代江南地区社会问题研究：以停棺不葬为例》，《江苏社会科学》2001年第1期。

会与生活》一书中，论述江南大肆铺张的治丧礼仪与背离传统的殡葬习俗。①余新忠《清代江南的瘟疫与社会》中提出，江南的停棺不葬、火葬等丧葬习俗对于瘟疫流行有主要影响。整饬葬俗过程中，国家与社会进行了良好的互动，主要有兴办善会善堂，推广施棺、掩埋，禁革火葬、停柩等弊俗等。②张传勇指出，明清江南水浅土薄的自然地理环境，给人们的营葬提出挑战。为了避免水泉之湿，虫蚁之患，人们从选择葬地、浅土葬埋、灰隔葬法以及葬后培土等方面着手应对，实践证明，综合运用这些葬法，可以在一定程度上避免自然环境带来的不利因素，达到固护棺骸的目的。江南同时存在着浅葬与浮葬的习俗，使得浮厝之棺具有似葬非葬的属性，是一种特殊的葬式，由于与"覆土为坟"的传统葬式相悖而遭到批判。③熊帝兵、刘亚中对陈宏谋的丧葬思想及助葬措施进行研究，认为针对实际情况，采用设立义冢、政府助葬、稽查停柩和暴棺、责令掩埋、训俗劝葬等多种措施，组织掩骼埋胔，力图使丧葬中的法、礼与俗达到和谐与统一。④

近年来出现慈善史研究热，相关成果丰硕，限于学识，不免挂一漏万。我们可以看到，近年来，明清慈善史的研究取得了巨大的成就，对于史学、学术及现实都有积极意义。这些研究开拓了历史研究的视野，使慈善史成为新的研究热点和社会史研究中成果最为丰硕的领域之一。不足之处仍然存在，主要体现在如下几个方面：一是重视理论和实证，但缺乏对慈善的概念等理论问题的探讨，存在将传统善举与现代慈善的简单对应、比照的现象。二是研究空白点甚多，尤其对江南之外区域的慈善史、育婴、恤嫠等之外的善行义举、综合性善堂、宗教慈善及中外慈善的互动冲突等问题的研究明显缺乏。三是研

---

① 陈江：《明代中后期江南社会与生活》，上海社会科学院出版社2006年版。
② 余新忠：《清代江南的瘟疫与社会——一项医疗社会史的研究》，中国人民大学出版社2002年版。
③ 张传勇：《因土成俗：明清江南地区的自然地理环境与葬俗》，《中国社会历史评论》第9辑，天津古籍出版社2008年版；《似葬非葬：清代江南地区的浮厝习俗》，《民俗研究》2009年第1期。
④ 熊帝兵、刘亚中：《试析陈宏谋的丧葬思想及其助葬措施》，《东北师大学报》2012年第2期。

究的视域较为狭窄，面向单一，尤其对于慈善实质与作用缺乏多角度的分析。就义葬而言，学界虽有一定的关注，但并未将其作为一个独立的研究论题，进行深入的、实证性的分析，而多于笼统概括的论述，忽视了义葬善举的独特性与丰富内涵的挖掘，至于义葬与社会的关系及不同的义葬形式的发展实态缺乏深入分析。

三　研究框架与目标

本书以清代江南义葬为核心，系统地梳理中国传统义葬的理念与制度的发展演变，分析义葬的基本形态、时空发展、社会功能等，并以义葬为中心，关照慈善事业与江南地方社会。

全书拟分渊源背景、发展类型、社会功能、义葬与慈善、义葬与地方社会五个部分展开，大致思路如下：

第一章主要论述清代江南义葬发展的历史渊源与社会背景。本章通过回顾前代的义葬理论和实践，缕析江南的丧葬问题及当时社会认识，与江南社会整体及慈善体系结合，着重分析为什么会产生诸多义葬行为。江南地区的生态环境与社会经济状况决定了其生产生活形态。明清江南的大社会背景，包括自然环境与生态变迁、人口发展与人地关系、小农经济与市场化生产、工商业发展与城市繁荣以及民众生活状况等，这些都是义葬发展的前提所在。明清时期，官方依据程朱理学思想，制定了烦琐的丧葬礼仪。然而，社会上却存在各种丧葬弊俗，如停棺不葬、火葬、奢葬与偷藏、丧用僧道等，以及不少困扰社会的丧葬问题，如贫不能葬、浮尸路毙和阻葬扰葬等。丧葬鄙俗违背了儒家所宣导的礼仪法度，而丧葬问题的存在，也迫切需要社会加以救助。这种大背景下，义葬善举得以在江南普遍推行。

第二章论述清代江南的义葬的时空发展状况和特征。江南是义葬最为发达的区域，起步早、类型丰富，堂局数量众多，阶段性特征明显。江南义葬发展经历明清之际、康乾时期、嘉道时期及晚清时期四个阶段，这与清代慈善整体发展有吻合处，也有自身的特色。由于经济社会发展水平的差异，特别是城市与市镇发展程度、灾害战乱影响程度、慈善整体发展水平以及各地行政因素的影响，江南各府县的义葬发展轨迹和特征有较大差异，不均衡性十分突出。大体上，以苏松太地区最为发达,常州、嘉兴、杭州稍次,湖州与镇江相对较差。具体每个州县又有亮点,如太湖东南地区的市镇慈善,南汇、宜兴地区的乡村义葬,武进、阳湖地方的报验善举网络等,都是较有特色的。明清江南以市镇发达著称,市镇慈善事业格外发达。清代江南市镇善会、善堂几乎占所有堂局的一半,在义葬方面更是如此,因而设专节论述。

第三章集中讨论义葬的形态、组织和社会功能。义葬主要针对三大群体、四种情形。一是本地居民,主要的丧葬问题是贫不能葬、停棺不葬等;二是流动人群,这些浮尸路毙往往无人认领,且造成地方纷扰;三是商民流寓,主要问题是无法殓埋和归葬。以上为常态下的一般状况,而在战乱、灾荒后,涌现大量的死难者,义葬的内涵与方式则又有特色。具体而言,义葬有捐置义冢、掩骼埋胔、施赊棺木、助葬代葬、整顿阻葬、保墓护茔等功能。明清时期,一般义冢无法满足实际需求,善堂义葬迅速发展,成为义冢体系的主要部分。针对地方各种丧葬困难群体,尤其是停棺不葬问题,清代出现了大量施棺助葬类善举,兴办了葬会、施棺会、代赊会等义葬组织。由于地方多浮尸路毙现象,各善会善堂常推行"掩骼埋胔"善举,负责捡拾暴露尸棺、陪护荒坟野冢等,并在程序等方面很有特色。以上几种情形,基本上是常态下的尸骸问题。在战乱、灾荒等变态下,一般的义葬方式难以满足大量与突发尸骸掩埋的需要,必须有所改进。在灾难善后过程中,除官方与民间参与外,善会善堂成为新的力量,在清代荒政中扮演重要的角色。如在癸未大水和太平天国战乱后,善会善堂成为地方核心力量之一。江南人口流动频繁,大量客民商贾四处逐利求生,这些"外地人"在进入新环境后,难以很快融入地方社会,因而多基于地缘、业缘关系进行自助自救,其代表就是各种同乡类善会、善堂与会馆、公所,他们积极推行善举,尤其是义葬活动,如提供停厝、殓埋和归葬诸方面的资助,这一善举有助于维护群体利益,且有强化族群认同与地域认同的作用。

第四章从江南义葬出发,剖析"善的体系"的内涵,审视传统慈善事业的诸多面向。清代江南义葬的发展建立于丰厚的传统慈善文化的积淀之上，在善人、善堂、善书与善举的聚合作用下，形成了浓郁的好善之风，并产生善人群体。在义葬的发展过程中，始终贯穿着对王道德政的追慕宣扬，对儒家理念与制度的维护，对各种丧葬弊俗的鞭笞与纠正。清代慈善在组织、经费、施舍、征信等方面存在较多问题。为此，国家与社会采取了很多应对措施，如变通救助方法、改变筹资方式、改善管理方式、加强监督征信等。这些措施对于今天慈善事业发展有一定借鉴意义。

第五章以义葬与慈善事业审视明清时代变迁与江南社会。清代义葬很大程度上是明清社会变迁之下儒家应对自身困境与焦虑的产物，是士绅精英的自我救赎。义葬虽不是官方主推的慈善类型，但"国家在场"依然很明显，地方社会也发挥重要作用，清代国家与社会对慈善的态度扑朔迷离，多有抵牾之处。尸场报验是义葬诸多形态中最独特、最具江南地域性的，是透析国家与社会关系的极好窗口。义葬所针对的是施棺掩埋，是"养生送死"中的"送死"问题，但其主旨则是为了解决社会问题，所关系的是民生国计、社会秩序、公共卫生、礼仪法度等，从根本上说，是"事生"的问题。

四 概念说明与理论方法

（一）概念说明

任何概念都是基于特定的文化背景、知识体系与理论架构的，若不征名责实，正本清源，简单套用常会引起误读和曲解。下面对本书中所涉及的几个概念试图加以界定。

1. 江南

当前区域史研究存在明显失衡现象，有"优势区域"和"弱势区域"之分。优势区域研究力量雄厚、主流学者云集、成果积淀深厚、资料发掘充分、视点广泛、视野开阔、学术对话频繁。① 江南无疑是"优势区域"，相关研究汗牛充栋，有些学者更提出"江南学"的概

---

① 吴琦主编：《明清地方力量与地方社会》，中国社会科学出版社2009年版，丛书总序，第2页。

念。① 作为高频词汇，江南的限定较为灵活，不同的领域和历史时期，其范围与内涵都有所差异。仅明清史学界，相关区域限定就不下十余种，比较通行的主要有七府说、六府说与五府说，其中以七府说居多。②

本书以苏南的苏州、松江、常州、镇江及太仓州，加上浙西的杭州、嘉兴、湖州的七府一州为限（不包括常州府长江以北的靖江县）。这一划分基于多种考虑。这一区域同属吴文江区，在自然环境、经济面貌、文化水平、社会风俗等诸多方面的一致性。区域联系紧密，无论在行政管理、市场网络、社会文化等方面，有较多关联性。行政上，清代七府一州分属三个道，即苏松太道（治所在上海）、常镇通海道（治所在丹徒）以及杭嘉湖道（治所在钱塘）。行政上的邻近和集中往往意味着某种统一和近似，这一点在江南体现得很明显。至迟到明代，社会上对江南这一特定区域已经有一定的共识。明代就有人指出："今以苏、松、常、镇、杭、嘉、湖、太仓推之，约其土地无有一省之多，而计其赋税，实当天下之半，是以七郡一州之赋税为国家之根本也。"③ 选取这一区域，也是基于本书的特点。明清时期，此七府一州在慈善公益事业发展上有极大的相似性，起步早、发展快、堂局多，联系紧，这是全国其他地区，包括周边江宁、绍兴、宁波等地无法比拟的。这些地方还面临相同的丧葬弊俗和问题，因而在义葬发展上有诸多一致性。

2. 慈善、善举

今天，慈善是一个充满正能量的词汇，然而它曾经是比较负面的，这也影响了很多现代人的看法。新时期，官方开始对慈善事业的

---

① 陈忠平、唐力行主编：《江南区域史研究目录（1900—2000）》，北京图书馆出版社2007年版。

② 江南的限定，可参看李伯重《江南地区的界定》一文，参见《多视角看江南经济史》，生活·读书·新知三联书店2003年版，第447—462页。徐茂明《江南士绅与江南社会（1368—1911年）》，商务印书馆2003年版。

③ （清）钱泳：《履园丛话》卷四《丛话四·水学·水害》。

公开、正面论述出现在1994年中华慈善总会成立前后。① 历史上慈善的整体形象是比较正面的。古代汉语以单字为基本单位，"慈"与"善"含义都很多，慈主要有慈爱、慈悲的意思，善则是主要是吉祥、美好、善行的意思，慈善合用一般指仁慈，富有同情心。如《魏书·崔光传》记载："光宽和慈善，不忤于物，进退沉浮，自得而已。"关于善人义士与乐善好施行为，往往使用"善举""善行""笃行""义行"之类，最普遍的是"善举"一词。清末民初，"慈善"逐步取代"善举"，成为表征救助他人的利他行为的专用词汇，并出现西方慈善较之中国更为优越的论调。如1904年的《东方杂志》第一卷11号上就有《论中外慈善事业之不同》的文章，将"善举"与"慈善事业"置换概念。民国时期，"慈善"成为一个新兴的名词，普遍使用。1929年颁行的《监督慈善团体法》将慈善设定为济贫、救灾、养老、恤孤及其他救恤事业为目的的行为。

慈善与善举，都包含着明显的理论预设，有许多差异性。在西方，慈善（philanthropy）源于古希腊，除对老弱病残的关爱外，还有君主对臣子的仁慈等含义。英语中，与philanthropy类似的还有charity、beneficence、benevolence等，也有慈悲、仁爱、博爱、捐助等意思。西方的慈善事业宗教色彩浓重，尽管近代民族国家建立过程中，存在政教分离与去宗教化的过程，但源于基督教的那种博爱、无私救赎的精神内涵与以民间力量无私捐助为主体的慈善模式也初步确立。中国古代的慈善事业却很早就确立了官办的特色，国家与社会纵横交织，三教并存的现状与民众的实用哲学，也使行善行为充满宗教含义与功利色彩。

作为赋予新内涵的旧词汇，慈善有特定的指称，当代中国慈善事业缺乏独立性，而是作为社会救济或社会保障的补充部分，它所针对的主要是社会弱势群体，即所谓的"鳏寡孤独废疾"等"无告"群

---

① 1993年版《中国大百科全书》对慈善事业的定义为："从同情、怜悯或宗教信仰出发对贫弱者以金钱或物品相助……带有浓重的宗教和迷信，其目的是为了做好事求善报；慈善者通常把慈善事业看作是一种施舍……它只是对少数人的一种暂时的、消极的救济……它的社会效果存有争议。"

体,与公益是并立关系。而传统的"善举"概念,不仅包括救助贫弱无告的"慈善"内容,还包括修桥补路等公共事务的"公益"内容,还包括惜字惜谷、放生戒杀等宗教色彩的活动。因而,使用慈善的概念来分析中国古代的善行义举,或善会善堂,抑或救灾济贫,无论在内涵或外延上均会有所出入。

纵观中国传统慈善的发展,有一个从个别行为到组织化、从官方主导到社会主导、从笼统的济贫救急到不断专门化、由单一类型向综合化的复杂过程。善举的对象越来越明晰,范围越来越大。清代地方社会广泛参与善举,大量善会善堂出现,这是全新的社会现象,也标志着传统慈善事业发展的新阶段。夫马进、梁其姿等对中国慈善史的研究大多以善会善堂为中心。善会、善堂是两个不同的核心概念。夫马进在《中国善会善堂史研究》中指出:"善会是个人自愿参加的、以实行善举为目的的自由结社,而善会办事机构所在以及具体实施善举的设施则是善堂。"① 一般来说,作为会社,善会强调的是志同道合者共倡善举,由地方上的善人义士自由组合,一般由少数善人或家族作为核心,组织相对松散,服务对象一般为基于地缘、血缘等关系的小社区。有些善会还采用类似钱会的筹资方式,由少数人牵头收集份子钱,依次给发。作为机构,善堂强调的是有组织和场所施行善举,其创建、运营不仅依靠地方善士,往往还有各级官员,其经费除社会捐助外,多有官员捐廉或官费公产之类。由于有组织与办事机构,组织相对正规,不过很多善堂乃奉命行事,跟风而建,往往旋建旋废,形同虚文。总之,善会善堂有重叠的部分,但有各自独特的领域范围。很多善会与善堂多次重修、扩建,常有名称的改变,或名称不变而实质以发生转变,因此不应过分拘泥于名称,而应征其名而责其实。

3. 义葬

义葬,即关于丧葬救助的慈善活动,包括捐设义冢、施赈棺木、掩骼埋胔、助葬代葬、整顿阻葬、保墓护茔、安放祭祀等诸种形态。

---

① [日]夫马进:《中国善会善堂史研究》,商务印书馆2005年版,第1页。

作为施棺助葬类诸善举的统称，这是一个新鲜的提法，此前学界较多地用"施棺助葬"或"助葬善举"等概念。文献中也偶尔出现"义葬"一词。如万学沅《义冢记》记载："同为义葬也，其法莫善于同仁、仁亲等会，各出微资，积数载而为之。始会内之人，并及会外，即如镇人吴烈妇一葬，实郡中永安会成之。"①《濮院纪闻》记载："丧者，初曰领绁，继曰接煞，非小康不能有葬地，又不欲为义葬，则荼毗，拾骨以瘗，良可悖也。"②重新发掘这一词汇，将其作为一个统称，是由于这类善举具有内在一致性，它们所针对的都是丧葬鄙俗与丧葬问题，近代以来则被作为公共卫生的主要内容，往往是善会善堂中一体推行的。

　　义葬的核心是各类善会善堂所进行的施棺掩埋善举，也包括义冢公墓及其他非慈善组织或个人所进行的丧葬资助活动。在可儿弘明的分类中，即第二种，"施棺、代葬、捡骸、拾浮尸、义庄、公共墓地等助葬事业"。综合性善堂往往施行几种乃至十几种善举，义葬往往是其中最重要部分；栖流所、养济院、育婴堂等其他收养无告的善堂往往负有收葬救助成员丧葬的责任。漏泽园、义冢与一般善会善堂的区别在于，它只是提供公墓给特定人群，不负责具体埋葬及其他服务，一般没有专设的运作管理组织。常设性义冢提供墓地长期替人埋葬，一般长期使用；特设型义冢则往往是针对具体事件，尤其灾荒战乱后的处理死难者尸体，不具开放性。会馆公所、族田义庄、寺庙宫观中也有义葬类活动。

清代义葬的基本体系

善会善堂类 { 施棺类善会善堂 { 专题性义葬组织 / 综合型义葬组织 } / 综合性善会善堂从事的义葬活动 / 其他善会善堂附行的义葬活动 }

---

① 嘉庆《濮川所闻记》卷四《义冢》。
② 《濮院纪闻》《风俗》。

义冢公墓类 { 常设性义冢 / 特设型义冢

其他组织附行义葬 { 会馆公所 / 族田义庄 / 寺庙宫观 / 其他组织

由于以上参与义葬的主体过于分散，体系过于庞杂，许多为善会善堂所附行的助葬服务，甚至是其他组织附行的善举。本书将以施棺类及综合类善会善堂为中心，兼及其他组织和形式的施棺助葬类活动。

（二）思路与方法

近年来，一个突出的特点就是，社会史逐步从史学的边缘走向中心，日趋成为一种研究方法，或者说一种新的理论范式。本书主要运用社会史研究方法，体现在如下几个方面。

1. 整体史的研究方法

整体史观坚持社会历史的整体性，在将历史的各个方面进行系统的基础上，考察特定的对象。因此，在方法论上，自然环境、经济、社会、政治诸多方面对于对象都休戚相关，区域与全国乃至全世界都是紧密联系的，突发事件与全局密切相关。个人与群体社会的重点关联，因此个人行为都具有一般意思，而非特例，常态与变态并存又各有特色。这种进路隐含一个巨大的危险，将研究对象沦为现有框架的例证和宏大叙事的注脚，成为地方版与个案版。注重整体史研究方法，就是要在将研究对象置入宏观历史进程中，置入当时当地的社会环境中，进行多向度的考察，因复线的而不是单线的进路考察研究对象，使之更为丰满而合理。

传统史学是政治史与精英史，因此帝王的圣贤昏庸、功过得失关乎王朝兴衰和国家命运，政治精英代表了政治史，知识精英囊括思想史，普罗大众而被漠视、扭曲，成为消极的因应者。自下而上的史观，立足于地方社会，将普通大众和日常生活作为研究主体，关注人们的生产过程、生活水准、休闲消费、民间信仰、大众心态、社会流动、身份认同等诸多方面。这样，不仅研究范围倍增，思路方法都有极大的突破。要走出狭隘的地方性和自为畛域，不越雷池一步，就必须上下联通，正视宏观局势，政策方针及权利精英的作用与影响，关注区域间的异同与时段间的因革。自下而上与自上而下的结合的方法，坚持从地域社会出发审视历史，考察大事件的社会反响，社会问题与调适控制，国家与社会的协作和冲突等。

2. 区域史研究方法

中国地域广阔，自古以来区域差异就很大，且不断变换。从《尚书·禹贡》或《汉书·地理志》中，我们可以看到古代早期分异现象。明清以来，地域特色与区域差异更为明显。进行区域史研究显得必需和合理。经过30多年的努力，区域史研究方法日趋成熟，尤其是社会经济史的研究，大多数是区域性的研究。

区域史研究方法，要求正视区域间的空间相同与差异，从地域社会出发，考察各种因素的聚合与相互作用。相对宏观与微观的研究，区域是一个中观的概念，既要与大区域的宏观照应，又不能忽视小社区个体的微观分析。若以个体的人为最小单位，社会呈现出明显的层级，以上依次为家庭、家族、宗族、聚落、乡保、市镇、府县、行省及大区，乃至全国，如此等等，对于家族、宗族、会社、市镇等小社区的微观研究，以及全国性的整体研究，以府县、行省或流域等诸标准核定的区域显然属于中间状态，其产生基于区域差异性和本区域的独特性，却无法消弭所选区域内依然存在的差异性。这是区域研究必须正视的一个问题。因此，区域和区域异同是相对的，其范围和内涵依一定的标准而变换，区域间存在交互与流动。不能将普遍性的现象生硬地纳入地方性解释系统中加以独占；或者将某些地域性现象过分放大，当作一般特征；更不应将不同区域的历史现象简单地集精选粹、迁移组合。在坚持地域社会本位的同时，要注意地方性流动与区域的变迁，将区域放到一个开放和整体的分析框架中，正视其他区域的影响，"外地人"的作用以及区域整合、身份认同的诸多问题，而不单是理想状态下的小社区分析模式。

3. 国家与社会分析框架

哈贝马斯的市民社会理论，20余年来风靡世界社会科学界，并成为历史研究的热点问题。虽然"市民社会"理论富有政治文化预设性。但若从比较宽泛的概念定义公共领域和市民社会，将其设定为国家和社会两个圈子相互渗透的巨大交叠，既有国家的参与又有社会的主动参与和一定程度的独立空间的话，很多问题就会豁然开朗起来。这些正是传统史学所忽视的。由于"公共领域""市民社会"强调批判性和独立性，这在前近代中国的适用性的确值得怀疑。不过，我们可以借用"国家与社会"这一分析框架，关注国家在场，一定程度的自治或主动的社会参与，分析政策的社会影响和作用以及公共利益的合法化等诸多问题，无疑对于拓宽历史的视野，深化对历史的认识是有益的。

在不同的时期、不同的区域、不同的事务上，国家与社会扮演的角色是不同的，有强弱虚实之分。由于实际权力、代理权力和象征权力之间的差别，国家与社会的相互作用是多样而有层次的，如同水波的衍射与干涉现象一样，在不同的区域和时段呈现出不同的景象。公共领域在国家的外围与地方社群的交接处。在这一领域国家与社会各自扮演不同的角色，并视离行政中心的距离、与核心事务的距离、国家的发展状况与能力、地方社会的发展状况尤其是地方精英的状况等因素产生巨大的差异。比如行政中心与边远地区、司法赋役与救济保障、发达地区与落后地区的具体差异是很明显的，这些差异决定了"公共领域"的时空不平衡。这些都应具体分析。

4. 多向度分析方法

具体的历史事件与现象总是与大历史背景密切相关，与其他诸多问题形成复杂的逻辑关系，很难将一个问题独立出来。人们基于一定的世界观和方法论，赋予对象内涵、象征、意义、价值、作用之类。历史事件和人物在当时、后世及当下，不断发生时空转换，世易时移，其本体、社会反应与后世的评价的嬗变迁移也是普遍存在的。不同类型的文本之间、文本与真实之间、事件与传说之间、精英论述与大众认同之间、本尊与偶像之间无不有类似与差异。同时，精英思想、主体观念、制度政策、社会实践、流风民俗及民众认同诸多因素间也莫不存在落差。葛兆光提出:"无论古代还是现代,由于有思想、价值观、感情、思想方法、政治时态等因素,也包括历史材料的欠缺等等,历史真相的叙述总会受到影响。完全讲历史叙述的全面性和真实性是不可能的。"① 必须多向度看待研究对象,才能更为合情合理地解释历史问题,看到其丰富性和复杂性。

---

① 葛兆光:《思想史研究课堂讲录:视野、角度与方法》,生活·读书·新知三联书店2005年版,第85页。

第一章 何以生江南：清代义葬的渊源与背景

中国是世界上最早产生社会保障与慈善事业的国家之一。经历几千年的发展演变，思想、制度或实践层面上都在继承延续中不断创新。清代江南慈善事业发达，在义葬方面体现尤为突出。这既是悠久慈善传统的延续发展，也与当时的经济社会条件密不可分。明清江南丧葬陋俗严重，相关问题突出，客观上为义葬类善会善堂的大量出现创造了条件。

第一节 传统义葬思想与实践

从《周礼》制度设计到明清义冢遍及天下，义葬的发展历程中贯穿着一脉相承的内在逻辑。近代著名慈善家、实业状元张謇对此有一个精辟的论述："义茔犹公墓也。《周礼》墓大夫主公墓之事，其地则国人之卒者胥葬焉。自堪舆之言兴，葬制之法定，乃人自为兆，家各有域，而葬散都邑之野，有贫不能葬举者，乡里好行其德者为之谋，朝廷亦间为之。宋之漏泽园，明清之溥泽园皆是也，下此则县亦有义冢。"① 在他看来，这类善举由民间乐善好施者为主，官府偶尔为之，较之正史、方志中一味吹捧官方更符合历史实际。"乡里好行其德者"是如何谋划的呢？两千多年来，中国的义冢公墓制度是如何演

---

① 张謇：《南通义园记》，《张季子九录》之慈善录，中华书局民国二十年（1932）铅印本。

进的呢？

一　三代的典范

先秦时期是中华文明的"典范时代"，是很多典章制度的滥觞期，慈善事业也不例外。在元典之中，救助民众是视为执政者的职责，关乎治乱兴衰。《礼记》提出："强者胁弱，众者暴寡，知者诈愚，勇者苦怯，疾病不养，老幼孤独不得其所，此大乱之道也。"（《礼记·乐记·乐本》）墨子倡导："有力者疾以助人，有财者勉以分人，有道者劝以教人。若此，则饥者得食，寒者得衣，乱者得治。"（《墨子·鲁问》）这些理念在制度设计上也有所体现。《周礼》记载，西周时期设置有司徒、疾医、司救、遗人等与慈善救济有关的官职。最为系统的制度莫过于"保息六养"。中央设置地官司徒，以教化万民，安定天下。"以保息六养万民：一曰慈幼，二曰养老，三曰振穷，四曰恤贫，五曰宽疾，六曰安富。"（《周礼·地官司徒第二》）这六个方面包括关爱儿童、赡养老人、救济穷困、抚恤贫苦、优待残疾、安抚富人等方面，和现代社会救助的主体内容高度契合。

早在夏禹商汤时期，就有救助饥寒与贫困者的做法。大禹和商汤都曾赎还被灾民卖出的子女。据《管子》记载："汤七年旱，禹五年水，民之无粮有卖子者。汤以庄山之金铸币，而赎民之无粮卖子者。禹以历山之金铸币，而赎民之无粮卖子者。"（《管子·轻重甲》）商汤为与夏桀争夺天下，格外重视扶危济困，给予他们衣食，资助穷人，令民心纷纷归附。"夷境而积粟，饥者食之，寒者衣之，不资者振之，天下归汤若流水。此桀之所以失其天下也。"（《管子·山权数》）周文王被后世推为施行仁政的楷模，他救助鳏寡孤独。孟子盛赞道："此四者，天下之穷民而无告者。文王发政施仁，必先斯四者。"（《孟子·梁惠王下》）周文王被人津津乐道的还有"泽及枯骨"的善举。传说，周文王一次外出巡视时，遇见路上有尸骨就令人掩埋。《吕氏春秋》记载："文王贤矣，泽及骸骨，又况于人乎！"（《吕氏春秋·孟冬纪·异用》）郑玄认为："先王泽及枯骨之心，本以仁厚死者，即丧死无憾之意"，还有"毋秽虐士"的意味。① 不仅圣贤，普通民众也不乏乐善之举。比如《诗经》，《小雅·小弁》中有"相彼投兔，尚或先之。行有死人，尚或殣之"的诗句，提到路上碰到死人，尚且有人予以埋葬。《邶风·谷风》中有"何有何无，黾勉求之。凡民有丧，匍匐救之"的诗句，描述一个善良的女性，凡是邻居有了死丧难事，爬着也要前去相帮。孔子对此大加赞赏。《礼记·孔子闲居》记载，他与子夏讨论民之父母应有"五至""三无"。② 孔子认为，"凡民有丧，匍匐救之"就是"无服之丧"。

在丧葬等方面，先秦设有"冢人""墓大夫""蜡氏"等官职。据《周礼·春官》记载，冢人和墓大夫分别负责都城公墓与四方邦墓，根据不同的等级、功劳、爵位等，在墓地、仪式等方面有等差。冢人掌管王的墓地，分辨地域，绘制地图，王侯公卿依序分葬。墓大夫掌管王国中民间墓地，令民众族葬，并执掌相关禁令，正其位，掌其度。凡争墓地者，听其狱讼。一般民众实行族葬，并作为纯化风俗、安定万民的手段。这种设计对后世影响甚大，"别兆域、正方位、严禁令"之类的规定也成为茔墓管理的基本主题。《周礼》还有"四闾相葬"的提法，通过邻里、宗族、乡党之间的相互体恤帮助，达到"相保相爱，刑罚庆赏，相及相共，以受邦职，以役国事，以相葬埋"的状态，这是后世族田义庄、善会善堂产生的重要思想来源。与义葬直接相关的官职是"蜡氏"，掌管有关掩埋尸骨的禁令。凡有大祭祀、军事行动、诸侯来朝等活动时，命令州里清除这类不洁之物。如果有人死在道路上，就命令地方加以掩埋，设置标记，写明死亡日期，将死者衣服用具悬挂在官府，待死者家属前来认领。《周礼·秋官》记载："蜡氏掌除骴。凡国之大祭祀，令州里除不蠲，禁刑者、任人及

---

① 《礼记义疏》卷二十《月令第六之一》，《四库全书》本。
② 《礼记》第二十九篇《孔子闲居》记载，孔子提出民之父母，"必达于礼乐之原，以致五至，而行三无，以横于天下，四方有败，必先知之"。"志之所至，诗亦至焉。诗之所至，礼亦至焉。礼之所至，乐亦至焉。乐之所至，哀亦至焉。哀乐相生。是故，正明目而视之，不可得而见也；倾耳而听之，不可得而闻也；志气塞乎天地，此之谓五至。""无声之乐，无体之礼，无服之丧，此之谓三无。"

凶服者，以及郊野；大师、大宾客，亦如之。若有死于道路者，则令埋而置楬焉，书其日月焉，县其衣服、任器于有地之官，以待其人。掌凡国之骴禁。"骴，指人和动物的腐尸。枯骨曰骼，肉腐曰骴。① 关于掩埋，还有一个专门的提法："掩骼埋胔"，出自《礼记·月令》。"骨枯曰骼，肉腐曰胔"，即掩埋野外暴露的尸骨。《月令》原文是："孟春之月……命祀山林川泽，牺牲毋用牝。禁止伐木。毋覆巢，毋杀孩虫、胎、夭、飞鸟。毋麛，毋卵。毋聚大众，毋置城郭。掩骼埋胔。"由于初春是万物生长，元气萌发的时节，应格外注意保存元气，不枉用民力。

　　无论是尧舜禹汤等先王的仁德之政，三代的典章制度，抑或圣贤诸子的箴言妙论，被视为王道德政的典范，成为后世败政恶俗的对照。历代对上述理念与实践多有表彰，并作为借鉴。裴注《三国志》记载，魏国大将钟会谋反被诛杀后，属下向雄为其收尸，司马昭斥责他目无王法，向雄反驳说："昔先王掩骼埋胔，仁流朽骨，当时岂先卜其功罪而后收葬哉？"② 司马昭深以为然。同治《苏州府志》记载："《周礼·蜡氏》有死于道路者则埋而置惆焉，《月令》孟春之月，掩骼埋胔，先王仁民之政，实为后世代葬之权舆。"③ 光绪《溆水新志》记载："《周官》冢人掌公墓之地，墓大夫掌凡邦墓之地，则葬有其地矣。大司徒四闾为族，使之相葬，注谓财不足者，百家共助之，则葬有其资矣。良法美意，自古为然。"④ 光宣《宜荆县志》记载："生得其养、死得其藏者，人情之所共也。其不幸而道跻于沟壑，则圣王有掩骼埋胔之典，义阡攸设，三代上盖有之矣。"⑤ 类似文字在文献中比比皆是。三代的很多制度与思想并没有付诸实践，但它们构建了一个理想的治理模式为后世取法。

---

　　① 杨天宇撰：《周礼译注》秋官司寇第五，上海古籍出版社2004年版，第548—549页。
　　② （晋）陈寿著，裴松之注：《三国志》卷二八《王毌丘诸葛邓钟传》，裴松之注引《汉晋春秋》。《晋书》列传第十八《向雄传》录有这一段文字。
　　③ 同治《苏州府志》卷二十四，《公署四·善堂》。
　　④ 光绪《溆水新志》卷十一，《艺文志》。
　　⑤ 光宣《宜荆县志》卷六，《善举》之《义阡记》。

二 汉唐时期的实践

汉唐时期，在慈善实践方面有长足进步，尤其是济贫和荒政方面，如胎养、养老、安辑、赈济、调粟等。在义葬方面，主要是战乱、灾荒中掩埋死难者，并没有长期的政策或专门组织负责。如《汉书》记载，成帝河平四年（前25年）三月，遣光禄大夫博士嘉等十一人行举濒河之郡，水所毁伤困乏不能自存者财赈贷，其为水所流压死不能自葬，令郡国给槥椟葬埋，已葬者与钱人二千。哀帝绥和二年（前7年）秋下诏，河南颍川郡水灾，造成人民死亡、庐舍败坏，特派遣光禄大夫循行，按户籍赐死者棺钱，每人三千。平帝元始二年（公元2年）四月，郡国大旱蝗，民疾疫者，腾出空闲官邸作为医疗所，赐死者一家六户以上葬钱五千，四户以上三千，二户以上二千。《后汉书》亦多有类似记载，如建和三年（公元149年），桓帝下诏指出："朕摄政失中，灾眚连仍，今京师厮舍死者相枕，郡县阡陌处处有之，甚违周文掩骼之义。"下令有贫无以葬者给值，人三千，丧主布三匹；若无亲属，于官墙地葬之，表识姓名，为设祠祭。《后汉书·桓帝纪》记载："诏京师死者相枕，若无亲属者，可于官地葬之，表识姓名，为设祠祭。"① 由官方负责掩埋尸骸，并颁赐丧户抚恤金，作为荒政的基本措施，两汉以后成为惯例，在魏晋至唐宋多有推行。

民间慈善方面，汉唐时期有重大进步。东汉中叶，崔寔《四民月令》就有慈善救济的明确记载。其中，九月，"存问九族，孤寡老病不能自存者，分厚彻重，以救其寒"。十月，"五谷既登，家储蓄积，乃顺时令，敕丧纪。同宗有贫窭久丧不堪葬者，则纠合宗人，共兴举之。以亲疏贫富为差，正心平敛，无相逾越。务先自竭，以率不随"。② 关于十月条尤为重要，说明东汉时期已有久丧不葬现象。身先垂范，纠合众人，同宗相葬，分别亲疏贫富，这些理念和做法，既有《周官》"四闾相葬"的色彩，又有所突破。《四民月令》作为中国早

---

① 秦蕙田《五礼通考》卷二百五十一《凶礼六·荒礼》，另见《汉书》《后汉书》相关本纪。

② （汉）崔寔著，石声汉校注：《四民月令校注》，中华书局2013年版，第110页。

期的民间日用书,记录这些内容,说明两汉时期已有深厚的实践基础。《东观汉记·符融传》就记载名士符融妻子去世后,"贫无殡殓,乡人欲为具棺服。"应该说民间自发的慈善互助行为由来已久,文献中记录的往往是凤毛麟角而已。朱友渔就曾提出:"民间自发产生和参与的慈善实际上是如此普遍,以至于来自帝国的慈善显得相形见绌。"①

秦汉以后,佛教传入,对中国社会产生了巨大的影响。佛教的"善报""福田"诸观念,深深根植于中国文化中,对劝善行善居功至伟。寺院经济长期势力强大,寺院的财产非常丰盈,所从事的慈善事业也长盛不衰。中世纪寺院经济势力强大,积极参与慈善事业。佛教寺院向来重视参与民众丧葬活动。一方面为信士与一般民众提供停厝棺木、代葬掩埋及丧礼仪式服务;另一方面在丧葬方式上的革新。佛教主张火葬与塔葬,人过世后焚化将尸骨埋藏于骨坛或石塔中,这一方式较土葬省便。魏晋以后火葬日益风行,延绵千年的"土火之争"相伴而来。佛教的兴盛,还推动了不少王朝的出台慈善政策和兴办慈善组织。

中国历史上最早的慈善组织为南北朝时期的六疾馆与孤独园,都与佛教有密切关系。六疾馆为南朝齐文惠太子萧长懋和竟陵王萧子良共同创办,主要收养穷人,被视为古代最早的慈善机构之一。《南史》记载:"太子与竟陵王子良俱好释氏,立六疾馆以养穷人。"② 梁朝开国皇帝萧衍,少年时游于萧子良门下,为"竟陵八友"之一。创立梁朝后,他多次下令赈恤鳏寡孤独,免除贫苦之家赋役。天监十二年(513),下诏掩骼埋胔,"若委骸不葬,或蔽衣莫改,即就收敛,量给棺具。"普通二年(521),春正月辛巳,他亲祠南郊,并下诏:"凡民有单老孤稚,不能自存,主者郡县咸加收养,赡给衣食,每令周足,以终其身。又于京师置孤独园,孤幼有归,华发不匮。若终年

---

① 朱友渔:《中国慈善事业的精神:一项关于互助的研究》,中山大学中国公益慈善研究院翻译组译,商务印书馆2016年版,第13页。
② 《南史·齐文惠太子传》。

命，厚加料理。尤穷之家，勿收租赋。"① 赈恤免税并无新意，专门设置孤独园以收养贫民则是一大创举。胡三省在《通鉴注》中曾评价此事："古者鳏寡孤独废疾者有养。帝非能法古者，祖释氏须达多长者之为耳。"② "释氏须达多长者"即释迦牟尼佛（乔达摩·悉达多）。在他看来，此举直接依据佛经旨意，很有见地。

隋唐佛教兴盛，政府吸纳佛教福田思想，设立悲田养病坊，专办专门矜孤恤穷，敬老养病，这是中国古代以来第一个比较完备的慈善机构。会昌五年，唐武宗下令废天下寺院，悲田养病坊改由政府提供资助，委派官员管理。这也标志着由寺院主导的民间慈善组织向官办的慈善机构的转变。③ 同时，民间慈善行为日益增多，宗族和富人的慈善救助发展，义渡、义井、义浆等纷纷出现。如《旧唐书·裴向传》记载，裴向致仕后，"内外支属百余人，向所得俸禄，必同其费。及领外任，亦携而随之。有孤惸不能自恤，向尤周济"。④

三 宋元义葬的组织化

宋代是我国慈善事业发展承前启后的阶段。两宋政府重视慈善事业，先后设置居养院、安济坊、慈幼局、漏泽园等慈善机构，对老弱、孤幼、疾病及死者进行救助，这在中国历史上是空前的，也是绝后的。⑤《宋史》称："宋之为治，一本于仁厚，凡振贫恤患之意，视前代尤为切至。"⑥ 宋代慈善以养老与慈幼为著。史学家王德毅认为，"关于养老慈幼之政，自两汉以下再没有比宋代规模之更宏远，计划

---

① 《梁书》卷三《武帝本纪下》。
② 《资治通鉴》卷一百四十九《梁纪五》。
③ 周秋光、曾桂林：《中国慈善简史》，人民出版社2006年版，第94页。
④ 《旧唐书》卷一百四十《裴向传》。
⑤ 关于宋代慈善与社会救济的研究，参考王德毅《宋代的养老与慈幼》，载编译馆主编《宋史研究论集》第6辑，1986年。黄敏枝：《宋代佛教寺院与地方公益事业》，《礼俗与宗教——台湾学者中国史研究论丛》，中国大百科全书出版社2005年版，第262—284页。杨宇勋：《取民与养民：南宋的财政收支与官民互动》，《台湾师范大学历史研究所专刊(31)》，2003年。张文：《两宋时期社会救济研究》，西南师范大学出版社2001年版；《宋代民间慈善事业研究》，西南师范大学出版社2005年版等。
⑥ 《宋史》卷一百七十八《食货六·赈恤》。

之更周密，设施之更详尽的了"。① 张文指出："宋人于民间慈善活动的关注超过了以往任何时代，在民间慈善活动的内容上也远远超越了前代。而这些广泛的民间慈善活动，正是明清时期民间慈善组织化之源。"②

北宋时期，通过福田院、居养院、广惠仓等济贫机构对流浪儿和孤儿进行救助。福田院是北宋成立最早，用以收养鳏寡孤独疾残和乞丐为主的机构，又称病坊、养病院、悲田院、悲田养病坊等。北宋末年，哲宗发布居养令，建官屋收养鳏寡孤独。徽宗时形成专门的慈善机构——居养院，以收养孤老贫病者。宋徽宗格外重视各种慈善活动，先后下令创办了居养院、安济坊、漏泽园等，并将其作为官员考察的重点。他曾指出，"居养、安济、漏泽为仁政先"，"鳏寡孤独有院以居养，疾病者有坊以安济，死者有园以葬，王道之本也"。宋室南渡以后，为稳固同治，对各项按救济措施更为重视。赵翼《陔余丛考》记载："民众从者如归，官方给予衣食以振其饥寒；与之医药以救其疾；有陨于戈甲、毙于道路者，则给度牒瘗埋之；若丐者育之于居养院；其病也疗之于安济坊；其死也葬之于漏泽园。"③ 宋代的慈善事业以官方为主导，体现在指导性政策的颁行、地方官员的直接推动及人财物的支持等方面。

在义葬方面，宋代规定为无葬地者提供官地埋葬，并首创了漏泽园，大量官办慈善组织与民间慈善事业的出现，对于义葬也有很大影响。宋初，太祖下令，凡贫无葬地者，许以官地安葬。真宗天禧年间，在京城外四禅院买地，瘗无主骸骨，每具官给六百文，年幼者给一半。嘉祐七年（1056），诏开封府于四郊购置土地，给钱瘗贫民之不能葬者。宋神宗元丰年间，下令凡开封府僧寺旅寄棺柩贫不能葬者，由县官于属下拨给不毛之地三五顷，听人安厝，命僧人主持，葬

---

① 王德毅：《宋代的养老与慈幼》，载编译馆主编《宋史研究论集》第6辑，1986年。
② 张文：《宋朝民间慈善活动研究》，西南师范大学出版社2005年版，第270—271页。
③ （清）赵翼：《陔余丛考》卷二十七《养济院、育婴堂、义冢地》，本书下文未注者多引自此文。

及三千人以上度僧一人，三年与紫衣，有紫衣与师号更使领事，三年愿再领者听之。设庵置田，招僧维护是宋代慈善公益事业的一个很重要的特征，在漏泽园、义阡等方面最为突出。《陔余丛考》记载："崇宁元年（1102）置安济坊，养民之贫病者，仍令诸郡县给养。二年又置漏泽园，置籍瘗人，并深三尺，勿令暴露。诸城寨、镇市户及千以上有知监者，依各县增置漏泽园。"① 由于过度重视恤养政策，加重了财政负担，引起了社会不少批评。陆游《老学庵笔记》卷二："已而置居养院、安济坊、漏泽园，所费尤大。朝廷课以为殿最，往往竭州郡之力，仅能枝梧。"因此，民间有诸如"不养健儿，却养乞儿；不管活人，只管死尸"的谚语。② 宣和二年，免去除葬埋外一切资助。高宗绍兴十四年底重新设置漏泽园。

两宋时期，江南各地设置了很多的慈善组织，并有不少的创新之处。杭州事最早设置漏泽园的地区，其中钱塘、仁和二县共设置漏泽园12所。据《中吴纪闻》记载，吴江因邑小地狭，崇宁中，于县署东侧隙地，分别设置儒学以养生员，养济院以存老者，安济坊以养病者，漏泽园以葬死者，当时人戏谑地称之为"生老病死"。③ 民国《杭州府志》记载：宋崇宁三年（1104），诏诸州县择高旷不毛之地置漏泽园，凡寺观无主櫬椟及暴露遗骸，悉葬之，立册识记，仍置屋为奠所，听亲属祭飨。绍兴年间诏临安府建置。明洪武年诏禁止之，令有司择附郭宽闲之地设义冢收葬。天顺年仿宋制改今名。④ 杭州另设有宁远阡，主要埋葬在京城太学生死而无归者。海宁州漏泽园，据《图经》记载，在县治西南三里戒坛院侧，绍兴二年令陈恕重修，筑墙立门，典田三十亩，以其利属院僧为殓葬费。⑤ 常熟地方，嘉熙元年由县令王爚购民地创办义阡一区，由报慈寺僧人负责掌管，购田62

---

① 《园宗史》卷十九《本纪第十九》记载，崇宁三年二月丁未，宋徽宗下令置办漏泽园。
② （宋）陆游：《老学庵笔记》卷二，中华书局1997年版，第27页。
③ （宋）龚明之：《中吴纪闻》卷五《生老病死》。
④ 民国《杭州府志》卷七十三《恤政四》。此处记载漏泽园设置时间与《宋史》不一致。
⑤ 民国《杭州府志》卷四十《冢墓二》。

亩作为养费，另颁行文告劝民严禁火葬。①

宋代和明代在慈善与社会救济方面均有重大创举和突破，处于中间的元朝显得乏善可陈，多因循而少创新。这与元朝统治时间相对较短、政局混乱和"外族政权"等外部因素有关，因而有些被低估。整体而言，元代继承了宋、辽、金三朝的大部分慈善政策和救济制度，在推广养济院、惠民药局、义仓等官办慈善方面，较宋代有所发展。在民间慈善方面，接两宋之余续，个人慈善、宗族慈善、宗教慈善等都有可圈可点之处。

四 明代的义葬政策与实践

明洪武三年（1370），明太祖下令严禁火葬，下令各地方官员在州县城郊外就近设置义冢，任民众自行埋葬，无力归葬者由官府予以资助。据说，太祖朱元璋曾与学士陶安登南京城楼，闻焚尸之气。陶安说，古代有掩骼埋胔之令，推恩及于枯骨，近世狃于元俗，或火葬或投骨水中，于心何忍？朱元璋深深认可，称其为"王道之言"。从此，凡军队所到之处，见枯骨必掩埋而去，下令天下遍设义冢，严禁火葬。②《明史》记载："古有掩骼埋胔之令，近世狃元俗，死者或以火焚，而投其骨于水，伤恩败俗，莫此为甚，其禁止之。若贫无地者，所在官司择宽闲地为义冢，俾之葬埋。或有宦游远方不能归葬者，官给力费以归之。"③ 这里包含三大信息：一是明确严禁火葬，并成为明清官方一贯的政策；二是各府县以官地设置义冢，这是宋代漏泽园政策的继续；三是官府资助宦游而无力归葬者，主要针对官员与

---

① 宝祐：《琴川志》卷一《建置》，《续四库全书》本，此书中详载了王爚的劝谕文告。

② 黄瑜：《双槐岁钞》卷一《禁水火葬》：圣祖尝与学士陶安登南京城楼，闻焚尸之气，恶之。安曰："古有掩骼埋胔之令，推恩及于枯骨。近世狃于胡俗，或焚之而投骨于水。孝子慈孙，于心何忍？伤恩败俗，莫此为甚。"上曰："此王道之言也。"自是王师所临，见枯骸，必掩埋之而后去。洪武三年，禁止浙江等处水葬火葬。中书省礼部议，以民间死丧，必须埋葬，如无地，官司设为义冢，以便安葬，并不得火化，违者坐以重罪。如亡殁远方、子孙无力归葬者。听从其便。刑部著之律令。斯法也，我圣祖可谓体天地之仁矣。

③ 《明史》卷六十《志第三十六·礼十四》。赵翼记载为洪武元年六月辛巳下令，内容与上相同。

士子。洪武九年（1376）下令，工部拨给兴修宫殿中死亡的工匠棺木，令国子生送致其家，赐钞以葬，蠲其家役三年。① 洪武十年（1377）下令，凡军士死亡，家贫不能举者，由各卫所负责给棺葬之。② 明代中期以后，官方多次申明推广义冢。漏泽园与义冢分别创始于宋代与明代，名称虽有不同，却具有很大的共通性，因而常混用。如天顺四年下令各郡县遍设漏泽园。地方社会捐置义冢的情况日益增多。明代张岱《夜航船》记载："（漏泽园）创始于宋元丰间，立为埋葬之所，取泽及枯骨，不使有遗漏之义也。明初，令民间立义冢。天顺四年（1460），令郡县皆置漏泽园。"③

明代各地普遍设置义冢，一般由地方官员主导，划拨官地设置。弘治八年（1495），溧阳知县符观见四门城外多暴露的棺木骸骨，于是捐俸置南门外地约十亩，创办义阡，请工移葬，十日间移葬八十余冢。④ 正德三年（1508），金坛知县梁国宾在马厂创办义冢，习称万人坑。后因地域狭隘，正德十年（1515），知县刘天和在县西买地百亩，周围掘土为堑，上植柳树，中分横直为界限，死无所归者听以次埋葬，并筑屋五间令孤老居守。⑤ 万历初年，朝廷曾下令整顿造报全国各处的义冢，因此，各地方志普遍留下了包括方位、都图、面积等较为详细的义冢资料。如杭州，万历三十年（1602）由杭严道增置义冢14亩。三十五年（1607），府教授杨元善置办青芝坞以待诸生之贫者。邑人葛寅亮因庆乐园埋骨已满，另于九耀山置地扩建。同年，钱塘县知县聂稽查湮没义冢共21处，督令土工瘗埋暴露，严禁火葬与水葬，不许于庆乐园乱葬，以致掘毁旧骼，并勒石禁约。⑥ 苏州府城，洪武初，在胥门外怀胥桥右等处增设义冢多处；弘治十年（1497），知府曹凤于六门各置义冢；隆庆元年（1567），知府蔡国熙厘正后，

---

① （清）赵翼：《陔馀丛考》卷三十四《葬术》。
② （清）赵翼：《陔馀丛考》卷三十四《崇教化》。
③ （明）张岱：《夜航船》卷二《地理·漏泽园》。
④ 光绪《溧阳县志》卷四《食货志·养育》。
⑤ 光绪《金坛县志》卷四《赋役志下·惠政》。
⑥ 嘉庆《钱塘县志》卷十一《恤政》。

后来被豪民所占；崇祯七年（1634），巡抚都御史张国维檄附郭县追复，另购地扩建，各建地藏庵，属僧典守，改名广孝阡。① 崇祯五年（1632），陈龙正与同邑举办嘉善同善会。次年，有人见城下尸骸遍地，拟向同善会筹措经费买地掩埋，陈龙正乃召工办理，得知城南漏泽园尚有空地，数十年未能葬满，不过缺少办理人力而已。鉴于同善会经费有限，乃自捐十余两，与僮仆二人环城巡视，得未葬棺202具，新丧未葬5人，另有枯骨无可胜计，乃分别处理，棺木无盖者补之，新丧者藁卷之，枯骨以蒲席裹之，于漏泽园掘大坑埋葬，称之为"壬申共冢"②。

五 清代的义葬和慈善政策

清代，育婴、养老、恤贫、栖流等善举比较受官方重视，历代多次进行整顿和推广，相关堂局经常得到朝廷的奖励和捐助，并作为赈恤政策的基本内容，载诸会典、则例之中。如《清续文献通考》中所记载的赈恤政策主要分为恤茕独、恤幼孤和恤羁穷三大类，对于丧葬类并无明确记载。③ 对义葬善举的重视度明显较低，它并不是官方格外重视和指定推广的，这与普济堂和育婴堂有天渊之别。不过，在国家重视恤政和鼓励民间参与的大背景下，尤其是整顿丧葬弊俗与推广义冢的情况下，施棺助葬善举还是受国家与社会的一定关注。

清代官方对于义葬的政策主要体现在设置义冢和掩埋暴露方面。清沿明制，多次下令鼓励各地设立广孝阡、义冢等。朱之朴《义冢记》称："我国家仍前代义冢之制，广为置地，捐除赋税，复谕民间凡有好义舍田捐资设立义冢者，该有司核实详报，加以奖励，可谓仁至义尽者矣。于是远近善良之被德化，鼓舞而赴节者所在多有。"④ 这一论断比较中肯。顺治九年（1652），下令各直省各地方官于空间设立义冢，凡死不能葬及无主暴露尽行收埋，如有好义之人收瘗贫户及

---

① 民国《吴县志》卷四十一《冢墓》。
② （明）陈龙正：《几亭全书》卷二十六《政书·乡筹》。
③ 《清续文献通考》卷八十三《国用二十一·赈恤》。
④ 同治《南汇县志》卷三《建置志》朱之朴《义冢记》。

掩埋枯骨，数多者地方官勘实给匾旌奖。① 康熙二十三年（1684），工科给事中任辰旦上《请推恩掩骼疏》，恳请饬戒天下有司所在设立义冢，举凡无主遗棺，悉察明埋葬。其弃道路及沟壑者，务令藏掩得所，勿使暴露。② 乾隆二年（1737）下令，天下各州县，有贫民无力营葬及无亲属收瘗者，该地方官择高阜隙地无妨耕种者，多设义冢，随时掩埋，勿许抛露。③ 乾隆九年（1744），除要求地方官员及时掩骼埋胔外，还下令民间好善之士，有愿意捐田做义冢者，可以例行旌表。④ 类似的政策在清代多次出现，官民义冢也遍布城乡各地。吴荣光在《吾学录初编》整理清代的惠恤政策，共计11种，其末为瘗枯骨，内容最为简略：

> 直省地方，如有无主暴露枯骨，各该地方官，建置义冢，立法收埋，仍咨报部。如有好义之人，收瘗贫尸及掩埋枯骨数多者，有司勘实，给匾旌奖。⑤

这一记述与顺治九年（1652）的诏令大致相似，结合此后的一些规定，可以看到清代义葬政策的基本特点，即一方面由地方官员主导，以空闲官地设置义冢官山，任民众自行埋葬；另一方面鼓励民间自行设置义冢和掩埋，对乐善好施者进行旌奖。这较之宋代，尤其明初下令各州县普遍设置义冢，显得相对保守，也更为务实。

清代政府针对义葬类善举并没有具体规定，但对民间的乐善好施行为的奖励与劝导，以及对官民善堂的整顿与保护则是普遍存在的。清廷对于乐善好施，急公好义者的奖励是一贯的政策，根据捐助钱物的数额给予相应的奖赏，如赏给虚职功名，甚至提供实缺，最为普遍

---

① 乾隆《金山县志》卷十五《坟墓·义冢》。另：光绪《嘉兴府志》卷十四《养育》等中亦有此记载。
② 《皇朝经世文编》卷二十八《户政三·养民》，《请推恩掩骼疏》。
③ 光绪《金坛县志》卷四《惠政》。
④ 光绪《奉贤县志》卷二《建置·公所》，周吉士：《义冢记》。
⑤ （清）吴荣光：《吾学录初编》卷二《政术》。

的是颁发"乐善好施"等字样。如光绪《大清会典事例》规定：

> 凡士民人等，或养恤孤寡，或捐资赡族，助赈荒歉，或捐修公所及道路桥梁，或收瘞尸骨，实与地方有裨益者，八旗由该都统具奏，直省由该督抚具题。均造册送部，其捐银至千两以上，或田粟准值银千两以上者，均请旨建坊，遵照"钦定乐善好施"字样，由地方官给银三十两，听本家自行建坊。若所捐不及千两者，请旨交地方官给匾旌赏，仍给予"乐善好施"字样。如有应行旌表而情愿议叙者，由吏部给予顶戴，礼部毋庸题请。①

捐银三千两，是一个较高的标准，很多捐助无法达到这一数额。整体上看，清代官方对善举采取一种相对务实的态度，不像宋明那样包办一切，而是劝募好善之人自行举办，并听任民间自我管理，严禁胥吏需索。但是，官方并不放弃监督职责，尤其在人事任免和内部管理方面。这是清代善会善堂保持较多的民间性和地域性的重要原因。

从三代美政到宋代的漏泽园，明清时期的义冢、广孝阡等，具有一脉相承的延续性，对此历来为人所称道。清人周梦颜在《安士全书》中推许义冢，并以苏州为例，认为仁人君子若能仿行之则阴德无量："崇宁三年（1104），诏诸州县，择高旷不毛之地，置漏泽园，凡寺观寄留骸骨，悉瘞其中，仍置僧舍，以为追荐之所。洪武中，亦曾敕行此事，著为令。余又见姑苏城内西北隅，造石室二间，牢固无比，中央各开一牖，仅容径尺，为纳骨地。而又各颜其牖，以别僧俗男女，名之为普同塔。苟有仁人君子，能仿而行之，阴功甚大。"② 佚名《义阡记》提出："生得其养，死得其藏者，人情之所共也。其不幸而道跻于沟壑，则圣王有掩骼埋胔之典，义阡攸设，三代上盖有之矣。明初诏天下州县皆立义阡。后愈发推广，至于凡有义社胥有义

---

① 光绪《钦定大清会典事例》卷四百零三《礼部·风教》；吴荣光：《吾学录初编》卷三《风教》。
② （清）周梦颜：《安士全书》之《文昌帝君阴骘文广义》。

冢，不粮之地，载于各区图者，往往而是。"①

中国文化素来尊重传统，对于任何朝代而言，前代的理念与实践，并不是沉寂于文献中的死物，而是"活着的传统"，仍然对政治与社会有指标性的影响。综上所述，历代在义葬理念与实践方面，基本是在延续三代的典范的基础上演进的，并有逐步制度化、系统化、组织化、民间化的趋向。这一特点同样适用于传统慈善事业的一般脉络。

第二节　清代江南的环境与社会

"江南好，风景旧曾谙。日出江花红胜火，春来江水绿如蓝。能不忆江南？"说起江南时，人们往往充满赞誉与艳羡，头脑中出现各种美好的意象。唐宋以后，江南成为全国的经济、文化中心，特别是明清以来各个方面遥遥领先于全国。这里是财赋之地，人文薮集之区，有秀美的园林、精巧的工艺、闲适的生活，等等。这里也是所谓中国"资本主义萌芽""早期工业化""市民社会"产生的地方。很大程度上，江南是一个特例，如同英格兰之于欧洲一般。与此同时，普通民众生存压力巨大，社会贫困化严重，客寓流民聚集，也构成江南社会历史的基本面。

一　自然环境与生态

江南拥有优越的地理条件，为农业发展的经济开发奠定了基础。自形成古太湖后，长江中下游地区陆地不断向东扩展，其间洼地成湖，沟壑成河，是典型的水乡泽国。江南处于北亚热带南缘和中亚热带北缘的交界区，再加上太湖及诸多河流的调节，雨水充沛，气候温暖适宜。这使得最大化地开垦土地成为可能，也适合土质优化和多熟耕种，为江南农业生产效率的提高奠定了良好的基础。明人郑瑄指出："三吴地势，湖高于田，田又高于江海，水少则引湖水以溉田，

---

① 光绪《宜荆续志》卷三《建置》。

水多则泄田水繇江以入海，潴水泄水，两得其宜，故鲜水旱之忧，皆膏腴之地。今以苏、松、常、镇、杭、嘉、湖、太仓推之，约其土地无有一省之多，而计其赋税，实当天下之半，是以七郡一州之赋税为国家之根本也。"① 唐宋以后，随着移民垦殖的推进，江南经济社会发展进入快车道，迅速成为全国的经济文化重心。

江南地貌呈碟形，太湖周边较低，外缘江海交汇区则不断地延伸淤积，潮感区不断地向东南延伸，因此，在松江、苏州、太仓等地沿江、沿海地区有大量的滩涂、沙洲、芦地等，这些新淤地区成为地方公共事务的主要资源。江南是以苏杭等城市为中心的扩散性区域。宋元以后，核心的苏杭一带是全国人口密度最大的区域；然而江南外围，包括浙西、常镇多山地，长期吸引着外来移民。江海沿岸常有坍塌、海溢等威胁沿岸民众生产生活。这种地貌特征导致了江南水文体系紊乱。宋元以后，江南地区湖泊兴盛、三江淤浅及海潮内侵，旱涝等灾害日趋严重，以至于"水旱交病，十岁九荒"。

二 人口发展诸问题

明清时期，中国人口发展呈稳定增长态势；江南作为全国人口最为稠密的地区，总体趋势与此类似。明初，全国人口近7000万，江南多达900万；明末全国人口达1.5亿左右，而江南则达到3000万左右。明清之际，江南人口耗减较多。此后经长期休养生息，至18世纪初达到明末的水平；至1820年达到3797.3万；1851年达到创纪录的4316.5万。太平天国战乱给江南造成巨大的损失，人口损失近1800万，很多地方为之一空。由于移民的涌入和补偿性增长，至1910年，江南人口以接近1851年的水平。江南是全国人口密度最高的地区。据统计，1820年江南地区每平方公里多达596人，是全国平均密度的7倍。全国人口最为密集的府州几乎全在江南，其中，苏州明初人口近200万，密度近300人/平方公里，到嘉庆二十五年跃增至近600万，密度达1158.5人/平方公里，高居全国之首。其次是松

---

① （清）钱泳：《履园丛话》卷四《丛话四·水学·水害》。

江、太仓、嘉兴等地，江南所辖八府州均处于全国高密度前列。①

人口、资源与环境格局是时代变迁的基础，人口居于中心地位。明清时期，长期人口增长导致了人地关系的紧张，并引起了连锁反应，加剧了对土地、财富及各种社会资源的争夺，既成为社会发展的动力，又带来诸多社会问题。社会普遍的"少地化"与"无地化"，土地问题日趋严重。人口增长推动了垦殖进程，引发了人多地狭的局面。早在宋代，浙西地区就有人浮于土的情况。经数百年的发展，江南人多地狭的问题更趋严重。民国《吴县志》的记载很典型："人民户口百倍于前，地无不耕之土，水无不网之波，山无不采之石，而终不足以供人之用。"② 清人张海珊指出："今苏、松土狭人稠，一夫耕不能十亩。又大抵分佃豪户之田，一家八口，除纳豪户租，仅得半，他无所资焉。……而诸无田不耕之人，又无虑十人而六七。荒形甫见，则徒手待哺之民遍郊野。"③ 地价与米价的上涨使投资土地更为有利可图，江南的土地价格呈长趋势的上涨。民国《嘉定县志》记载："宣统时田之最良者每亩银五六十元，次等三四十元，旱地之值得田价之半，其数较光绪中叶增益倍余。此则生齿日繁，民稠地狭产物渐昂所致也。"④ 城市地价的上升更为明显。清人顾公燮《丹午笔记》记苏州城内情形："人居稠密，五方杂处，宜乎地值寸金矣。即如盘、葑两门，素称清静，乾隆初年，或有华屋减价求售者，望望然而去，今则求之不得。"⑤ 江南在唐宋时代享有"苏湖熟，天下足"的美誉，明代逐步沦为缺粮区。作为全国最大的粮食消费市场，江南每年需要从外地调入大量的粮食，尤其是两湖、四川等上江地区，一旦遭遇灾荒与变故，就会引起米价涌贵，威胁民生。对于普通老百姓而言，损害更大。⑥

---

① 吴建华：《明清江南人口社会史研究》，群言出版社2005年版，第82—104页。
② 民国《吴县志》卷五十二《风俗》。
③ 张海珊：《甲子救荒私议》，贺长龄：《清经世文编》卷四十三。
④ 民国《嘉定县续志》卷五《风土》。
⑤ （清）顾公燮：《丹午笔记》，江苏古籍出版社1999年版，第67页。
⑥ 国学大师钱基博先生回忆其父光绪年间从安徽买粮回家乡无锡赈济乡民的事件，备极艰辛，参见钱基博编《钱氏宗谱》，湖北省图书馆藏。

人口的分布与结构也发生重大变化，非农化与流民化趋向明显。凭借自身的技艺优势与地缘优势，江南人在社会上大展拳脚，向城市与非农产业的转移，全国各地工商业者也会集于此。如苏州刷色洒金的印纸业，其雇工多系江宁、镇江等处人士，冶坊工匠多隶籍无锡、金匮两县，硝皮工匠多为江宁人。由于传统经济下城市的生产功能有限，许多人无业可就，沦为"闲民"。清初朱泽澐认为："古之闲民十之一，今之闲民十之六。通都大邑之闲民十之三，穷荒州县之闲民十之六。"① 清人龚自珍也指出："自乾隆末年以来，官吏士民，狼奸狙蹶，不士、不农、不工、不商之人，十将至五六。自京师始，概寻四方，大抵富户变贫户，贫户变饿者。四民之首，奔走下贱。各省大局，岌岌乎皆不可以支月日，奚暇问年岁！"② 很多农民或以短工度日，或从事各种杂活，或游食乞讨，这类人往往占城市人口的绝大部分。作为全国的经济文化中心，吸引很多的商旅客寓到来，成为"五方杂处，往来縻集"之区。如康熙《钱塘县志》说："四方之民，朝西暮东，如鸟之飞，鱼之游，流寓多于土著。"③ 同治《双林记增纂》称："土客总之，吾镇贸易之人，衣食于此者十居五焉。"④

三 小农经济与市场化生产

明清时期，江南的农业集约化达到极致，形成高度的市场化的农业经济，以太湖南岸为核心的丝织业以及苏松太为核心的棉纺织业最为典型。这种模式给江南带来了巨大的物质财富，也成为多数民众的衣食之源。乾隆年间，总督高晋指出："窃照大江以南，江宁、镇江、常州、苏州府属地方，土多沃壤，民习耕种，且能手艺营生，衣食足资利赖。"⑤ 江苏学政尹会一指出："江南苏、松两郡最为繁庶，而贫乏之民得以俯仰有资者，不在丝而在布。女子七八岁以上即能纺絮，

---

① （清）朱泽澐：《养民》，载贺长龄纂修《清经世文编》卷二十八《户政·养民》。
② （清）龚自珍：《西域置行省议》，《龚自珍全集》，上海人民出版社1975年版，第106页。
③ 康熙《钱塘县志》卷六《风俗》。
④ 同治《双林记增纂》卷八。
⑤ （清）高晋：《清海疆禾棉兼种疏》，载贺长龄纂修《清经世文编》卷三十七《户政二》。

十二三岁即能织布,一日之经营,尽足以供一人之用度而有余。"① 这种经济模式很大程度上改变了江南的社会生活与组织形态,如妇女地位的提升。

清代江南土地高度集中,绝大多数人是小自耕农与雇农。太平天国战乱之前,江南是全国租佃水平最高的地区,六成以上的民众无地或少地。康熙帝曾指出:"田亩多归缙绅豪富之家,小民所有几何?从前屡颁蠲诏,无田穷民未必均沾惠泽,约计小民有恒业者十之三四耳,余皆赁地出租,所余之粮仅能度日。"② 一般自耕农或中小地主的生活境况并不乐观。从思想家唐甄的遭遇可见一斑。清初,一度出任知县的他流寓吴江,在当地置产定居,大约有田 40 亩地,年可收租 41 石,其中上缴给国家的田赋、加耗、加解以及其他诸项费用为 23 石。年岁大熟时可余 18 石,够其一家六口半年之用;半熟时则纳税后无余剩,若遇灾年只能"典物以纳"了。③ 清末,张春华在《沪城岁时衢歌》中咏道:"暑雨祁寒敢叹嗟,治生觅计一年赊。"并解释说:"终岁勤动,丰岁得不饥,幸甚矣,毋谓此间乐也。"④ 费孝通先生也曾指出,20 世纪 30 年代在江苏吴江,完全靠地租生活至少需四百亩上下,有田二三百亩左右,生活水平还赶不上一个有几十亩田的自耕农。⑤

江南的农业生产模式是建立在廉价劳动力之上,存在明显的缺陷,即通过延长劳动时间和增加劳动强度,以及家庭成员普遍劳动的方式以维持生计,往往收益小、风险大,农民所获得的实惠较小。洪璞通过对太湖南岸农业结构及整个经济结构的转变的研究,指出了一个经常被忽略的事实:植桑饲蚕并非人们想象的那样省力而易成、本薄而利厚,而是高成本、高风险的。⑥ 棉纺织业也是如此,张春华

---

① (清)尹会一:《敬陈农桑四议疏》,载贺长龄等辑《清经世文编》卷三十八《户政三》。
② 《清圣祖实录》卷二百一十五,康熙四十三年甲申正月辛酉。
③ (清)唐甄:《潜书》卷上,中华书局1963年版。
④ (清)张春华:《沪城岁时衢歌》,上海古籍出版社1988年版,第19页。
⑤ 费孝通:《江村经济》,商务印书馆2003年版,第158页。
⑥ 洪璞:《明代以来太湖南岸乡村的经济与社会变迁:以吴江县为中心》,中华书局2005年版。

《沪城岁时衢歌》记载，松江一带"木棉未登场，已有下壅之费，益以终年食用，非贷于人，即典质衣物。一有收获，待用者已日不暇给，济得眼前，后来无继矣。……下农种木棉三五亩，官租之外，偿债不足，辛苦经年，依旧敝衣败絮耳"。① 近代，随着西方的入侵，江南经济依附性增强，加之战乱灾荒的破坏，情况更趋恶化。道光年间，包世臣记载江南民众生产生活的退化："木棉梭布，东南杼轴之利甲天下，松太钱漕不误，全仗棉布，今则洋布盛行，价当梭布而宽则三倍，是以布市销减，蚕棉得丰岁而皆不偿本，商贾不行，生计路绌。"② 上海周边，"向时各省布商先发银于店，而徐收其布，故布价贵，贫民竭一日之力，赡八口而有余。今布有余积，而商无现银，遂从此日落，民生之计益蹙矣"。③

四　工商业发展与城市繁荣

明清时期，农业商品化发展，为手工业提供了原料和市场；便捷的水陆运输网络，为商品流通提供了方便；各地商人与财富的聚集，加速了工商业的发展。在此基础上，江南城市繁荣，形成了以苏杭为核心，一批市镇为外围的城市网络。④

苏州是明清江南的核心，经济文化最为发达。明人郑若曾称："凡四方难得之货，靡所不有……天下财货莫不盛于苏州。"⑤ 清人沈寓称赞苏州道："东南财富，姑苏最重；东南水利，姑苏最重；东南人士，姑苏最盛。"⑥ 冯桂芬赞誉道："擅江湖之利，兼海陆之饶，转输供亿，天下资其财力。且其地形四达，水陆交通，浮江达淮，倚湖

---

① （清）张春华：《沪城岁时衢歌》，上海古籍出版社1988年版，第16页。
② （清）包世臣：《安吴四种》卷二十六《致前大司马许太常书》。
③ 嘉庆《淞南志》卷二《风俗》。
④ 论述明清江南商业和市镇的论著极为丰硕，主要参见刘石吉《明清江南市镇经济研究》（中国社会科学出版社1987年版）；樊树志《江南市镇：传统与变革》（复旦大学出版社2006年版）；陈学文《中国封建晚期的商品经济》（湖南人民出版社1989年版）和《明清时期太湖流域的商品经济与市场网络》（浙江人民出版社2000年版）；范金民《明清江南商业的发展》（南京大学出版社1998年版）；张海英《明清江南商品流通与市场体系》（华东师范大学出版社2002年版）等。
⑤ 康熙《吴县志》卷二六《兵防》，郑若曾：《枫桥险要说》。
⑥ （清）沈寓：《治苏》，贺长龄编：《清经世文编》卷二三。

控海……岂不以形势所关,非但财赋之渊薮哉?"① 江南地区市镇发达,是城市发展史上的重要一笔。这些市镇大多依靠资源或交通优势,形成优势产业,并与苏杭等都市良好互动,形成了众星拱月状的市镇群。如吴江盛泽镇,明中期兴起,明末方圆数十里尽逐丝绸之利,康熙时俨然成一都会;乾隆时,"居民百倍于昔,绫绸之聚亦且十倍",出现了"薄海内外,寒暑衣被之所需,与夫冠婚丧祭黼黻文章之所用,悉萃而取给于区区一镇。入市交易,日逾万金"的繁盛景况。② 仁和塘栖镇为江南运河重镇,明末亦有二千余户,水陆辐辏,财货聚集,各地商旅视为利薮,"岁计食货贸迁,无虑数十百万,而他物不与焉"。③

工商业发展与城市繁荣,既改变了经济社会宏观格局,也深刻改造着民众生活、文化心理等。这一过程促使民众生活偏离自给自足状态,强化了对市场和城市的追慕与依赖,无业游民、乞丐等各种社会次生群体加速聚集,打降、欺诈等各种"城市病"的集中出现。清人钱泳《履园丛话》指出,苏州工商业发达,为贫民谋生创造了条件:"金阊商贾云集,宴会无时,戏馆酒馆凡数十处,每日演剧养活小民不下数万人。……由此推之,苏郡五方杂处,如寺院、戏馆、游船、青楼、蟋蟀、鹌鹑等局,皆穷人之大养济院。"④ 道光《苏州府志》提到:"江南烟户业田多,而聚居城郭者十之四五,聚居市镇者十之三四,散处乡村者十之一二。"⑤ 由于羡慕城市繁华,很多地主士绅越来越倾向于城市生活,逐渐远离乡村,城居地主与在乡佃农的关系日渐疏远,对清代江南的城乡关系产生了深远的影响。

五 富江南?穷江南?民众生活实态

明清江南社会存在矛盾的两个面向:一方面繁华富庶,聚集着最多的商人与财富,担负最重的赋税,人民整体生活水平较高,消费时

---

① 同治《苏州府志》卷二《形势》。
② 乾隆《吴江县志》卷四《镇市村》。
③ 程嘉武:《募建唐栖新安会馆缘起》,《新安怀仁堂征信录》,光绪四年刻本。
④ (清)钱泳:《履园丛话》卷一《旧闻·安顿穷人》,中华书局1979年版,第23页。
⑤ 道光《苏州府志》卷十《田赋》。

尚领先全国；另一方面许多人面临着巨大的生存压力，贫困人口绝对数量较多，应对灾变的能力不高。

江南的富庶，主要体现的商旅和财富的聚集、民风奢靡及赋役负担沉重等方面。《水窗春呓》记载："乾隆中，江浙殷富至多，拥巨万及一二十万者更仆难数，且有不为人所知者，惟至百万则始播于人口。洞庭山富室尤多，席氏居首，而吾禾王江泾陶氏与之埒，两姓皆婚媾。"① 江南人依然维持着高于全国其他地区的生活水准。明人王士性《广志绎》指出："毕竟吴中百货所聚，其工商贾人之利又居农之十七，故虽赋重不见民贫。"② 明代中期以后，社会风尚普遍趋于奢靡，以江南最盛。这一社会风俗的变化，发端于商品经济活跃的城镇，由城镇推及四方，以讲求奢华、追慕新意、追慕求利为价值趋向和行为动机，涵盖衣食住行、婚丧嫁娶、礼仪习俗、人际交往、经济活动等社会活动的各个方面，以江南最盛。③ 江南的奢靡表现在三个方面：

其一，江南地方民众生活水平的日渐提高，普遍高于全国水平，也超越官方的"淳朴"的标准。如苏州，"吴中自系昔繁华，四郊无旷土，随高下悉为田，人无贵贱，往往皆有常产，已故俗多奢少俭，竞节物，好遨游"。④ "苏州实江南一大都会，地称富庶，但风俗奢侈，贫者多而富者少，由其平日饮食衣服，务为鲜美，以致家无余蓄，迨死而丧葬之具反弗克备往往而有。"⑤

其二，多官绅商富，他们的奢侈消费拉高了江南的整体水平。杭州有"销金窝"之称，康熙《仁和志》记载："杭民多半商贾，耳目侈声色之好，口腹恣刍豢之味，峻宇雕墙、履丝曳缟，冠婚丧祭，宴饮酬酢，无不踵事增华，虽素封之家，不出数年，立见萧索，总由屋多田少，根本不固所致也。若末作之人，负贩之流，百结褴褛，饔飧

---

① （清）欧阳兆熊：《水窗春呓》卷下《豪富二则》。
② （明）王士性：《广志绎》卷四《江南诸省》。
③ 吴琦：《晚明至清的社会风尚与民俗心理机制》，载吴琦《漕运·群体·社会——明清史论集》，湖北人民出版社 2007 年版，第 301 页。
④ 乾隆《苏州府志》卷三《风俗》。
⑤ 嘉庆《吴郡甫里志》卷二十二《艺文》六，金德瑛：《同仁堂问心编续》。

不继者,何可胜数。"① 湖州南浔,晚清时期丝商兴盛,民风大变:"浔素俭约无奢靡暴殄之习,今则筵宴肴馔必极丰腆,谓非是则陋。即贫窭之家或不惜典贷为之,甚至凶丧之中亦用荤馔珍错,筝鼓乐歌唱竟同宴饮者。"②

其三,多侨寓商富,这些外地商人长期在江南经营生活,往往进行炫耀性消费。清人龚炜《巢林笔谈续编》称:"吴中繁华气象迥胜于晋,其实多藉外方生色。"③ 长洲县令李光祚认为:"一切唱楼酒馆与夫轻舟荡漾,游观宴饮之乐,皆行户商旅迭为宾主,而本地士民罕与焉。"④ 这种说法虽有夸张,亦见客寓商人在当地势力之大。明清两代国家对江南征收了最高份额的赋税,其地虽不足一省,且担负着全国近一半的赋役,堪称国家的根本。"江南田赋,百倍他省,而苏、松、常、镇为尤甚。"⑤ 叶梦珠《阅世编》指出:"吾乡赋税,甲于天下。苏州一府,赢于浙江全省;松属地方,抵苏十分之三,而赋额乃半于苏,则是江南之赋税,莫重于苏、松,而松为尤甚矣。"⑥ 较之田赋,江南的漕粮更是沉重,常年所缴漕粮竟占全国的40%以上,尤其苏松太尤重,占三分之一以上。

看到繁华富庶的同时,不应忽略多数民众生活的艰难和贫困,如此才能全面的理解明清江南社会。由于社会高度贫富分化、财富与资源掌控于少数人之手,绝大多数人终岁勤动而不免饥寒。顾炎武《日知录》指出:"吴中之民,有田者什一,为人佃作者十九……至有今日完租而明日乞贷者。"⑦ 清代中后期更趋明显。包世臣《安吴四种》指出:"国家休养生息百七十年,东南之民老死不见兵革,一遇凶荒则流离载道,屡受丰年而农事甫毕,穷民遂多并日而食者。"⑧ 这与习

---

① 康熙《仁和县志》卷五《风俗》。
② 光绪《南浔志》卷三十三《风俗》。
③ (清)龚炜:《巢林笔谈续编》卷上《晋民富吴民贫》。
④ 乾隆《长洲县志》卷十一《风俗》。
⑤ 民国《江苏省通志稿》大事记卷《钱粮奏销案》。
⑥ (清)叶梦珠:《阅世编》卷六《赋税》。
⑦ (清)顾炎武:《日知录》卷十《苏松二府田赋之重》,《顾炎武全集》18册,第444页。
⑧ (清)包世臣:《安吴四种》卷二十七《庚辰杂著二》。

惯上所称的盛世景象和江南繁华实在大相径庭。林则徐提到,江南"民间终岁勤劳,每亩所收除完纳钱漕外,丰年亦不过仅余数斗"。① 晚清时期,陶煦记载江南民众生活的惨状:"都计十室之邑,鲜一二游手也,亦极治生之事矣。而服食、日用,瘘贫空乏日以甚,终岁不能支一家,遑问盖藏哉?"他认为,土地集中、地租过高是根本原因。"吴中之田,十九与绅富共有之也。给于租余之数分,疾病丧祭婚嫁之端尚未之及,奈何而民补贫且毙也。"② 民国《杭州府志》记载当地:"计一州一县,富绅大贾,绰有余资者不过十数或数十家;其次家中有田二三百亩以上者,尚可挪移措办;其余下户,有田数亩或数十亩,皆家无数日之粮,兼樵负贩,仅能糊口。"③ 较之乡村农民,城镇中下层民众的生活成本更高,情形甚至更糟。黄卬《锡金识小录》记载:"城居者多贫室,有宿舂者十不得一,而乡民颇多温饱,盖雍正间汇追旧欠,奉行不善,凡系旧家大抵皆破。"④ 不但升斗小民,很多饱学之士、没落世家也常陷入生活困顿之中。

江南人民尤其社会中下层民众面临巨大的生存压力,由于人多地狭的环境状况,沉重的赋役负担,普遍的奢侈消费,市场的不稳定性,科场的巨大竞争等。无锡地方,"农民勤力作,无不毛之土,故田之贵数倍于前,而佃每不输租,每为业户之累。邑地气本薄,虽男勤耕女勤织,鲜有素封之家,遇歉岁则贫"。⑤ 湖州地区,"农人最勤,四体焦劳,终岁不休。无产者雇倩受直,抑心殚力,谓之长工。夏秋农忙,短假应事,谓之忙工。收获之际,公私偿责而场遽空者十恒七八"。⑥ 因此,人们谋求多种经营,人尽气力,地尽其利,很多人仍旧不免饥寒,生活困顿。

江南存在普遍的集会结社传统,为善会善堂的诞生发展创造了条

---

① 光绪《松江府续志》卷十四《田赋志·赈恤》。
② (清)陶煦:《租核》,载赵靖、易梦虹主编《中国近代经济思想资料选辑》,中华书局1982年版,第386页。
③ 民国《杭州府志》卷七十五《风俗一》。
④ 黄卬:《锡金识小录》卷一《备参上》风俗变迁。
⑤ 光绪《无锡金匮县志》卷三十《风俗》。
⑥ 乾隆《湖州府志》卷三九《风俗》。

件。自古以来，中国民间就盛行互助合作之风，其本意是互助解决婚丧大事以及各种急难，后发展为各种形形色色的"合会""摇会""标会""义助会"等，各地名称不同，做法常有类似之处。"或具勤俭储蓄的性质，或为相互保险，或为扶危济困"。陈宝良认为："合会的出现，养成了一种乡里互助之风，善风由此大炽，进而通过在社庙的会饮以及宗族或家族内集资义祭，使乡土社会蒙上了一层温情脉脉的面纱。"① 江南合会之风盛行，有十贤会、七贤会、摇会、盒子会等名称。清末民初，曾进行全国性的民事习惯调查，保存了一大批宝贵的原始资料。据民国初年调查员姚浚报告，苏州等地，"民间每因经济困难，邀集亲族或知好故旧若干人组织集会，其全数会款并无定则，而会友有七人组成一团体者，亦有十人或十三人组成一团体者，会期有一季或半年、一年之不同，每至会期，各会友均携款到场，交由会首收取，转交得会人，亦有按照会约按户轮收、或用骰子掷骰而得之，或依民间习惯而得之者"。"江苏各县，民间每以一人亏累债务或其他原因，纠合亲友多人，集取金钱，此种组合谓之曰'会'。其方法与单纯之借贷不同，其利益分配亦异。"②

历史是错综复杂的整体，从不同维度考察会有各种近似与不同，丰富度超乎语言论述。要认清明清江南义葬，有必要回归历史现场，进行全方位考察。

第三节 礼俗之间：清代江南的丧葬弊俗

孟子说："养生者不足以当大事，惟送死可以当大事。"（《孟子·梁惠王章句上》）中国传统社会中将丧葬礼仪、活动看得很神圣。历代史书，尤其典章制度，有大量丧葬、祭祀的规定和记载。符合官

---

① 陈宝良：《中国的社与会》（增订本），中国人民大学出版社2011年版，第169页。
② 南京国民政府司法行政部编：《民事习惯调查报告录》，中国政法大学出版社2005年版，第418、404页。

方认可和儒家伦理的礼仪规范,被作为淳风美俗。相当部分民间信仰与此相悖,则被视为"浇风""弊俗"。清代江南的丧葬"弊俗"很多,一些甚至伴随严重的社会问题,这是义葬发展的重要背景。

一 清代江南的丧葬观念与礼仪

(一)传统观念中死亡与丧葬意涵

中国很早就从蒙昧主义中摆脱出来,但灵魂、鬼魅、神仙等观念在民间丰沃的土壤中滋长蔓延。各种神秘文化大行其道,经久不衰,塑造着人们的精神世界,影响着日常生活。人们普遍敬畏神灵,小心翼翼地生活,用各种方式来敬神娱神。死亡是人道之大变,但死亡是否意味着生命、包括精神世界的彻底结束,却一直是古代一个悬而不决的问题。死亡与殓葬,体现了鬼神、感应、轮回、孝悌等诸多观念,各种丧葬礼仪也随之诞生。

《礼记》记载:"众生必死,死必归土。"(《祭义》)人死后,"魂气归于天,形魄归于地"。(《礼运》)入土为安是对养生送死的基本要求,为什么人死后要归葬尘土呢?古人解释道,"人死为鬼,鬼者归也"(《尸子》),"鬼有所归,乃不为厉"(《左传》)。许慎《说文解字》道:"人所归为鬼。从儿,像鬼头。鬼阴气贼害,故从厶"①也就是说,人死后会变成鬼,只有归葬土地,才不会为厉作祟,使人不安。鬼神观念是人类的共同文化特征,在中外文献和传说中充斥着各种鬼神事例。晚清时期,《点石斋画报》中就经常记载这类新闻。如"游魂为厉"一则,记载松江郊外常有浮厝棺木,每于月白风清之夜,有游魂出走夜行,致人心寒胆战,草木皆兵。"幸遇盗棺"一则,记某贼夜入潮州会馆义冢盗墓,适逢阴差前来拘提鬼魂,使死者得以幸免。这些事例看似荒诞不经,但反映了当时社会观念中生死之间普遍存在的紧张关系。

"葬者,藏也,欲人不得见也。"(《礼记·檀弓上》)古人认为,人的肉体会死亡,而魂魄则会留存,若不得安处,会四处游荡,危害人间。若及早掩埋则肉体速朽,使逝者能及早转世为人。谢肇淛指

---

① (清)段玉裁:《说文解字注》,中华书局2013年版,第439页。

出:"葬欲其速朽也,比化者无使土侵肤,人子之情也。山形完固,不犯水蚁,不近田畴,土膏明润,梧楸森郁,死者之宅永安,子孙自阴受其庇矣。"①"葬欲速朽"也是批判各种停棺不葬、迁葬、堪舆风水的主要立论点。

养生送死无憾是王道德政的象征,也是伦理纲常的重要组成,对于国家、社会及个人具有重要意义。汉唐以后,儒家思想正统地位确立,外化为制度、法律与礼仪,在社会中占据重要地位。孔子高度推崇"无服之丧",同时批判厚葬、殉葬,主张丧葬应"称家之有无",主张丧葬应重内心的哀思而不是外在的仪式,这些对于后世响极大。孟子认为:"养生丧死无憾,王道之始也。"因为事生为"人道之常情",而送死则为"人道之大变",所以,"养生者不足以当大事,惟送死可以当大事"。②将使民众完成丧葬提到王道开端的重要位置,这是前所未有的。生有所寄,死有所归是一套完整的体系,司马光在《家范》指出:"葬者,人子之大事;死者,以窀穸为安,宅兆而未葬,犹行而未有归也。是以孝子虽爱亲留之不敢久也。……盖孝子之心,以为亲未获所安,已不敢即安也。"③

人类早期墓葬方式为不封不树,丧葬礼仪十分简单。《周易·系辞》称:"古之葬者,厚衣之以薪,葬之中野,不封不树,丧期无数。"到商代以后,墓葬流行,丧葬制度日益规范。周代以后,丧礼成为五礼之一,关于葬具、葬期、葬仪等规定日益系统。三礼中关于丧葬祭祀的内容十分丰富,这是参考三代制度并加以理想化的产物,成为后世施政教民的圭臬。《周礼》记载:"以凶礼哀邦国之忧,以丧礼哀死亡,以荒礼哀凶札,以吊礼哀祸灾,以襘礼哀围败,以恤礼哀寇乱。"(《周礼·春官》)④大宗伯作为群官之首,负责掌管建邦之天神、人鬼、地示之礼,以佐王建、保邦国。由大宗伯掌管丧礼,足见丧礼的重要性。由于丧葬的重要地位,无法殓埋的尸骸才会引起注

---

① (明)谢肇淛:《五杂俎》卷六《人部二》。
② 《孟子》卷一《梁惠王章句上》,《四书章句集注》本。
③ (宋)司马光:《家范》卷五《丧仪》。
④ 《周礼·春官宗伯第三》。

意，义葬才成为可能。"枯朽骸胔，必思埋葬得其一地，如生者之寝食居处了无遗憾，然后仁至义尽，可以赞皇恩佐圣治也。"① 历代十分重视丧葬祭祀的研究和完善，面向民间、面向实践的趋势日益明显。清代是传统礼学集大成的时代，出现大批专攻礼学的学者及诸多礼学论著。知识界对礼仪的整理和辩论此起彼伏，影响不容小觑。

（二）历代的丧葬礼制与思想

美国史学家艾尔曼曾指出："礼仪及其实践与中华帝国日常生活的内容息息相关，礼及其与国家法律的关系相辅相成，它们在所处的社会、政治环境中的运转是协调一致的。"② 礼仪是整齐风俗的基本手段，最为紧要的礼仪则莫过于冠婚丧祭。"教训正俗，非礼不备。礼者乃风俗之本源，善治之良法。礼之最切者冠婚丧祭，而踵事增华，日新月盛，有不可不为厘革者。"③ 经历长期积累和变迁，各种礼仪日益烦琐，并偏离淳朴美好的原始状态，需要加以整顿变革。

从商周时起，逐步确立了等级森严、程序烦琐的丧葬祭祀礼仪。这些内容在秦汉以来得以延续，很多内化为制度和法律。所谓"刑不上大夫，礼不下庶人"。古代官方丧葬礼仪的主体始终是针对皇家和贵族的，但唐宋以后对于庶民的规定日趋系统严格，尤其在丧礼仪式、服制、丁忧等方面有不厌其烦的规定。

明代以程朱理学为指导思想，对士庶人丧礼的要求更为严格。洪武元年，太祖下令，民间婚丧嫁娶依照《朱子家礼》。同年，御史高元侃陈奏："京师人民，循习旧俗。凡有丧葬，设宴，会亲友，作乐娱尸，竟无哀戚之情，甚非所以为治。乞禁止以厚风化。"朱元璋令礼官定民丧服之制。洪武五年（1372），对庶民丧礼等进行系统规定，严禁停棺不葬、火葬等鄙俗，规定贫无地及宦游远方不能归葬者，由官方负责掩埋。其中，对士庶人丧礼的规定是：

---

① 彭泽益主编：《中国工商行会史料集》，中华书局1995年版，第869页。
② ［美］艾尔曼：《经学、政治与宗族：中华帝国晚期常州今文学派研究》，赵刚译，江苏人民出版社1998年版，第179页。
③ 乾隆《元和县志》卷十《风俗》。

庶民袭衣一称，用深衣一、大带一、履一双，裙袴衫袜随所用。饭用梁，含钱三。铭旌用红绢五尺。敛随所有，衣衾及亲戚襚仪随所用。棺用坚木，油杉为上，柏次之，土杉松又次之，用黑漆、金漆，不得用朱红。明器一事，功布以白布三尺引柩。柳车以衾覆棺。志石二片，如官之仪。茔地围十八步。祭用豕，随家有无。①

清代大体沿用了明代制度，细节规定更为精细，《清史稿》对"士庶人丧礼"记载：

顺治初年，定制，士、庶卒，用硃棺，椁一层，鞍马一。初祭用引幡，金银楮币各一千，祭筵三，羊一。大祭同。百日、期年祭，视初祭半之。一月殡，三月葬。墓祭纸币、酒肴有定数。

雍正十三年（1735），诏曰："朕闻外省百姓丧葬侈靡，甚至招集亲邻，开筵剧饮，名曰闹丧，且于丧所殡时杂陈百戏。匪唯背理，抑亦忍情。"敕督抚严禁陋习，违者治罪。②

满清入关前信奉萨满教，习俗原本崇尚火葬。入主中原后，清王朝很快改变旧制，主张实行土葬，多次严禁火葬，鼓励各地设立义冢。

思想界对于丧葬礼仪的研究与探讨也一直十分激烈，特别是关于服制、名器、仪式等的辩驳。宋代，理学家对丧葬礼仪等多有研究，以司马光《丧仪》和朱熹《朱子家礼》影响最大，成为后世的典范。这些规定大都延续了"三礼"中的精神，又结合不同时期的制度、现实加以重新诠释。虽然在细节问题上多有出入，但礼的精神和程序等基本延续下来。明代大儒黄佐在《泰泉乡礼》中对庶民礼仪做了详细论述：

---

① 《明史》卷六十《志三十六·凶礼三》。
② 《清史稿》卷九十三《志六十八·礼十二》。

凡居丧，要以哀戚襄事为主，不许匿丧成昏。吊宾至，不许用币，不许设酒食。惟自远至者，为具素食，不用酒。孝子不许易凶为吉，赴他人酒席。乡俗有旬七会饮，及葬有山头等酒会，皆深为害义，犯者有罪。

凡丧事，不得用乐，及送殡用鼓吹杂剧、纸幡纸鬼等物，违者罪之。

凡居丧，始惟食粥蔬素，不得饮酒食肉、寝处于内。大祥后禫而后饮醴酒，食干肉。有能尽礼者，众共核实，以凭旌奖。

凡停柩逾年不葬，及溺于风水、兄弟相推托不葬者，各行戒谕。违者罪之。

凡致奠，上户用猪羊各一，所费银不过三两；中户用猪一，所费银不过二两；下户用五牲，所费不过一两。不能具者，惟炙鸡絮酒尽哀亦可。僭用牛马者罪之。

凡三等人户之下葬，用薄棺，不许焚尸。贫不能葬者，约正、约副率间里科少钱以助之，毋令暴露。

凡葬，依《家礼》，用灰隔，不必用椁。棺内毋得用金银钱帛。

凡火化者，忍心害理，宜送官严惩，子孙依律死罪，工人各行重治。

凡葬埋，宜依族瘗之礼，左昭右穆，不得淆乱。其有乘时强占他人坟地，送官惩治。①

黄佐的这一套说教很有代表性，继承和延续了宋明理学的基本精神，也契合了明清时期的礼仪法制，可谓官方、士绅们鼓吹的丧葬规范的大荟萃。

（三）江南的丧葬风俗

官方丧葬礼制和儒家的理想设计既是判定风俗美丑好恶的标准，

---

① 黄佐：《泰泉乡礼》卷一《乡礼纲领》。

也是指导整顿风俗的准绳。宣统《太仓州志》中对丧葬风俗的记载十分详细,并极力批判各种有悖礼仪的弊俗,呼吁摒弃僧道,挽回风俗,从中可以看出江南丧葬习俗的一般情形:

> 始死子孙男女号泣,往河滨取水洗死者之目,名曰买水。焚化衣服幰屦,杂以纸钱。富家每七必焚缎匹绫罗,付之一炬。桌上置空心馄饨二盏,一奠死者,一奠鬼差。借僧道家磬之频击,谓之死者引路。殡日,城中人家必请道士择日,避生人干支冲克,至有十余日始殡者,四乡则否。殡毕,以蔬食遍祀祖先及亡者,谓之入席。其他禳殃煞,焚纸钱,每七日设祭诵经,僧人放焰口,道士水火炼,更有血湖、受生、寄库诸名目,谓之"功德"。甚者僧道演唱歌曲,幢幡璀璨,箫鼓喧闹,悖理忘哀,莫此为甚。葬礼多从俭省,惑于风水,及贫不能举者,往往过期不葬。夫仪礼纵不宜于今,而本朝《会典》《通礼》亦夫弃如弁髦,徒以二氏乱之,村妪、里媪之说咻之。抑知买水沐尸见于蛮俗,焚化衣物行于胡元。不知余阁之奠而置馄饨;不知三日而殓有定期,不容择期。不知朔望之殷奠而有七七之荐。不知本朝有初祭、大祭之礼,而开吊设飨筵。不知祔祭当在小祥,而亟为入席。不知葬有逾月三月之期,而惑于风水,且将葬无朝祖、祖奠、遣奠之礼,即葬无反哭、三虞、卒哭之节。礼所应有废而不举,礼之所无相沿成习。近一二士大夫家稍稍摒除二氏,然因陋就简,卒无以挽回风俗,而反之正,吁可慨也!①

从上述记载我们可以看到,当地的丧葬风俗是兼采了儒、佛、道三教的礼仪规范,与汉文化地区大多类似,不少做法今天也依然流行。然而在作者王祖畬眼中,从初丧到卒哭,整套的丧葬礼仪程序,几乎没有几样是规范正确的,以至于发出"会典、通礼亦弃如弁髦"的感慨。

二 江南的丧葬弊俗

相对于礼仪的理想化和静态化特质,风俗更现实多样,美俗与弊

---

① 宣统《太仓州志》卷二《风土》。

俗之间、循礼与从俗之间的矛盾冲突长期存在。清代义葬发展的重要原因是消弭各种丧葬"弊俗"，如火葬、停棺不葬、丧葬用僧道等。这些弊俗虽有深刻的社会文化土壤，却不符合官方的价值理念、政策导向与道德规范。清代理学名臣陈宏谋在两江总督任内曾大力整顿民间弊俗，所颁行的《风俗条约》被一直被视为训俗经典。文中他历述江南丧葬弊俗：

> 凡婚丧逾制，男女无别，僧道惑人，地棍滋事，不但耗费财物，易致贫乏，抑且干犯礼法，有玷家风。丧葬大事，重在附身附棺，尤在致哀尽礼。新丧经忏，绵延数旬。佛戏歌弹，故违禁令。举殡之时，设宴演剧，全无哀礼。人兽纸器，拥塞道路，夸耀愚夫，适为有识者窃笑。至于亲死棺殓，入土为安，乃温饱者惑于风水，久厝不葬，反以速葬为耻，甚至数年、几代，均不肯葬，满屋停棺，到处浮厝。或惨付火焚，忘亲灭礼，莫此为甚。①

这段文字较为全面地论述了江南的丧葬"弊俗"，如用男女无别、僧道经忏、用乐演剧、久厝不葬、火葬等。经历千年陶铸，江南各地风俗呈现高度的一致性。康熙《吴江县志》提道："今大江以南，江楚吴越之间，大约相似者十之六七。间有小异，或千里而异，或数百里而异者，若欲于百里之间，独自为风而不同于他处则寡矣。"② 下面对火葬、堪舆风水、奢葬偷葬、丧葬用佛道等几种丧葬"弊俗"进行简要梳理。这几种鄙俗植根民众之中，千百年来习以为常，危害相对较小的，官方基本上是睁一只眼闭一只眼，或口号式加以劝导。除此之外，江南还存在严重的停棺不葬、阻葬扰葬习俗，以及浮尸露骴问题，它们危害巨大，关注度高，是义葬善举出现的主要背景，作为丧葬问题在后面专节展开论述。

---

① 同治《苏州府志》卷三《风俗》。陈宏谋在担任两江总督时进行了大刀阔斧的风俗整顿活动，其《风俗条约》被编入《五种遗规》等很多官箴书中，被作为清代官吏行政的典范之作。

② 康熙《吴江县志》卷二十六《风俗》。

(一) 火葬

中国传统礼俗多崇尚土葬,但火葬、水葬、天葬等形式在不同时期和区域也长期流行。佛教传入后,对中国社会产生了深刻的影响,火葬(佛教称"荼毗")开始在僧俗之间流行,到宋元时期,民间大为普及。建隆三年(962)曾下诏禁止火葬,宋太祖称:"近代以来率多火葬,甚愆典礼,自今宜禁之。"绍兴二十七年(1157),因火葬日炽,事关风化,再次下令禁止。由于推行困难,次年规定只限于豪富士族,"贫下之民并客旅远方之人,若有死亡,姑从其便"。① 南宋大儒朱熹曾指出:"自佛法入中国,上自朝廷,下达闾巷,治丧礼者,一用其法。"②

明清时期,江南地区火葬流行,遭到官方多次批判与严禁。③ 同治七年(1868)八月,江苏巡抚丁日昌严禁火葬,指出:"有无知愚民,于父母尸棺无力安葬,每岁清明前后相率焚烧,名为火葬。此俗各属皆有,苏松太三府为最盛。又有既葬之后将其父母棺木揭开,沉骸谛视,易木棺以土罐,亦属忍心害理,合行饬禁。"④ 嘉善人陈龙正称,当地火葬之风盛行,子焚其父、妻焚其夫,已成习俗,恬不为怪。⑤ 清人钟琦《皇朝琐屑录》记载:"浙江杭、嘉、湖三府,有火葬之风俗,石门、桐乡二县尤甚。其发冢开棺而不烧者曰明葬,发冢烧棺而不见尸者曰暗葬。举先人之遗骸,付于烈焰。火初发则柩中鸣

---

① 《宋史》卷一百二十五《凶礼四》。
② (宋)朱熹:《朱子文集》卷一十四《跋向伯元遗戒》。
③ 常建华:《试论明清时期的汉族火葬风俗》,《南开史学》1991年第1期。
④ 光绪《吴江县续志》卷二《营建》。另见《江苏省例》,同治七年八月二十八日。
＊ 丁日昌在江苏任职时间长,在整顿风俗和推行善举方面贡献卓著。其大致简历如下:丁日昌:1823—1882年,字持静,小名雨生,别名禹生,广东省丰顺县人,廪贡生出身,有不世之才。任广东琼州府儒学训导,江西万安、庐陵县令,在镇压太平天国运动中脱颖而出,受到曾国藩、李鸿章赏识,入幕参与军机,并委以重任。同治三年(1864)五月起任苏松太道(上海道台),同治四年(1865)九月起任两淮盐运使,同治六年(1867)正月起任江苏布政使,同年十二月起至同治九年(1870)十二月任江苏巡抚,后丁母忧回家守制三年,光绪元年(1875)八月任福州船政大臣,次年初任福建巡抚,光绪五年赏总督衔会办海防、节制沿海水师兼理各国事务大臣。丁日昌勤政干练,著作等身,著有《抚吴公牍》《保甲书辑要》《百兰山馆诗》《奏稿》《五洲政要通考》《百将图传》《巡沪政书》《丁禹生政书》《百兰山馆古今体诗》,重编《牧令书辑要》等。因在江苏布政使至江苏巡抚均在苏州,所处理事务甚多,不少函牍位置错乱,且未标明时间。
⑤ 陈龙正:《几亭全书》卷二十六《政书·乡筹》。

咽有声，火既熄则成灰烬。其子孙方且延僧众、召亲朋饮宴欢呼而不伤惨者。盖深惑于火葬之说，可以速发富贵耳。"① 杭州"贫者火葬成风，官设义冢为虚"。"人死则习浮屠法者，举而燔之。"②

东南地区"二次葬"习俗长期盛行，俗称"揭生骨"，火葬是其中的一个程序。一般亲人去世后，先停厝或浅葬于室外，若干年后待检视尸骨，识其颜色，存放于坛瓮之中再行埋葬。同治《双林镇志》对此有详细记载："乡民有火葬恶习，家属死日，即用土堲厝棺桑地，或一二年，或十数年，视棺木朽烂。逢清明或冬至前一日举火焚之，检骨贮于坛（有僵尸未烂，因火灼筋骨变动若起垒者）。亦有揭生骨不用火焚者，尸骨不甚腐，则用刀剪截夹断，惨忍之事，经官严禁不能挽回。"③ 咸丰《南浔镇志》记载："或有将柩火焚，拾骸骨贮瓮埋之者。或俟尸腐烂后检其骨置瓮中，谓之'揭生骨'。"④ 嘉庆《桐乡县志》加载："更有乡愚延僧道，将尸焚化，拾骸骨贮于瓮，埋之荒野，名曰'火葬'。此风南方水乡土隘之地间有染之。"⑤ 这一风俗在原始社会时期就存在，在东南地区尤为流行，千百年来屡禁不止。

（二）堪舆风水

中国传统将吉凶祸福与丧葬殓埋活动挂钩，希望觅得好的墓地以博取富贵，对墓地的处所、埋葬的时间以及丧葬礼仪格外讲求。明清江南普遍重风水，如上海"购地营葬，土著者尚易集事，若客乡来葬者，把持地段，争昂其值，间有老妪寡妇不能做工者环索照派，或越境夺工，动辄殴打。此种恶习各处皆然，卒难禁革。谚云'乡下人打官司，上海人做风水'，均为受累"。⑥ 昆山信义镇，"风水之说，士类亦多信之，地师互相倾轧，筑一坟一位碍及邻村，建一屋一位碍及邻舍，甚有因此争阻涉讼者"。⑦ 常州，"丧葬，视文公《家礼》仅十

---

① （清）钟琦：《皇朝琐屑录》卷三十八，《近代中国史料丛刊》本。
② 民国《杭州府志》卷七十四《风俗一》。
③ 同治《双林镇志》卷十五《风俗》。
④ 咸丰《南浔镇志》卷一《风俗》。
⑤ 嘉庆《桐乡县志》卷十二《风俗》。
⑥ 民国《法华乡志》卷二《风俗》。
⑦ 民国《信义志稿》卷二十《风俗》。

得二三耳，大抵称家之有无。拘忌阴阳，迁延不葬，或家业中落，后嗣远游，风雨摧残，水火漂毁皆有"。① 无锡，"亲死久而不葬，多为风水所惑"。"一殡之费或破中人之产，亲死久而不葬，多为风水所惑，大夫士庙之制久废"。② 杭州，"送终之礼，惑于堪舆，或数十纪而不葬"。③ 湖州，"其葬也，必请地师多方择地，择地不得先出柩殡于他处，谓之浮厝，亦有生前预作寿茔，殁后仅择期入穴"。④ 湖州安吉，"葬必择地，未卜吉则浮厝以俟，甚有迁延数十年，任其暴露者。酷信风水，重堪舆，挟术来游者多江右人，富室就款在家，求觅善地，尊礼逾于师傅。……子孙不自振拨荫庇，专责之祖宗，稍有不利辄归咎于坟墓。……其吉凶祸福皆取决于风水，流速之拘禁大率如此"。⑤ 湖州武康，"俗最信风水，有迁延数十年不葬者，至付亲柩一炬，则忍心尤甚"。⑥

这一风俗到民国年间依然很流行，胡朴安在《中华风俗全志》中记载："至于营葬，或未几即葬，或数年再葬，或久停不葬，并无定期。盖惑于风水之说，冀先人遗骸牛眠吉壤，子孙可享幸福。此种迷信，比比皆是，不独海宁为然也。"⑦

（三）奢葬偷葬

婚丧嫁娶作为人生大事，向来为社会重视。殡葬过程中，亲友庆吊，丧家则以酒肉宴乐等款待，这一过程的耗费难以量化，亦无标准。对殡葬排场互相攀比，竞相奢侈的行为，习惯被称为"奢葬"。同时，一些家庭无力承担昂贵的丧葬费用与排场，往往因陋就简，或私下草草埋葬，不举办丧礼以惊动亲戚、邻右，称为"偷葬"。清代江南奢葬与偷葬并存，都十分流行。如同治《乌青镇志》记载："四方送葬者辐辏，而会主家各有程仪及舟车仆从之犒。乡愚之不能办

---

① 道光《武进阳湖县合志》卷二《风俗》。
② 光绪《无锡金匮县志》卷三十《风俗》。
③ 民国《杭州府志》卷七十四《风俗一》。
④ 同治《归安县志》卷十二《风俗》。
⑤ 同治《安吉县志》卷七《风俗》。
⑥ 同治《武康县志》卷五《风俗》。
⑦ 胡朴安：《中华风俗全志》下，卷四《浙江》之《海宁风俗纪》。

者,甚至将尸烧化,拾骸骨贮于瓮埋之荒野。"① 光绪《菱湖镇志》记载:"其葬也,有力之家遍告亲友,敦请达尊,祀后土、题神主,四方送葬者辐辏而会;有贫不能办者潜自经营,蓦然就穸。"②

清人高珩指出:"近人治丧事,其侈费也动至千金,或数百金。问之则曰富贵之家创焉,遂相效而务过之,不然世俗将以为讥。"③ 美国人马士在《中国行会考》也提到:"在中国,富裕家庭花费大笔钱用于葬礼,是一件值得荣耀的事情。作为这个家庭的朋友,送近似于昂贵的礼物也是惯例。"④ 江南关于奢葬记载甚多,如松江外冈镇,"丧葬婚冠,富者竭力以侈观,贫者至弃产称贷,以饰世俗之耳目,相习成风,莫可移易"。⑤ 昆山沙头里乡,"丧之滥习莫甚于乡村,一家有丧,吊者聚食,擎拿畅饮,不醉不至。极贫之家动必数席,其费倍于丧事。苟非责诸地方,遇有此等,立即报究,其风岂能自熄。是所望于持世道之君子"。⑥ 杭州,"又举宴,其亲邻赴召者,至有便衣不冠不诣灵、不执孝子手,欢呼饮啖而去。孝子则视具劝觞,忘其哀痛,云是报施,绝不可废。送死之费,耗于此中。呜呼,悖理伤道莫此为甚"。⑦

偷葬现象也很普遍。如华亭法华乡,"丧庆事狃于积习支应之繁,每因脱节遭谴,有力者亦常秘而不举。寿者辄托词远避,出殡恒于深夜,俗号偷丧。非不欲尽礼,实势不得行也。近则删繁就简,无论丧庆已一洗从前恶习矣"。⑧ 杭州,"于是吊者不问亲疏,或且趋而为利,而乡里惟酒食是责,葬时地邻抑又甚焉,素之士每于深夜潜窆,谓之偷葬"。⑨ 湖州安吉,"殡之日,用鼓乐僧道前导戚友,咸来送殡

---

① 同治《乌青镇志》卷十九《风俗》。
② 光绪《菱湖镇志》卷十《风俗》。
③ 吴荣光:《吾学录初编》卷三《丧礼五》。
④ [美]马士:《中国行会考》,转引自彭泽益主编《中国工商行会史料集》,中华书局1995年版,第64页。
⑤ 民国《外冈志》卷十二《风俗》。
⑥ 民国《沙头里志》卷二《风俗》。
⑦ 嘉庆《钱塘县志》卷七《风俗》。
⑧ 民国《法华乡志》卷二《风俗》。
⑨ 民国《杭州府志》卷七十四《风俗一》。

族繁者酒食甚费。有贫不能办者，乘夜就穸，不问哭泣声，为之偷丧"。① 湖州武康，"其葬也，亲戚族党咸来，丧家具酒肴以待。有贫不能办者，绝不通知，潜自经营，蓦然就穸，曰偷葬"。②

（四）丧葬崇佛道

自佛道风行后，将各种法事、斋醮之类为死丧者超度亡灵作为传道弘法的重要手段，社会广为流行。虽宋明以来官方多有申禁，但积习不改。清人徐时栋《烟屿楼笔记》记载："近时士大夫及富室巨族，其出丧，不用僧道前引者甚少。"③ 江南素称佛地，丧葬用僧道习俗风行。如松江，"丧家用六轮经，喜作佛事，葬者信风水"。④ 青浦县盘龙镇，"乡间凶礼亦多繁费。入殓必延僧道，出殡亦如之。死后逢七日，富者建置道场，七七日始毕。揆诸儒家不作佛事之礼，殊属相左"。⑤ 湖州安吉，"丧家专用僧道，昼夜道场约费十余金，贫家每鬻产以办，富室逢丧则僧道大获其利，故庵观寺院各有坐定村坊，谓之'门徒'，不容抢越，斋事各有分属，如云'僧不设醮，道不度亡'，俗语相沿，若为成例。大抵崇信释道，湖俗类然，然未有如安吉之费者"。⑥ 湖州菱湖镇，"三年之内，自七七、百日、期年、七月十五以至除服，类延请僧道，其费不赀，谓之超度"。⑦

除上述之外，明清江南丧葬弊俗尚有不少，如丧葬用乐和乘丧嫁娶。这些丧葬弊俗密切关联、相互影响。同治《余杭县志》记载："居丧习于仪文，多用浮屠，动鼓乐，且盛酒馔以待客，力不能支，遂为择日开灵之说，或溺堪舆家言，停柩不举。各项有一室数棺，百年无抔土者。呜呼，亲丧自今尽，奈何沿末俗而不之省与？"⑧ 这一段文字涉及的丧葬弊俗有用佛道、娱乐、奢葬、停棺不葬等多种，在作

---

① 同治《安吉县志》卷七《风俗》。
② 同治《武康县志》卷五《风俗》。
③ （清）徐时栋：《烟屿楼笔记》卷四。
④ 嘉庆《松江府志》卷九《风俗》。
⑤ 光绪《盘龙镇志》不分卷《风俗》。
⑥ 同治《安吉县志》卷七《风俗》。
⑦ 光绪《菱湖镇志》卷十《风俗》。
⑧ 光绪《余杭县志》卷三十七《风俗》。

者看来，所谓择日开灵、堪舆家言之类，既是当时的实情，也往往是丧葬家庭无力埋葬的借口。

三　江南丧葬弊俗的实质

"十里不同风，百里不同俗。"不同历史时期和区域存在流风民俗的差异，不断嬗变，然而社会评价标准却相对单一固定，于是就有了风俗的淳美与鄙陋之别、传统和现代之分。传统的风俗论者往往"厚古薄今"，所谓美俗只是存在于"三代"和"前朝"，现实总不尽如人意。这是风俗与礼仪之间的一个悖论，体现了儒家理想与社会现实的紧张。这些差别常常分属城市与乡村之间，乡村远离商业化，正所谓"礼失求诸野"，往往被视为攻击城市的标杆。城市因官绅商富聚集，因消费文化带来的奢华浮薄，或财富引发的等级秩序的颠倒是正统所难以容忍的。岸本美绪指出，风俗的内涵并不在于岁时节令、冠婚丧祭、方言物产之类具体形态，更为主要的是"通过这些行动方式表现出来的人民精神的品质"①。

礼仪制度在中国传统社会具有特殊的政治、社会价值。如《孝经》所称："教民亲爱，莫善于孝；教民礼顺，莫善于悌；移风易俗，莫善于乐；安上治民，莫善于礼。"② 文献中关于礼仪的记载连篇累牍，其复杂冗长令人窒息。虽然经典讲求"礼不下庶人"，但作为王化之民，民众的循礼对于统治稳固具有积极意义。尤其在宋代以后，关于庶民冠婚丧祭等日常礼仪的规定日益严格，官方对于风俗教化的关注更多了，因而各种关于"恶俗""弊俗"的记载也明显增加。对于清代江南丧葬鄙俗，除了从礼仪与风俗的冲突分析，还应从当时的社会经济中进行考察。江南的自然环境、人地状况、社会经济、民众生计、消费时尚、社会心态等都是导致这些丧葬鄙俗的主要原因。

首先，江南地方人多地狭，土地金贵，多数民众是没有土地的，要谋求葬身之所往往是很难的。随着人口的增长与流动，人地关系紧张，对土地的争夺与侵占成为普遍现象，坟地与丧葬成为很多人"不

---

① ［日］岸本美绪：《风俗与历史观》，《新史学》第13卷第3期，2002年9月。
② 《孝经·广要道章第十二》。

能承受之重",甚至中等人家尚无地殓葬而长期停厝。如嘉兴石门,"以地当孔道,土狭民稠,往往停棺寄柩,累然于荒烟孳草间,迟之又久无主者,固任其狼藉矣。有主者沿火葬恶习而付之一炬,惨矣"。① 许多民众采用火葬、停棺不葬等往往是被迫无奈的。清初大儒张履祥认为,火葬的原因主要是佛教的影响、风水之说及贫不能葬:"火葬一事,历代所禁然而不止者,一惑于桑门之教,一惑于风水之说,一诿于贫而无财。"② 万学沉提出,江南土地膏腴,寸土必耕,达到"非稍温饱者,不能有葬地"的程度,有主人家又不愿葬入漏泽园义冢之中,只得赁地而厝,久而久之乃采取火葬:"吾乡土膏而民勤,尺寸之地,必耕植,非稍温饱者,不能有葬地。而漏泽园之设,原以无主之骸,有主者又不欲概从瘗埋,于是赁地而厝,久之或付之一炬。"③ 清人钱宝廉在《严禁火葬积习疏》中提到,浙北火葬盛行在于土葬或停厝占地,不便于种植蚕桑:"查火葬之习,浙江杭嘉湖三府皆有之,而莫盛于嘉属之石门、桐乡等县。彼处民多业蚕,以其不便于种植,乃于中元、冬至两节,前后相率而为火葬之举。其发冢开棺而不烧尸者,谓之明葬;其发冢烧棺而不见尸者,谓之暗葬。举先人之遗骸而付之一炬,火初发,则柩之中呜咽有声;火既息,则骨既煨烬;间有年久尸僵者,乃以斧斤支解之,仍复投诸烈焰,伤心惨目所不忍言。而为之后者方且延僧众,召亲朋,饮燕欢呼,金钱挥霍,绅民劝之而不顾,官长禁之而不悛,冥愚荒诞,举国若狂。由嘉属而推之他府,由浙江推之他省,渐染效尤。"④ 明清江南土地流转频繁,"一田二主"现象普遍,客观上增加了普通民众获取墓地的难度。通过各种借口阻挠埋葬,成为争夺坟地、牟取暴利的手段。如上海,"购地营葬,土著者尚易集事,若客乡来葬者,把持地段,争昂其值,间有老妪寡妇不能做工者环索照派,或越境夺工,动辄殴打。此种恶

---

① 光绪《石门县志》卷三《养育》。
② (清)张履祥:《杨园先生全集》卷十八《说一》,《续四库全书》本。
③ 嘉庆《濮川所闻记》卷四《义冢》,万学沉:《义冢记》。
④ 钱宝廉:《严禁火葬积习疏》,饶玉成《皇朝经世文续编》卷六十三《礼政十·丧礼下》。另见《禁火葬录》,《近代史资料》第85辑,中国社会科学出版社1994年版。

习各处皆然，卒难禁革。谚云'乡下人打官司，上海人做风水'，均为受累"。①

其次，江南地区的自然环境也是造成丧葬鄙俗的原因。如江南土地卑湿，尤其太湖沿岸地区，海拔很低，一旦泄洪无门或海水倒灌，很容易发生内涝。江南地区水浅土薄的自然地理环境，给人们的营葬提出挑战。为了避免水泉之湿，虫蚁之患，人们被迫改革葬法，避免自然环境带来的不利因素，达到固护棺骸的目的。②按照传统风水学说，阴宅（坟地）应当藏风得水，不受水火、蝼蚁等侵害，也远离田园，这样，方能达到"入土为安"的效果。明清江南风水堪舆学说盛行，如何寻觅良好的坟地，成为很多人孜孜以求的东西，这一需要耗费大量时间和金钱的活动，显然超乎很多人的承受能力。张传勇认为，江南同时存在浅葬与浮葬的习俗，使得浮厝之棺具有特殊的意义，在一定程度上具有似葬非葬的属性，与墓葬难以区分。浅土厝尤为明显。在清代司法实践中，甚至将其作为墓葬对待。③

最后，儒家伦理观念也是导致丧葬鄙俗的主要因素。"养生丧死，王道所先。仁人孝子，不忍暴露其亲，使骨肉复归于土，所以死者获体魄之安，生者尽送终之礼。"④丧葬作为礼仪重中之重，各种风水择葬、奢葬、用僧道、礼乐等，大都是在仁孝的大旨下进行的。受各种因素制约，丧户难以如愿，停棺不葬、火葬、土葬等常为无奈之举。日常生活中，很多人倾向于知足和节俭，但在婚丧礼仪场合，这种节俭思想就烟消云散。费孝通先生指出："中国传统素来重视礼乐教化的政治社会功能。人们认为婚丧礼仪中的开支并不是个人的消费，而是履行社会义务，孝子必须为父母提供最好的棺材和坟墓。"⑤文献与传说中，各种卖身葬亲、万里归葬的故事正是这种文化精神的体现。

---

① 民国《法华乡志》卷二《风俗》。
② 张传勇：《因土成俗：明清江南地区的自然地理环境与葬俗》，《中国社会历史评论》第9卷。
③ 张传勇：《似葬非葬：清代江南地区的浮厝习俗》，《民俗研究》2009年第1期。
④ 林枝春：《与刘按察使论速葬之法书》，载贺长龄辑《清经世文编》卷六十八《礼政十五·正俗上》。
⑤ 费孝通：《江村经济：中国农民的生活》，商务印书馆2007年版，第121页。

儒家理论自身的矛盾决定了实践上的多重标准，在丧葬礼俗上体现得格外明显。比如堪舆风水等方面，宋儒就有很大的分歧。如朱熹极端反对佛道，司马光反对风水之说。清初陈确高度赞誉他们的主张，提出："异端之害，自杨墨而后，学莫诡于二氏；佛老而外，祸莫烈于葬师。窃以文公（朱熹）之欲火佛书，而温公（司马光）之欲焚葬书，皆绝世之卓识，至仁大勇之事，孟子以来二公而已。"① 然而，《孝经》中就有"卜其宅兆而安厝之"的规定，宅兆即指墓地，认为亲死后选取墓地安葬是孝行的体现。对于这些经典的规定，后世进行了各种发挥。如吴荣光就曾指出程颐、朱熹强调风水之说："虽程朱大儒亦以为地不可不择，程子以土色光润、草木茂盛为吉地之验，而又言五患当避；朱子云须形势拱揖环抱，无空缺处为可用。"② 儒学是历史发展过程的产物，圣贤哲人间也有抵牾矛盾之处，这就给实践和诠释者提供了很大的空间。

第四节 江南的丧葬问题与社会应对

前面提及的几种丧葬弊俗，往往只是违背了儒家礼法说教，但未必会对社会造成太多的困扰和危害。然而，江南普遍存在的停丧不葬、浮尸路毙与阻葬扰葬问题，已不是单纯的礼俗问题，而是严重的社会问题。针对这些问题，清代社会除理论批判外，还采取了包括义葬在内的一些实际措施。

一 清代江南的丧葬问题

（一）停棺不葬

人们将亲人棺柩停厝屋内，或者另外搭建简易房屋停厝，或寄放于寺庙公馆、田间路旁等公共空间和野外，这种现象习惯上被称为"停棺不葬"，也称为"假葬""浮厝""久丧不葬"等。王卫平、张

---

① （清）陈确：《陈确集》卷三《书三》《复朱康流书》，第130页。
② （清）吴荣光：《吾学录初编》卷十九《丧礼五》。

传勇等对此多有研究。① 停棺不葬并不是清代江南的特有现象。中国很早就有类似"渴葬"的习俗。全国许多地方都有停棺不葬现象，尤其以东南各省为著。清人钟琦《皇朝琐屑录》记载："古人安葬以三月为期，江浙绅民竟有停柩至数十年之久，一家之中积至数口之多而不葬者。妄谓祸福穷通，地操其券，于是有力之家方谋购，无力者惟事因循。"② 汪辉祖记述："顾吾越淹葬之习，恬不为怪。贫者犹曰无力，素封之家，妄求吉壤，月宕岁延，有一再传而停柩于堂、厝棺于野者，甚或改卜佳城，屡屡迁掘，没者不宁，生者不顺。"③

宋代以后，江南人口密集度陡增，人多地狭，停棺现象日趋增多。文献中多有类似记载。如松江奉贤，"寡戚族无子孙，将三寸橖委之道旁野田，累累白骨，行道每为酸鼻"。④ 嘉定"葬期远近无定，亦有久停不葬者"⑤。杭州，"习俗多不葬其亲者，亲死则于西湖前后诸山僻处赁屋而寄置其棺，家道陵替，子孙远游，始则墙颓瓦卸，既则风日摧剥，狐狸穴居，尸骸狼藉暴露，过者悯然，不忍睨视。虽富贵世家往往不免，岂忍亲之甚乎？"⑥ 余杭，"或溺于堪舆家言，停柩不举，各乡有一室数棺，百年无抔土者"。⑦ 新昌，"近古但溺于阴阳家而惑于堪舆之说，每每停柩不葬，有二三十年者"。⑧ 嘉兴石门，"以地当孔道，土狭民稠，往往停棺寄柩，累然于荒烟蔓草间，迟之又久无主者，固任其狼藉矣。有主者沿火葬恶习而付之一炬，惨矣"。⑨ 直到民国时期，江南火葬与停棺不葬的情形依然普遍存在。20世纪30年代，费孝通在《江村经济》中记述江南的丧葬习俗，当地

---

① 王卫平：《清代江南地区社会问题研究：以停棺不葬为例》，《江苏社会科学》2001年第2期；钞晓鸿：《明清时期的停丧不葬习俗》，《厦大史学》第二辑，厦门大学出版社2006年版；张传勇：《似葬非葬：清代江南地区的浮厝习俗》，《民俗研究》2009年第1期。
② （清）钟琦：《皇朝琐屑录》卷三十八。
③ （清）汪辉祖：《双节堂庸训》卷三《治家·勿淹葬》。
④ 光绪《奉贤县志》卷二《建置·公所》，杨本初：《同善堂碑记》。
⑤ 光绪《嘉定县续志》卷五《风土》。
⑥ 民国《杭州府志》卷七十三《恤政四》，万照：《存仁堂记》。
⑦ 嘉庆《余杭县志》卷三七《风俗》。
⑧ 民国《新昌县志》卷五《礼制·原风俗》。
⑨ 光绪《石门县志》卷三《养育》。

普遍棺木不埋于地下，而是放在桑树丛中，用砖瓦搭盖小坟屋，称其为"地上葬"："村里同城镇的做法不同，棺材不埋在地下，而是放在地上桑树丛中，用砖和瓦片盖起一个遮蔽棺材的小坟屋。如果这一家买不起砖和瓦，则用稻草搭成坟棚。这样，并不因为埋葬而荒废土地。"①

停丧不葬是多种因素造成结果。清人经常被提到的原因，一是经济贫困而无地或无力埋葬；二是溺于堪舆风水，无合适的时机和地点。张履祥指出："停棺浅厝，所在皆是，暴露经年恬不为怪。推求其故，则曰为择地也，为无力也。"②名儒朱轼认为："近世士大夫，有累世不葬者，有累数柩不举者。"其原因是：一为家贫不能葬，二为不得葬地，三为时日不利。③清代名臣陈宏谋认为："乃有惑于其（风水）说，不修人事，专恃吉地以为获福之资，遂有迟至三年而不葬者。"④家庭成员相互推诿，不愿承担也是重要因素。裕谦指出："其贫苦者又无论矣，竟有惑于风水，贫苦者艰于资财，其子孙众多者有相互推诿，或各执己见，遂至年复一年，不获及时安葬，不特有违礼制，几同自外伦常不致。"⑤另外，江南多客商流寓，官宦人家也不乏累世停棺者。清人赵慎畛《榆巢杂识》记载，某翰林三世停厝不葬，曾祖厝徽州，祖厝苏州，父厝京城。⑥

停棺不葬造成极大的社会危害。

首先，将亲属棺木长期放置在外，容易导致棺柩毁坏，尸骨暴露，违背了伦理孝道。如万照《存仁堂记》指斥杭州等地停棺不葬导致诸多弊病："行道有福，事亲五方，仁人孝子，各求其心之所安而

---

① 费孝通：《江村经济：中国农民的生活》，商务印书馆2007年版，第78页。
② （清）余治：《得一录》卷八之一《葬亲社约》，《近代中国史料丛刊续编》，文海出版社1970年版。
③ （清）朱轼：《停丧不葬》，《皇朝经世文编》卷六十八《户政三·养民》。
④ （清）陈宏谋：《训俗遗规》卷三《示子弟帖》，《四部备要》本。
⑤ （清）裕谦：《裕靖节公遗书》卷三《训俗类》，《禁停棺不葬示》。
⑥ （清）赵慎畛：《榆巢杂识》上卷《三世不葬》记载："王芷塘云，伊戚某翰林，三世停厝不葬：曾祖厝徽州；祖厝苏州；父厝京城东隅夕照寺，距京寓仅数里。入翰林后，亦未尝设一祭。噫！是可忍也，孰不可忍也！根本不笃，枝叶不茂，未见于处忍心而能获福荫者。可危可危！"

已。杭州习俗多不葬其亲者，亲死则于西湖前后诸山僻处赁屋而寄置其棺，家道陵替，子孙远游，始则墙颓瓦卸，既则风日摧剥，狐狸穴居，尸骸狼藉暴露，过者悯然，不忍睨视。"① 恻隐之心，人皆有之，生无以养，死无以葬，给人类巨大心理冲击。

其次，棺柩、尸骸暴露容易导致尸气弥散，污染环境，引发疾病、瘟疫。清代，随着瘟疫肆虐与医学的发展，对于公共卫生的认识日益深刻，对停棺不葬与浮尸路毙的批判明显增多。同治年间，嘉善知县江峰青批评当地施棺不当时指出："尸气逼人，必为瘟疫；瘟疫行而施棺又多，而瘟疫不止。人第归咎于疫气流行，孰知为善者实与之有关乎？"② 民国《川沙县志》批判当地停棺恶习："风水之说，事属渺茫，俗尚信之甚坚，往往以寻风水为名，停棺不葬。其浮厝经雨淋日炙，棺朽骨暴，猝遇风潮，每遭飘没。殊不知丧具称家有无，古有明训。以先人遗骸为邀福求荣之具，真为不孝之尤。且有因此互起争端，经年缠讼，倾家荡产，后悔已迟。至护塘两侧，棺没池中，上又置棺，叠床架屋，沿塘几无干净土。每逢盛夏，暑气熏蒸，秽恶触人，易生疾病，害莫大焉。"③ 太仓州，"葬礼多从俭者，惑于风水及不能举者，往往过期不葬"。④ 黄安涛《哀浅厝》诗历数停棺的种种恶状，就格外提到尸棺破败，引发疫疠的情形：

江南渴葬多，送死习俗薄。攒基一椽覆，终古浅土托。
今兹夏暑雨，泽国成巨壑。生者既流离，死者亦漂泊。
我归经吴江，晴久水始涸。村家旧涨痕，坏壁可约略。
游目未忍穷，惨惨到岸脚。楄柎何纵横，颠倒沙嘴阁。
想当潦盛时，出没浪中跃。不知几万千，残骴付蛟鳄。
前年疫疠行，鬼伯肆横攫。岂料殚化余，又被阳侯虐。
谁欤轸仁心，掩骼高冢作。招魂问水滨，一例俱冥漠。

---

① 民国《杭州府志》卷七十三《恤政四》，万照：《存仁堂记》。
② 光绪《嘉善县志》卷四《冢墓》，江峰青：《长寿会施棺序》。
③ 民国《川沙县志》卷一四《风俗》。
④ 民国《太仓州志》卷三《风土》。

新故但憮然，气类有淆错。天阴声啾啾，哀此一丘貉。①

停棺不葬还容易导致火葬、盗墓等连带问题。松江府南汇，"俗惑占葬，尚屋厝，子孙散失，积成暴骸，甚者贫无以葬，委弃荒井，寻用火化"。②嘉兴府嘉善，"浮厝之多，甲于天下，往往棺木朽坏，尸骨散乱，惨不忍睹。幸而子孙仁贤，收骨安葬，庶几妥遗骸，无后虑矣。乃因避湿之故，而俗尚浮葬。有以爱亲之过，而概用砖椁。虽葬而仍厝，日久势必坏，撬窃之案因此而多"。③明清发冢盗墓一直很严重，而江南葬俗多浅葬停厝，更为盗墓提供了便利。《申报》曾报道一则《贼偷棺材板》的新闻："有盗贼偷窃义冢内浮厝之小棺木，被捕送官府，判罚号枷三月，发头门示众。"④有些人甚至盗掘先祖坟墓以谋地求财，这在清代江南也不鲜见。唐甄在《潜书》中记载："吴人发冢，非异人，即其子孙也。贫无所计，则发其先祖父母之尸而焚之，而鬻其地，利其藏中之物。"因未葬亲，有人甚至向他"推销"，十两银子就可以将其父祖棺木起去，将墓地卖给他，让他大为惊诧。⑤梁恭辰记："州县患盗，而其祸莫烈于斫棺，比年此案迭出，巨绅富户尤惴惴焉。"⑥按律法，盗卖祖坟者是要判处绞刑的，在江南竟然"视为故然"。

（二）浮尸路毙

停丧不葬针对的基本为当地"有主之家"或外来客寓。乞丐流氓或往来行旅多暴毙横死者，尤其是战乱、灾荒后产生的大批死难者，无名无家，难以认领收殓。这些尸骸一般被称为"浮尸路毙"。

明清时期，行商、客寓、乞丐、流民等遭遇不测，往往暴露于外。康熙年间，仲宏道在《濮川同善会记》中记述了当时存在的各种

---

① （清）黄安涛：《哀浅厝》，载张应昌辑《清诗铎》卷二十三《丧葬》。
② 同治《南汇县志》卷三《建置》，陈焱：《新增义冢碑记》。
③ 光绪《嘉善县志》卷四《冢墓》，《邑侯江峰青劝谕贴土葬棺示》。
④ 《申报》1878年4月2日第1版，总1819号，《贼偷棺材板》。
⑤ （清）唐甄：《潜书》下篇《吴弊》。
⑥ （清）梁恭辰：《北东园笔录初编》卷五《开坟凿棺》。

丧葬难题："迩来天行水旱，人事兵戈，异乡断梗，每愁旅榇无资，孤苦游魂，欲续沟中累茔，所谓凡民之丧，莫惨于此。即或好义之家，蠲力施棺，然而舍无常地，主无常人，资无常出，得此遗彼，讵能远暨。"① 平湖乍浦镇，"滨临海角，往时地瘠民稀，自禁令即弛，同通闽粤，东达日本，商贾云集，人烟幅辏，遂微海滨重镇。生聚即众，旅瘗日繁，津亭驿路，往往白骨狼藉"。② 宝山罗店镇，"水陆绮交，商民堵聚，抑且南连上海，北接浏河，实诸路往来之孔道，为合邑出入之通衢，凡商贩艺事力役人等，由镇经历者不时云集，间或中途病毙失足溺河家远无亲族收葬，并有远年停厝朽腐棺木，皆因有地无力，无地无力，以致暴露，未葬者最为惨淡。"③

战乱灾荒时期，往往造成大量人口的非正常死亡，并引发尸棺暴露等问题。清代江南各种灾害频繁，产生了大量的浮尸路毙，给当地造成很大困扰。江南造成人口减少最严重的自然灾害当推洪涝、潮灾与瘟疫。如雍正十年（1732）六七月间，苏松太地区严重潮灾，造成沿岸十多个州县大量的人口死亡，情形惨烈。《清史稿》记载："六月乙卯，苏州大风雨，海溢，平地水深丈余，人多溺死。""七月，苏州大风雨，海溢，平地水深丈余，漂没田庐人畜无算；镇洋飓风，海潮大溢，伤人无算；昆山海水溢；宝山飓风两昼夜，海潮溢，高丈余，人多溺毙；嘉定海溢；崇明海溢，溺人无算；青浦大风海溢。八月，昆山海水复溢，溺人无算。"④ 光绪《璜泾志略》记载："村落或有树榆者，争解其皮，皆一聚而白。流民道殣，积尸满野，日色曝之，浮臭郁蒸，行者为之不通。"⑤ 较之瞬时的灾害，战争所致人财物损失无疑更大。明清易代的战乱灾荒造成了江南人口较大耗减。叶梦珠《阅世编》记述其情形："崇祯十四年，亢旱，蝗蝻蔽天，焦禾杀稼。越明年春，道馑相望，婴儿遗弃，妇女流离，有望门投止，无或

---

① 光绪《濮院志》卷九《任恤》。
② 光绪《平湖县志》卷四《建置下·义产》。
③ 光绪《罗店镇志》卷三《营建志下·善堂》。
④ 《清史稿》卷四十《灾异》。
⑤ 《璜泾志略》不分卷《灾祥》。

收惜而转死于沟壑者。延至初夏，麦秋大稔，民庆更生，而疾疫大作，几于比户死亡相继。此予有生以来所见第一凶岁也。"① 有史以来最惨烈的内战——太平天国战争造成巨额人口死亡，仅江南就达两千万之多，其凄惨与恐怖，史不绝书。如光绪《嘉兴府志》记载："吾乡之遭贼蹂躏也，富者贫，贫者死，死者暴骨于野，其幸出万死以逃于兵燹者，率皆颠连困苦，无以自存。"② 如此种种，不胜枚举。

浮尸路毙造成了许多不良后果。首先，造成了严重的公共卫生问题，常引发疾病、瘟疫，也就是清人常说的"灾疹之祲"。江苏巡抚张伯行指出，掩埋既能令死者得以安息，又能令生者免于灾疫："昔文王泽及枯骨，况现今经饥饿而死者乎？每见有抛弃骸骨，日色暴露，甚为可惨，宜严饬城关各乡约地主人等，凡街市道路田间有抛弃骸骨，俱令掩埋，以顺生气。盖灾祲之后，每当疫疾，皆因饥死人多，疠气熏蒸所致也。一经掩埋，不惟死者得安，而生者亦免灾疹之祲矣。"③ 其次，尸骸暴露容易导致禽兽拖食、四处散失，惨不忍睹。余治曾作《江南铁泪图》进行劝善募捐。书中记载太平天国后江南惨状："世事天翻地覆，尸骸遍地横陈。淋漓血肉乱纷纷，不辨头衔名姓。狗彘无知狂噬，居然仗贼凶争。轮回之道枉为人，不若畜生还甚。"④另外，恶吏、无赖、棍徒等社会败类往往利用尸骸进行各种敲诈勒索、栽赃嫁祸等违法行为。清代江南阻葬扰葬现象十分严重。如杭州省城，"每有地棍串同地保将路毙之尸移至富户门首，名曰'飞殃'。又有河内浮尸引至富户地界，名曰'打抌子'，藉此勒诈"。⑤

（三）阻葬扰葬

阻葬扰葬，是在丧葬活动中乘机滋扰以牟取私利，以及利用命案进行敲诈勒索的统称。传统丧葬礼仪讲究众多，禁忌重重，客观上为各种利益纠葛制造了条件。清代江南阻葬行为十分普遍，五花八门，

---

① （清）叶梦珠：《阅世编》卷一《灾祥》。
② 光绪《嘉兴府志》卷十四《养育》，吴寿昌：《普济堂征信录序》。
③ （清）张伯行：《正谊堂文集》卷十，《四库存目》本。
④ （清）余治：《江南铁泪图》之《遍地尸骸，猪拖狗食》，学生书局1969年版，第11页。
⑤ 民国《杭州府志》卷七十三《恤政四》《栖流所报验规条》。

严重危害地方。道光十五年（1835），江苏按察使裕谦指出："吴江、震泽两县地方，每有拦葬之风，而震泽黎里为尤甚，不拘大户小家办理葬事，该处坟邻地棍辄以吃饭为名，恣意讹索，稍拂其欲，即添砌碍风水害地道等浮词，纷纷缠讼，甚或纠合匪类，阻扰坟工。"① 光绪《苏州府志》记载，当地"打降"风俗严重："或遇民间丧葬，聚众拦路，动称有碍风水，逞意索诈，不饱不休。"② 苏州城西光福镇，"凡作坟出柩而界材夫役及坟工索诈无厌，致有贫而停葬者"。③ 康熙年间，青浦县令下令严禁阻葬弊害，在告示中描述这类恶行："切唯丧葬之典，自古不易。滨海浇风，好事奸徒一闻声息，呼类群集，阳则卫护勒酬，阴则逞咬炙诈，或拴原主勒加，或称煞方有碍。祖遗田地指为近新，时价高昂，更加数倍。犹未餍足，荼毒旋生，窥伺乘机，挺身阻葬。髓枯血竭，饱欲方饶，稍不遂意，逞凶杀劫。一吠百随，群哗莫遏。黑夜一炬砖灰尽毁，厂木成灰，人口杀戮，妻妾玷辱。扒坟掘穴，骨乱棺抛，极恶穷凶，无所不至。"④ 流氓、乞丐常以红白喜事为图利或乞食的良机，予取予求。富贵家庭自然首当其冲，寻常百姓也难以幸免。清人钟琦《皇朝琐屑录》记载："两江、两广等处，凡吉凶事，脚夫、土工等专备彩舆丧楗，高昂价赀，又丐首率蓬头跣足之叫花二三百人登门哄索。"⑤ 太仓地方将这种乘丧索食者为"丧虫"："绅衿豪族丧葬择日受吊，无赖者相率登门横索酒食，谓之'丧虫'；如遇喜庆谓之'喜虫'，稍不遂意，叫骂争扰，甚至登桌卧榻，滋害不浅。"⑥ 青浦一带，"素有一等无业游民，横行村镇，名为求乞，成群结队，肆意骚扰。遇有民间婚丧等事，登门强索，此去彼来，动以百计，非费数千文不能安静。稍不遂欲，动辄行凶距吵，地

---

① （清）裕谦：《裕靖节公遗书》卷三《训俗类》《禁阻葬示》，文海出版社1973年版。
② 光绪《苏州府志》卷三《风俗》。
③ 光绪《光福志》卷五《公署》。
④ 《青浦县为禁地方弊害告示碑》，《上海碑刻资料选辑》（以下简称《上海碑刻》），上海人民出版社1981年版，第449页。
⑤ （清）钟琦：《皇朝琐屑录》卷三十八《风俗》，光绪二十三年（1897）刻本。
⑥ 嘉庆《直隶太仓州志》卷十六《风土上·风俗》。

保未能，闾里恣其鱼肉。"① 乌青镇阻葬风行，奸匪横索酒食、财物，十分嚣张："恶少千百为群，溪壑不饱。或颠倒其棺，或舁以投诸河，或持耒枱斫断之，并有事后百计侵损，使人不敢望墓而祭，不第塞流断港，伐树纵火之为也。营葬家每以兆域所在，隐忍以厌其欲而养奸，即深刁风，遂滋蔓而不可遏。"② 民国《续澉水志》记载："更有阻葬恶习，纠集奸匪横索酒食银钱，厥费倍徙于营葬，以是贫不能办者多，至举露遂纵火葬，最为风俗人心之害。"③

另外，民间往往有借亲属尸身，攀扯滋扰，企图谋财泄愤之类的；有的则并不是死者家属，也视为奇货，从中滋扰。各种势力盘根错节的利益关系，纠结效尤，沉瀣一气，造成了社会的紧张与冲突，因此引起国家与社会的高度重视。对此，第五章中将进行论述，这里不再赘述。

二 国家和社会的应对措施

前面详细论述了清代江南所存在的丧葬鄙俗与丧葬问题。这些并不是江南的特产，但在江南比较突出。它们违背了法律和礼仪制度，冲击了儒家伦理道德，甚至造成了严重的社会困扰和危害。对此，国家与社会进行了许多针对性措施，主要体现在三个方面：一是在理论上进行批判，从舆论和心理上将这些风俗和问题加以否定。二是颁行政策，严禁丧葬鄙俗，并确立合法规范的丧葬礼仪。三是官民协作，采取各种具体措施，尤其是成立义葬组织，解决现实的丧葬困难，树立社会典范。三个方面构成一个系统全面的整体。其中，第三个方面最具创新性。不过，前面两点也很重要，这些理论上和制度上的措施，是进行有组织的具体行动的先导与辅助。

（一）社会批判

清代，以文人士大夫为主体，对各种丧葬鄙俗和问题进行全面的批判，特别在停丧不葬、火葬、风水堪舆等方面。在批判丧葬鄙俗方

---

① 《严禁恶丐结党强索扰累闾里告示碑》，《上海碑刻》，第444页。
② 民国《乌青镇志》卷七《风俗》。
③ 民国《续澉水志》不分卷《风俗》。

面，明清之际的理学家张履祥和陈确深入全面，最具代表性。明清之际，大儒张履祥格外重视丧葬问题，制定了一系列的丧葬祭祀礼仪，并在家乡桐乡积极倡首成立了葬亲会，为后世义葬的典范。在《丧祭杂说》一文中，他提出："今里俗婚礼犹存古意，冠礼废矣，然未有违理伤教如丧祭之甚者。"其中条列丧葬、祭祀弊俗与同志诫勉，关于丧弊就有十种，分别是：召僧道追荐度亡；初丧作乐娱尸；为酒食以召乡党；吊丧以赗赠；乘丧嫁娶；火葬；丧葬风水；丧久不举；沮葬；点神主不详。① 乍一看，几乎当时江南寻常的丧葬风俗大多是不合格的！由于张履祥、陈确等人系理学激进派，其丧葬礼仪的理想与现实落差甚大。陈确（字乾初）更专纂《葬书》一书，全面地对各种丧葬鄙俗加以批判，并就丧葬礼仪进行梳理和设计。② 梁启超在《近三百年学术史》中评价道："乾初对于社会问题，常为严正的批评与实践的改革。深痛世人惑于风水，暴棺不葬，著《葬论》、《丧实论》诸篇，大声疾呼，与张杨园共倡立'葬亲社'，到处劝人实行。……他立论不徇流俗，大略如此。"③ 类似的文字在清代可谓汗牛充栋。无论是通儒大吏，还是无名秀才，很多人都写过这样的文字，其论调也大多类似，鲜有新意。④

（二）制度规范

有清一代，从中央到地方，针对各种丧葬鄙俗和问题，颁行了禁令和制度，其中以停丧不葬、火葬、奢葬等最多。

对于停丧不葬，历代多有例禁。魏晋时期，就有"亲属未葬，不得入仕"之类的规定，唐宋以后，这一规定依然延续。⑤ 为革除停棺弊俗，清律规定，凡停棺不葬者，子孙罚杖八十。乾隆年间规定以一年为期，最迟不得超过二十七个月，若再逾期不葬，如系举贡生监，不准应乡会试，官员不准请咨选补，庶民照律杖惩。对于火葬，明清

---

① 张履祥：《杨园先生全集》卷十八《说一》《续四库全书》本。
② 陈确：《陈确集》，中华书局1981年版。
③ 梁启超：《中国近三百年学术史》，东方出版社1996年版，第175页。
④ 笔者收藏有一份民国年间抄本，其中就有诸如《禁火葬文》《风水说》等文。
⑤ 赵翼：《陔馀丛考》卷二十七《未葬亲不许入仕》。

向有禁令。如《大清律例》规定："子孙于祖父母父母坟墓，烧棺椁者，杖一百，徒三年。烧尸者绞。于他人坟墓烧尸者，杖一百，徒三年。若缌麻以上尊长，杖一百，流二千里。"同时，沿用宋代的这种精神，对于身在远方，亲死不能归葬而从权烧化，归葬骸骨者，听其自理。清代因停丧严重，法令最为严厉。清初，就有不少人提出"停丧不得仕进"论，要求未葬其亲者，士人不许应试，官员不得服官。然而实际上难以执行，虽被呈请御前建议实行，但终被以"事属难行"驳回。该建议虽未上升为国家意志，却在个别地区实行过。①

乾隆初年进行了一次范围广泛、影响深远的礼俗整顿运动，包括对奢葬、丧葬用乐、乘丧嫁娶等厉行禁革。雍正十三年，清廷下令整顿丧葬鄙俗，要求一切需循礼。明确规定不得在于停丧处所演戏闹丧及举殡时扮演杂剧、戏具等，违者按律究处；又规定居丧不得嫁娶，凡官绅士子之家，三年丧期内，终丧不得嫁娶，违者夺爵褫服。② 如对乘丧嫁娶的规定十分严厉："吉凶异道，不得相干。故娶在三年外而聘在三年内者，《春秋》犹以为非。三年之丧，创深痛钜。乃愚民不知礼教，虑服丧后不获嫁娶，遂乘父母疾笃或殡敛未终而贸然为之者，朕甚悯焉。自今伊始，齿朝之士，下逮生监，毋违此制。其皂隶编氓，穷而无告，父母卧疾，赖子妇治饔飧者，任其迎娶盥馈，俟疾瘳或服竟再成婚礼。"③ 明清时期，盗墓问题比较严重，一些地方出现因为贪图葬地、随葬品而发掘亲属墓葬者，影响十分恶劣。明清法律对于这些冒犯尸体的行为进行严格的禁革。《大清律》记载："凡发棺掘他人坟墓，开棺见尸者绞，卑幼发尊长坟墓开棺见尸者斩。若残毁他人死尸及弃毁水中者各杖一百，流三千里。"④《大清会典则例》中记录了大量的案例，冒犯他人尸棺尚且如此严格，对于亲人自然更

---

① 张传勇：《清代"停丧不得仕进"论探析：兼及清代国家治理"停丧不葬"问题的对策》，《中国社会历史评论》，2009年。
② 赵慎畛：《榆巢杂识》上卷《丧葬循礼》记载：雍正十三年，谕"丧葬循礼，不得于停丧处所演戏闹丧，及举殡时扮演杂剧、戏具等事，违者按律究处。"又谕："居丧毋得嫁娶，自齿朝之士，下逮门内有生监者，三年之丧，终丧不得嫁娶，违者夺爵褫服。"
③ 《清史稿》卷九十三《志六十八·礼十二》。
④ 光绪《崇明县志》卷三《建置·义局》《戒火葬说》。

为严格。

清代官员很重视风俗整顿，尤其是地方官员，往往以禁革鄙俗为政要务，并出现了一些为官方奉为典范的人物，最为著名的如于成龙、汤斌、陈宏谋、裕谦、林则徐、丁日昌等。上述几人均在江南任职期间进行过风俗整顿活动，如汤斌的《抚吴告谕》、陈宏谋的《风俗条约》等都为官方和社会称道的圭臬之作。这些人对丧葬鄙俗的批判大多以文告、禁令等方式呈现，影响力或实效也高于一般文人之作。如陈宏谋在《风俗条约》中对江南各种丧葬弊俗进行激烈的批判：

> 丧葬大事，重在附身附棺，尤在致哀尽礼。新丧经忏，绵延数旬，佛戏歌弹，故违禁令。举殡之时，设宴演剧，全无哀礼，人兽纸器，拥塞道路，夸耀愚夫，适为有识者窃笑。至于亲死棺殓，入土为安，乃温饱者惑于风水，久厝不葬，反以速葬为耻。甚至数年几代。均不肯葬。满屋停棺。到处浮厝。或惨付火焚。忘亲灭礼。莫此为甚。久奉上谕申饬严禁。嗣后丧葬不许有佛。出殡不许多用纸器。厝棺不许过三年。有子孙之亲棺，毋许火化。地方官一闻佛戏，将乐器取追入棺，僧道责处。出殡演剧。立即挚究。省无益之费，为殡葬之用。安葬如期，承祭以礼。宁戚毋易。宁俭无奢。孝子顺孙。岂在繁文之美观哉。①
>
> 夫停柩，不孝也。世有不孝之人，而能获福者乎？且天地人一理也，地理无凭，饬行于身，行善于家，天则报之以福，几见有检身乐善，孝恭敬睦，而家不兴者乎？"②

名臣裕谦任江苏按察使期间，曾下达《禁停棺不葬示》：

---

① 陈宏谋：《风俗条约》，载贺长龄编《皇朝经世文编》卷六十八《礼政十五正俗上》。

② 陈宏谋：《训俗遗规》卷三《示子弟帖》。

当此阳春布令，土脉融合亟应乘时掩埋，以顺生气。除通饬令各府、厅、州、县多方劝禁外，合行恳切晓谕。尔等如有祖父母、父母以及眷口停柩在家，或浮厝寄托在外者，即量为捐助收瘗。或远方旅榇，并无亲属在此者，保甲查明，报知善堂，畀葬义冢。其无善堂者，地方官设法妥埋，仍逐一明白标记，并编号造册，存查以待亲属，后来移葬。若已经埋葬，年久坍塌，露出棺木者，责令亲属加土掩盖。无主无力者，官即代为掩埋，均须积土高厚坚实，勿致旋即塌陷。总期幽魂安妥，永无暴露之虞，凶秽闭藏兼免流疫之患。至于火葬，罪同毁弃，例禁森严，悖理伤化，较不葬为尤甚。倘因催令葬埋，辄将棺柩烧化，以图简便，定即加等惩治。本司为备根本厚风俗起见，故不惮谆谆告诫。想孝子慈孙，定不以迂阔视之也。如或不遵则是有心违抗，国法俱在，天理难容。无论衿民，均治以不孝之罪，绝不宽贷。该差役、保甲人等，倘敢借端派累，或地棍乘机诈扰，许即就近禀明地方官，立提重究，均勿轻纵。①

除对这种"愚悖之风"严厉斥责外，他认识到，停棺不葬存在艰于资财、惑于风水和子孙互相推诿等客观原因。因而通饬各府厅州县多方劝禁，采取多种措施加以办理，要点是：有亲属者捐助埋葬；无亲属者保甲报告善堂，埋葬于义冢；无善堂者，地方官设法掩埋，登记造册，以备亲属移葬；朽坏棺木，责令亲属加土掩盖；不得因催葬而用火葬，将棺柩烧化。若有借端派累、乘机诈扰等违法行为，由地方官严行追究。裕谦的这个告示，相较于汤斌、陈宏谋等的道德说教，似乎显得更符合实际，更为周全，也说明清代后期官员认识到单纯劝谕的无力与善会善堂的功效。当然，对于违法者，"无论衿民，均治以不孝之罪，绝不宽贷"，也是难以做到的。

儒家丧葬礼仪确立了正统地位，成为相关法律制度的依据和官方价值标准。由于主客观诸多因素影响，整顿丧葬陋俗政策和说教也大

---

① 裕谦：《裕靖节公遗书》卷三《训俗类》，《禁停棺不葬示》。

多流于形式，徒劳无功。光绪年间，嘉兴人钟琦就指出，当时诸如禁革停丧、火葬的政策，"立法虽严，亦不能挽回恶俗"。"聪颖者尚醒悟，而顽梗者妄知悛改也。"① 这是一直以来人们公认的现实，也是官员或士绅们痛心疾首的事情。他们必须改弦更张，尝试新的方法，特别是进行实质性的行动，建立社会普遍参与、长期有组织的方式。在这种大背景下，义葬应运而生。

---

① 钟琦：《皇朝琐屑录》卷三十八《风俗》。

第二章 时空脉络：清代江南义葬的发展轨迹

传统慈善事业是以官方恤政为主体的，民间慈善主要是宗教、宗族及个人的善举。晚明以后，以善会善堂的出现为标志，民间参与为主导、有组织的慈善活动日益突出。据梁其姿统计，自明末至晚清，全国共有各级各类善会善堂近3600个，其中，育婴类973个为数最多，施棺类589个居于其次，另普济堂399个，栖留所331个，清节堂216个，综合类338个，其他诸种743个。① 由于综合类善堂多以施棺助葬为核心事务，可以说，义葬是清代最为普遍的善举之一。江南地区，这一特征更为明显。笔者粗略统计，江南涉及义葬的善会善堂近500处，其中创办时间明确者460余处，其中，明清之际5处；康熙年间5处，雍正年间6处，乾隆年间59处，嘉庆年间68处，道光年间119处，咸丰年间20处，同治年间88处，光绪年间92处，宣统年间3处。江南七府一州涌现了大量义葬类善会善堂，其发展轨迹颇有类似处，又不乏地方特色。江南市镇发达，社会文化繁荣，慈善公益方面也是异彩纷呈，全国无出其右。

第一节 清代江南义葬阶段特征

根据各个时期善会善堂的发展背景、特征、数量等各因素，将清代江南义葬的发展分为明清之际、康乾时期、嘉道时期和晚清时期四

---

① 梁其姿：《施善与教化》，北京师范大学出版社2013年版，第239—242页。

个阶段，这与江南慈善事业的整体发展脉络是基本一致的。

一 明清之际

明清之际地方力量兴起，积极参与公共事务，同善会的出现是重要标志。最早的同善会源于明代理学家杨东明。杨东明（1548—1624年），字启昧，号晋庵，别号惜阴居士，归德府虞城县（今商丘市虞城县）人。万历八年（1580）进士，历任中书舍人、礼科给事中、刑科右给事中、太常寺少卿、光禄寺卿、南京通政使、刑部侍郎等职，任谏官多年，以敢于犯颜直谏，为民请命著称。天启四年（1624）卒于家，享年76岁。崇祯元年（1628）追赠刑部尚书。万历十八年（1590），告假在家的杨东明在河南虞城，摒弃诗会雅集的方式，由十二位官绅集资，改同乐会为同善会，资助"一切道路可修，桥梁可补，婚丧可助，贫癃疾厄可问可扶者"①。他还订立条约，对同善会的运作方式加以规范。受此激励，次年当地无法加入同善会的30余士绅富户创办了规模更大的善会——广仁会，专门救助鳏寡孤独与病人。

同善会兴起于河南，真正发扬光大却在江南。十多年后，受杨东明等的启发，由东林党人钱一本、高攀龙、陈龙正等倡导，先后在武进、无锡、嘉善、太仓、昆山等地兴办同善会。陈龙正曾说："是会也，首倡于梦泽张公，而启新钱先生行其事，筠塘陈公益从而广之，大抵随意量捐，用拯无告，因以广动其善心。"② 这些同善会大多兼办济贫、养老、宣讲等，旨在令贫弱无告者"寒者得衣，饥者得食，病者得药，死者得椟"③。当然，明末同善会基本上由乡居士绅为主导，官府很少介入；也不是单纯的济贫组织，通过宣讲推行教化才是关注的重心。施棺是同善会的主要善举，按照高攀龙等订立《同善会规例》，其办法是：由同善会先付给木行三分之一现金预订；做好棺木存放于四门寺庙，死者猝求，出一小票立马可应急；棺木上书写同善

---

① 杨东明：《山居功课》卷一。
② 陈龙正：《几亭全书》卷二十四《政书·乡筹》，《四库禁毁》本。
③ 高攀龙：《高子遗书》卷一《同善会序》。

会某年某季,以干支编号。如此安排,领者难于假冒,发者无从勒索,可以避免不少弊端。①

这一时期出现义葬组织数量不多,主要有嘉善同善会、杭州悲智社、余杭施棺会、乌青镇葬会等,这些组织多由地方社会力量创办经营,集中于江南尤其浙北少数地方。唐灏儒、张履祥等借鉴宋明乡约办法所创办的葬亲社最为知名。唐灏儒是浙江建德人,万历年间,他在家乡创办葬亲社,令极贫之家也可以举棺埋葬,设不葬之罚,相规相劝,使不葬者知错改进。他手订的《葬亲社约》八条,后张履祥增补三条。《葬亲社约》颇为知名,被名臣陈宏谋的《五种遗规》和余治《得一录》等收录,流传颇广。后经大儒杨园先生张履祥加以增补,更为精密。②葬亲社推行颇为成功,仁人孝子闻风激劝者不可枚举。杭州悲智社是诞生于明清之际的战乱灾荒中,收埋无主棺骸。史载:明末饥馑荐臻,杭城内外饿殍遍地。当地善人创办悲智社,劝募同志"病济以药,死舍以棺",建置骨塔,埋葬无主柩骸。该社运营多年,其中善人孙应镐捐助棺木数百救济贫人;善人张应曾施棺四十年,力行不息。其经费除官民捐助外,不足由督抚补给。③另外,宋室后裔赵瑞璧,创办了余杭施棺社。④

二 康乾时期

满清入关后,加强了政治专制与秩序重建,严禁集会结社,激烈抗清的江南地方首当其冲,遭到严厉压制。经过哭庙案、奏销案和亏空钱粮清查案等大案要案的打击,江南士人的人生目标和行为方式发生了很大变化,很多人以"足不入公门、不与外事"为处世准则。⑤受此影响,慈善事业发生重大转变,善会善堂等大多陷入绝境。也有个别侥幸存留下来,如无锡同善会,先后举办了86次,至康熙年间

---

① 余治:《得一录》卷一《同善会章程》,《高子忠宪公同善会规例》。
② 陈宏谋:《五种遗规》之《训俗遗规》卷三;余治:《得一录》卷八之一。亦见张履祥《杨园先生全集》卷五十一,中华书局2002年版,第1453—1454页。
③ 康熙《仁和县志》卷二十七《纪事》;民国《杭州府志》卷七十三《恤政》。
④ 嘉庆《余杭县志》卷二十八《人物·义行》。
⑤ 范金民:《鼎革与变迁:明清之际江南士人行为方式的转向》,《清华大学学报》2010年第2期。

仍在推行。不过，明末那种由名士主持集会，施善与会讲结合的方式已成过眼云烟。

经过连年征战与破坏，民生凋敝，政府难以进行大规模救荒济贫活动。康熙中期平定台湾后，政局稳定，经济状况日趋好转，财政能力也有极大的提高。特别是雍正朝的财政改革后，中央与地方的财政问题得到较好解决，地方财力大为提升，为救荒济贫创造了条件。作为王道德政的指标性政策，清王朝重视慈善事业，有不少足以称道的政策和做法。尤其雍正以后，国家大力推广育婴堂、普济堂等善会善堂，下令各地发展义冢，鼓励地方各种乐善好施行为。

根据各地地方志等统计，康乾时期，江南共创办施棺助葬类与综合类善会善堂70余处，府县城和乡镇数量大致相当。不少州县由市镇率先出现有义葬组织，府县城反而较晚或尚未创办。苏州府各县多达33处，其他州县或寥寥几处，或尚无专门的义葬组织。康乾时期，中国慈善发展的总体上存在制度化和官僚化的趋向。然而，江南社会力量在慈善中参与度较高，其他地区无法比拟。乾隆初年，作为善堂标志的同善会在江南重新出现了。较之明末，这一时期的同善会名称一样，实质则有所不同。杨念群指出："一些表面上和晚明相似的文化行为，却蕴含着非常不同的内容，如诗文唱酬、林园修葺、社团雅集、书画品题等举动，往往染有特殊历史境遇下的痕迹。不但不是明末内容的延续，反而应视为连续性的中断。"① 这一时期的同善会，除沿用旧有部分办法外，更多的是普济堂的补充。乾隆八年（1743），浙江巡抚下令将高攀龙《高忠宪公同善会法》一书刊行分发各县暨儒学，遵照将会规大旨及奖励各条刊示晓谕，无论绅矜士庶，访问地方品行端方者，均准创办。后应娄县童生黄泳呈请，在江浙通版通行。②不久，江南各地兴起一股兴办同善会的热潮。"常州、嘉兴等府，无锡、昆山、舒城、江都、休宁、嘉善等县，青阳、盛泽、新城、枫泾

---

① 杨念群：《何处是"江南"：清代正统观的确立与士林精神世界》，生活·读书·新知三联书店2011年版，第15页。

② 余治：《得一录》卷一《同善会章程》，《奉劝深埋骴骼预绝疫端公启》。

等镇，盛行未艾。"① 清人仲宏道《濮川同善会记》详述同善会发展缘起："予尝读先达同善堂条例，虽不专于施榇，而施榇之事甚详。大要以劝募，众力共襄善缘。溯厥源流，张公梦泽传自中州，钱公启新行于毗陵，高忠宪公行于梁溪，丁清惠公行于嘉善。近如蒋虎臣先生行于金坛，张公选先生行于京口，柴襄明、叶公荣诸子行于燕邸，良法意美，俱能施恩不报之地，洵可谓匍匐救之也。"② 康熙五十二年（1713），由合邑士民捐资改建嘉善同善会，陆续捐置田产近五百亩作为经费，后一度停办。乾隆二十年，严重饥荒，邑绅钱鉴等呈请重建，加之官民陆续捐助，该会得以持久经营。该会每季一会，每会主者醵金以赈济贫瘠节孝者暨鳏寡孤独之无告者。"稽核有籍，敛散有纪，照验有单，自辛未迄辛巳，阅数十年鼓舞不倦，可谓得人心之同矣。"③ 该会起初资助不满百人，后推广至惠及数百人，经费不足由经董捐资补足。

由于义葬并不是清王朝强力推广的善举，官方色彩相对薄弱。无论在堂局创建、经费筹措、日常管理等方面，社会主导地位更为明显。如常熟，康熙三十二年（1693），由绅士丁湜、鲍守义等创建的收埋局，六七月制丸药以救疗病者；清明、十月在城内捐收暴露棺木；平时准备棺椁以救助贫不能殓葬者。康熙六十年（1721）易地扩建，以令名绅士为监局，生员为司事。乾隆二年（1737），安徽按察使刘柏将其改为广仁堂，奏请拨给部分苏城三县没官房价银与田亩作为经费；后因收支不敷，改设同善堂，兼办茕独、孤嫠、施诊诸善举。④ 当然，个别的善会善堂得到官府的格外眷顾，如苏州锡类堂与广仁堂。两堂在两江总督赵弘恩的关照下创办和扩建，后多次获官府拨给田产房屋。赵弘恩（？—1758），汉军镶红旗人，字芸书，一作芸堂，因避乾隆帝讳，易名宏恩、丹恩。他历仕康雍乾三朝，因勤廉干练，整治吏治，得雍正帝赏识，连获升迁。自雍正十一年（1733）

---

① 余治：《得一录》卷一《同善会章程》之《劝广行同善会文》。
② 民国《濮院志》卷九《任恤》。
③ 光绪《嘉善县志》卷四《冢墓》。
④ 光绪《常昭合志稿》卷十七《善举》。

九月,署理两江总督,次年五月实授,至乾隆二年(1737)年三月升任工部尚书,赵弘恩在两江总督任内三年多,多有善政。他在整顿风俗、推行善政方面,推行了一系列措施,其中就包括禁革停棺不葬,创办善堂等。他在省城江宁等地设立育婴、普济堂。他了解到"苏松等处停柩暴露之惨十倍金陵,或一城之隙地堆积者数十处,或盈尺之荒茔附顿者数十棺"。通饬各地多设义冢,并特意要求苏州府官员整顿六门外义冢,使城内外及虎丘一带月内"扫数通完"。① 雍正十三年(1735),苏州知府姚孔铂创办锡类堂,专办掩埋善举,任命缪日杞等三人主持,延请司事、司月多人负责日常事务。该堂半年内即收埋棺骨4000余。乾隆二年(1737),郡人费廷俞等募建埋骼会,后改为广仁堂,捐助有地不能葬者。"锡类堂置办义冢于六门外,无坟无力者有归矣;而广仁堂专为有地而无力埋葬着设立。此义阡所不及也,衣冠旧族半多赖之。"另外,苏城尚有同仁堂、同善堂等善堂十余处,"法最详善,岁所收葬广且多矣"。②

三 嘉道时期

康乾盛世后,清王朝开始走下坡,吏治败坏,武备废弛,国库空虚。嘉道时期,尤其道光年间,清王朝经济、政治、社会、军事全面衰落,学界称之为"道光萧条"。嘉庆末年,龚自珍痛陈道:"大抵富户变贫户,贫户变饿者,四民之首,奔走下贱,各省大局,岌岌乎皆不可以支日月,奚暇问年岁!"③ 欧阳兆熊《水窗春呓》也记载:"嘉道之间……国与民皆患贫,奸伪日滋,祸乱相继,土习益漓,民心益竞,其由来也甚渐,其消息也甚微。"④ 作为全国经济中心的江南,情况也不容乐观。姜皋《浦泖农咨》记载苏松一带,"民生日蹙……勉强糊口,年复一年,以至于卖妻鬻子,失业之农,填沟壑、

---

① 赵弘恩:《玉华集》之《两江檄稿》,乾隆间刻本。转引自蒋明宏《雍正后期吏治的一个缩影:赵弘恩督治两江史实初探》,《历史教学问题》2006年第4期。
② 同治《苏州府志》卷二十四《公署四·善堂》缪日杞《锡类堂记》;绍泰:《广仁堂碑记》。
③ 龚自珍:《龚自珍全集》,上海古籍出版社1975年版。
④ 欧阳兆熊、金安清:《水窗春呓》卷下《国初爱民》。

为饿殍者,不知凡几。即素称勤俭而有田可耕者,亦时形菜色焉"。①

由于经济衰退,财政紧张,腐败横行,官方掌握资源衰减,在公共事务上日趋消极被动,对社会的依赖明显增强。即便是重大灾荒,政府难以像康乾时期那般进行大规模的动员,对地方力量参与社会救济的积极性则与日俱增。这一定程度上为地方力量的发展创造了条件。这一时期,江南地方社会对慈善事业关注明显增多,所创办的善会善堂也超前一时期。义葬的形式也有所突破,包括尸场报验在内的一些新的善举类型开始推广。义葬善举在江南初步普及,50 余州县基本上都兴办有施棺类或综合性善会善堂。苏州作为江南的经济文化中心,慈善事业也最为发达。有清一代,苏州长元吴三邑共有善会善堂近百处,多建于乾隆至道光年间,其中义葬类以锡类堂、广仁堂为核心,辐射周边,多达几十处。"吴中故有锡类、广仁二堂,舍棺、施棺,行之累数十年不废,闻风起者相望。"②

慈善发展的"社区化"趋向在义葬中体现得尤为明显。一是多个同类型善会善堂并存,划分服务区,分工协作。道光初年,官民合办丹徒普仁堂,负责收埋路毙浮尸及辛伙、仆妇暴死不及送回者。因城墙分隔内外,夜晚有暴病者来不及送普仁堂,某善人在西城外火星庙旁另创建安仁堂。③ 二是乡镇义葬组织的出现。在嘉定县,乾隆年间创办存仁堂,办理施棺代葬。为了便利乡民,嘉庆十四年(1809),士绅张铣在望仙桥镇捐办广仁堂,家族经营数十年。④ 一些乡村也建有义葬组织,其中以武阳、宜荆、南汇等地最为突出。武进县自乾隆中期至道光末年,在城乡建立善堂 30 余个,大部分创办于道光年间。这些善堂以义葬为主,城内及附郭由存仁堂办理,乡间由各堂分办,其中东安乡 8 个,安西乡 5 个,怀南乡、钦风乡各 4 个,怀北乡、大

---

① 姜皋:《浦泖农咨》,自序,上海图书馆 1963 年版。
② 民国《吴县志》卷三十《公署三·善堂》,钱启:《吴中义园同仁堂碑记》。
③ 光绪《丹徒县志》卷三十六《尚义》附义举,民国《续丹徒县志》卷十四《人物附义举》。
④ 嘉庆《直隶太仓州志》卷五《营建下·恤养》。

有乡各 3 个，鸣凤乡 2 个，德泽乡、孝西乡、依东乡各 1 个。①

四 晚清时期

1840 年，英国人用大炮轰开中华帝国的大门，天朝上国开始崩溃。1842 年，《南京条约》签订，上海、宁波等五口通商，打开了中国的门户，江南也成为经历欧风美雨洗礼最为重要的区域。洋人纷至沓来，涉入中国事务，洋行、工厂、医院、学校、教堂、报馆……不期而至，新世界的大门打开了。如果说明末同善会出现受耶稣会士和天主教的影响是间接和细微的，晚清时期传统慈善受西方的影响则是直接而全面的。从此，西方的医院、教堂、慈善机构纷纷大张旗鼓地进入中国，给传统慈善理念和实践巨大冲击。

太平天国战争对江南慈善发展的影响也很深刻。1853 年年初，太平军自武汉东下，攻占南京，改名天京，正式建立太平天国。直至 1864 年覆亡，十余年间，太平军与清军长期鏖战。尤其 1860 年太平军出兵苏南和浙江，战火延烧江浙多数地方，史称"庚申之乱"。江南作为主战场，遭到空前的毁灭性破坏，人口减少大半。史学家何炳棣曾指出："太平天国起义堪称为世界史上规模最大的内战，如就双方的残酷性和破坏性而言，历史上是少有其匹的。"② 战乱灾荒造成大量死难者，社会秩序破坏无遗，江南元气大伤，殷实之户百无一二。文献中，相关记载比比皆是。近代思想家、吴县人冯桂芬在《校邠庐抗议》中写道："东南诸省，兵燹之后，流离死亡，所在皆是，孑遗余民，多者十之三四，少者十不及一。"③ 光绪《松江府志》记载："衣食路绝，树荫以供寝卧，草根以充饼饵，寒暑莫御，疫疠时作，死亡疾病，十家而九。"④

太平天国战争后，江南慈善事业获得新的发展契机。为了尽快恢复生产、安缉难民、改良风俗，然而限于精力和财力，官方格外劝导

---

① 光绪《武进阳湖县志》卷三《善堂》。
② 何炳棣：《明初以降人口及其相关问题（1368—1953）》，生活·读书·新知三联书店 2000 年版，第 279 页。
③ 冯桂芬：《校邠庐抗议》卷下《筹国用议》。
④ 光绪《松江府续志》卷九《建置志》。

社会力量参与善后工作。战乱加速了地方权力结构的调整,士绅精英迅速崛起,强化了对地方社会的控制。战争和灾荒导致人口耗减,大量土地抛荒,客观上促使了人口与土地资源的调整。战时普遍征收各种厘金捐税,到战后有增无减,各类慈善公益也从中分润不少。在上述各种因素推动下,江南地区不少善会善堂重建,还新建了大批新的堂局。其中,涉及义葬类的就多达200余处以上,其中,咸丰年间20处,同治年间83处,光绪年间94处,宣统年间2处。

为了修仁政以感召苍天,各地普遍将收埋遇难民众尸骸,整顿地方停棺不葬、火葬恶习是战后重建的重要内容。同治六年(1856)五月,江南道监察御史刘秉厚上书,提出江南被扰地方尸骸未经掩埋及向来浮厝棺木,应命地方官广为晓谕,速行埋葬,免致暴露。清廷下令各地实力推行。① 此后,掀起全国的义葬高潮,以江浙成效显著。苏州与上海是江南及全国慈善发展最发达的两个都会。晚清思想家冯桂芬指出:"今世善堂、义学,意犹近古。能行之者,惟我江苏为备;苏中又惟苏州、上海为备,虽都会如江宁,膏腴如扬州,弗逮也。"② 开埠后,尤其太平天国战争后,上海获得迅猛发展。战争中近50万人涌入,战后很多人留下来,成为慈善发展的生力军。随着同仁辅元堂、果育堂、济善堂等大型善堂的创立,上海善堂无论在数量、规模、经费、制度等多个方面都明显领先江南其他地方。《申报》曾盛赞道:"善堂之多莫过于沪上,经费之充莫过于沪上。董善堂之养尊处优排场阔大,亦莫过于沪上。"③ 晚清以后,上海城乡共兴办几十处之多,同仁辅元堂是其中最重要的代表。该堂源于嘉庆五年(1800)知县汤焘倡建同仁堂,及道光二十三年(1843)邑人梅益奎等募捐创办辅元堂,后附设于同仁堂,主办赊棺、施药等。咸丰五年(1855),董事经纬等将合两堂为一,增办代给尸场验费、收埋淫书等事务。该堂有田产近4000亩,房产多处,是晚清全国规模最大的善堂之一。④

---

① 《清穆宗实录》卷二〇二,同治六年五月甲寅条,《修仁政以迓和甘》。
② (清)冯桂芬:《上海果育堂记》,载盛康编《皇朝经世文续编》卷七十四《礼政》。
③ 《善堂不善》,《申报》第1287号,光绪元年五月十五日。
④ 民国《上海县志》卷十《慈善》。

晚清处于近代社会大转型中，慈善事业也不例外。产生了多种慈善公益的新类型，善会善堂功能拓展，综合性善堂占新办善堂的绝大多数，不少旧式堂局也添办新善举。如苏州安节堂，原专门收养名门嫠妇。光绪元年（1875），该堂集资在姚家集创设昌善局殡舍，暂寄旅榇，以寄费之有余补安节局之不足。嗣后添造殡舍300余间，兼办施棺、惜字、掩埋、代葬，修理街道、桥梁，并设义塾以教里中子弟。光绪四年（1878）添办放生所，十八年（1892）增办婴孩殡园，三十四年（1908）因义阡葬满停办。这一事例具有晚清义葬发展的两个重要特征：一是善会善堂综合化趋势，由单功能向多功能转变；二是设置殡舍收取停厝费用以谋利。类似的情况还有不少，如吴县康济局，主办收埋、代葬、惜字、恤嫠，设有义塾。养牲局，原专办收养老病耕牛，光绪九年（1883）由同人集资重建，建设殡舍，停寄旅榇，以租金抵支牛饲料，并代办赊棺善举。① 常州唐市镇育元堂，原为育婴堂，一切规模仿郡中推行，光绪年间兼办恤贫、恤茕、埋婴。同善局，原主办施诊施药，后置产办理施棺善举。②

清末，善会善堂的功能和影响日益凸显，成为地方自治的重要基础。1909年，清政府颁行《城镇乡地方自治章程》，将善举纳入自治事宜中，内容包括救贫、恤嫠、保节、育婴、施衣、施粥、义仓积谷、贫民工艺、救生会、救火会、救荒、义棺义冢等。③ 很多善堂改为自治公所，或者归城乡自治公所主管；善堂动产不动产被作为自治公费，其日常收支由公所统一支配；善堂董事大多成为地方自治的领袖，直接参与地方行政中，很大程度上改变了善会善堂发展轨迹。夫马进提出："扎根于传统社会的善会善堂是地方自治的出发点，也是中国近代化的出发点。"④ 这一论断在史料中可以得到印证。民国《嘉定县志》指出，善会善堂"虽无自治之名，而有自治之实"⑤。昆

---

① 民国《吴县志》卷三十《公署》。
② 光绪《常昭合志稿》卷十七《善举》；民国《常昭合志》卷八《善举》。
③ 徐秀丽：《中国近代乡村自治法规选编》，中华书局2003年版，第39—44页。
④ ［日］夫马进：《中国善会善堂史研究》，商务印书馆2005年版，第534页。
⑤ 光绪《嘉定县志》卷六《自治事业》。

山创设劝学所，以闱费、文会、义学、洒扫、惜字等局暨忠义、节孝、顾乡贤、朱孝定等祠田产作为办学经费；将敦善堂及附设之施棺、代葬、义渡、筹济诸局移并普育堂内；将学务、善举分立各办；新设贫儿蒙学堂，筹建孤老院、习艺所等慈善机构。① 1915年，地方自治停办，但对地方慈善所造成的复杂影响却在继续。虽然有少数的善会善堂游离于这一潮流之外，但是，原来那种普遍"士绅自为经理，胥吏不得与闻"的格局从总体上结束了。

第二节　苏南义葬的发展

清代江南义葬发展存在一定空间差异，又具有很多一致性，特别是区域内普遍存在惯例与效仿现象，构成丰富的历史景象。下面对江南义葬发展情况进行具体分析，着重论述其创始情形、分布特点和阶段特征等。其中，苏南包括苏州、松江、常州和镇江四府及太仓州；浙西包括杭州、嘉兴和湖州三府。明清时期，为了加强管理，多次划界分疆，出现十多处同城而治现象，计有：苏州府治吴县、长洲、元和三县，下辖昆山与新阳，常熟与昭文，吴江与震泽；松江府治华亭与娄县；常州府治武进与阳湖，下辖无锡与金匮、宜兴与荆溪；杭州府治钱塘与仁和；嘉兴府治嘉兴与秀水；湖州府治乌程与归安。这一现象在中国历史上是极为罕有的。这些地方存在普遍的行政和社会的重叠，文献记载也大多合在一起。

一　苏州府

顺治初，因明制，苏州共辖一州七县，分别是太仓州、吴县、长洲、昆山、常熟、吴江、嘉定和崇明。雍正二年（1724），总督查弼

---

① 民国《昆新两县续补合志》卷二《公署》；邱橖：《普育敦善清节三堂归并记》。

纳以苏、松、常赋重事繁，疏请太仓等十三州县各析为二。① 其中太仓升为直隶州，割崇明、嘉定属之。析长洲置元和，昆山置新阳，常熟置昭文，吴江置震泽。后续置太湖、靖湖两厅。这样苏州辖区虽较明代大减，却增至二厅九县，其中苏州府为江苏巡抚驻地，附郭长、元、吴三县同城，下辖昆山与新阳、常熟与昭文、吴江与震泽六县均二县同城，全国绝无仅有。②

作为明清江南经济文化中心，苏州慈善事业最为发达。有清一代，仅府城附郭三邑即有各种善会善堂近百处，是全国善会善堂最为密集的地方。石渠《轮香局记》称："吾苏全盛时，城内外善堂可缕指数者不下数十，生有养，死有葬，老者、废疾者、鳏寡者、婴者部分类叙，日饩月给，旁建惜字、义塾、放生之属，靡弗周也。"③ 关于苏城内外善会善堂的数量、名目，各处记载多有出入。据王卫平统计，长元吴三县至少有各类善堂93个，其中，民办者72个，外来商人创建者9个，不明者12个；在城内者62个，乡镇者31个。以从事善举分析，施棺代葬类48个，为数最多。④ 苏州府周边六县的慈善也很发达，如常熟、昭文共有各类善会善堂41个，义葬类堂局20余处；昆山、新阳有各类善会善堂30余处，义葬类堂局10余处；吴江、震泽地区市镇发达，盛泽、黎里等市镇均有规模较大的善堂。

苏州府最早的义葬类善堂当推常熟收埋局，康熙三十二年（1693），由善人丁湜、陶贞一、鲍守义等捐建。该局原在惠日寺南，因地方狭小，后众姓集资移建城隍庙西。"每年六七两月施药；平时施棺，清明、十月节，司事分往城乡收埋露棺于义冢。岁终造册呈

---

① 《清实录》记其事："寻定苏州府长洲分县曰元和。吴江分县曰震泽。常熟分县曰昭文。昆山分县曰新阳。嘉定分县曰宝山。太仓州分县曰镇洋。松江府华亭分县曰奉贤。娄县分县曰金山。青浦分县曰福泉。上海分县曰南汇。常州府武进分县曰阳湖。无锡分县曰金匮。宜兴分县曰荆溪。"（《清世宗实录》卷24，雍正二年九月甲辰条）

② 参考《清史稿》卷五八《地理志》；赵泉澄：《清代地理沿革表》，中华书局1955年版。

③ 同治《苏州府志》卷二十四《公署四·善堂》，石渠：《轮香局记》。

④ 王卫平：《明清时期江南城市史研究——以苏州为中心》，人民出版社1999年版，第287—288页。

县，申详抚院以为常。"① 苏州府城最早的则是昌善局，康熙四十六年（1707）由顾沂等创办，后由彭绍升等重建，捐办施棺、代葬、惜字、放生诸善举。② 乾隆时期是苏州义葬发展的第一个高潮期，先后新办善堂多达30余处，其中长元吴即有20余处。雍正十三年（1735），督抚赵弘恩、知府高其倬等鉴于吴地多火化与停葬等鄙俗，创办锡类堂，任命缪日杞等三人为司事，创办仅半年，共葬埋棺骨累计4000余，成效明显。③ 乾隆二年（1737），知府黄鹤鸣与郡人费廷俞等募建埋骼会，以士绅习俊、邵泰为总董，助有地不能葬者，"以补锡类堂之所不及"。乾隆十三年（1748）改名广仁堂。两堂成立后，苏州各地纷纷仿效，仅长元吴三县先后就新办数十处义葬组织成立。如积功堂，在阊门外，乾隆五年（1740）由徽人黄道恒等建立，设义冢14所，安葬乡人客死无归者。乾隆二十九年（1764），唐琦、周开光等创建施棺局，集资生息，制棺以施舍贫不能殓者。这一时期，义葬有向周边扩散的趋势，新建者如甪直永泽堂、同仁堂；周庄怀仁堂，唯亭乐善堂、积善局，黄棣仁寿堂、旅亨堂等。④

乾隆十八年（1753），朱乐英等创建陈墓镇崇善堂是昆山最早的义葬组织，主办施棺代葬，收埋无主棺骨。乾隆三十八年（1773），薛学敏等于迎熏门外竹溪道院左创建昆山永安局，收埋无主棺骸，后并归敦善堂。⑤ 常熟，雍正间由里人金照等同设王墅镇协善堂，作为施棺、收埋之所。乾隆十五年（1750），高宋龄等仿照府城广仁堂办法，捐资在双凤乡周孝子庙内设体仁局，办理春、秋二季收埋事宜。

---

① 关于常熟、昭文，主要参考同治《苏州府志》卷二十四《公署四·善堂》；光绪《常昭合志稿》卷十七《善举》；民国《常昭合志》卷八《善举》。

＊ 收埋局的创办时间，史料中有分歧，同治府志记载为康熙四十三年，而光绪、民国两县志均记载为康熙三十二年。

② 关于长元吴情况，主要参考乾隆《吴门补乘》卷二《公署补》；道光《苏州府志》卷二十三《公署五·义局》；同治《苏州府志》卷二十四《公署四·善堂》；民国《吴县志》卷三十《公署三·善堂附》等。

③ 同治《苏州府志》卷二十四《公署四·善堂》之缪日杞《锡类堂记》。

④ 顾禄：《桐桥倚棹录》卷六《义局》。

⑤ 关于昆山、新阳，主要参考道光《昆新两县志》卷三《公署》；光绪《昆新两县续修合志》卷三《公署》；民国《昆新两县续补合志》卷二《公署》。

吴江最早的义葬类善堂，当推雍正年间毛嘉卿等创办的盛泽镇普仁堂，主要办理施棺善举。乾隆六年，合镇公捐创建施棺局，凡孤贫者到局领棺，不取分文，并给褚锭等。① 乾隆十五年（1750），黄溪镇于慈觉庵西偏增建施棺厅。② 黎里镇，乾隆年间先后成立施棺局两个，一在土地堂，由里人毛丕烈等捐设，五十九年止；一在东岳庙，里人陈凯瑞等创设。③ 以上善堂均在市镇，位于县城仅震泽同仁堂一处，在南门外南适圩，举办施棺代葬。

嘉道之际，苏州出现一次义葬发展高潮。其中仅长元吴三邑共兴办综合性善堂15处，其中府城内新建诚善局、轮香局、志德堂与周急局，均为道光年间创办。嘉庆十二年（1807），当地士绅创建新阳敦善堂，负责报验无主路毙浮尸，收埋暴露棺骨，代为贫户安葬，施医药棺木等。嘉庆十八年（1813），常熟人徐嵘、屈廷鳌等呈按察使设立宁善堂，捐资置田转收埋路毙浮尸。该堂原借道观中，道光四年重新建堂，改名为凝善堂，举办夏施药，冬施医，平时施棺诸善举。光绪《常昭合志稿》记其原委："先是岁歉多道殣，县役藩役屡为间里累，应议设此堂。凡遇路毙浮尸无亲属认领者，有地方善堂司董勘验，如无伤痕即行收埋，插标招认。有伤则由堂报官检验。所费悉由堂给发。所有提俸有县立案。"④ 当然，一部分善堂是有商人客寓所建，具有会馆性质。如苏州敬梓堂、诚善堂等为徽商所建，葬其乡人无法归葬者。昆山同德堂与志远堂，均创建于嘉庆年间，分属徽州和杭宁绍商人，用于收葬同籍旅榇。苏州东山是著名的洞庭商帮的发源地，这一时期由绅商创办了惠安堂与固安堂，为衣冠旧族久停棺柩及无力殓葬，不愿报堂者，由局代葬。⑤

市镇慈善方面，吴江地区最为突出，先后兴办有善堂11处。如同里仁仁堂、盛泽同仁堂、种善堂、黄溪广善堂等。黎里众善堂是这

---

① 乾隆《盛湖志》卷下；民国《盛湖志》卷四《公署·公所》。
② 道光《黄溪志》卷二《寺观》。
③ 嘉庆《黎里志》卷六《墓域》；光绪《黎里续志》卷二《善堂》。
④ 光绪《常昭合志稿》卷十七《善举》。
⑤ 民国《吴县东山镇乡志类稿》建置类《公益》。

一时期最具特色、规模最大的善堂。嘉庆十七年（1812），里绅徐达源等创办，举办掩埋、施棺、恤嫠、施衣、惜字、放生等，后设分堂于平望。据杨桂《众善堂碑记》记载："众善堂设于吴江县黎里镇，而分局在震泽所辖之平望，其事以掩埋为主，施棺、施衣、恤嫠、惜字、放生等会附焉。嘉庆十七年徐君与同志开始捐资创立，施行善举于黎里，未及一年，平望诸善信踊跃乐输，共襄善举，此其善与人同不分畛域之意。"①另外，嘉庆十六年（1811），夏之麟创建张浦镇广泽堂，收瘗暴露尸棺，有田产近四百亩。道光十年，张松泉、马格堂等创设井亭乡从善堂，纠结义会收埋附近村庄无主暴露棺骨，兼办施棺。②道光元年（1821），唐市由里人公捐从善局，以盈余置买厅房一所，为公局，每岁施棺施药施衣，收埋远年暴露，代报近邻路毙。后职监柏昌续捐田二百亩，以所入恤养近邻嫠妇，额三十人，归堂办理。③咸丰六年（1856），苏州帮办团练冯桂芬游说地方官员，从讼案罚金中拨出银两，创建光福一仁堂，主办施药和施棺。

太平天国运动对江南造成了极大的破坏，苏州各地善堂普遍毁坏甚至废弃。战后开始步履维艰的善后工作，不少得以重建。如锡类堂在女普济堂内重建，尚存田产800余亩。轮香局经费支绌，同治四年由著名绅商谢家福重建。另设义塾教里众弟子，设殡舍以旅榇寄费补善款之不足。这一时期，苏州义葬发展较之此前更快，新建了的义葬相关善堂近50处，远多于前期，尤以同光之际与光绪末年为多。创办于同光之际者有安仁局、仁济局、推仁局、永元堂、同志代赈会等。光绪末年有一次义葬发展的小高潮，出现积善局、体仁局等善堂。昆新地方也新建多处，如巴城镇乐善局、培德局、正心崇善局，同时普育、敦善、清节三堂归并，"由是两邑穷黎生有赡养，死有槥葬，与夫茕独寡废疾婴稚鲜有失所"。常熟新建善堂十余处，如崇善堂、博济堂、同善局、老吴市孚善堂。光绪中期，常熟新办市镇善堂

---

① 光绪《黎里镇续志》卷二《善堂》。
② 民国《昆新两县续补合志》卷二《公署》之张家桢《清查斗则细号记》。
③ 光绪《唐市志》卷上《公局·善举》。该志称之为从善公局。亦称东塘墅。

多处。如许浦镇宝善堂、东唐市悟修堂,梅里镇里东西各有一处施材会。吴江多处善堂毁弃后并未兴复,重建与新建者也寥寥无几。平望众善堂,咸丰十年(1860)毁于战火,光绪六年(1880)署理巡抚谭钧培奏请设立善堂,并捐资令江、震两县于平望镇倡率重建。新建者如同里诚是局,在仁仁堂西,由善人王煜等创建。

二 松江府

顺治初,因明制,松江府共辖三县,即华亭、上海、青浦。顺治十二年(1655),析华亭置娄县。雍正二年(1724),析华亭置奉贤,析上海置南汇,析青浦置福泉,改金山卫为县。乾隆八年(1743),撤福泉。嘉庆十年(1805),析上海、南汇地设川沙厅。清代松江区划至此稳定,共领一厅七县:川沙厅、华亭、娄县、奉贤、金山、上海、南汇、青浦,其中府治华亭、娄县为两县同城。松江社会经济繁荣,各类涉及义葬的善会善堂多达100余处,总体上起步晚,发展快。①

松江地区早期最知名的义葬善堂当推枫泾镇同善会。枫泾镇位于江浙交界,北隶松江府娄县,南隶嘉兴府嘉善县。乾隆元年,镇民黄学海等仿照高攀龙等同善会办法,在镇北重建同善会,专办恤贫事宜。金山朱泾镇同仁堂,原名为施棺局,由监生施士恺、王奕亭等先后管理,后由程鸣玉任司事,改名为同仁堂。张堰镇同善堂,乾隆三十八年(1773)由李仁、沈若潜等捐建。② 南汇,乾隆十六年(1751)由金在田等创建广善堂,举办惜字、施药、施棺、掩埋诸善举。乾隆四十一年(1776),盛氏在一团创设施棺局,就近施送棺木。③

嘉道时期是松江义葬发展的第一个高潮期,因府城堂局较多,特

---

① 嘉庆《松江府志》卷十六《建置志》;光绪《松江府续志》卷九《建置》对松江府各属慈善发展详有记载,本节分析多依此,同时结合县志与乡镇志。
② 本节关于金山资料除嘉庆、光绪两府志外,主要是光绪《金山县志》卷八《建置下·善堂》。
③ 本节关于南汇资料,除嘉庆、光绪两府志外,主要是同治《南汇县志》卷三《建置》;民国《南汇县续志》卷三《建置·义举》。

意在市镇分设。如嘉庆《松江府志》所称，"因堂多，以镇分之"。光绪《松江府志》称赞道："善堂之设，所以佐吏治之不及，然见于前志者犹无多也，道光以来郡邑村镇递次兴建，几于靡善不便。"① 这一时期，新涌现了 40 余个善堂，尤以华亭、娄县、青浦与上海最多。华娄地方新办堂局近 20 处，集中于嘉庆初年与道光末年。嘉庆九年（1804），毛思润等在亭林镇捐建同善堂。次年，张孝林等在府城谷阳门外募建华娄同善堂，主办夏秋施医、舍药、施棺埋葬及浮尸路毙验费等。嘉庆十三年（1808），绅士吴省钦在谷阳门外又捐建与善堂。十七年（1812），华延彦等在后港镇倡捐同善堂，举办施棺、代葬、恤贫等事务。道光末期，府城中设有同志堂、辅德堂、助葬局等；各市镇兴办以施棺掩埋为主体的善堂十余处，如张泽作善堂、泗泾辅善堂、莘庄乐善堂、新桥积善堂等。嘉庆八年（1803），青浦绅士方义枢等募建同善堂，办理报验、施棺与代葬。嘉庆十七年（1812），盘龙同仁堂与方家窑仁寿堂分建合办，举行施棺、掩埋路毙浮尸、留婴、惜字等事宜。嘉庆年间，由士绅杨锦春倡建杜家行同善堂，举办惜字、施药、施棺等多项善举。道光元年（1821），士绅李樨倡建同善堂，推行施棺掩埋等善举，并负责办理尸场经费。道光二十九年（1849），康祖培等募建鲁家汇善堂，举办水龙、施棺、掩埋路毙浮尸等善举。刘家行镇位于南汇、奉贤之间，嘉庆二十年（1815），两邑董事棠棣、蒋逢年等募建充善堂，举办施棺、掩埋、恤嫠等事务。② 道光三年（1824），奉贤官民倡建施棺局，负责收殓近城路毙浮尸。道光十四年（1834），奉贤知县杨本初倡捐同善堂，其经费由各绅富按期酾钱。另设四分堂，一在南桥，一在泰日，一在阮巷，一在庄行。"由绅富捐钱助费，置买义冢，施舍棺木，收埋无主路毙浮尸，复筹编户验费，公请堂董司其事，使贫家无乏葬之虞，骸骨无暴露之惨，而编户之相验亦得永免扰害。"③ 川沙，最早的义葬善堂是高家行

---

① 光绪《松江府续志》卷五《风俗》。
② 本部分资料除府志外，主要根据光绪《奉贤县志》卷二《建置·公所》。
③ 韩佩金：《劝捐经费启》，载光绪《奉贤县志》卷二《建置·公所》。

镇的清晖阁，嘉庆十四年（1809），由士绅黄铭书等捐建，施棺给川沙二十二保各图不能棺殓营葬者。同年，同知何士祁在西门内创建同善堂，主办施棺事宜。①

太平天国运动中，松江西部诸县，包华亭、娄县、奉贤、青浦等处横遭战火，善堂所受冲击极大。其中，华娄地区，同仁堂、与善堂、莘庄乐善堂、新桥积善堂、七宝复善堂、从善堂等多处堂局均遭毁弃。加之士绅商富集体败落，使善堂遭遇空前危机。如张泽作善堂向来得周氏家族支持，同治初年，周氏中落，堂事遂陷入废弛。松江东北部地区，上海、南汇、川沙等地战火相对稀少，慈善所受冲击较少。同光以后，松江地区出现第二次义葬发展高潮，先后新办了60多处义葬类善堂，其中以上海、南汇、川沙等地为多。西南诸县，在清理原有善堂基础上，进行整顿和扩建，不仅规模扩大，还出现了综合化的趋势。在华娄地区，先后重建新桥存仁堂、作善堂，并由同仁堂总揽。同治八年（1869），七宝镇聚合继善、复善、从善三个善堂田产，另行捐资，合办三善堂。除原有业务外，兼办赡老、恤嫠、惜字。新办善堂不多，只有崇善堂、协善局等几处。奉贤兵燹后，多数善会善堂被毁，少数得以重建。同治二年（1862），经董林国琮捐田百余亩，集议循旧重办同善堂，并呈请知县倡首募捐，短短两年捐置田产近1300亩。青浦，重建了县城同善堂和朱家角同仁堂等，办理施医、施药及存贮棺木。同治八年（1869），蒸里镇设同仁分局，同治十三年（1874），黄渡镇创建同仁堂。光绪末年白鹤汇集资创设代赈局；宣统时屯溪筹建代赈局，均附设于土地庙内。②

东部上海、南汇与川沙则呈现另一种景象，均集中出现了多处善堂。由于南汇、川沙靠近上海，慈善发展不仅常效仿上海，不少地方还得到直接的支持。如果说上海的义葬发展是迅速城市化和绅商聚集的产物的话，南汇和川沙则呈现出很大的随机性；前者以城市中的施

---

① 川沙部分，主要参考光绪《川沙厅志》卷二《建置》；民国《川沙县志》卷十一《慈善》。

② 光绪《青浦县志》卷三《建置·公建》。

棺助葬类善举为主，后者因靠近沿海，多以掩埋浮尸路毙为主。南汇地方，同光时期新办善堂20余处。同治七年（1868），江苏巡抚丁日昌在苏南整顿丧葬、鼓励善举，南汇响应最为积极。在知县陈其元、叶廷眷倡首与督促下，南汇城乡掀起多次兴办善堂的风潮。如南汇同善堂，附设储家庙内，由知县叶廷眷、士绅傅以康等倡建，举办施棺代葬各善举。周浦镇万缘堂，由朱锡三等募建，知县陈其元捐钱500千文存典生息，举办保生、恤嫠、施棺、散药诸事。该镇另在哭龙庵设代葬局，由知县叶廷眷倡捐，姚有林等经管。新场、航头、横沔、沈庄、下沙、新兴等十余市镇均设有办理施棺掩埋等善举的善堂。光绪末年，南汇又新办善堂近十处。例如光绪二十二年（1896），倪润章等捐建三墩明善堂，办理恤嫠、掩埋等善举，历年所掩埋棺柩不下数千具，效果显著，附近纷纷效法，如周浦东乡旧廿二图施棺局、万祥镇劝善堂等。

川沙则相对滞后，自道光年间创办同善堂后，数十年间再无新的堂局出现。由于当地位于沿海，尸骸暴露问题严重。光绪以后，出现多个施赊棺木为主的善堂。如光绪八年（1882），倪紫垣仿照上海闵行镇赊棺办法，创办施棺会，半施半卖。光绪十五年（1889），朱其纯等禀设高行镇集义社，兼办育婴、恤嫠、施衣米、赊棺施棺等善举。光绪二十一年（1895），保节堂董事朱源绍等鉴于附近州县均有善堂，而川沙阙如，引为憾事，乃与当地绅商集资倡办至元堂。该堂为综合型善堂，凡施药、助葬、接婴、义塾、洋龙诸善举及旧有之棉衣、冬米、赊棺、惜字等均实力奉行，成为当地慈善公益的中心。因无恒产，除义塾有经费外，其余均随事劝捐。该堂民国时期仍发挥重要作用。据民国《川沙县志》记载："川沙慈善事业以至元堂为中心，于今三十余年矣。"[①]

上海慈善的发展堪为江南的一个典范。[②] 开埠前，上海的慈善发

---

① 民国《川沙县志》卷十一《慈善》。
② 本节关于上海的资料，除嘉庆、光绪两府志外，主要是同治《上海县志》卷二《建置·附善堂》；民国七年《上海县志》卷十《慈善》；民国二十四年《上海县志》卷三《慈善款产》。

展已很发达，有义葬相关堂局多处。最早当推乾隆十年，上海知县阮某在虹桥捐建同善堂，至嘉庆年间遭废弃。嘉庆五年（1800），知县汤焘捐田倡建同仁堂，九年设分堂两处，一在法华镇，二在高行镇。鸦片战争后，上海成为首批通商口岸，随后首开租界。1853年太平军攻陷南京，东南战火纷纷，难民大量涌向上海及租界，大量人口、财富向上海聚集。以此为契机，上海的发展进入快车道，慈善方面也受惠不少。此后十余年，先后涌现几十处善会善堂，比较著名的有同仁辅元堂、果育堂、普育堂、仁济堂、济善堂、保息局等。道光二十三年（1843），邑人梅益奎与海门施湘繁、慈溪韩再桥等募捐辅元堂，倡办赊棺。同时，各地善人创设了同仁堂，举办施棺、掩埋、代葬、赡老、恤嫠、惜字等各项善举。咸丰五年，董事经纬（洋务名人经元善之父）将两堂合并，改称同仁辅元堂，增办代给尸场验费、收埋淫书等事务。该堂先后置办田近4000亩，房捐多处。果育堂原为义塾，咸丰八年（1858）扩充为堂，举办施医、施棺、施米诸善举，立达生局，置苏太义园，往周边收葬尸棺。仁济堂原捐给贫妇产费，后增恤孤、义塾、施药、给孩棺等事务，由果育堂、同仁堂董事分任其事。承善堂在小东门外，专办商船水手病毙报验体恤收埋等事务。保息局在城治西北，同治元年（1862），苏嘉湖避难来沪者就寺庙为施药施棺代葬事务。济善堂在县治南，同治九年县书叶邵虞等筹建，治疗客寓贫病，痊愈给予路费，死则施与棺木。同治六年（1867），新任上海道应宝时从道库中拨出大笔银两，委托地方绅商组建普育堂，收容无家可归又无力自谋生路的幼童和体弱老人，堂址设在上海城内陶沙场。该堂由绅商负责经营，经费则多仰赖官费和厘捐。普育堂内，分为老男所、女妇所、男残废所、女残废所、养病所、抚教所和贴婴所七部分，并设书塾及医药两局。除租界与县城外，周边市镇也设置有多处善堂。如北桥悦善堂、高家行懋仁堂、引翔港厚仁堂、泾镇宝善堂、颛桥恒善堂、法华乡赞善堂等。

  19世纪70年代，上海已形成体系完整、规模庞大的慈善网络。至清末民初，上海善堂数量与规模居全国之首，成为江南乃至全国慈善事业的中心。清人葛元煦《沪游杂记》记其情形："上海善堂林立,有同仁辅元、果育、普育、清节等堂及安老院、保息局、牛痘局、保婴总局。或治病施药,或给棺掩埋,或收养残废,或设塾教读。届冬令又开设粥厂,并给棉衣、米票、种种善事,不胜枚举。"① 晚清思想家王韬《瀛壖杂志》盛赞:"沪上善堂林立,而推同仁辅元为巨擘。经费之裕也,章程之善也,而董理者尤能以实心行实事。凡恤嫠、赡老、施棺、舍药、栖流、救生,以及孤幼、残疾,无不有养。咸丰癸丑,寇陷金陵,难民之南下者,养活无算。此外设有果育堂,一切悉仿同仁之例而行之,近与同仁分司稽查渡船之事。其有扶教丐童,留养老年残废男女,则曰普育堂。设于半段泾,其初为应敏斋方伯所创。其专舍医药、施棺代葬者,则曰保息局,即设于县治西北广福寺。初为苏人公建,以济苏人之避难来沪者,厥后旁及他处,不区畛域。苏垣既复而局分,顾沪局仍如其旧。其余不及枚举。"② 这些善堂很多在民国时期继续运作。

三　太仓州

太仓州隶苏松太道,原为苏州府属县。雍正二年(1724),升直隶州,析置镇洋县,又割苏州府之嘉定属之,析置宝山。领四县:镇洋、嘉定、宝山、崇明。太仓州介于苏松之间,经济文化发达,慈善发展上也不逊色。早在顺治二年(1645),太仓知州李作楫即创办育婴堂,这是清代全国最早的育婴堂。有清一代,太仓下辖4县,至少有各类善会善堂70余处,其中关于义葬者多达30余处,以嘉定、宝山两县最多。兴办时间主要集中于道光年间和同光时期。

道光以前,太仓各县均创办有义葬组织。最早的当推乾隆十七年(1752)金集等创设的宝山罗店镇施棺局,以东山禅院做贮棺公所。宝山城内的义葬类善堂主要是公善堂,创办时间大致在乾嘉之间,一直运营到清末。民国《宝山县志》记载:"施棺代殓,城乡旧由公善堂主办,各有专章。其水陆无主毙尸,由堂报县临验,备棺代殓,以免扰累。后凡地方费无所出与无以为殓者,地方常集资相助。"月浦

---

① (清)葛元煦撰,郑祖安标点:《沪游杂记》卷一《善堂》,上海书店出版社2006年版。
② (清)王韬:《瀛壖杂志》,上海古籍出版社1989年版,第29页。

镇创办里仁堂，专办掩骼施棺，道光年间即废弃。① 嘉庆十二年（1807），嘉定知县吴桓创办存仁堂，邑绅时铭、秦溯萱等捐田以备施棺、代葬之用，并设栖流所。该堂举办报验善举，凡路毙浮尸由地保报验，堂中给棺，并发尸场费用钱三千文，毋庸传及地邻。由于该堂位于城内，乡民距离县城较远者，夏天艰难不便，于是南翔、望仙桥等也仿照成立了善堂。② 嘉庆十三年（1808），由里人朱轮英等捐建南翔镇振德堂，为施棺代葬公所，后镇中凡掩埋、施药、施棺、孤贫、恤嫠等善举，均由此堂办理。嘉庆十四年（1809），张铣等创办望仙桥镇广仁堂，主要施棺代葬；后由张淑等续行十余年，独木难支，以致停办；道光末年，由乡绅朱右曾等重建。③ 乾隆五十七年（1792），由绅士王朝绅等倡建太仓州相葬局，亦称志济局，募集善捐为有坟无力者安葬。全盛时期，该堂有田产十余处，额租200余石。④ 崇明同仁堂，嘉庆二年（1797），由邑人田蕴生等创办，为施棺施药之所，后邑人施利谦等捐助沙地958亩，作为日常经费。⑤

道光年间，太仓州慈善事业快速发展，其中尤以宝山新办善堂最多。据民国《宝山县志》记载："各市乡创设善堂，开始于道光年间，至于光绪中叶，每一镇均有善堂，所办善堂事业，除育婴堂外，尤其注意恤嫠敬节，不惮筹集基金，以期维持久远焉。"⑥ 罗店作为江南巨镇，此前创办施棺局，"以济本地之贫无棺殓者。"道光元年（1821），绅士施学澍等仿照苏州浒墅关一善堂章程，在东岳庙旁设立怡善堂，并建栖流所。后另辟贮棺所，施济鳏寡孤独，称为同仁堂。两堂相距甚近，经理诸董相互照管，施棺经费由众姓捐输。其他市镇

---

① 本节关于宝山善举，主要参见嘉庆《直隶太仓州志》卷五《营建下·恤养》；光绪《宝山县志》卷二《善堂》；民国《宝山县续志》卷十一《救恤志·恤亡》。

② 嘉庆《直隶太仓州志》卷五《营建下·恤养》；民国《嘉定县续志》卷二《营缮》。

③ 光绪《望仙桥志稿》不分卷《广仁堂记》。

④ 嘉庆《直隶太仓州志》卷五《营建下·恤养》；民国《太仓州镇洋县志》《附录·自治·城自治款产》。

⑤ 嘉庆《直隶太仓州志》卷五《营建下·恤养》；光绪《崇明县志》卷三《建置·义局》。

⑥ 民国《宝山县续志》卷十一《救恤志·恤亡》。

善堂也不少，如大场东同仁堂、真如宝善堂、江湾崇善堂、杨行成善堂、胡巷积德堂、殷行亦善堂等，多以施棺掩埋为主。如江湾崇善堂，坐落殷号六图寺沟之左。道光九年（1829），由经董盛镛等设立，凡境内路毙者一律于冬末掩埋。其余三县与之形成鲜明反差。其中镇洋，道光初年，当地士民在镇民桥南创建殡舍。道光四年（1824），职员蒋治等募捐设立同善局，置办田亩充当经费，专办收埋路毙浮尸。嘉定吴淞间，由里人董芳沅筹建崇善堂，负责打捞掩埋海中浮尸。崇明，由邑人饶云辅奉母命创建乐善堂，供养男妇老而无告者。

庚申之变中，太仓损失严重，善堂大多毁弃。战后，各地纷纷重建和新建善会善堂，举办施棺、掩埋、停厝类善举，其中嘉定县尤为突出。同治四年（1865），嘉定知县汪福安改设存仁堂，官民先后捐置田地近300亩。周边乡镇纷纷仿效，先后新建善堂达七八处之多。如娄塘镇，同治初由善后局董梅尔元等创立同仁善堂，举行施棺、掩埋等事。外冈乡，由朱类柏、钱诵芬等请县建立保元善堂，办理外冈、葛隆、钱门塘、望仙桥等九乡栖流、代葬善举，以殉难无后家庭遗产作为堂产，公推董事管理。光绪十一年（1885），黄渡镇设存仁堂分局，举办施棺、保婴、恤嫠等。光绪二十年（1894），陈宗元等呈县拨存仁堂款建西门乡广仁公所，主办停厝。光绪三十三年（1907），由刘子祥等创办西门乡代赈局，每年备办棺木若干具赈给贫民。同年，徐文谷、朱云等集资筹办济生善堂，办理施棺等善举。同光年间，镇洋志济局与同善堂得以重建。同善堂还重修殡舍，专为寄厝尸棺之所，收寄资充当日常经费。光绪初年，生员王世熙等捐助田产200余亩，创办广善局，专办收埋暴露、施济棺木。宝山县，同治五年（1866），因县令劝办掩埋，月浦镇因无公所，将城隍庙借作善堂，以典捐作为善举经费。同治七年（1868），方家场重建怡善堂，以泰昌、鼎成两家典当行，每月每典公捐银二十千文作为善举经费，一半拨入县城公善堂，一半留给本镇怡善堂。新建善会善堂方面，如刘行镇养善堂、高桥镇三知堂等。崇明县，同治年间，由知县谭泰来等捐修殡房十间，为邑人停厝之处。堡镇人公捐创办同善局，为施棺掩埋之所。

四　常州府

顺治初，因明制，常州共辖五县。雍正二年（1724），析武进置阳湖，无锡置金匮，宜兴置荆溪。一府之中，有3处两县同城者，全国仅苏常两地。此后，常州政区相对稳定。共领8县即武进、阳湖、无锡、金匮、江阴、宜兴、荆溪、靖江。其中，靖江县在江北，与江阴隔江相望，今属泰州。该地虽属吴语区，经济文化与江南差异较大，相关史料也较缺乏，此处从略。

明清以来，常州社会经济繁荣，文教水平与苏松不遑多让，在慈善方面也很发达。常州是善会善堂的发源地，东林党人钱一本（字启新）、顾宪成（号泾阳）、高攀龙（世称景逸）、刘元珍（号本孺）等在武进、无锡等地创办同善会，是传统慈善的标志性事件。万历三十二年（1604）十月，顾宪成会同顾允成、高攀龙、安希范、刘元珍、钱一本、薛敷教、叶茂才（"东林八君子"）等人，在老家无锡发起东林大会，制定了《东林会约》，叱咤风雨的"东林党"登上历史舞台。东林党不仅在政治上和思想上扮演重要角色，也直接主导了同善会的创建和经营。康熙《常州府志》记载："同善会之举始自明，武进钱启新，无锡顾泾阳、高景逸、刘本儒诸先生踵行之者，岁岁不绝。而丁彦超、堵濂生两先生复为除夕一会，亦本此意行之。"①

明清易代，常州慈善发展经历较长沉寂期。康乾时期，常州府出现多处善会善堂，多是育婴堂、养济院等，义葬类相对较少。最早的当推宜兴乐善堂，由邑人曹亮武倡捐施棺多年，康熙二十一年（1682）改为育婴堂。② 自乾隆中期到道光时期近百年间，常州慈善发展迅猛。从地域上看，府城武进、阳湖的善会善堂达60余处，义葬相关者40余处，嘉道时期形成了以武进存仁堂、阳湖同仁堂为核心的，遍及城乡的"报验网络"，专办各地报验收埋水陆路毙浮尸事宜，武进乡镇善堂就多达30余处。宜兴、荆溪地方有各类堂局多达70处以上，义葬类数十处，广泛分布于城乡间。这在江南都是不多见

---

① 康熙《常州府志》卷九《风俗》。
② 道光《重刊续纂宜荆县志》卷一《建置·恤所》。

的。江阴、无锡与金匮三县则相对逊色，但为数亦不少。乾隆三十一年（1766），武进乡绅张百龄集资在怀南乡创建怀仁堂，主办贫民棺殓、义塾等，这是常州最早的义葬类善堂。最具指标意义的无疑是武进存仁堂。该堂创办于乾隆四十一年（1776），开始时依然是以赈济无告为主，此后逐渐兼办施棺、报验等义葬善举。① 嘉庆六年（1801），绅士刘煊等主持创建了阳湖同仁堂，每年集捐制棺，收埋路尸及施给贫民不能殓埋者。存仁堂和同仁堂成立后，迅速成为当地善堂的核心，为城乡竞相效仿。如乾隆四十五年（1780），刘宪等在奔牛镇创办安西乡同仁堂，办理施送棺木。

嘉道时期是常州义葬发展的一个高潮时期。嘉庆二年（1797），无锡人秦震钧等在金匮城隍庙东倡建同仁堂，举办施药、施棺、施棉胎事务，另附栖流所三处，义冢九处。② 由于水陆路毙浮尸无亲属认领者，往往累及地主地邻，该堂还规定，无论浮尸路毙有无伤痕，均由善堂报验殓埋，不传地主地邻。这就是有名的"锡金成例"③。嘉庆十二年（1807），新阳天区三图尚书里创办敦善堂，收埋暴露、报验路毙兼施衣药棺木。嘉庆十六年（1811），武进、阳湖官绅赵翼、刘粥全等，主张仿照锡金成例，办理报验，武进地方以存仁堂为总局，阳湖以同仁堂为总局，由两知县给发盖印联单，交堂董报验，通详院司立案。臬宪每年发给堂董护照，载明有伤报验、无伤由堂董验明殓埋。其中存仁堂由堂董刘粥全负责，同仁堂归堂董张利贞、董敏善负责。由于经费不敷，两堂只举办近城五里以内报验事务，不及远乡。推行几年后，效果显著。道光初年后各乡闻风响应，陆续赴县呈

---

① 本节关于武进、阳湖善举资料来自道光《武进阳湖合志》卷五《营建·公廨》；光绪《武进阳湖县志》卷三《善堂》；光绪《武阳志余》卷四《茔墓》，下同，不另注。
② 本节关于无锡、金匮善举的内容来自光绪《无锡金匮县志》卷三十《善举》；同治《锡金考乘》，民国《无锡富安乡志》卷十三《善举》。
③ 关于"锡金成例"，在锡金各县志记载并不明确，外地文献中多有记载，广为仿效。更为知名的并不是同仁堂，而是创办于道光四年的恒善堂，该堂曾呈请官府，不准封踏他船，路毙之案，由堂验报，以免借尸图诈。而武阳各方志均记载，该地报验乃仿照无锡，另无锡附近吴县浒墅关嘉庆十一年创办一善堂，明确规定："凡遇倒毙浮尸，凭保报堂随时填载县发联单验殓掩埋。"详见余治《得一录》卷八《收埋路毙浮尸章程》。此处因资料问题，尚不明确，待进一步考证。

明附入堂内填单报验。自道光四年起至二十一年（1824—1841），附入存仁堂的乡里共计72图，其中兴办乡镇公所者30余处；阳湖相对较少，共计21图，俱载明附入堂内总办，在乡兴办有公所者主要有延政乡体仁堂、丰东乡存心堂等。这类善堂往往只负责所社区的报验事宜，多以一都一图为限，也有负责多个都图的。如阳湖丰东乡存心堂，"为三十二都三、四、六图，三十三都一至六图，丰西乡四十二都二、五图，丰北乡二十八都五、七图，大宁乡三十都一、二、七图，孝仁乡四十七都一、三图公所"。多数地方则只是提出申请，但直至道光二十一年（1844）登记时还来不及建立堂局。如武进怀北乡，"道光十一年二都二图周应基、四图邹统任等。十三年，一都三图杨日新等，四图张朝西等，三都二图杨洁等，五图李顺华等；十四年二都五图李云浦等均经呈明附北存仁堂报县一体办理，未及建置公所"。仅道光十三、十四年两年间（1833—1834），武进乡间就有近20处类似的善堂成立，构成遍布城乡的报验网络，在全国极为罕见。在很多公共事业中，由于政治的强势介入，打破了习惯的发展脉络与步伐，出现短时期迅速推广的态势，看似不寻常，却往往是历史常态。这一时期，除报验为主体的善堂外，武阳地区还有不少施棺掩埋为主的堂局。如武进有寿安堂，主要施棺给寒门旧族无力殡殓者；还有扶厝局，凡旧族寒门以及贫乏小户停棺无力掩埋者，由该局代办。

宜荆、锡金及江阴等地也兴办了大量的义葬善堂。宜荆地方，嘉庆十八年（1813），由绅士许鸣鹤等创办成仁堂，由许氏家族世代经营，举办施棺，并请验浮尸路毙，发给经费殓埋，并置办义冢。嘉庆二十年（1815），储城等倡建毓善堂，每年置办棺木施送清泉区各图，并请验浮尸路毙，给棺殓费，并置办义冢。道光时期，宜荆城乡涌现义葬类堂局十余处，大多以报验作为主要事务。其中诚善堂有二所，一个在山亭区安乐院内，由绅士周秉均倡捐；一在开上区，由绅士沈征牧等倡募捐置，两堂业务与上述诸堂相同。锡金地方，道光四年（1824），许永祥等倡建恒善堂，专办恤贫嫠妇，后添设保墓及报验善举。清代大善人余治是无锡人，他在无锡城西北隅募捐创设集仁局，举办义学、施衣、恤嫠等善举。余治还首创代赊之法："制棺以待贫者与之而收其券，无力偿者听之。岁终出券焚之，名曰代赍。"① 嘉庆八年（1803），章秉钟等在江阴华墅镇创设同善堂，举办义塾、恤贫、施药、掩骼等善举。嘉庆十五年（1810），城内公建公善堂，举行赠材、惜字、扶疾、敬节、恤寒、掩骼、蓄汲等七事。②

太平天国战争对常州慈善破坏极大。同光以后，先前那种迅猛发展的局势一去不返。废弃善堂只有少许得以重建，此前流行的报验类善堂大为减色。这一时期，武阳和锡金地区新办善堂均寥寥无几。不过，江阴和宜荆等地出现了第二次义葬发展高潮。光宣《宜荆县志》记载："同光以来承平垂五十年矣。而民间元气迄今未全复，饥馑荐作，籽栖其空。大东同概，赖任绅锡汾于邑中善绅迭为维持。救灾则有赈济、养生则有善堂，恤死则有义阡。"③ 从光绪初年起，江阴先后兴办义葬善堂8处。光绪二十年（1894）曹岐鸣等创设顾山代赊局，家贫不能成殓者，由局给棺一具，值钱6千文，只取2千文。该堂经费开始收集善愿，后因收集不易，改为募捐棺木施送。双牌乡从善堂，主办扶老、怜残、矜孤、敬节，继增义材、施药、惜字等善举，经费由米业公所定期捐助。璜塘镇有继善堂，长寿乡有志善堂，华墅镇有检心社，周庄有与善堂，都从事施棺义材等事务。宜荆地区，先后兴办了近50个各类善会善堂。这一时期，除思济堂等少数几个外，绝大多数堂局都位于乡村，多为地方士绅创建，或各乡图民众公建。如崇善堂，在成仁区六图张墅村，光绪十三年（1887）由谢来琛、谢蔚岑等集资创建，屋数楹，田数十亩，充当本图公益事宜用途。

五　镇江府

镇江介于常州和江宁之间，清初辖丹徒、丹阳和金坛三县。雍正八年（1730），将江宁府溧阳县划入。光绪末年，在江洲设太平厅。镇江府治丹徒，位于长江沿岸，为运河与长江交汇处，为水陆交通要

---

① 光绪《无锡金匮县志》卷三十《善举》。
② 主要根据道光《江阴县志》卷一《建置·义局》；光绪《江阴县志》卷一《建置·义局》，卷二十三《冢墓·义冢》；民国《江阴县志》卷三《建置·义局》；民国《江阴近事录》卷一《建置·义局》。
③ 光宣《宜荆县志》卷六《善举》。

道。清代,镇江府共有各类善会善堂 100 余处,较之江南其他区域略微逊色,且极不均衡。府治丹徒城乡各类善堂多达 70 余处,绝大多数创建于晚清时期;丹阳有善堂 30 余处;金坛、溧阳相对较少,仅 10 余处。其中,涉及义葬的堂局 40 余处,数量最多,绝大部分聚集于镇江府城丹徒。

镇江与义葬相关的,最早最知名的慈善组织则当推京口救生会。镇江(古称京口)自古以来就是南北枢纽,商旅聚集,水上救生格外重要。早在宋代乾道年间,镇江郡首蔡洸在镇江西津渡,设置大船五艘,兼办义渡与救生。明正统年间,巡抚侍郎周忱打造两艘专门的救生船,招募水手 30 余人济渡救生。这些救生船后来演变为"救生红船",在长江一带十分流行。康熙四十三年(1703),由蒋元鼐、朱用载、蔡尚忠等十五位绅士倡捐,在观音阁创办京口救生会,专门从事水上救生。由于慕义者众多,五年后在西津渡昭关晏公庙旧址建屋三间,作为永久会址。救生会对于被救者或暂时收养,或发给路费,并负责打捞遇难者尸体,先有家属认领,无人认领者置棺装殓,葬于牌湾义冢。另外,推广救生之意,对于贫无义葬者施舍棺木,还举办惜字善举。① 救生会得到官民大力支持,规模不断扩大,一直延续到民国时期。康熙五十三年(1714),善人李英向救生会捐田 60 亩;五十八年(1719),王秉韬捐助 300 两生息银;次年,道台查淳将育婴堂田地 238 亩拨入。特别是义士蒋豫(字介和)继承族人遗志,与人重振救生会,并定规:凡从江中救活一人赏钱 1200 文,捞救浮尸一口,给奖赏及抬棺费 1150 文。其子蒋宗海中进士后,不慕荣利,返乡接办救生会达 54 年之久。自乾隆时期起,蒋豫家族连续七代苦心经营,被传为佳话。② 今天,历经千百年风雨,西津古渡和救生会旧址依然较好保留,实属难得。

乾隆七年(1742),溧阳官绅在育婴堂内创办存仁堂,主要办理

---

① 乾隆《镇江府志》卷五十五《艺文志》之《京口救生会叙》。
② 祝瑞洪、庞迅、张峥嵘:《京口救生会与镇江义渡局》,《东南文化》2005 年第 6 期。

施药、施棺。① 乾隆十一年（1746），丹徒士绅严金珍、陈绍等捐资在清风桥侧栖儿巷倡办同善堂，主办施棺。十五年（1750），道台黄叔林颁给"仁心为质"匾额旌奖。乾隆十八年（1753），丹徒辛丰镇，由赵启景等创办乐善堂施材局。金坛县，乾隆五十年（1785），由袁玉隆等捐资在崇真道院内设置体仁堂，专办施舍棺木。② 嘉庆年间，仅丹徒新办两处义葬善堂。嘉庆初年，绅士魏璨、朱劲沧等倡建谏壁崇善堂，举行恤嫠、路毙、水龙、惜字诸善举。道光后因经费不敷逐渐废弃。嘉庆十四年（1809），由王春熙等创建安阜洲崇善堂，主办掩骨、施棺、惜字等。乾隆四十九年（1784），举人顾绍鼎等创办义扛，专门提供人力扛抬，这在江南和全国都不多见。该会与水龙、崇善堂等相辅相成，效果良好。大善人严敦礼经理其事近六十年，周边仿效者数十处之多。据光绪《丹徒县志》记载，镇江义扛主要办理两种善举：一是火灾时抢救棺柩；二是恤贫代葬。共雇佣24名脚夫，城内外各占一半，遇有火灾时抬抢停厝棺柩；平居无事时，遇有崇善堂施舍棺木，家贫无力掩埋以及久停未葬棺柩也由他们负责抬埋。③ 清代江南多土工脚夫阻葬恶俗，义扛可谓应运而生。

道光年间是镇江义葬发展的一个小高潮。道光初年，士绅茅元络等募捐经费，在丹徒城内创办普仁堂，依照苏、常等处惯例，负责收埋路毙浮尸及"辛伙仆妇暴死不及送回者"，办理尸骸报验等。该堂兴办后，在当地引起轰动，不久在丹徒城内外出现多处善堂，仿照其章程办理义葬，如西城外安仁堂、南门外种仁堂、万寿宫实济堂以及丹徒镇兴仁堂、海溪镇普济堂等。其中安仁堂与实济堂，均因"有暴病者就近送达""路毙较多便于收埋"而设立，有普仁堂分堂的意味。此外，还创办有枯骨会、高桥镇永善堂等。丹阳县，道光八年

---

① 关于溧阳者，多根据嘉庆《溧阳县志》卷六《食货志·养育》；光绪《溧阳县续志》卷四《食货志·养育》。
② 关于金坛者，多根据光绪《金坛县志》卷四《赋役志下·惠政》民国《金坛县志》卷四之二《善堂》。
③ 本节关于丹徒者，主要根据嘉庆《丹徒县志》卷二十六《尚义·义举》；光绪《丹徒县志》卷三十六《尚义》附义举；光绪《丹徒县之樵余》卷九《尚义·义举》；民国《续丹徒县志》卷十四《义举》。

(1828）由监生裴汝辑等捐资在城内东岳庙设立敦善堂，后又设立乐善堂，均以施棺为主。不久，两堂合并为敦乐二善堂。道光十三年（1833），举人束澧等禀县设立效仁堂，专门掩埋水陆浮尸露骼，由地保报县验明，以免民累。① 溧阳，道光八年（1828），周勋等在东门大街创办同仁堂，禀县立案，并与方世裕等分七股捐置公产，所得租息购买棺木，收葬路骼浮尸。

咸丰三年（1853），太平军攻占南京，改名天京，作为太平天国首都。因邻近南京，镇江很早就成为农民军与清军的主战场，鏖战十余年，当地破坏十分严重。如丹徒普仁堂，"至咸丰粤匪据城，堂屋全毁，仅存基地，公庄各地亦成瓦砾。"同治四年（1865），官绅复议重建普仁堂，兼做留养所，添建房屋，举办停厝与掩埋。次年，丹阳县令金鸿保照会邑绅徐锡麟等，依照旧章主持敦乐二善堂，并向各豆行抽收捐款，令各铺户量力捐输、襄助善举。金坛县，由虞式金、陈廷桂等重建体仁堂，共计平屋 3 间，储棺 5 具，每领出一棺，由各店铺派钱 3600 文购入补齐。新创办的为数更多，其中涉及义葬者 20 余处。如丹徒北乡寿星会，主办施棺，设半济材、施材两种，前者收取半价，后者不取分文。崇善堂拾骨局，专门负责迁瘗因沿江坍塌堤岸而无力迁葬及无嗣诸冢，先后共迁葬 16100 余冢。光绪十九年（1898），善人于文铎等在金坛城内创办恒善堂，年冬开粥厂施粥，兼办施舍衣药、棺椁及掩骼埋胔诸善举。溧阳同仁堂，战后尚未恢复，当地商人纠集百人，各捐洋 2 元，创建希仁会，专办施棺。其办法是，置办棺木 30 余具，分两等，价值六千者收取三千，价值三千者白送。凡贫苦不能殓葬者，由邻里担保代领。每领出一棺，会中同仁各派收 30 文，购料补齐。如此循环，确保棺木足额，善举永续。南门城外消灾殿设有南仁会，共九社，每社月捐钱五百为常年施材经费。镇江各乡镇则创办了不少义葬类善堂。访仙桥镇兴办善堂多处，如衣业公所公立同善会以恤同业孤寡。此后绸布业公立仿照同善堂创

---

① 本节关于丹阳者主要根据光绪《丹阳县志》卷二十五《义举》；民国《丹阳县续志》卷十七《义举》。

办笃善会。后绅商周应麟等捐设济善会与同仁堂，救助本镇贫弱，并在镇北设置义冢。吕城镇合镇公设有敬节堂、惜字会与同仁会。皇塘镇由镇人捐集同仁会，负责施棺。光绪七年（1881），监生王燮堂等在北乡捭城镇设立熏德堂，主办施棺收埋水陆无主尸骸，以典捐充当经费。金坛设施棺局多所，其中薛铺镇，由监生包泽等在顺城庵设施材局，句容人陈鹏在镇东设存善堂。朱琳镇由谢西林捐田发起施材局。石马桥乡在宝莲寺设仁寿堂施材局等。

清末，镇江出现一次义葬小高潮，主要针对保墓与施棺。光绪二十三年（1897），商人萧承霖等纠近邻何金怀、陈俞等商铺，禀官立局，在城内南门大街创办延寿堂施材局。由六家商铺轮流办理，例不报销。由于丹徒城外京畿岭、宝盖山一带义冢经常遭到破坏。二十九年（1903），董魁元在城外古闽会馆旁创办义葬保墓局，每日巡山，禁阻挖图及放牲畜等事。三十一年（1905），李树棠等借设关帝庙设存仁堂，后改名近仁堂，专门捡拾暴露尸骨。次年瘟疫流行，死亡众多，善人王仰贤、王树勋在平昌市崇贤里创办施材局。官绅特设置慰幽山庄，收葬因沪宁铁路迁葬坟墓。这些善堂大多得到糖油杂货业资助，清末民初这些传统行业日益衰落，各善堂因丧失财源，顿时减色。

第三节 浙西义葬的发展

浙江省杭州、嘉兴、湖州三府，大体位于钱塘江（浙江）以北，太湖东南部，唐宋以来逐步形成相对稳定的行政单元，俗称"浙西"。浙西土地肥腴，人口密集。随着手工业与商业的兴盛，经济富庶，城镇发达。冯桂芳在名著《校邠庐抗议》中指出："今浙江等省颇有善堂、义学、义庄之设，而未遍制，亦未尽善，他省或并无之。"① 可见，浙江慈善发达，居全国前列。下面分别论述三府义葬的发展

---

① 冯桂芬：《校邠庐抗议》之《收贫民议》。

情况。

一 杭州府

清初杭州府下辖九县，即钱塘、仁和、海宁、富阳、余杭、临安、于潜、新城、昌化，其中钱塘、仁和为省府治所在地，两县同城。乾隆三十八年（1773），海宁升格为州。

杭州地区义葬组织出现较早，但是，前期发展相对缓慢，堂局数量也明显较少。最早的善会当推余杭人赵瑞璧所设的施棺社。据光绪《余杭县志》记载：

> 赵瑞璧，其先宋之公族，以仁厚世其家。瑞璧急人所厄，身先里党。崇祯庚辰年岁大馑，道路之瘠者相藉。瑞璧家素贫，见而心怆。初为施棺以瘗，已而力不继，于是首建义社，倡同志合力敛藏。踰年饥愈甚，亡者愈众，不能人人备棺，仍为购席藁鸠佽锸，俾得入土以安，竟无有暴露者。然夭札死丧，秽浊之气难近，瑞璧独身督众，往来冢墓间不辍。后长子最登崇祯癸未进士，次子昕等顺治辛丑进士。天道报施益信。①

这一材料反映了从善人义举向善会善堂转变的微妙过程：起初，赵瑞璧乐善好施，施棺掩埋；后因独力不继，于是创办义社，倡导同志合力行善；开始尚以棺殓葬，后因死亡过多不得席卷丛葬。

悲智社的创办经历与此类似。据民国《杭州府志》记载，顺治年间，当地好善者创办悲智社，病济以药，死舍以棺，建置义冢骨塔，埋葬无主柩骸。呈请浙江巡抚秦世桢行文推广。康熙七年（1668），都司李某慷慨好义，闽浙总督赵廷臣将此事委托于他，扩展场所，仍称之义冢。之后总督刘兆麟、巡抚范承谟令钱塘知县继续承办。该处每地划为数棱，每棱划为数冢，每冢立石碑记录姓名籍贯，以便识别祭扫。每年掩埋经费，除捐助外，不足报告督抚补给。康熙以后失

---

① 光绪《余杭县志》卷二十八《义行传》。

考。① 从上述资料看，悲智社是由民间好善者创办，以施药施棺掩埋为主要事务，之后得官府眷顾，却"蜕化"为官办义冢。嘉庆以前，杭州府的善会善堂不多，义葬组织更寥寥无几。比较重要的还有塘栖镇的舍棺会。塘栖位于杭州城北，大运河穿镇而过，南属杭州仁和（东里），北属湖州德清（西里）。康熙四十八年（1709），东里士绅宋承模创办该会，经办五十余年，后来西里也起而仿效。

嘉道时期，杭州创办了多处善会善堂，多涉及义葬，如杭州普济堂、栖流所、硖石广善堂、海盐同善堂等。嘉庆元年（1796），山阴县监生高宗元等在武林门外捐地募建普济堂。该堂得巡抚阮元等先后倡捐筹款，发典生息，并设置产业，每年收入万余两，经费充足，教养、医药、殡葬百事并举。② 道光二年（1822），杭州奉诏设立栖流所，由绅士徐培、余鳄等任经理，主要收留流浪者，随时供给衣食医药，死者殓葬，登记造册，以备亲属认领。另负责倒毙浮尸报验事宜，以免株连邻右。杭州是浙盐集散地和盐法道所在，嘉庆年间起官府规定，每盐一引捐助银一分作为善举经费。此后百年间，杭城慈善公益多得盐业支持。

这一时期，民办和乡镇善堂发展较快。嘉庆初年，海宁州治及硖石、袁花、长安等镇出现了多个善堂。嘉庆八年（1803），诸生吴兰与举人应履犀等创设敦仁堂，先后置办义冢30余亩，年冬举行掩埋。该堂颇有成绩，至道光二十六年（1846），总计埋葬男女棺木及骨坛共计5720具，帮助有地无力者安葬不可胜数。袁花镇崇善堂专办施棺，因棺多地狭，经费不敷，嘉道年间筹集善愿，每愿岁捐钱360文，一愿至数十愿不等。③ 嘉庆二年（1797），硖石士绅董邦政等倡建广孝会，司事20人负责募捐，同人踊跃捐助，每会出八折银三星；每年举办两次，以二月、八月底为期，集中施棺掩埋。无力营葬者，报告棺木数量，局中备料，按照朱子白云葬法择日下葬。后来，在下

---

① 民国《杭州府志》卷七十三《恤政四》。
② 民国《杭州府志》卷七十三《恤政四》。
③ 民国《海宁州志》卷六《恤政》。

东街购置地产，建立广善堂。因经费日益短缺，绅士徐开锦、蒋光熙捐田产若干，得以维持。①

咸丰十年（1860），太平军攻陷杭嘉湖地区，杭州城三度易手，死伤累累，原有慈善体系也遭到毁灭性打击。战后，在官绅努力下，各地纷纷重建或新建善会善堂，其中，负责施棺、掩埋者为数最多。以大善人丁丙等为核心，经过多年艰苦经营，创建了一个庞大的"善举联合体"，有育婴堂、普济堂和同善堂三个核心堂局。其下附设善堂善会多达二三十处，负责事务囊括慈善公益的各个方面，其体系之庞杂，规模之宏大，在江南乃至全国都罕有其匹。"善举联合体"主体出现于同光时期。同治三年（1864），左宗棠升任闽浙总督，捐廉创建同善堂，其中设立义塾、附设医药、施棺、掩埋局等堂局，并设城乡报验、钱江救生及保甲巡更公举外省赈捐等。在官绅支持下，普济堂、育婴堂等先后兴复，并由丁丙任总董，统一负责。这些善堂得到官方大力支持，按规定，每季向厘局请领银三千两，出典生息、米盐木泊丝锡各捐，均归善堂绅士酌济支放，经费按季报销。其中负责义葬的主要是同善堂下辖的三个分支机构，即负责施舍棺木的"施材局"，负责掩埋路毙浮尸的掩埋局，以及负责命案勘验的报验局。②

海宁州义葬发展也较突出。同治八年（1869），海宁复设敦仁局，主办掩埋，绅士周金标、徐典传等四人按年轮流经理。民间无力埋葬者，由局中拨付石灰、土工代为安葬。每年冬至，由善后局拨款统一埋葬暴露，并置办义冢，以善后专款1000串作为日常经费。同治十二年（1873），在北门外白马庙常平仓旧址创建同善义庄，兼办敦仁局事务。该堂新办停厝善举，对于寄放棺柩酌收经费，直至光绪二十六年，因积柩过多亟须清理而停办。光绪二十四年（1898），知州李侯圭等倡捐，在西门外市六庄李花甲桥合建普善堂，建筑房屋三进作为公所，东西两边建丙舍百余间。停厝以四年为限，过期一律代为埋

---

① 光绪《硖川续志》卷二十《丛谈》。
② 参考夫马进《中国善会善堂史研究》，商务印书馆2005年版，第463—532页。潘冰心：《晚晴"杭州善举联合体"研究》，硕士学位论文，杭州师范大学，2013年版。

葬。每年冬至，掩埋附城东偏一带暴露棺骸。其经费由丝捐项下拨付。海宁各市镇也多主办施棺、掩埋的善堂，如长安镇永善堂、郭店同善会、新仓志仁堂、丰墅普济善堂等。

相对于杭州府城及海宁州，其他地方慈善发展相对逊色，大多只有养济院、育婴堂等，出现少量善堂，规模都很小。其中，临安县，乾隆年间曾创建栖流所一处，光绪年间重建。同治九年（1870），县令沈宝恒创建安仁善堂，以抄没张姓田产作常年经费，制定章程，办理施棺代葬、收焚字纸、相验经费、设立义冢、兼设义学等善举。① 富阳县，光绪二十年（1894）由王江、沈粲、张明标等鸠集城中好善商户捐设明德会，专门负责打捞浮尸、掩埋暴露、施送棺木，在城内设丙舍，于汪家村置办山场，以备丛葬。光绪《富阳县志》记载，该会每年刊行征信录，因存款无多，尚待扩充。② 昌化县，原在城隍庙旁建同仁会，光绪十八年（1892）知县朱懋清捐廉集资重建，专办施棺，其经费由折征钱漕内提款。民国以后，因无款可拨而停办，仅存空屋数间。光绪年间，善人邵峰佐等在八都遁口村建同仁所义冢及孤魂祠。③ 余杭县，据嘉庆、光绪两县志记载，除官办的育婴堂和养济院、义冢等列为"恤政"外，并没有其他的善会善堂。④ 於潜县也只有上述三种官办组织。当然，也不乏史料记录遗漏处。比如咸丰五年，於潜善人方守墨倡设同善会，办理施棺施衣等善举。⑤

二 嘉兴府

嘉兴府位于浙江东北部，居于松江、杭州之间，东面临海，西与苏州吴江等地接壤。清初，嘉兴府下辖七县：嘉兴、秀水、嘉善、海盐、崇德、平湖、桐乡，其中府治嘉兴、秀水同城。康熙元年（1662），崇德改名石门。明清时期，嘉兴慈善事业甚为发达，七邑有各种善会善堂百余处，且发展较为均衡，除石门、海盐稍逊外，其余

---

① 宣统《临安县志》卷一《建置·惠政》。
② 光绪《富阳县志》卷十一《建置·善举》。
③ 民国《昌化县志》卷三《建置》。
④ 嘉庆《余杭县志》卷十四《恤政》；光绪《余杭县志稿》不分卷。
⑤ 光绪《於潜县志》卷三《建置》；卷十三《人物》。

各处数量均很多。义葬类善堂多达数十处，尤以葬会最为突出。

嘉兴是善会善堂的重要发源地，乐善之风盛行。明末大善人、《了凡四训》作者袁黄就是嘉善人。明清之际，大儒陈龙正（？—1634，号几亭，师从高攀龙）等在嘉善创办同善会，及张履祥（1611—1674，号杨园）在桐乡等地推行葬亲会，这些都是善会善堂的先声与典范。值得一提的是，袁了凡与陈龙正的渊源颇深，袁与其父陈于王是同科进士，情趣相投，后结为儿女亲家。袁了凡赏识陈龙正，称赞他"孝思最深，所至不可量"。崇祯四年（1631），嘉善同善会创办。崇祯十四年（1641），以书院旧址改建，构仁方、义和两堂，作为常设机构。自崇祯五年（1632）春开始，嘉善同善会举办讲会，每季一会。举办十余年，直至明亡之年，举办了50余次。每次由会主醵资赈济本地节孝而贫窭者暨鳏寡孤独之无告者，救助者由开始的不满百人逐渐增至数百。① 同善会在嘉兴美誉度极高，被后世津津乐道，纷纷效仿。康熙年间，蒋子和等重建同善会，至乾隆二十八年（1763），由诸同人捐金扩建求仁堂，并置办房屋生息，资助同里茕独无依者。四十四年（1779），秀水县由阖邑绅士捐置同善会。乾隆元年，嘉善枫泾镇，由士绅黄学海等人仿照陈龙正等办法，借本镇道观创办同善会，定期聚会济贫，"闾左之颠连待举火者庆若更生"。② 乾隆二十年（1755），嘉善大饥荒，邑绅呈请兴复同善会，由善人龚绍成劝募，借各寺庙派发贫粮。四十四年（1779），由邑人乌藉安等捐置基地，合邑士民捐资在县治东重建同善会馆，前后三楹，仍名仁方。众姓捐地170余亩，后陆续捐置田产475亩，充当经费。③ 由明末名士主持到乾隆年间合邑士民捐置，同善会的演进有一脉相承之处。朱振飞《同善会纪略》称赞道："同善会创自有明，嘉善几亭陈氏行之久矣。若郡城之有是会，康熙时，蒋子和实始行之。至于今乾隆癸未之岁，诸同人又捐金筑堂于甪里街之后……今百数十年，命

---

① 光绪《嘉兴府志》卷二十四《养育》。
② 光绪《重辑枫泾小志》卷二《建置志》。
③ 光绪《嘉善县志》卷四《冢墓》。

僧人经理不废。后张杨园又有葬亲之会，吾郡中亦举行之。而同善会则又任恤之谊，使茕独得少资生焉。"①

除同善会外，还有一些别的善会善堂。如乾隆二十五年（1760），由道员邵于相等兴办嘉善同仁会，负责收埋城内外败棺枯骨。道光二十五年（1845），夏金堂、孙麟等集资创办施棺。庚申战乱之后，由夏日济等接办。乾隆二十六年（1761），嘉兴王家店镇（习称梅里）绅士李菊房等创办永安会，发起同人善捐，设存典生息银，每岁春季与腊月间，安葬乡里贫不能葬者。永安会运作十分成功，江南多地群起效仿。②乾隆五十四年（1789），平湖县鲍东睿等照永安会模式，集合同志十余人，集资掩埋旧家之淹柩不葬者。后黄凤等陆续捐置田产生息作为助葬经费。通过"定条规，庀材器，专责任，谨出入"，该会很快走向正轨。

嘉道时期新办善堂多处，大多位于市镇中，涉及义葬者十余处，如施材会、掩埋局等。嘉庆二年（1797），嘉善人张身涛、陈兰镇等在枫泾镇举办瘗埋会，负责收埋枯骨。由于枫泾镇分属嘉兴府嘉善与松江府娄县，因而在两地分设义冢，并呈请两邑知县出示严谨火化。嘉庆五年（1800），嘉善官绅张南珍、朱菊溪、吴临浦等倡办瘗埋局，附于同善会馆，每年清明、腊月捐资雇人掩埋。至道光十九年（1840），置办义田160余亩。③嘉庆七年（1802），石门知县在广孝阡遗址创办广仁葬会。道光年间，崇文书院司事马凤翔等呈请以公款在书院内设同仁施材局。④平湖乍浦镇，嘉庆六年（1801），刘家瑞等募捐周氏厢楼六楹创办同仁堂，作为施棺公所，捐置田亩多处作为经费。道光元年，知县刘肇绅捐廉倡首，监生刘潮路、守管盛凤鸣等集资，创建广仁堂，作为义冢掩埋公所。另外，在全工亭设分局施棺，资助沿海贫乏者。该堂有田产多处以资经费，又行铺、商船捐

---

① 光绪《嘉兴府志》卷十四《养育》之朱振飞《同善会纪略》。
② 光绪《梅里志》卷七《蠲恤》；民国《梅里备志》卷二十一《冢墓》。
③ 光绪《重辑枫泾小志》卷二《建置志》。
④ 光绪《石门县志》卷三《养育》。

助。两堂交相辉映。① 咸丰年间，平湖新办善堂两处，即咸丰二年（1852）成立的乐善局与四年（1854）的行便集，均有地方善人倡导，采取义会的方式集资，负责办理掩埋和施棺。其中乐善局，自咸丰二年至九年，凡瘗暴棺木11760号，后因兵燹停止。道光七年（1827），海盐县澉川镇，由知县杨国翰等捐资创办同善堂，镇人集资置买义冢，置办田产收息，作为施棺、收埋经费。

咸丰十年（1860），嘉兴地区先后遭兵燹，多处善会善堂毁弃。同治年间，不少善堂得以重建，同治二年（1863），重修如嘉善同善会，循旧举行善举。邑人陆续捐田多处，后因经费支绌与育婴堂统筹合办。晚清时期，嘉兴出现第二次慈善发展高潮，各州县均新建堂局多处，其中仅同光之际就近十处。最具特色的是，明清之际在当地流行的葬亲会模式，一度在嘉兴大为流行，尤以嘉兴、桐乡、嘉善三地最为发达。同治十一年（1872），嘉兴新塍镇，由朱廷元等集资创办培元堂，主要办理掩埋及报验路毙浮尸，附行义塾、惜字、施药、施棺诸善举。光绪初，里人集资设置抬埋局，每年冬令收瘗暴露，推行长达二十年。有鉴于"嘉禾两邑停棺累累，半由清贫无力，半由乡愚阻扰所致"。光绪二十七年（1901），公议仿照震泽县成案扩建善堂。购置近城荒地作为义冢，由民众自行择葬，葬费量力补偿。世家之无钱无后者，葬资由局出。同时刊备报单，一遇阻葬，有局恺淡赴县禀报，饬差究治。另鉴于莠民盗发浮厝，动辄数百棺，善人许兆佳因而四处劝募，在漏泽园旁创办保安殡舍，敛租以充善举。② 同治十年（1871），濮院绅商沈梓等仿照张杨园葬会办法，禀请嘉兴秀水桐乡三县立案办理，创办梅泾葬会，会所初在武庙觉山堂。光绪五年（1879），沈梓等又筹款，照新塍镇培元善堂之例创办保元堂，办理掩埋、义葬、施送医药棺木等善举，并将葬会归并其下。堂局经费包括

---

① 光绪《平湖县志》卷四《建置下·义产》；民国《平湖县续志》卷二《建置》；光绪《乍浦备志》卷二十一《丘墓》；《乍浦续志》卷一《建置》。

② 光绪《嘉兴府志》卷十四《养育》。咸丰《新塍琐志》卷五《任恤》。

葬会存息及丝绸、烟茶等捐。① 嘉善，同治九年（1870）由邑人夏日济、孙珏等捐资在城西慈云寺募建同仁局，置办棺木存局，以济无力办棺者，董事十二人轮流经办。光绪十二年（1886），同仁会董事谢昌年、周文炳等禀报，陶庄、洪溪两镇四达通衢，万家麇集，每见流离者夭折中道，贫乏者死无归殡。特在两地设立施棺会。② 光绪二十八年（1902），乌镇徐氏恒泰木行创办借材会，施行多年。棺木分福禄寿三字号，分别施送。同年，徽商汪怀恩集资在青镇寿圣寺创建存仁堂，建设殡房 30 间，置办义冢地于东乡。此外，尚有善人举办施材会，遇有乞求者派发善款购送棺木。③ 宣统二年（1910），善人钱晓峰发起濮院永保会，收集施棺善愿：每愿出洋二角，并先捐备棺木十具，每发一具，收愿钱补购，施棺对象以极贫之户及亲族不能为力者为限。1919 年，停收愿钱，以固有经费照旧办理。④ 海盐、石门两地义葬组织相对稀少。海盐城内，嘉庆末年有邑人集资兴办同善堂，施舍棺木与救济贫乏。后公所废弃，按年捐资办理施棺、掩埋善举，推行至光绪年间。另有轩微同善公所，置产备棺作为逐年施材、收埋之需。澉浦镇，道光七年（1827）创办同善堂，负责施棺、收埋。⑤ 石门除前述广仁葬会、施材会外，同治七年（1868）创办有王溪镇赒葬局。⑥

三　湖州府

清初，湖州府下辖一州六县，其中府治乌程、归安同城，另有长兴、德清、武康、安吉、孝丰五邑。乾隆三十八年（1773），安吉降州为县。其中乌程、归安位于太湖沿岸，属膏腴的平原，为江南最为富庶的区域，尤其以南浔、双林、菱湖等为代表的市镇群全国罕见。

---

① 光绪《桐乡县志》卷四《建置中·善举》；《濮院纪闻》卷二《建置》；民国《濮院志》卷九《任恤》。
濮院镇位于桐乡市东部，因濮氏世居此地而得名，亦称李墟、幽湖、梅泾、濮川等。
② 光绪《嘉善县志》卷四《冢墓》。
③ 民国《乌青镇志》卷二十三《任恤》。
④ 民国《濮院志》卷九《任恤》。
⑤ 光绪《海盐县志》卷四《舆地考·县治》；道光《澉水新志》卷十一《艺文志》。
⑥ 光绪《石门县志》卷三《养育》。

南部武康、安吉、孝丰等处多属山地，地瘠民贫，经济文化相对落后。这种差异性在慈善公益方面也体现得很明显。清代，湖州的善会善堂相对较少，不过有较密集的"育婴事业圈"，市镇慈善也很突出。涉及义葬的善会善堂近20个，半数位于市镇中。其中南浔师善堂，规制健全、成效显著，成为全国的典范。时段上，主要集中于嘉道时期和同光之际。

乾隆年间，湖州知府戴雨轩等在府城西门外创建广仁堂，后毁于战火。同治六年（1867），邑人沈丙莹等募捐重建，新设殡房数十间，在栖贤山、莫家谭、小梅山等处设置义冢。光绪年间，将堂屋移建于前溪坊巷，殡房仍在旧地。归安境内有信善堂、仁济善堂，均创建于同治末年。前者办理育婴、恤嫠、惜字、掩埋诸善事，后者主办湖属保婴，兼办恤病、清节、太湖救生等善举。① 除府城之外，其他五县善会善堂均很少，其中武康仅养济院一处，乾隆年间改为广惠堂。② 孝丰仅育婴堂、养济院各一处，均是雍正末年由知县黄云修建。③ 安吉除育婴堂、养济院外，同治年间，由生员郎志俊、张晋修等发起举办修路、掩埋与惜字三项善举，故称三善会。"率阖境士民为甃路、埋胔、惜字之会，而题曰三善，从其心之所安，先其事之所急也。"④ 德清建有四所育婴堂和一所养济院外，另有掩埋会两处。县城掩埋会，每年冬至掩埋暴露尸骨。乾隆末年，知县李赓芸倡首捐资办理掩埋，官绅捐助生息银作为日常经费，并列入县政中。光绪年间，由邑人许士英、王福寿等续办。新市镇掩埋会，同治年间由费氏主理其事，光绪年间归留婴堂办理。⑤ 长兴县治有同善会和启善堂，均创办于嘉庆初年。嘉庆五年（1800），知县邢澍建立同善堂，作为义冢、施材、施药、惜字公所，后毁于战火。光绪六年（1880），知县恽恩

---

① 同治《湖州府志》卷四十二《经政略·赈恤》；光绪《乌程县志》卷二《公署》；光绪《归安县志》卷十八《善举》。
② 道光《武康县志》卷七《建置》。
③ 同治《孝丰县志》卷三《建置》。
④ 同治《安吉县志》卷十五《艺文志》之《三善会序》。
⑤ 民国《德清县新志》卷三《建置》；卷五《法制》。

赞会同绅士吴光镐、张成德等重建，集资举办掩埋、施棺、施药等。九年（1883），由城守钱复接办，并负责附近各庄勘验经费。启善堂位于新安镇四十里林成桥，嘉庆九年（1804）由里人公捐创建，为施药、施棺及掩埋公所，设置义冢山十余亩。①

湖州市镇发达，环太湖地区最为密集，比较著名的如南浔、双林、菱湖、织里、琏市、新市、乌青镇、棣溪等。南浔慈善发展在湖州独占鳌头，先后创办有善堂十余处，其中以负责义葬活动的师善堂规模最大，最为知名。该堂前身为康熙六十年（1721）成立的长生、广福两会，分别举办施棺与停厝。嘉庆七年（1802），士绅邵如璋等倡办师善堂，主办掩埋、施棺，后多有增补。该堂在绅商支持下持续运营到民国以后。② 道光十七年（1837），吴馨洲等募捐创建崇善堂，位于织里镇乔溇，主办太湖救生船，施舍医药、施棺、惜字、放生诸事务，同治年间废弃。归安者以菱湖镇最为发达。乾隆五十八年（1793），里人陆勤谷同众姓捐资建屋，在南栅外创办寄棺所。道光十七年（1837），里人陆维等在珊瑚坝创建同善堂，厅屋三间作为办公场所，中后及两厢房屋三十间做丙舍，男棺停厝东边，女棺停厝西边。③ 双林镇，道光年间由郑祝深创设崇善堂，以留婴堂为公所，禁止拦丧阻葬，并掩埋路毙及无主施棺，在郡城南门外横山设置义冢数十亩。六和庵公殡所，也由崇善堂经理，负责收贮暴露尸骨。太平天国战乱后，同治九年（1870）众捐重修，建男女殡房。光绪年间，镇人蔡亦庄请官改庵堂为暂厝房所，取名义殡。仿照苏州培德堂办法，停厝以三年为限，逾期由葬会统一安葬。④ 埭溪镇，光绪元年（1875），里人姚相臣等募捐创建有惟善堂，专办育婴、掩埋诸善举。除乌程、归安之外，其他县涉及市镇义葬善堂的寥寥无几。长兴县四安镇，同治九年由巡检黄复初会同里绅钦陛良等创建同善堂，举办施

---

① 光绪《长兴县志》卷十五《寺观》。
② 光绪《乌程县志》卷二《公署》；咸丰《南浔镇志》卷二《公署》；民国《南浔志》卷三十四《义举一》。
③ 光绪《菱湖镇志》卷二《公廨》。
④ 民国《双林镇志》卷八《公所》；卷三十二《纪略》。

棺掩埋，后添办方山、谢公山两区尸场验费。①

第四节　江南乡镇义葬发展

从全国普遍情况看，善会善堂大多集中于府县城，位于市镇、乡村的很少，然而在江南却呈现出不一样的景象。由于经济富庶、市场繁荣，江南很多市镇和乡村中出现了善会善堂，甚至构成善举网络；不少乡镇善堂数量、规模与影响毫不逊色于府县治。这是江南慈善的一大亮点。

一　清代江南的市镇与乡村发展

市镇兴起是商品经济发展与市场繁荣的产物和象征。在"唐宋革命"的大背景下，宋代出现"苏湖熟，天下足"的局面，为江南市镇的兴起创造了条件。南宋，秀州（嘉兴）、临安（杭州）与湖州三府有市镇110个之多。许多江南名镇均发迹于宋元时期，如震泽、周庄、南翔等。明代，江南的农业的商品化程度日益提高，经济结构发生重大的变化，工商业市镇空前繁荣，出现"早期工业化"的趋向。这些市镇或自身具有资源优势，形成较有特色的生产经营模式；或依托各自的区位优势，诸如靠近运河或交通要道，位于行政边界及远离府县治所。江南市镇的发达，超越了传统市镇模式，而呈现新的倾向。对此，刘石吉、樊树志、李伯重、陈学文、蒋兆成、范金民、森正夫、川胜守等一大批学者有杰出的研究。②

明清江南市镇具有如下几大特点：一是数量众多，增长迅速。据

---

①　光绪《长兴县志》卷十五《寺观》。
②　参考樊树志《明清江南市镇探微》，复旦大学出版社1990年版；《江南市镇：传统的变革》，复旦大学出版社2005年版；刘石吉《明清时代江南市镇研究》，中国社会科学出版社1987年版；龙登高《江南市场史——十一至十九世纪的变迁》，清华大学出版社2003年版；蒋兆成《明清杭嘉湖社会经济史研究》，杭州大学出版社1994年版；洪璞《明代以来太湖南岸乡村的经济与社会变迁》，中华书局2005年版；李伯重《江南早期的工业化（1550—1850）》，社会科学文献出版社2000年版；《多视角看江南经济（1250—1850）》，生活·读书·新知三联书店2003年版等。

第二章　时空脉络：清代江南义葬的发展轨迹

我国台湾学者刘石吉研究，江南市镇发展经历了明正德、嘉靖年间、清乾隆年间和同治光绪年间三个阶段。嘉万时期，市镇数量约三百个，到清乾隆时期多达五六百个，而太平天国运动后，受外贸经济与新式交通的影响，新兴市镇迅猛增长，单松江府即增加三倍以上。① 由于市镇发展是一个动态的过程，市镇数量也不断变化。据樊树志研究，明万历以后，江南五府市镇总量在 250 个以上，以苏松地区最多。清代市镇发展更快，乾隆年间出现第二个高潮，仅苏州、太仓、松江地区的市镇数量即由明中期的 118 个增加到 255 个。二是行业特征明显，规模大，实力强。江南形成了一批巨型市镇，如盛泽、罗店、南翔、濮院、南浔、乌青等。嘉定县南翔为棉业巨镇，"东南一都会也，市井鳞比，舟车纷繁，民殷物庶，甲于诸镇。""四方商贾辐辏，廛市蝉联，村落丛聚，花豆米麦百货之所骈集。"② "市井鳞比，舟车纷繁，民殷物庶，甲于诸镇。"③ 吴江盛泽镇以丝织业著称："凡江、浙两省之以蚕织为业者，俱萃于是。商贾辐辏，虽弹丸地，而繁华过他郡邑。皖省徽州、宁国二郡之人服贾于外者，所在多有，而盛镇尤汇集之处也。"④ 乌青镇（今称乌镇）原为一镇，宋代以后车溪（市河）为界分为乌墩、清墩两镇。明清时期，发展成地跨为江、浙二省，湖、嘉、苏三府，乌程、归安、石门、桐乡、秀水、吴江、震泽七县的错壤之地，东为青镇，属桐乡；西为乌镇，属乌程。明嘉靖年间，即是"人烟辐辏，环带数千家"的大镇，万历年间，"市逵广袤十八里……名为镇而具郡邑城郭之势"。⑤ 三是商旅聚集、人口众多。江南市镇中大量的外地商人和资本聚集，雇佣工人和普通工商业者也多来自周边地区。嘉兴濮院镇以"濮绸"声闻海内，"一镇之

---

① 刘石吉：《明清时代江南市镇研究》，中国社会科学出版社 1987 年版，第 109—117 页。
② 嘉庆《南翔镇志》卷一《物产》。
③ 民国《南翔镇志》卷二《营建志》之彭定求《留婴堂序》。
④ 江苏省博物馆编：《江苏省明清以来碑刻资料选集》，生活·读书·新知三联书店 1959 年版，第 446 页。
⑤ 康熙《乌青文献》卷一《形势》。

内,坐贾持衡,行商麇至,终岁贸易,不下数十万金"。① "典当司柜多徽州人,成衣木局多宁波人,针工半句容人,染坊、银匠多绍兴人,漆工多江西人。"② 平湖乍浦镇为江浙门户,东南雄镇,清代中叶,获益于开放海禁,成为沟通沿海及东南亚的大港,每年关税多达几万两。乾隆时期,"缩海而栖者数千家","商贾云集,人烟辐辏,遂力海滨重镇"。③ 很多人长期在当地营生,甚至定居下来。四是城乡结合紧密,构成社会经济网络。江南市镇大多基于资源和区位优势,有明显的专业特色和相对独立的市场圈。由于各市镇间距离靠近,交通发达,市场相通,尤其在日常生活和民间信仰上的一致性,使江南市镇形成了复杂而密切的网络。

市镇发展过程中,公共建筑和功能不断拓展。作为城市社会结构的有机组成部分,街道坊巷、书院义学、寺庙宫观、会馆公所、善会善堂逐步增多,甚至出现城隍庙、城墙等一般县城才有的设施。美国学者施坚雅在《中华帝国晚期的城市》中对此进行了深刻的研究。他指出:"在物质和服务交流中,在货币与信贷流通中,在为生计和其他经济利益的人员流动中,市镇和商业城市都是它们的中心节点。这就是说,各级贸易中心必然是庙宇,书院和慈善机构的所在地,也是行使政治、管理甚至军事控制权的非官僚机构总部的所在地。"④ 清代,江南市镇与乡村吸引了大量外来人口,很多人"生而无养,死而无葬",客观上需要救助。普遍存在各种阻葬、打降、欺诈等各种社会问题,给民众生活造成困扰。地方恶吏棍徒肆意勒索,致使很多人视葬亲为难事。由于远离行政中心,官府鞭长莫及,面对这些社会问题,地方社会唯有组织起来,以自身力量加以解决。绝大多数府县城善会善堂难以惠及周边,也为乡镇慈善发展创造了条件。

受客观条件限制,府县治堂局一般只能从事城内及附廓地区的善

---

① 嘉庆《濮川所闻记》卷三《织作》。
② 嘉庆《濮院琐志》卷七《杂流》。
③ 光绪《乍浦续志》卷一《建置》,路守管:《乍浦广仁堂记》。
④ [美]施坚雅主编:《中华帝国晚期的城市》,叶光庭等译,中华书局2000年版,第328页。

举。冯桂芬《一仁堂记》称："近世善堂之法，凡贫者皆与药，死与槥，死于道路者埋而其碣焉，苏城内外无虑数十堂。光福巡检所所辖一百三十一图中，无论凶岁暑月，道殣相望。"① 如苏州城东北黄棣镇，为水陆交通要道，商旅麋集，远离郡城。"苏郡甲于吴会，乐善好施之举代不乏人。其间如广仁、锡类、同仁等，于恤死之道既详且备。而长邑之棣川为水陆通衢，乡关孔道，离郡县而生齿繁，或有死丧无居，未免以死无所归为虑。"② 一些善堂特意在周边设置分堂，以扩大善举范围。道光年间，奉贤同善堂以四乡遥远，施舍难周，特设四分堂，一在南桥，二在泰日桥，三在阮巷，四在庄行，负责置办义冢和施棺埋葬，经费由邑堂支给。③

市镇是一个动态的、相对的概念，其分异取决于人口数量、市场规模与基层管理等多种因素，认定也比较模糊。明清江南乡村普遍比较富庶，与城镇联系紧密；绝大部分的市镇是从乡村转变而来，市镇衰落后也会沦为一般乡村。文献中对市与镇的判定，往往基于约定俗成的习惯，而非单一的行政区划。所谓"十室之邑，必有忠信"，乡村间人口虽相对分散，但并不是没有发展慈善的主客观条件。因此，本节将用乡镇这一相对宽泛的概念。

二 江南乡镇义葬的发展脉络

明清时代，江南乡镇慈善事业十分发达。就全国而言，乡镇慈善出现往往紧随府县城及官办慈善，设置时间上相对迟滞，建置、规模多仿效前者。江南由于市镇发达，又是善会善堂的发源地，显得有所不同。虽很多地方受府县城的影响，但两者大致上趋于一致，不少乡镇甚至比府县更早兴起善会善堂。万历年间，唐灏儒在家乡浙江建德创办葬亲社，由乡里醵金相助，使极贫之家也可以举棺埋葬。后张履祥加以改进，在乌青镇推行葬会。该会因推行得力，加之杨园先生的声望，此后一直被作为葬会的起源，广为传颂和仿效。

---

① 冯桂芬：《显堂志稿》卷三《一仁堂记》。
② 民国《黄棣志》卷三《公署·善堂》。
③ 光绪《奉贤县志》卷二《建置·公所》，杨本初：《同善堂记》。

康乾时期，江浙地方出现模仿同善会办法的风潮，城乡各地普遍创办各种类似同善堂的组织。枫泾同善堂是其中具有指标性的一个善堂。该镇位于娄县与嘉善之间，明末高攀龙、陈龙正等曾在此地推行同善会。乾隆元年（1735），黄学海、李宾揆等十余人重办同善会，"闾左之颠连待举火者庆若更生"。① 吴江盛泽镇，雍正年间，毛嘉卿在大适圩白漾北岸建设普仁堂，举办施棺。乾隆六年（1741）由里人汪慕川等拓建，凡孤贫者到局领棺，分文不费，并给褚锭。② 宝山罗店镇，乾隆十七年（1752）创设施棺局，以东山禅院做贮棺公所，同时办理代葬事宜，订立专条，大率为有坟无力者代谋安葬，与义冢办法相辅而行。③ 昆山真义镇积善局，乾隆中里人集资捐建，收葬附近村庄无主暴露棺骨，兼施医药、棺木，遇有极贫孺寡，酌给岁米。局有田产五百余亩，市房三四所。④

嘉道以后，善会善堂加速向乡镇扩张，很多地方都创办了善会善堂。这一时期，江南新办的义葬类善堂近200处，其中位于乡镇者多达120余处，占六成以上；各种施棺、报验类堂局成为其中的主角。光绪《宝山县志》记载："各市乡创设善堂，开始于道光年间，至于光绪中叶，每一镇均有善堂，所办善堂事业，除育婴堂外，尤其注意恤嫠敬节，不惮筹集基金，以期维持久远焉。"⑤ 由于勘验命案过程中，各种阻葬行为频繁发生，影响恶劣。嘉道时期，由苏州、常州等处率先提出，由善堂协作勘验，负责尸场经费，以免殃及无辜。这一做法得到官方认可，并迅速风行，成为新的善举类型，甚至特此设立善会善堂。嘉道时期，常州府武进、阳湖，十余年创办了40余处善堂，仅道光十三四两年间，就有近20处类似的善堂成立。光绪《武进阳湖县志》记载：

---

① 光绪《重辑枫泾小志》卷二《建置志》，蔡维熊：《同善会碑记》。
② 乾隆《盛湖志》卷下；民国《盛湖志》卷四《公署·公所》。
③ 光绪《罗店镇志》卷三《善堂》。
④ 宣统《信义志稿》卷十八《志事·善局》。信义镇又称真义镇。
⑤ 光绪《宝山县志》卷二《善堂》。

武进城乡收埋路毙，其各乡旧有附设存仁堂承办收埋。各堂在怀南乡者四：依仁堂、积庆堂、志仁堂、安仁堂；在怀北乡者三：乐仁堂、志仁堂、协仁堂；在安东乡者八：普安堂、怀仁堂、安仁堂、从善堂、积仁堂、近仁堂、志善堂、乐善堂；在安西乡者五：同仁堂、体仁堂、永遵堂、怀仁堂、依仁堂；在鸣凤乡者二：依仁堂、协仁堂；在钦凤乡者四：阜义堂、信仁堂、乐善堂、永安堂；在大有乡者三：德仁堂、义仁堂、礼仁堂；在德泽乡者一：依仁堂；在孝西乡者一：同仁堂；在依东乡者一：培德堂。另城内及各乡有专地。①

同光之际的重建和新建后，州县城市形成较好的善堂格局，相比之下，乡镇义葬发展的空间更大。这一时期，乡镇义葬发展更为快速，特别是光绪中后期，乡镇善堂所占比重远高于州县；其中，以上海、嘉定、南汇、宜荆、丹徒等地为数最多。同时，义葬形式上更趋多样化，除施棺和掩埋外，代赊、葬会、丙舍等新义葬形式普遍推行，风行一时的报验善举则相对沉寂。如海宁州同光时期先后出现六所施材会，其中四所位于乡镇中：一在硖石镇西山广济堂，光绪二十年（1894）许仲永筹捐设立；一在袁花镇吏部桥，光绪二十四年（1898）张葆恩募捐，得银500元存典生息济用；一在郭店乡，同治年间李国珍葛浚贤集会认捐，临时收取；一在斜桥街后余家棣，光绪三十四年（1908）程乃昌朱宝田设立，款项就地筹集。②

三　江南乡镇义葬发展的主要特征

（一）出现早

就全国而言，市镇慈善出现紧随府县城与官办慈善，在设置时间上相对迟滞，规模建置多仿效前者。但是，江南市镇发达，又是善会善堂的发源地，很多地方市镇善堂反而比府县兴起更早。慈善史专家

---

① 光绪《武进阳湖县志》卷三《善堂》；道光《武进阳湖合志》卷五《营建·公廨》详有记载，略有出入。
② 民国《海宁州志》卷六《恤政》。

王卫平指出："市镇慈善机构的创设与重建,固然与政府的倡导分不开,并受到府、县城市的影响,但却与市镇的发展是同步的。"① 早在明清之际,江南不少市镇中就出现了同善堂等多个善会善堂,这是其他地方所没有的。同善会作为最早的善会善堂,大多聚集与江南,如太仓、嘉善、杭州等城市中,不过,市镇中也有同善会。清初,张敬萱等在桐乡濮院镇创办有濮川同善会。明末,张杨园即在乌青镇等处创办有葬亲社,或称葬会。这也是明清时期最早最知名的专门义葬组织。

(二) 数量多

江南乡镇善会善堂为数众多,其中大多从事施棺助葬等义葬善举,不少市镇中更多达几处。如苏州城西北的浒墅关,是大运河上重要的钞关,南北商旅通衢。据记载,该地清代共有公局八处,分别是永泽堂、宁绍公所、留婴堂、旅享堂、仁寿堂、一善堂、培梓堂、宣州公所,其中,永泽堂、仁寿堂与一善堂均为义葬类善堂。②

吴江在苏州南部,西邻太湖,南接嘉湖,数百年来以市镇群发达独步全国。雍正二年(1724),吴江析置震泽。吴江县城为盛泽、黎里、同里、震泽、平望等市镇环绕,各种公共事业都相对逊色。就慈善事业而言,有清一代,两邑共有各种善会善堂24处,其中位于县城者,仅育婴堂、仁善堂、同仁堂3处,其他均在市镇中,其中,盛泽镇5个、黎里镇4个。其中绝大部分涉及义葬,详见表2-1。

(三) 网络化格局

乡镇善会善堂并不是孤立存在的,往往与州县及周边堂局有一定的联系,构成善举网络。江南慈善发展的网络化格局,最为典型的是以苏州、松江、嘉兴、湖州等地核心,以育婴堂(或保婴总局)为中心,并与留婴堂、接婴所(或保婴堂)共同构成的呈扩散状的育婴体系——"育婴事业圈",对此夫马进、王卫平等有过精辟的论述。③义葬善举在地域、时间等方面存在一定局限,较之"育婴事业圈"情

---

① 王卫平:《清代江南市镇慈善事业》,《史林》1999年第1期。
② 《浒墅关志》卷三《公署·义局》。
③ 王卫平:《清代江南地区的育婴事业圈》,《清史研究》2000年第1期。

表 2-1　　　　　　　　吴江市镇义葬事业概况

乡镇	善堂	创办时间	创办人	善举
盛泽镇	种善堂	嘉庆十一年	郑仰文建	办理掩埋，设立堂船、夫役、护葬公局
	施棺局	乾隆六年	里人募资共建	凡孤贫者到局领棺，分文不费，后添置水龙
	普仁堂	雍正年间	毛嘉卿建设	施棺
	同仁堂	嘉庆五年		办理施棺并施药寒衣月米
黎里镇	众善堂	嘉庆十七年	徐达源等创建	掩埋、施棺、恤嫠、棉衣、惜字、放生
	施棺局	乾隆六十年	毛丕烈等捐设 陈凯瑞等创设	
芦墟镇	同善堂	道光二年	陈日照捐建	
同里镇	仁仁堂	嘉庆初	王铜叶尧萱等募建	施棺掩埋，收养路毙浮尸
	诚是局	同治四年	王煜姚怀清创建	
黄溪镇	广善堂	嘉庆十八年	李堂沈璇源等倡办	凡抬埋施棺舍衣恤嫠
	施棺厅	乾隆十五年		
北圩市	种善堂	道光年间	里人公建	
震泽镇	广仁堂	嘉庆二十一年	里人龚振隆建	董理掩埋
平望镇	众善堂	嘉庆中	里人赵笃等设	储棺施送，小捐每愿70文
	仁善局	道光三年	邑人费兰犀	行施槥掩骼诸善举

资料来源：主要依据如下资料：乾隆《吴江县志》卷八《公署》；乾隆《震泽县志》卷七《公署》；光绪《吴江县续志》卷二《营建》；乾隆《盛湖志》卷下；民国《盛湖志》卷四《公署·公所》；民国《盛湖志补》卷一《公署》；嘉庆《黎里志》卷三《官舍》；光绪《黎里镇续志》卷二《善堂》；道光《黄溪志》卷二《寺院》；道光《震泽镇志》卷四《公署》；光绪《平望志》卷五；光绪《平望续志》卷四《善堂》等。注：震泽广仁堂，道光镇志记载为广善堂。平望仁善堂，记载创办人为郡人马纯久、里人唐君仁、郑振为；光绪续镇志记载为费兰犀。

形迥异，但在若干地方也有网络化趋势。最典型的是，南汇、宜兴荆溪、武进阳湖在出现遍及乡镇的义葬及报验网络。清代，南汇城乡出现了各类善会善堂50余处，其中绝大部分在同光以后新建，且乡镇堂局多达42处，大多与义葬相关。

表 2-2　　　　　　　南汇乡镇义葬类善会善堂

乡镇	善堂	创办时间	创办人	善举
周浦	万缘堂	同治七年	朱锡三等募建	兼行保生恤嫠施棺散药诸事，后添办代葬
	代葬局	同治初年	知县叶廷眷倡捐，姚有林等经管	
	施棺局	光绪二十六年	顾鸣育等禀县立案	在东乡旧二十二图，施棺给本图极贫各户
杜家行	代赊局		里人池凤池等募捐	
	同善堂	嘉庆年间	杨锦春倡建	惜字、施药、施棺、置办水龙、设立义冢、捞取浮尸
中心河乡	赊棺局		李春煦、王克谨倡捐	
新场镇	善堂	同治七年	叶为章、方宣等募建	施棺掩埋，收拾路毙浮尸
航头镇	善堂	同治年间	知县叶廷眷创捐，周锡赞等经理	施棺掩埋
鲁家汇	善堂	道光二十九年	康祖培等募建	置办水龙、施棺掩埋路毙浮尸等善举
下沙镇	施棺局		经董康祖培等募建	储棺施送，小捐每愿 40 文
沈庄镇	施棺局		知县叶廷眷倡捐	储棺施送，小捐每愿 70 文
担石桥			郭世英等经理	筹款存棺，募集 24 文小愿，常年施棺及收埋路毙浮尸
三灶镇	同仁堂		周涟等募建	施棺、惜字、定乡约
北六灶镇	善堂	同治年间	马元德、张鑫等募建	施棺掩埋及收拾路毙浮尸，另外办水龙、定乡约、办义学
沙土庙	施棺局		孙恒、黄允中等募建	附近六图分别募捐举办施棺
横沔镇	志仁堂	同治七年	乔鼎勋等集捐建立	举办施药、掩埋等善举
张江栅	善堂	同治年间	周学谦经理	举办施棺掩埋，现行存棺
新兴镇	善堂		马鸿德等劝捐	办理施棺及收埋路毙浮尸
	仁寿庵善堂		钱楠等筹建	在二十保十二图，专办就近施棺，收埋路毙浮尸

续表

乡镇	善堂	创办时间	创办人	善举
一团	盛氏施棺局	乾隆四十一年	盛氏捐资	造存棺木,就近施送
四团	慈航局		顾道模等经办	保婴、施棺、惜字等善举
二区五团乡	同善堂		知县叶廷眷倡捐,傅以康、金璨等建立	置办水龙、惜字、施药、施棺各善举
五团	劝葬局	光绪二十九年	傅恭弼等捐建	认捐石灰等经费,助葬劝葬
六团	善堂		黄庭讼等举办	办理施棺,立大小愿收给
五六团	慈云局		傅锡圭等建	专收沿海浮尸,并集资施棺
陈家桥里	仁善堂	光绪三十四年	陈耕陶倡捐设置	所办善举以施棺为主
万祥镇	劝善堂	宣统三年	杨风标、周廷栋募建	因为无专款,所办善举未广
一团下头甲	韩氏施棺处	光绪十六年	韩文祥设立	在一团下头甲韩氏种田厂,就近施棺
四团仓镇	施棺局	光绪三十四年	沈、孟、周三姓捐资开办	在四团仓镇北市杨社庙内
四团仓镇	亦善堂	光绪二十四年	里人徐洒椿等募建	举办保婴、施棺、施灰、施药等善举,另救济上报邑城恤嫠、普济等局而未得补额者
江家路镇	广仁善堂	光绪二十八年	公建	
江家路镇	施棺局			原附设于广仁堂内,后改施棺为平卖,进迁朝阳庙内,黄炳辛等捐助棺费,按股均摊

资料来源:本表根据同治《南汇县志》卷三《建置志》;民国《南汇县续志》卷三《建置·义举》。

江南市镇中有一类较为特殊的，它们往往位于两个以上州县交界处，在行政上属于两个以上州县，但是，在诸如书院、仓储、水利、治安、赈灾以及慈善活动等公共事业上却紧密协作，难以分割，具有明显的跨区域性。这样的市镇多达数十个之多，如乌青镇、七宝镇、枫泾镇等。由于松江青浦县与苏州元和毗邻，收埋时每多牵连，界限不清。同治八、九年间，由青浦同仁堂补贴给淀西掩埋经费常年 30 千文，七宝镇复善堂掩埋费常年 60 千文，由该处董事就近轮办，另行造报。① 乌青镇，同治八年（1870），乌镇同知汪景纯会同乌青两镇绅士创办掩埋公局。该局附设于立志书院，凡无力营葬者向局报名代葬，妥为掩埋。

（四）综合性强

　　如果说网络化强调的是城乡及不同乡镇之间的善会善堂的同质与协作；同一乡镇内，各种不同的善举兼行合办、彼此依存，更为紧密。在行政资源和社会财富的聚集程度等方面，乡镇较之府县城市是有差距的。官方所主导的养济院、育婴堂、普济堂等也完全集中于府县城内。乡镇中社区范围也相对狭小。这就意味着，在乡镇中推行善举，很难得到官方大力财力支持，常常是例行公事的劝勉，因此要尽可能集中一些，满足更多样的需求。育婴需雇乳喂养，相对特殊，其他养老、恤贫及各种施舍医药、衣物、棺木及掩埋之类的善举相对简单易行。因此，乡镇中除育婴等少数专门堂局外，其他大多数善堂都是综合性的。如嘉定南翔镇，康熙四十一年（1702），由里人王家藩等建育婴堂，收留弃婴送郡堂乳养，后改为留婴堂。嘉庆十三年（1808）由里人朱轮英等捐建振德堂，作为施棺代葬公所，并设有栖流所，收养路过茕独。同治年间重建后，凡是掩埋、施药、施棺、育婴、孤贫、恤嫠等善举，皆由育婴、振德两堂办理。② 江阴杨舍堡镇，道光十六年（1836）由里人周浩等捐建同善堂，举行惜字、赠材、义学、恤寒、掩骼、蓄汲六事。后增举扶疾、

---

① 光绪《青浦县志》卷三《建置·公建》。
② 民国《南翔镇志》卷二《营建志》。

敬节、恤婴等事。兵燹后堂宇毁弃，同治初年渐次修复，在江阴、常熟等地置办田产 1800 余亩。常年举办惜字、文社、义学、扶疾、恤寒、赠材、掩骼、蓄汲、敬节九事，置办义冢 11 处，计地 50 余亩。①嘉兴王家店镇，同治十二年（1873）由绅董沈爱葵、王庭华等倡办仁济堂，举办接婴、恤嫠、施棺、掩骼及岁米、寒衣、送药、惜字等诸事务，经费由各铺捐助，年中汇总刊印征信录以送，并禀请府县通详立案。②市镇中，善堂董事多是士绅，所从事的也往往超越善举本身，不仅救荒活动，清丈田亩、整顿赋税、兴办义学等地方公共事务也大多由他们办理。

四 巨型市镇义葬发展：以南浔为例

南浔镇扼守苏浙两省门户，位于苏杭嘉湖四府中心点，是江南水陆交通要道。南宋以前，南浔仅是南林与浔溪两个村落；南宋末年，因丝织发达、区位险要，合并为镇。明初镇内荒地甚多，居民寥寥。明末清初时南浔已是"阛阓鳞次，烟火万家，苕水流碧，舟船辐辏，虽吴兴之东鄙，实江浙之雄镇"。到了清道光年间，南浔"东西南北之通衢，周约十里，誉为巨镇"。③清代有"湖州整个城，不及南浔半个镇"的说法，足见其富庶程度。南浔南栅外的辑里村是享誉海内外的"辑里湖丝"的原产地。清代，随着生丝出口剧增，南浔发展成为中国最大的丝市。晚清明期，辑里村人温丰《南浔丝市行》描写道："熙熙而来攘攘往，一日贸易数万金……小贾收买交大贾，大贾载入申江界。申江鬼国正通商，繁华富丽压苏杭。番舶来镇百万计，中国商人皆若狂。"④全国各地著名丝商如徽州、宁波、绍兴、南京等地商人纷纷在镇上设立会馆公所，如宁绍会馆、新安会馆、金陵会馆、三闽公所、丝业公所等。当地许多人因经营丝业而发财致富，很多客商也选择在当地定居。近代，南浔最富有的家族有"四象、八

---

① 光绪《江阴县志》卷一《建置·义局》，卷二十三《冢墓·义冢》；民国《江阴县志》卷三《建置·义局》。
② 光绪《嘉兴府志》卷十四《养育》；光绪《梅里志》卷七《蠲恤》。
③ 同治《南浔镇志》卷一《疆域》。
④ 民国《南浔镇志》卷三一《农桑》。

牛、七十二墩狗"之说,其家产数以百万两,如刘家、张家等资产资高达一两千万之巨。① 南浔科举文化兴旺,明代有"九里三阁老,十里两尚书"之誉,清朝出过16位进士、54位举人,生员更数百计,不少文化名人寓居于此。官绅商富的扎堆,为南浔慈善事业发展奠定了坚实的基础。这些官绅商人作为地方社会领导者,积极捐助和主持各种地方公共活动,包括慈善公益事业。来自南浔刘家的近代名人刘锦藻曾指出:"吾里号称殷实,救灾恤邻之举赓续闻于时。"②

南浔总善发展在湖州独占鳌头,先后创办有义仓、善举公所、育婴堂、保婴会、承济善堂、施药局、火赈会、儒鳌会、丝业恤鳌会、栖流所、圩工局等善堂十余处。最为知名、规模最大的则当推师善堂,其前身当为创办于康熙六十年(1721)的施棺会。光绪《乌程县志》及咸丰《南浔镇志》均记载:"在南栅青华观内,康熙六十年建为董理施椁掩埋公所,后渐废弃。"嘉庆《师善堂条约》记载:"南浔向有长生、广福两会,一施棺木,一停旅椁,而掩骼埋胔,虽设有漏泽园,地苦狭小,不能多容。即近岁省会节次运埋,路途遥隔,日后子孙力能迁葬者无从识别,未免隐痛。"③ 也就是说,开始采取的是善会的办法,主要针对本地贫不能葬和客寓商旅无力停厝及归葬者。因规模较小,善举颇受掣肘。嘉庆七年(1802),士绅邵如璋等倡首重建,更名为师善堂,与同仁捐置山地80亩作为义冢,收埋暴露棺骸及久滞无归旅椁。同时订立规约十条,规范堂局运营。此后师善堂的发展进入快车道。此堂由善人纪铁山经理多年,成效显著。他还首创体骨筛办法,在收埋尸骸时,"败棺方丈许掘泥深一尺,以实筛中泥去则骨自露,虽爪甲之微指节之细必无遗漏矣。"总督阮元

---

① 刘大钧《吴兴农村经济》记载:"湖州一带,蚕丝贸易既为南浔人士所专营……于是各地财富,几尽集于南浔……所谓四象、八牛、七十二狗者,皆资本较雄厚,或自为丝通事,或有近亲为丝通事者也。财产达百万(银)以上称之曰象,五十万以上、不过百万者称之曰牛,其在三十万以上,不过五十万者譬之曰狗。所谓'象'、'牛'、'狗',皆以其身躯之大小,象征丝商财产之巨细也。"(《吴兴农村经济》,上海文瑞印书馆1939年版,第123页)
② 民国《南浔镇志》卷三十五《艺文》之刘锦藻《儒鳌会记》。
③ 民国《南浔志》卷三十四《义举一》,以下未注明均出于此。

还为该堂题铭道：

> 王政之成，存顺殁宁。昔程纯公，惠浸萌生。火葬有严，阻葬必饬。
>
> 埋骼掩胔，漏泉之泽。苕水之东，杼山之阳。众善克举，何用不藏。
>
> 情皷德满，竹慈木义。引而弗失，光于来裔。

师善堂推行五十余年，办理收埋暴露，施送棺木善举，成效显著。同时，杼山续增义冢近200亩均已埋满，当地停棺、阻葬等问题日益严重。道光二十四年（1844），善堂经董公呈府县，提出援引府城崇善堂成例，办理报验善举，整顿义冢，增订规约。咸丰四年（1854），得府县认可，该堂仿照府城广仁堂办法，倘有伤痕显著及形迹可疑者将联票注明赴县呈报请验，一切尸场费用由堂照章给发。咸丰十年（1860），南浔被太平军攻下，并作为主要据点。包括师善堂在内，各善会善堂多遭毁弃，相关善举也陷于停顿。

同治四年（1865），全镇绅商公议设立义举公所以办理善举，附设于丝业公所内。善举公所的日常支出以丝业所捐为大宗，公所内议定每包丝出洋钱两元作为义举专款。其次为镇上各殷实人家及其他各商户捐助。另外，没收原太平天国所设乡官张竹香家产也归公所。义举公所办理各乡慈善公益活动，如修桥路、浚河道、建社庙，以及掩埋、育婴、书院、义塾、宾兴、施舍粥米衣药等。善举公所成效很大，使南浔镇"十年之中百废俱举"。在掩埋方面，自湖州府成克复后，短短几年间，该公所先后收敛尸骸及染疫病亡者，共施棺467具，在刘家山购买坟地46亩，埋葬大小棺木1357具。与此同时，该镇原有善堂逐渐兴复，且有新善堂成立，善举公所在完成使命后停办。

同治六年（1867），在当地绅商合力之下，师善堂得以重建，办理施棺掩埋。由于当地阻葬风气严重，禀请江浙会办督葬，由堂中派人护葬，抢灰、索费恶俗绝迹。又筹设葬会，凡有心无力者或捐资代葬，或饬助半费，停葬之风已大为减少。浙江巡抚马新贻甚至下令全省以师善堂为典范。民国《南浔志》记载："浙江巡抚马新贻闻而善之，檄饬通省各府县均以南浔师善堂为法。"同治七年（1868），湖州府知府宗源瀚下令整顿丧葬恶俗，提出"应禁六条、应办六条"，要求各地仿照湖郡广仁堂、南浔师善堂办法，办理助葬善举，足见该堂办理善举影响之大。① 由于得到本镇士绅商富的大力支持，尤其是庞氏、刘氏等大家族的长期支持，师善堂的义葬活动成效彰显。据记载，自光绪三年后（1877）十余年间，该堂掩埋尸骸多达三万余人。谈熊江赞道："自丁丑至今赖善士之解囊已埋暴骨三万六千有奇，其志未替。"直至民国时期，该堂还维持很好的运营状态。

　　经历嘉道间两次议定章程，以及咸同以后的整顿，师善堂的组织管理系统成熟，广受推崇。该堂设置义冢，同时推行助葬、掩埋、报验等善举。在义冢方面，该堂在湖州城西南杼山等地设置义冢，在山麓建屋数楹，召人看守，并负责培护。义冢编行划界，将夫妇合埋及男女棺骸分别掩埋，立石刊号，登记号簿，并在每一行前各留余地以便有子孙者祭扫，另将小棺与骨殖同埋。助葬方面，对于无力掩埋者且愿归义冢者，由其亲属赴堂报知，问明姓名等予以登记以便稽查，自行掩埋者须先行报明入册，依次掩埋。有地无力不能安葬者，由其子孙亲自到堂登记居住住址、棺柩停厝地等具体情况，以便请地师择日代葬。若居孀子幼不便呈报，或葬亲有地，因地匪阻葬，不得埋葬者，可报知堂中代为完葬。掩埋方面，暴露无主棺骨，经人赴堂报明，登记号簿，集中掩埋。倘棺木朽腐骨坛破损不能移动者，用体骨筛检点，也可就地掩埋。在日常管理方面，堂中推举司年一人，任期三年，掌管银钱出入账目支销等，同时负责督促和分派事务。嘉庆时规定，助葬掩埋一年分春秋两期，每期开堂十日，同人集中堂内办事；闭堂之后则停办相关事务。道光二十四年（1844）修订条规，公请坐堂一人专司其事。值年每年则由两家合司，抓阄决定挨轮接手之后，将征信录发刻分送，如果有差欠等司年须赔补足数后才能交卸。

---

① 同治《濮院纪闻》卷二《建置》。

市镇慈善是江南地区的慈善事业的重要组成部分，各类善会善堂荟萃，形成一个联系紧密、覆盖城乡的一体化的网络体系。义葬在位乡镇慈善中最为普及的一种，在善举网络中处于核心地位，在促进慈善发展和增强社区整合等方面的作用不容小觑。

第三章 清代江南义葬的形态功能

随着慈善事业的发展，清代江南善会善堂数量不断增多，善举类型日趋丰富，专门化特征明显。义葬善举主要针对不同人群所遭遇的贫不能葬、停棺不葬、浮尸路殍等丧葬问题。它们或由综合性义葬组织一体推行，或由专门的组织单独推行，如施棺会、赊棺会、掩埋局、保墓局等。战乱与灾荒时期，面临突发大量的尸骸掩埋需求，义葬的形态、措施等也存在明显差异。依据对象、内容、功能等的不同，义葬善举可分为捐设义冢、施赊棺木、掩骼埋胔、助葬代葬、整顿阻葬、保墓护茔、安放祭祀等多种形态。① 下面将结合个案，详细论述各类义葬善举的社会背景、发展状况、组织形态、运营管理等。因整顿阻葬善举形态特殊，成因复杂，较好地体现国家与社会之间的互动，在后面将专节讨论。

第一节 捐设义冢与保墓护茔

墓地作为埋棺安魂的场所，在丧葬事务中格外重要。特别唐宋以后，法律与礼仪格外重视土葬，官方所设的义冢、漏泽园之类，无法满足实际需求。江南等很多富庶地方，人口繁盛，地价高昂，寸土难觅，墓地问题更为严重。由寺院、宗族、会馆、善堂等捐置义冢公墓应运而生。

---

① 吴琦、黄永昌：《清代江南的义葬与地方社会：以施棺助葬类善举为中心》，《学习与探索》2009 年第 3 期。

一　明清义冢的类型与弊端

宋代以后,漏泽园、义冢、广孝阡等逐步推广。明清时期,义冢作为一个类别出现于史志中,作为固定栏目列入《建置》等类别,甚至列为专卷。如乾隆《苏州府志》设《义冢》卷,其中震泽县情形如下:"震泽义冢八所,一在南门外娄字圩,本朝雍正初知县邓圭设;一在白龙桥仁牛圩,邑人盛弘勋捐设;一在八斥知字圩,旧设;一在平望镇南骸圩,邑人汪栋捐设;一在平望镇室字圩,僧知远设;一在震泽镇西栅外东字圩,邑人凌家升募设;一在梅堰小富圩显忠寺,僧静贤设;一在四都无字圩。"① 从这些不计其数、千篇一律的文字中,不难发现明清义冢的一些类型特征:

一是用于民众自行埋葬的一般义冢。这类义冢在全国各地均有设置,尤其在县城周边。明万历年间,仁和知县曾设置义冢30多处,康熙初年均废弃无存。清前期,杭州富阳全县75庄,除西南门外2庄外,其余均设有义冢,共计280亩。这些义冢均于雍正七年(1729),大清丈时丈出,详作义地,豁免钱粮;至光绪初年均湮没不可考矣。② 义冢大多按顺序安排埋葬,如武进各乡镇均设置有义冢,面积在十余亩到数十亩之间。其中怀南乡各图义冢所取字号各一字,合起来为"与敬孝当竭力忠则尽命深履薄夙",带着浓重的伦理教化的色彩。③

二是针对战乱、灾荒等引起的群体性死亡和集中掩埋的专设义葬,多为丛葬。明清鼎革之际,江阴人民浴血奋战,后遭到屠城,据余德求《万骨茔记》记载:"顺治乙酉(1645),大兵平江南,六月招抚常州,江阴民独城守,围攻且百日,城破,城中死者六万七千余人,杀于郊外者有七万五千有奇。"后由僧人印白与人募捐地三亩余作为义冢,拾取遗弃骸骨予以埋葬。另在其旁建泽骨庵,春秋两季做佛事。④ 吴江平望镇,明末设有千人坑,由里人沈某捐设,用于掩埋

---

① 乾隆《苏州府志》卷三十一《义冢》。
② 民国《杭州府志》卷七十三《恤政四》。
③ 光绪《武阳志余》卷四《茔墓》。
④ 道光《江阴县志》卷一《建置·义局》。

饿殍;知字圩义冢一区,乾隆三十四年(1769)大水,里人监生张某打捞无主棺木千余具,捐地加以埋葬。① 太平天国战乱之中,江南遭遇大难,各地忠义冢、枯骨冢之类比比皆是。

三是针对特殊人群的专属义冢,如外地人、婴孩、妇女、疾病等。如丹徒大安堂,除禀官创办冢地外,于北门外设立埋婴冢。② 不少地方有为客寓、流民设置的义冢。上海近郊就有多处由各地会馆公所等设置的,专门针对客寓商旅的公墓。据民国《江湾里志》记载,该地有义冢多处,主办者包括扬州八邑公所、江淮公所、南海会馆、长老会、延绪山庄、蜀商公所、江宁七邑公所、湖州会馆、仁济善堂、保安善堂、南海邑馆、山东会馆、苏长公所及日本火葬义冢等。另外,一些地方还有收藏尸骸骨灰等的积骨塔、普同塔等。这一源于佛教的义葬方式,唐宋以后在民间流行。如嘉善斜塘镇有枯骨塔,由镇人李思泳为明陆门陈氏节妇建墓,建石塔掩埋无主枯骨,男女分置左右。③

无论是官方还是民间所设置的义冢公墓,都很大程度上有助于解决民众的丧葬困难,并有助于各地严重的尸骸暴露问题。然而这些义冢因设置区域、组织管理等各种因素,往往存在很多弊端,明清时期就有很多人对此提出批评。道光末年,海宁知州翟维本在《葬会记》记述,当地清初设置义冢十余处已所存无几,或因经费缺乏难以持久,或因土地狭隘很快葬满,或因规制不严,遭人侵占:"国朝知县许公三礼置仁孝大园,禁火化,广劝诫,自是邑之绅士相继建置义冢,凡十余所。然按籍以稽存者无几。盖经费寡则势难常行,地亩隘则逾时即满。而规制不定,禁约不严则旋为耕犁之所,侵占而莫有谁何者矣。盖善举之难久也如此。"④ 具体而言,明清官民义冢存在的弊病,主要体现在如下四个方面:

一是官设义冢数量少,面积相对较大,多集中于府县治附近,主

---

① 光绪《平望志》卷三《义冢》。
② 民国《江湾里志》卷十《善堂》。
③ 光绪《嘉善县志》卷四《冢墓》。
④ 民国《海宁州志》卷六《恤政》。

要针对附近人口，四乡远处则无法惠及；民办义冢则大多集中于市镇、乡村之间，数量较多，面积大多较小。以金坛为例，该地原无义冢，明正德三年，知县梁国宾即马厂为万人坑，不久就因地隘无所容；正德十年，知县刘天和于县西买地百亩，周围掘土为堑，上植柳树，中分横直为界线，死无所归者听以次埋葬。为屋五间令孤老居守。清顺治中耆善于南门外西庄置地9亩以为义冢。康熙二年，知县李氏泽于北门外义冢西置地2亩7分，丹阳门外置地6亩听人埋葬；乾隆十一年，邑人潘允贤又于西庄置地3亩，捐建义冢；道光中置地西郊为丛葬所；同治六年邑人虞式金置寺巷村地6亩为义冢；徐学置敢字图四十亩为义冢；光绪二十七年，韩锦书将敢字图民田5亩5分捐助为义冢。① 除刘天和所置办者近百亩外，其余的官民义冢均不足十亩，且往往相隔久远，必然很难满足实际需求。乾隆年间，嘉善知县梁勘察各区义冢，尚存52处，多在一两亩或几分之间。② 光绪《石门县志》详载城乡义冢，凡82所，多者一二亩，少者几分而已。光绪《富阳县志》记载，该地城内义冢，大多接办无人，善举停止已久。"乡间则无乡无族不设有丛葬义地。然皆各分畛域，不能概及一邑。"③

二是设置具有偶然性和随机性，且有严格的畛域之别，往往很难满足民间丧葬的经常性需求。除响应号召外，捐设者大多是基于个人的恻隐之心，因而具有很大的随机性，兴废无常。如嘉兴，康熙二十年，同知孙明忠莅任之初，见当地旷野荒郊，无主尸棺白骨暴露，购民间空地两亩余立义冢，任民阡厝。次年捐俸给价契买民人田亩置办义冢，另通详守道遍行七县一体施行。④ 这一过程充满戏剧性，是明显的官样文章，这是很多地方的常态。因此，义冢不仅数量有限，时间久远后往往葬满，或废弛却得不到及时续置。明万历年间，仁和知县曾设置义冢30多处，到康熙初年废弃无存。康熙年间，海宁州知

---

① 光绪《金坛县志》卷四《赋役志下·惠政》。
② 光绪《嘉善县志》卷四《冢墓》。
③ 光绪《富阳县志》卷十一《建置·善举》。
④ 光绪《嘉兴府志》卷十四《养育》。

州翟维本提道："自百家相葬之法不行，而有漏泽园之设。然官给槥椟葬埋，而胥吏主之。且遇扎丧之后，一举不能，岁以为常也。颍川广汉之美政，史不多见。职是之故，海易三丛冢始于宋季，其后缺有间焉。"① 清前期，杭州富阳全县75庄，除西南门外2庄外，其余均设有义冢，供地税280亩。这些义冢均于雍正七年，大清丈时丈出，详作义地，豁免钱粮；至光绪初年均湮没不可考矣。②

三是一般义冢常因管理不善、掩埋不当等为人诟病，民间仍有很多无地、无力或不愿埋葬者，至于浮尸路毙等更是司空见惯。嘉善，因旧有义冢湮没无存，以致无主棺骸多所委积，火化之事相习成风。③ 光绪《嘉定县志》记载，未分县前，嘉定有义冢521所，至光绪年间可考者仅十余处。也就是说，绝大多数的义冢均遭废弃或侵占。奉贤有义冢，因为在河滨，受河水冲刷，地方隶医狭窄，抛弃暴露日益增多，周鲁捐田3亩与别立册户永为埋葬之地。④ 石门硖石旧有义冢五处，均系丛厝处。"而积久滋多，纵横狼藉。瓦砾之踩，榛莽之翳狂。炎酷之日摧裂，淫霖毒雾之蒸糜，禽兽虫子之出没，而残剥青磷白骨，弥望惨然。"⑤ 按规定义冢等公产可以蠲免地丁钱粮，但由于官方的因循轻忽，很多地方很难及时豁免。朱之朴《义冢记》称："义冢例应免科，州县以地方每次所报为数无几，而有详宪转部之繁，率事因循。"⑥ 因而，很多人虽将田产捐入善堂之中，但须年复一年缴纳地丁钱粮，一直给后裔留下累赘，直接增加了义冢设置的门槛，对捐助行为很不利。嘉庆年间，嘉善知县万向宾倡导地方捐置义冢时就格外强调，凡捐助者一律具呈到案，即亲临查勘，并围土作堼，汇详刊碑勒石。"或交与同善会馆，或附近庵庙僧道为之经理。所有田粮官为输纳，不使善士后裔稍留遗累。"⑦

---

① 民国《海宁州志》卷六《恤政》。
② 民国《杭州府志》卷七十三《恤政四》。
③ 光绪《嘉善县志》卷四《冢墓》。
④ 光绪《奉贤县志》卷二《建置·公所》周吉士《义冢记》。
⑤ 嘉庆《硖川续志》卷十二《艺文志》，陈涵：《施棺序》。
⑥ 同治《南汇县志》卷三《建置志》朱之朴《义冢记》。
⑦ 光绪《嘉善县志》卷四《冢墓》。

四是义冢作为负责掩埋乞丐、路毙及死刑犯等的专门设施，一般民众往往认为有伤体面等原因，不愿葬入其中。如民国《杭州府志》记载："大家行丧，亲友醵奠，务以华靡相高，至有用彩阁优伶为前导，箫鼓真咽者。贫者火葬成风，官设义冢为虚。"① 如苏州锡类堂就特意规定："将乞丐道死及牢囚瘐毙无人收视者别为兆域，不与齐民列。"②

康熙初年，仁和诸生张文嘉撰《义冢议》，上书总督赵弘恩，恳请改革义冢制度。他对官设义冢存在的种种弊端以及改进方法，提出全面而独到的见解。他认为，义冢在设置方面有两大弊端：若属尚有花息种植的熟地，往往为经管场户长期耕种，进而据为己有；若为绝无生息的荒产，往往为人种植，待地成熟，假借人势加以侵夺。"其他或欺蔑官府，据为住宅；或勾通豪恶，转售他人。种种奸欺，变幻百出，又未可一端而尽。"掩埋方面也存在两大弊端：其一，因监管无人与监管不力，民间往往乱埋浮葬，或抬至地上委之而去。于是犬彘豺狼或撞破尸棺，或拱开浅土，使彼血肉淋漓，白骨凌乱，行道之人不忍侧视。其二，虽看守之人令挨排列葬，但异乡之人，姓氏未详，男女之分，混淆莫辨。因此，他提出全面的改革建议：

> 今置义冢，必须择高燥地，朝阳向日，无水无蚁，多则二三十亩，少亦十亩。万不能得，即十亩之内亦可。如武林之南，只须就凤山清波门外，远则方家峪而止；其北只须就石塔头、松木场，远则金沙滩而止。既置之后，必须立碑作记，碑阴开列亩数、弓口、四至，又须四围筑三尺低墙，设门关锁，付托邻近庵寺僧人看守。或另置一椽，募僧看守。其地不许种植，如有竹木蔬果，尽行刈去，专以等候掩埋棺木，至本地条粮即行本县开除，但请蠲免，则亏正额论摊派，不损公私。况条银、粮米摊之通县，银仅丝忽，米仅颗粒耳。如以摊派为嫌，竟用本县积零抵

---

① 民国《杭州府志》卷七十四《风俗一》。
② 同治《苏州府志》卷二十四《公署四·善堂》。

补亦可。

其瘗埋之法如此：地方有十亩或二十亩，方圆长短不一，总之以前为南，以后为北，设立关锁，分定界限，作数十行排列。每行约深入九尺，每棺约横阔三尺，又分男左女右，中空一路，约阔六尺，便可行走，即以为男女分界。其男子先从第一行，自东北角埋起，至中界限而止。一行埋毕方埋第二行。女先从第一行，从第一行，自西北角埋起，至中界限而止。亦一行埋毕方埋第二行。其埋俱需深入五尺，即以五尺之土填冢。令高如是则界限分明，男女无混。但患男多女少，其地须四六分，男六分、女四分，划开界限可也。埋葬姓名必立小石，开载极明，并记一号簿，便于子孙或亲邻祭扫。

至于远方异域之人，或宦游不返，或旅榇难归，暴露既久，宜令埋葬。但恐其子孙戚属或有数十年之后仍来识认者，须于排界之内，或另圈一隅专葬远方之人。照前挨排界限，立一册籍计之。又须于冢域之上各埋一石，约长五尺，阔二尺，上凿某省某县，号某公，或某氏冢，使之有所识认，仍可返归故乡。或不用另圈一地，就地于排列之内，凡遇异乡之人即为立碑别识亦可。至于南北两山，土著之人颇多，名门旧族，或虽有子孙而力不能葬，或子孙远出不归，族人未敢擅葬，遂至棺散骸抛，深为可悯。相应出示，谕凡枢坚固，厝屋完好者，听从自便。其年久棺骸破碎者，令各山管坟人，于腊尽之期，或清明之节，即就其权厝之所，暂为开土瘗埋。即免暴露，又便改迁，庶白骨沽青草之春，黄泉鲜夜鬼之泣。诚为便利。议上总督赵公允行之。①

这一改革主张，代表了明清义冢公墓运营管理的经验总结，在很多地方有所推行和改进，在善堂义冢中体现得尤为明显。

二　清代善堂义冢的发展

义葬以施棺助葬为核心，需要有专门的义冢地以收埋尸骸棺柩。

---

①　康熙《仁和县志》卷十三《恤政》。

鉴于一般的官民义冢普遍存在弊病，以及大量施棺掩埋的需要，善堂大多在创办之初即自行设置义冢。嘉道以后，这一趋势日益明显，使善堂义冢成为义冢体系中的重要组成部分。

同治《苏州府志》详细记载了所辖九邑义冢情形，主要有官设义冢、民捐义冢和善会善堂义冢三种类型，其中善堂义冢所占比重很大。以长元吴三县为例，其中锡类堂义冢数量最多，乾隆年间由包括六门外及长元吴三县共计16处以上，最大一块占地90余亩。同治年间，虽只有10处，面积却大为增加，其中位于长洲一都二图宙字圩一块达240余亩！乾隆五年（1740），徽商黄道恒、汪念祖、汪国钧等捐资设置积功堂，埋葬同乡客死无归者。该堂乾隆年间设义冢14所，至同治年间增加至84所。另外，苏州城内外各善堂设置义冢数量较多者，如同善堂18处，培德堂38处，同仁堂34处，其他有一处和几处的善堂多达几十个之多。地方志中记载义冢，一般详细记载其方位、面积、捐设人等，如乾隆年间积功堂所设置义冢情形：

隶吴县者：一在十一都下三十三图治字圩西虹桥虎墩，地七亩二分；一在五都下八图四闻字圩九龙坞塔山，地二亩；一在二十一都七八图腾、致、竹、则字圩天平山童子门，地十三亩三分九厘零；一在十三都三图逊字圩赵石泉，地三亩七分。

隶长洲县者：一在八都上十一图洪、位字圩浒墅关北，地三亩二分，又靠南地一亩九分；一在九都十一图水字圩虎丘斟酌桥，地七分三厘四毫；一在十五都上三图抗、极字圩六墓堰头，地四亩九厘九毫；一在九都六图关字圩六房庄，地五亩六分零。

隶元和县者：一在北三十一都二三图元字圩盘门外夏宫，地十亩二分；一在二十三都西七图桐字圩齐门外虎啸桥，地四亩六分二毫；一在北三十一都三图藕、稍、莫字圩盘门外短木桥，地三亩四分五厘六毫；一在九都二十七图荒字圩西虹桥，地二亩二分九厘；一在九都三图水字圩六房庄，地二亩六分七厘。①

---

① 同治《苏州府志》卷五十一《冢墓三》。

湖州南浔师善堂是江南规模最大善堂之一，主要办理施棺、掩埋。自康熙初年至道光末年，该堂先后设置义冢多处，多达300余亩。一堂之中，拥有如此庞大的义冢，这在江南乃至全国都不多见。其具体设置情况如下：

> 康熙十一年，里绅董汉策创建义冢，在镇新安缭里。又建普同塔于长生塔院，以拾无主之骸骨。六十年郡人公设师善堂。雍正二年附捐义冢，在笺一圩，焚骨藏瓮，丛葬男女，各别积二阜。嘉庆间，于府城新安三十里杼山置办山地，每年春秋二季，凡师善堂无主棺柩载往丛葬，不复火化。嘉庆七年捐置市山地四十五亩，里竹园山地三十亩，丝车靖山地五亩。十二年捐置市山地一百六十亩。十四年捐置市山地八亩。道光二年捐置市山地十三亩。三年捐置刘家山地五亩三分。五年捐置刘家山地四亩。六年捐置市山地一亩。七年捐置市山地四分。八年捐置刘家山地六亩。九年捐置刘家山地一亩五分。十一年捐置市山地三分五厘。丽山山地十一亩七分。十二年捐置丽山山地十亩。十五年捐置丽山山地五亩九分。以上共计山地三百二十二亩。又道光二十三年，捐置本镇笺一圩地四分，为寓园停柩之处。①

这样，不厌其烦地记录公产、义田颇有深意，既便于官方稽考和征税，又具有产权保护的作用。善堂义冢大多分布得很分散，面积普遍较小。这既由于江南土地紧张，也有便于掩埋的考虑。

地方官绅常向善会善堂捐助义地，或将所置义冢归善堂管理。如嘉善同善会，负责收埋城内外败棺朽骨。因阴阳家提出，该地官办义冢处于县城上风，不宜埋葬，请官府立案永禁埋葬，另择南门外白豪圩为义冢。嘉庆五年（1800），知县万向宾捐购义冢四亩多，交同善会经办。后张南等陆续捐得义田160余亩，仍由该堂兼办。②

---

① 咸丰《南浔镇志》卷二《公署》；民国《南浔志》卷三十四《义举一》。
② 光绪《嘉善县志》卷四《冢墓》。

三　善堂义冢的经营管理

除少数的官设义冢外，绝大多数的义冢地都是由民间个人及善堂、会馆、宗族等捐置的。单纯从义冢的设置方位、面积及创办者看，很难看出善堂义冢的独特之处，其特色更多体现在经营管理上，主要有如下几个方面：

其一，为了便于埋葬与管理，善堂义冢一般设置于府县城附郭或城镇近郊，根据需要陆续补充。与一般义冢听由民众自行埋葬不同，善堂多主导停厝、掩埋过程。如南汇同善堂，道光元年（1821）绅士李樨倡建，专办施棺掩埋报验等善举。创办之初，该堂劝捐添买义冢，并规定倘再须续置，必择高燥之处，报明县府，刊碑立石，粮赋暂由堂完以待豁免。① 停厝棺一般以 1—3 为限，以待家属认领归葬；逾期者代为下葬。如临安县安仁善堂规定，于南门外筑造义冢，除平时替人掩埋外，每年冬至前，由堂派人分赴各乡，将有主及无主而愿葬一种尸棺一律代为掩埋。②

其二，采取各种措施以保障义冢产权，以免被侵占攘夺，并禁止各种破坏行为。民国《长兴志拾遗》收录有《义冢示》，堪为典范：

> 该处向建义冢，收埋幸赖耆绅。
> 善举自应保护，责在地方官司。
> 勿令猪羊践踏，何况牛马奔驰。
> 恻隐人心皆有，慎防穿土露骸。
> 本厅因此告诫，各宜及早知非。
> 如再违禁故犯，挐办执法不移。③

由于善堂义冢往往因牛马等践踏损坏，同治年间，杭州善举总董丁丙禀请巡抚等下令严禁，违反者一经查出即送官办理，绝不宽贷。

---

① 同治《南汇县志》卷三《建置志》。
② 宣统《临安县志》卷一《建置·惠政》，《安仁善堂章程十二条》。
③ 民国《长兴县志拾遗》卷下《风俗》。

民国《杭州府志》记载:

> 据善举总董丁丙等禀称,省城同善堂掩埋局,收埋无主暴露棺木,近查清泰、庆春等门外塘之内。自四板桥至于打铁关止,义冢累累,均被塘下沙地之车牛、卤牛等上塘践踏,时修时坏,不堪其扰。不准牵牛上塘损坏花息,践踏义冢。如敢故违,一经查出,即差提到县,从严惩办,绝不宽贷。地保徇隐一并究处。①

其三,设立专门的看管人,或招附近民户代为管理,或建造寺庙庵堂,由僧道专门管理。这一方式源于唐宋漏泽园旧制。如杭州塘栖广仁堂设义冢,因无围墙,棺木尸骨经常被野猪啃噬。康熙初年,陈文华、沈大生等募建骨塔;康熙四十年(1701),范昭彝等捐资完善。乾隆年间,广济院僧见当地多暴露棺柩,日晒雨淋,捐置平房十间,将棺木移入屋里,并遍地搜求遗骨,归入石龛。杨鼎《普同塔碑记》赞其事:"里中善士陈文华始建围墙而力不克也;长者沈大生募建骨塔而事未就也;王德俊饭僧舍棺,捐钱百五十两,为永久之业,外筑围墙。嘉惠魂魄。"②

其四,不少善堂还兼办保墓善举,并出现专门的机构——保墓局。民间坟茔常遭人侵占,或被践踏毁坏,或因不加维护,导致棺骨抛散、狼藉不堪。义冢公墓作为公共设施,更容易遭到毁坏。有鉴于此,不少善会善堂以保墓为日常事务。如常熟宁善堂,兼办保墓事宜,"一切无主坟墓及无力照应之坟墓,俱为确查旧址,绘图入册,给赏坟丁,竖碑存案,春秋巡查检点。虽历年久远,不至遗废"。该堂订立了保墓条规,呈明常、昭两邑县令出示准许劝捐,并颁发刻板

---

① 民国《杭州府志》卷七十三《恤政》四。

* 《乐善录》全书共计十卷,系大善人丁丙所修纂,记载其主持"杭州善举共同体"期间所有善会善堂的详细运营情况,对各文稿记载尤其详细。

② 光绪《唐栖镇志》卷十七《冢墓附义冢》,曹菽园:《义冢记》。

用印红册到堂，以便查看确实。随时登注。① 无锡，因山民多有盗卖墓地无主者，民间每罹其害，光绪五年由邹仁溥倡捐，在惠山忠节祠设有保墓局，将各处公墓逐段绘图造册，按时稽查。② 镇江丹徒，光绪二十九年（1903）由董魁元等创办义葬保墓局，"其先京畿岭宝盖山一带义冢弥望，皆是贫民挖取黄泥，辄至毁坏坟茔，覆压人命。魁元等因建局雇工修葺，每日巡山，禁阻挖图及放牲畜等事。"③ 嘉兴新塍镇，常有莠民盗发浮厝，动辄数百棺。光绪年间，许兆佳等四处劝募，创办保安殡舍，敛租以充善举，效果良好。④

　　建设房屋、道路、堤防等公共工程时，往往会涉及大量的坟茔的发掘、搬迁问题。江南多水灾、海溢、江岸坍塌等灾变，这些对荒冢孤坟形成极大的威胁，因而有一些专门的义葬组织专门负责迁移和陪护。以丹徒为例，该地有崇善堂拾骨局，专门迁葬沿江坍塌地方无力迁葬及无嗣诸冢，自同治十二年（1873）至光绪末年，先后共迁葬1.6万余冢。晚清时期兴修铁路，连山络野，牵涉大量义冢坟墓。一些善堂在经历多年争议后，逐步转变观念和做法，将义冢高价卖掉或迁移他处。清末，兴修沪宁铁路、苏嘉铁路等，沿线迁移公私坟墓不计其数。光绪末年兴办沪宁铁路，订立《沪宁铁路购地章程》，规定坟地无论等差，与毗连地价给发。"义冢由堂中首董自迁，不计棺数，每亩总给洋若干元。无主坟及荒坟不给迁费，由局另购余地掩埋，作为义冢。"⑤ 丹徒一带迁移无主坟茔5.3万余处，善人郭振鹏等担心诸冢历久湮没，建立慰幽山庄，祭祀木主，每年修冢一次。⑥ 在乡村或欠发达地区，这样的迁移保墓的行为似乎还比较可行，但在上海等新兴的都会，寸土寸金，片地难寻，义冢往往就要为市政建设让路了。

---

① 余治：《得一录》卷八之三《保墓良规》。该堂原借设于道观之中，名曰宁善堂；道光四年集资建堂，改名凝善堂，详见光绪《常昭合志稿》卷十七《善举》。
② 民国《无锡富安乡志》卷十三《善举》。
③ 民国《续丹徒县志》卷十四《人物·附义举》。
④ 民国《新塍镇志》卷五《任恤》。
⑤ 《江苏省志·风俗》卷三《丧祭》。
⑥ 光绪《丹徒县志》卷三十六《尚义》附义举；民国《续丹徒县志》卷十四《人物》附义举。

包括一些善会善堂负责人,大多自觉不自觉以"增进生人之幸福"为优先而牺牲义冢。夫马进在对上海都市化与义冢问题进行了深入研究,认为晚清前期以守护义冢为先的论调还保持优先地位,但到1900年以后,以维护主权为公益的新价值观出现并成为突破口,义冢很快为人们所遗弃,他认为,这是"善举"逐步走向"慈善事业""都市行政"的时代的标志。①

其五,设置公田以保证钱粮和维持运营。为了保障其运作,许多地方在捐设义冢时,干脆设置田地,以完纳钱粮赋税和资助掩埋。如海宁旧仓积善堂收殓潮溺及路毙者,由庵僧守之,屋满则焚。道光年间监生薛明聪见火化之惨,在屋旁买地三亩周围义冢,并出钱埋葬,另外捐地四亩每年收租以完赋粮,并补助经费。②嘉道时期,嘉善由邑人张南珍等创办瘗埋局,专门办理掩埋,经费临时募捐,每年清明、腊月雇人埋瘗,埋骨于白坟圩积骨塔义冢。因考虑到"递年托钵,恐非久计",道光十九年陆续募集义田160余亩,附入同善会馆岁收办理,缴纳赋役所剩余的作为两节掩埋经费。③

善堂义冢吸收了官办义冢公墓的一些成熟做法,针对普遍存在的问题采取了若干应对措施,具有积极意义。

第二节 整顿停棺不葬与施棺助葬善举

清代,江南停棺不葬习俗十分严重,或苦于无地无力,或溺于风水堪舆,加之阻葬风行,人们往往亲死多年而停厝不葬,习以为常。这一行为违背法律和道德,引起社会广泛关注和批判。人们通过创办葬会、施棺会、代赈会等组织,提供停厝、捐助葬资、土工、催促埋葬等方式予以整顿。

---

① [日]夫马进:《中国善会善堂史研究》,伍跃等译,商务印书馆2005年版,第629—639页。
② 民国《海宁州志》卷六《恤政》。
③ 光绪《嘉善县志》卷五《公署》之张南珍《创设瘗埋局募田附馆纪略》。

一 清代江南的施棺助葬善举

"敛形以棺，有丧者首务也。而或迟之数日，不能备物，势窘于无所告，则悯悯然，附心标擗而莫知所从，此其最可悯者。"① 棺木是最紧要的丧葬物资，一般价格也比较高昂。宣统二年，宁波商人缪恭寅等在宝山吴淞发起施材会，为病故无力者购棺之补助。每具棺木收费银四元，只有原价的十分之二。② 即是说一具普通棺木，在清末价值在 20 元左右。对于不少衣食维艰、朝不保夕的家庭而言，这无疑是一笔巨大的开支。由于死亡具有突然性，丧葬费用沉重，民间习惯提前多年做准备工作。施舍棺木可以使死者略尽哀荣，逐渐成为常见的善举。清初，濮院同善堂办理施棺，由张敬萱与人先出银三十两以为基金，每施一棺，每人另出银三分以补足。③ 道光初年，溧阳同仁堂推行施棺助葬。太平天国战乱后，由好义商人纠集百人，各捐洋两元，创办希仁会。该会设平屋四间储备棺木，凡贫不能殓者由邻里作保代领。后由善人在南门城外消灾殿成立南仁会，共九社，每社每月捐钱五百，作为常年施棺经费。④ 乾隆年间，高凤犀等捐地数十亩创办杭州存仁堂，埋葬本地贫不能葬者，前后施舍棺木数万计，又合五棺为一冢，收葬暴露十数万。⑤ 宝山等地有冬至鸣锣催葬、春季举办掩埋的惯例，如罗店镇，代葬事务归善堂主管，订立专条，有坟无力者代谋安葬，与义冢办法相辅而行。闸北地方由联义善会、闸北慈善团等随时办理掩埋。⑥ 光绪八年（1882），川沙县城乡大疫，棺材铺囤积居奇，贫苦之家购棺拮据万分。本城人倪紫垣按照上海闵行镇赊棺办法，募集银二百元，准备棺木数十具。按成本价出售，赊现各半，贫户需在担保下申领。后来因为赊欠逾约不还过多，导致资本短缺。光绪二十三年（1897）起，并入至元堂内，至民国三年，先后支

---

① 光绪《川沙厅志》卷二《建置》之何士祁《同善堂纪略》。
② 民国《宝山县志》卷十《卫生》。
③ 光绪《濮院志》卷九《任恤》之仲宏道《濮川同善会纪略》。
④ 光绪《溧阳县续志》卷四《食货志·养育》。
⑤ 民国《杭州府志》卷七十三《恤政四》之万照《存仁堂记》。
⑥ 光绪《宝山县志》卷十一《救恤志·恤亡》。

银二千余元。①

推行施棺助葬善举的，或为综合性善堂，如同善堂、普济堂等；或由各种专门义葬组织举办，包括葬会、代赈会、施棺会（局）等，还有丙舍、义扛等。

二 助葬善举与葬会

各种葬会是办理助葬代葬的专门的义葬组织，其运作方式与钱会和合会类似，这种民间轮转储蓄和借贷的经济型会社历史悠久，流传广泛。其做法大多由若干会首发起，召集会员，交纳一定会金；定期掣签发放。② 不过，葬会旨在助葬，因而有些会员乃是出于善心的定期捐助，会钱也向丧葬家庭倾斜。

葬会的发源于明清之际唐灏儒、张履祥等倡导的葬亲社。晚清桐乡人陆以湉在《冷庐杂识》记载："浙西淹葬之风由来已久，国初德清唐灏儒先生举亲葬社，约吾邑张杨园先生履祥推广之。"③ 唐灏儒是浙江建德人，万历年间他在家乡创办葬亲社，由乡里醵金相助，建立基金，虽极贫之家也可以举棺埋葬。张履祥赞道："余溪唐子，以锡类之至仁，举丧埋之正谊，期于七载，统厥四宗，劝励资乎友朋。"张履祥仿照唐灏儒葬亲社约，推而广之。社分八宗，宗八人，立宗首、宗副。凡社中有葬亲者，宗首、副传之各宗首、副，汇八宗吊仪人三星致葬家，八宗宗人之子俱会聚，就在社约上登记"某年、月、日，某人某亲已葬"。以警示未葬者。葬社以七年为期，过期不葬者不吊，以示惩罚。这一做法取得不错的效果。"七年间，亲故藉以入土者九十七人。"④ 但仍有不少家庭没办法做到，后来又增一条"八年葬者亦酬其半，以存厚也"⑤。张履祥之后，续行者少，当地淹葬之风仍然未断绝。明清之际的义葬组织数量不多，主要有嘉善同善会、

---

① 光绪《川沙厅志》卷二《建置》；民国《川沙县志》卷十一《慈善》。
② 陈宝良：《中国的社与会》（修订本），中国人民大学出版社2012年版。
③ （清）陆以湉：《冷庐杂识》卷六《葬会》。
④ 钱仲联主编：《广清碑传集》卷三《张履祥传》，苏州大学出版社1999年版，第141页。
⑤ （清）张履祥著，陈祖武点校：《杨园先生全集》，中华书局2012年版，第1453—1455页。

杭州悲智社、余杭施棺会、乌青镇葬会等，这些组织都由地方社会力量创办经营，集中于浙北少数地方。

康乾时期，葬亲社一度停办，几乎销声匿迹。嘉道时期，葬会在浙西地区再度兴起，其形式参照此前的葬亲社，有所突破。陆以湉《冷庐杂识》对桐乡所设置的葬会有详细记载：

> 道光辛丑年（1841），吾里邱雨樵茂才青选复举葬会，纠同志四十人，于四月望日各赍钱五百赴会所，拈阄以定，应得之人，即予钱二十千为葬赀。如愿让他人先得，亦听其便。钱存公所，预备砖灰等物，不得携归。砖瓦等购自窑所，价视肆家特廉。岁推二人司其事。每岁人各出钱二千，给四人葬事。费不耗而事可久，其法最良。倡始于西栅，而东、南、北皆效行之。吾里善事孔多，此举为称首，诚能推而广之，使天下无不葬之亲，岂不美欤！其在穷乡窭人，或以用砖费大，则朱子白云葬法，价廉而工坚，最宜效法。①

同光之后，葬会在江南再度兴盛。如乌青镇，由士绅沈宝樾、丁翔高倡行葬会，立规条12则。以40人为一会，10年为满；每会出钱800文，共得32千，葬费基本充足；有急欲安葬而掣签不得者，可向掣得而不急办者商借预办。一年有四会，以社庙为会所。据民国二十五年（1936）卢学溥主修《乌青镇志》记载，集至320会时，因一时未能办葬而停办。② 若以一年四期计算，举办达七八十年之久！濮院等地也模仿乌青镇的办法举办葬会。同治十年（1871），沈梓等仿照杨园先生葬会办法，光绪七年（1881），以葬会存息及丝绸烟茶等捐创办保元堂，开办至第11集期满后，难以为继。当将葬会并入保元堂，并通过抽收捐税维持日常经营后，葬会已名存实亡。③

---

① 陆以湉：《冷庐杂识》卷六《葬会》。
② 民国《乌青镇志》卷二十三《任恤》。
③ 《濮院纪闻》卷二《建置》；民国《濮院志》卷九《任恤》。

还有很多善会善堂，主要以助葬、代葬为主要活动。嘉兴海宁硖石镇，嘉庆二年（1797）设广孝会，每会出八折钱三星，一年举办两次，以二、八月朔日为期。司事二十人分单各募同人亦踊跃捐助。海宁州在太平天国战争中破坏严重，尸骸枕藉。同治三年（1864），由士绅徐傅珏捐资，善后局负责搜查掩埋。当时敦仁葬会无力举办，每年冬至由局提款埋葬暴露，并置办义冢地 21 亩，在善后局经费项下拨钱 1000 串生息济用。同治八年（1869），复设敦仁局，绅士周金标、徐典传等商议，以四人按年轮流经理掩埋事宜。凡民间无力自葬者，亦可由局中拨给灰工代葬。同治十二年（1873）复募捐款项，于北门外白马庙北首常平仓废弃基地，建筑同善义庄，并办敦仁局事务。兵燹后，居民房屋间多毁弃，凡租赁房屋及旅居病故，难以寻找停柩之所。后议定条规，酌收寄存资金，限期停厝。光绪二十六年（1900），因积柩过多，亟须清理，遂至停寄。① 新阳巴城镇乐善堂，同治九年（1870）由知县廖伦等创建，主办掩埋。当时，巴城周边 20 区图，尚有未葬者数千冢，择其无主者悉数掩埋。乐善堂义冢地分四类，按山水清秀排序，其中男棺山字，凡 41 号，女棺水字，凡 41 号，男女无从辨别者清字，凡 21 号，幼棺 21 号，凡 16 号；又櫬朽不能迁者原地掩埋。有主之家劝其自葬，短短几年共掩埋共计 1094 棺。②

清代中后期，江南出现了各种专办代葬的机构，如代葬局、代葬会、助葬会、抬埋局等。同治七年（1868），石门人谭逢仕等集资创设王溪镇赒葬局，呈请巡抚李瀚章出示永禁火葬，勒石于县属仪门外。③ 光绪初年，嘉兴府城内众人集资设置抬埋局，每年冬令收瘗暴露，推行二十年。光绪二十七年（1901）仿照江苏震泽县成案，设法扩展。购置近城荒地数区，由局内负责抬埋，经费由主家量力偿还；世家之无钱无后者，由局内负担。遇阻葬，由局恬淡赴县禀报，饬差

---

① 光绪《硖川续志》卷二十《丛谈》。
② 同治《巴溪志》不分卷《建置》之廖纶《巴溪义冢记文》。
③ 光绪《石门县志》卷三《养育》。

究治,不费主家分文。① 光绪二十年(1894),嘉善人钱颂清等创办提安坊施棺长寿会,"先捐置义冢地一所,每给棺一具,随发葬费六百文,令其即葬义冢,不准浮厝。编号登册,后可查迁。"②

乾隆二十六年(1761),嘉兴王家店镇(习称梅里)绅士杨子让、张揆方、李集、徐琳等仿照唐灏儒、张履祥葬亲社办法,创办永安会(也称允安会),每年冬春之间安葬乡里贫不能葬者。"用古白云葬法,举葬亲会曰永安。每会助银三钱。岁两举。访里中久淹未葬者,为之经营窀穸。事竟,只鸡盂饭,肃拜以妥安其灵,而遂无颡泚之伤矣。"③ 开始时该会宗首十余人,与会人员达百余名,后经费不足,渐次衰减,李集等捐资办理存典生息,得以持续。④ 永安会运作相对成功,推行多年,不仅周边多有仿效,余治在《得一录》卷八立《永安会条程》专目,收录其条规。他下按语道:"语有云入土为安,盖谓送终之礼,一日不入土,先人魂魄一日不安,即人子之心一日不安也。顾或有以家贫乏力,不能举事,因以迁延时日者,亦人子之隐痛也。非有好义亲故为之设法相助,孰能早安窀穸也哉?"永安会条规较之葬亲社约,更加细致完备,择其要者如下:

> 同人中有好义者,合数人为会首,每一人募十会,总鬻一册,交司事处。至期,司事发票收钱,设簿登记存贮,临期营办。
>
> 司事每年轮当,遇葬经理其事再拨协办二人,即司事中阄定。
>
> 会期准于二、八两月,初十前发票,定于十日内收齐。每会收钱百六十文足,俱存留司事处总交当会。
>
> 凡欲葬而力未能者,先书姓氏年庚,及柩几具,地在何处,详悉书明,告之堪舆,司事酌量举行。

---

① 光绪《嘉兴府志》卷十四《养育》。
② 光绪《嘉善县志》卷四《冢墓》。
③ 余治:《得一录》卷八之二《永安会议》。
④ 光绪《梅里志》卷七《蠲恤》;民国《梅里备志》卷二十一《冢墓》。

葬于公共祖坟上，或有族众阻挠者，本家自行清理，与会中人无干。

凡欲葬之家柩多者，须于柩上记明某公、某氏。临葬时，如本家乏人，或亲或族到地送葬，务使夫妇同穴，昭穆分明。倘有位置舛错，与会中司事无干。

停棺年久，底若朽烂，无可举动，预置小椟或备大坛贮骨。若稍可动者，预备衬板以便扛移。

柩多费繁，本家亲戚，能助葬者听。

凡已葬诸家，每年司事刊刻征信单分送。单上注明某月某日葬某宅（只用姓不用名号）柩几具，于某氏圩，用钱若干，俾与会者得以随时查核，则经理者不致侵用浮开等弊。①

由于助葬与代葬所针对的往往是当地具有一定身份与地位，不是寻常贫寒之家，而多是衣冠旧族。主持与捐助的助葬、代葬善举的也大多是儒生，这是最具身份认同与文化优越感的阶层，因此，他们在推行这类善举时格外强调维护等级差别与正统葬法。

一是面向有埋葬意愿与一定条件，却不能完成殓埋的本地人，一般是较有身份的家庭。道光二十四年（1840），王泰募捐创建洞庭东山固安堂，衣冠旧族久停棺柩及无力殓葬不愿报堂者，由局代葬。凡收殓、抬埋、坟工等费，均由局中定章平价支付。对有余力者酌收经费，无力支付者不论。② 光绪年间，吴钊、尤先甲等创办苏州助葬会，专恤贫寒读书人家中有坟地而无力埋葬者，每具棺木资助钱十千文，代雇土工，由家属自行办理。宣统二年（1910），扩充善举，并借体善、锡类两善堂土工相助。凡民众中有地无力者，向会中报告即代为安葬，另备场所任人停厝。③

二是推行符合儒家规范的丧葬礼仪。如海宁敦善堂葬会规条规

---

① 余治：《得一录》卷八之二《永安会条规》。
② 民国《吴县志》卷三十《公署三·善堂》。
③ 同上。

定:"仿朱子白云葬法,每棺用石灰三担,泥作四工,每棺相离尺许,周围填灰,以足踏实,棺底腾灰尺许,以泥淋之前,立石碣标明号则,以便后起迁葬。"① 硖石广孝会"凡无力营葬者,开明棺数,即葬所报局局中为择日备料,一仿朱子白云葬法,石灰山黄泥凤口砂以水和匀,每下料数寸以杵捶令坚实,即所谓三和土也"②。这里提到的白云葬法是《朱子家礼》丧礼部分的重要内容。

三　施棺善举与施棺局

施舍棺木是义葬善举中最为普遍的一种。一种方式是成立专办施棺的组织,即施棺会与施棺局,或称为施材会、义材会等。清代,江南至少存在这种善堂数十处之多。清初,张敬萱创办濮院同善会,由同志数人各出数金以为本钱,每施送一棺则每人另外出银三分以补足。后仲宏道又十余人参与其事,每施给一棺不过人出银一分。仲宏道称道这一方式,认为其"尤属简单易行,可图久远",还期望推而广之,"倘从此而善缘日广,或助贫,或施药,或掩骼,或放生,他如惜字、设浆、次第毕举,即此一事为万善之权舆焉。"③ 海宁州城乡共有施材会多处。城内城醋坊桥东、春熙门外及斜桥街后各一处,硖石、袁花、郭店三镇各一处。其中同治年间,由李国珍、葛浚贤创办郭店施材会集会认捐,临时收取。其余五处均建于光绪年间。④

乡镇之中施棺会更为普遍。乾隆年间,吴江黎里镇人毛丕烈等在土地堂捐设施棺局,后停办;乾隆六十年(1795),陈凯瑞等在东岳庙另建施棺局。⑤ 丹徒辛丰镇,先后出现过三个施棺善堂。乾隆年间,赵启景创办乐善堂施材局;道光十九年(1839),里绅殷炜等仿城内普仁堂章程改建为广仁堂,仍旧施棺;道光二十七年(1847),又创办广善堂施材局。⑥ 同光年间,常熟梅李镇东西各设一个施材会,每

---

① 民国《海宁州志》卷六《恤政》。
② 光绪《硖川续志》卷二十《丛谈》。
③ 《濮院纪闻》卷二《建置》;民国《濮院志》卷九《任恤》。
④ 民国《海宁州志》卷六《恤政》。
⑤ 嘉庆《黎里志》卷三《官舍》。
⑥ 嘉庆《丹徒县志》卷二十六《尚义·义举》;光绪《丹徒县志》卷三十六《尚义附义举》。

施一棺，由认捐各户集资购买。宝山吴淞设有施棺局，由绅商筹认、月捐举办。宣统二年（1910），甬商缪恭寅发起施材会，以银币一角为一会，为病故无力者购棺之补助。每具收回银四元。照价值只十分之二。此外由会友认筹者照交认筹，躲着递加。其法减轻而易举，贮棺处附设镇东息影公所。① 宜兴蜀山有义材会，光绪十九年（1893），里人潘凤仪、潘孔铸等绸布商创立，制备义材舍给贫户，并酌情发埋葬费用。② 钱塘塘栖镇，康熙四十八年（1709）创办舍棺会，东里由善人宋承模主持五十余年，西里亦仿效举办。③

另一种方式是在综合性善会善堂中兼办施棺善举，这种形式所占比重更高。乾隆十七年（1752），宝山罗店镇，善人金集等创设施棺局，救助本地贫无棺殓者，由朱耕仁及众姓经理。道光元年（1821），仿照苏州一善堂章程，在冬号六十图东岳庙旁设怡善堂。由于施报济殓必需贮棺房屋，另在黄号二十图花园龙口另建同仁堂，作为贮棺之所。该堂与怡善堂相距甚近，经理诸董相互照管。两堂除施棺经费由众姓捐输外，其地基工料一切捐资办理，不由外募。太平天国战乱后，堂屋虽存，经费无着，公议集资备棺。为久远计，募集善愿一百余份，每份出钱五十文，随时添置，随领随备。据光绪《宝山县志》记载："罗店代葬之事亦归善堂主管，订立专条，大率为有坟无力者代谋安葬。与义冢办法相辅而行。"同仁堂对于施棺的规定甚为详细，如下：

> 是局甫经创举，善愿如云，因此备棺少从宽厚，并内有纸搪，外用黑黝。每具另给石灰二斗，草纸二十张铁钉五只，锡箔五百，以助殡殓。
>
> 备棺施济，原为鳏寡孤独哀告无门者而设，如其亲属勉力可支，以及佣工奴婢自有家主盛殓者，本堂概不准给。如有代为保

---

① 民国《宝山县续志》卷十《卫生》。
② 光宣《宜荆县志》卷六《善举》。
③ 光绪《唐栖镇志》卷十八《事纪·纪恤政》。

领,徇情混报者,察出议罚充公。

向来流丐病毙,该图地保、丐头以席草包裹掩埋。今堂中添备薄板丐棺,倘遇乞丐病毙,许该图地保丐头到堂报名,本堂给发后,咨会怡善堂掩埋。①

为了节省开支,施舍更多的人,并顾惜受惠人体面,很多善堂采取变通方法:针对不同的对象,采取差别化的施舍,如一般身家清白的人家施与材质较好、较为昂贵的棺木,而贫户施舍的是相对廉价的棺木,乞丐与无主尸骸则更次;或采取半卖半送的方式,置备不同等次的棺木,由丧户支付部分;有力置办或雇用仆役之类一般不给。南汇同善堂办理施棺,分施送、平买两种,有力者能买棺以及各家雇工仆役一改不准滥领;稍贫之户,遇有病故而不忍领施棺,另作平卖棺木,只取实在工料价钱。②平湖县行便集,所施棺木有"福、禄、寿"三号字样,福字号价钱五千,贴价钱一千文,禄字号价钱三千,当收贴钱五百文,寿字号价钱二千,专为路毙,分文不取。③乌青镇借材会所施棺木也分福禄寿三字号,福字号材价值十二元,缴银四元;禄字号价值十元,缴银三元者;寿字号材完全施送;借福禄号材者,所欠之银听其偿还。④同治末年,丹徒北乡成立寿星会,附设于乐善堂内,举办施棺,其办法比较有特色:例设半济材施材两项,半济材只取半价,施材不取分文。专济孤贫及浮尸路毙者,嗣因经费支绌中止。光绪间集义社成,因而附设其内。仍然遵循旧制。⑤杭州府临安县安仁善堂主办施棺,其章程规定:

棺木议定正副两号,一送贫户、一给路毙,正号定价三千六百文,副号一千八百文,副号施棺向归丝业广慈会筹办,今并入

---

① 光绪《宝山县志》卷二《善堂》;民国《宝山县续志》卷十一《救恤志·恤亡》。
② 同治《南汇县志》卷三《建置志》,《同善堂规条》。
③ 光绪《平湖县志》卷四《建置下·义产》。
④ 民国《乌青镇志》卷二十三《任恤》。
⑤ 光绪《丹徒县志》卷三十六《尚义》附义举。

堂内经理。

清门士族遇有死丧,贫无以殓者,自仿照上海果育堂代赊例,照副号棺材加料,外用油漆,以示别无欲还意。如将来有力者元还,则仍收入堂内以便再送。

路毙浮尸有地保先行报堂详细验明,并无伤痕,除司事将棺押送赴该处督令收敛安厝义冢外,即将面貌衣服记识,逐一登记,如有伤损,报官相验,将棺交与地保经办,与本堂无涉。

棺木先着各铺置备,有本堂给发联单,归各经手,向就近铺户领取,以省路远扛抬人工诸费。

凡由本堂领给棺木,即向和头编明字号,填写姓名,如无尸属认领,予年终查明,分别埋葬。①

道光二十年(1840),嘉善善人钱颂清等念贫人死丧无以为敛,捐资兴建长寿会,专办施棺。先捐置义冢地一所,每给棺一具,随发葬费六百文,令其即葬义冢,不准浮厝,并加以编号登册,后可查迁。②青浦同仁堂规定:"堂中所施棺木,墙厚一寸二分,底盖一寸五分,铁钉合缝外,抹桐油,编列号码,常预备二三十具,一有领去即当添补。"③川沙高行镇集义社仿照上海同仁辅元堂,其施棺办法:施棺为正副二号,正号给本乡贫苦之人,副号给流氓乞丐之类,遇有路毙,仍照同仁辅元堂收殓其上境者报上海县署,在川境者报由厅署。④

四 赊棺善举与代赊会

读书人受儒家经典熏陶,常以安贫乐道自况,以言利谋食为耻,往往以有损体面而不愿意接受救助。国家与社会在救济与慈善活动中,不得不考虑采取变通,以保全斯文。张建民教授在《饥荒与斯

---

① 宣统《临安县志》卷一《建置·惠政》。
② 光绪《嘉善县志》卷四《冢墓》。
③ 光绪《青浦县志》卷三《建置·公建》。
④ 光绪《川沙厅志》卷二《建置》;民国《川沙县志》卷十一《慈善》。

文》中，对清代荒政中的生员赈济进行了精辟的论述。① 江南虽多善会善堂与义冢公墓，但很多人却因顾忌体面，宁肯将亲人棺木停厝也不愿意让善堂代葬。清人程肇清《推仁局代葬记》提出："因循怠缓，历有年而遗之不理。问之曰'无善地也'；再问则曰'无余力也'。语及代葬则又顾恤体面，诮此非所待其亲也。"② 另外，不少家庭自身经济条件尚可，只是暂时困顿，也不需要完全免费施舍。为此，赊贷棺木这一更为灵活的善举形式应运而生，习称代赊。赊棺是由善人筹集若干善款，备办棺木等，赊给因不愿领取棺木者，棺价听由丧户偿还。这样，既能照顾受惠者体面，又能撙节经费，一举多得。

最早的赊棺善举，是道光年间大善人余治在其家乡无锡所推行的"代贳"。余治创办集仁局，除举办义学、施衣、施粥、恤嫠外，还"制棺以待贫者，与之而收其券，无力偿者听之。岁终出券焚之，名曰代贳"③。贳（shì），意为赊贷，《说文解字》云："受者曰赊，予者曰贳。"后来，这一形式在江南开始流行。咸丰四年，嘉兴平湖人徐元钟等创办行便集，主办代赊，以助贫无依赖死无具者。行便集的代赊办法很有特色，针对不同情形，所施棺木分三个等级，其所定棺木有福禄寿三号字样，续举即仍其旧，福字号价钱五千，贴价钱一千文，禄字号价钱三千，当收贴钱五百文，寿字号价钱二千，专为路毙，分文不取。经办者必须同保人到领棺之处，察实情形，然后赊某字号棺，至有路毙须凭坊保具单报领。因专为极贫无靠起见，如子嗣成年或力能调度，及为人雇佣，概不准徇情赊取。④

清代江南还出现专门办理赊贷棺木的慈善组织——代赊会。长洲黄棣镇同志代赊会，同治十年（1871）由监生吴兆麟、职员顾廷桂等倡办，购买祖师堂房屋作为会所。⑤ 江阴顾山镇代赊局，"有家贫不能

---

① 张建民：《饥荒与斯文：清代荒政中的生员赈济》，载李文海、夏明方主编《天有凶年：清代灾荒与中国社会》，生活·读书·新知三联书店 2007 年版，第 146—176 页。
② 同治《苏州府志》卷二十四《公署四·善堂》，（清）程肇清：《推仁局代葬记》。
③ 光绪《无锡金匮县志》卷三十《善举》。
④ 民国《续平湖县志》卷二《建置·义产》。
⑤ 民国《黄棣志》卷三《公署·善堂》。

成殓者，由局给棺一具，值钱六千文，杂费二千文，取名之义，谓之代赊。诸铺不居施济之名，局所未建，经费以捐五十文为一愿。因收集不易，募捐全具棺木，每具银六元，不给杂费。"① 光绪初年，新阳信义镇创办代赊会，方式很具特色：每会出钱二百文，合数十会，购备棺木、石灰、桑皮纸等，遇有贫户顾惜体面，不愿接受施棺者，借给前述物资，听由其偿还，称之"代赊"②。

代赊经常作为一种善举类型，在综合性善堂中推行的。如元和周急局，举办恤嫠、济盲、保婴、义塾、收埋、代葬、代赊等善举。新阳巴城镇乐善堂办理施棺，"其北乡尚有死无以殓，殓无以葬者，贫也非忍也。拟集愿制椟以济其乏者。又恐施椟之名或伤孝子之心，拟变其名曰代赊"。③ 在一些地方，还采取平卖或折价等折中方式，实质上与代赊相似。如南汇同善堂办理平卖，其章程称：稍贫之户，遇有病故，每有不忍领施棺而欲勉力自备者，堂中于施棺之外，另做平卖棺木，只取实在工料价钱。④ 川沙高行镇集义社举办赊棺善举，其章程规定："赊棺之法，本为清寒之家一时无力置买者起见，现仿各会馆及辅元果育堂成法试办，赊棺一具，核计其工本若干，由亲族等具保赊取。准于一年之内陆续偿还。"⑤ 丹徒焦东乡设有北乡寿星会，附设于乐善堂内，例设半济材、施材两项，"半济材只取半价，施材不取分文，专济孤贫及浮尸路毙者"。⑥ 采用这种方式，无疑更为灵活，更为节俭。

五 其他方式的助葬善举

由于不同群体所遭遇的丧葬困难不同，需要也相应不同，清代江南出现了不少独特的助葬方式，主要有：

（一）丙舍

丙舍原指正室旁的别室，或简陋的房舍，钟繇有名帖《墓田丙舍

---

① 道光《江阴县志》卷一《建置·义局》。
② 宣统《信义志稿》卷十八《志事·善局》。
③ 民国《巴城志》不分卷《建设》。
④ 同治《南汇县志》卷三《建置志》。
⑤ 光绪《川沙厅志》卷二《建置》；民国《川沙县志》卷十一《慈善》。
⑥ 光绪《丹徒县之樵余》卷九《尚义·义举》。

帖》。后特指看守墓地或存放棺柩的房屋。宋明以后，出现专门为无力埋葬亲属，或客居外地难以归葬者提供临时的寄棺停厝的场所，一般称为丙舍，也称为殡舍、寓园、义厝等。提供丙舍的主要有寺院宫观、会馆公所，善会善堂等。太仓州多处设有丙舍。道光初年，于州治镇民桥南首创建殡舍，专为寄厝尸棺之所，共舍房十一间，每年收寄资充当经费。[1] 崇明，同治十一年（1872），由知县谭泰来等捐修殡房十间，作为邑人停厝之处。[2] 嘉定设有东城殡房，光绪二十二年（1896），拨存仁堂公款购地建仁义礼智信五号丙舍。[3] 市镇中亦不乏设置丙舍者。如湖州菱湖镇，乾隆五十八年（1793），镇人陆勤谷同众姓捐资创办寄棺所。道光十七年（1837），陆维等创建广义园，厅屋称同善堂，作为司事办公之所，中后及两厢为屋三十间为停棺处。[4]

施棺助葬的重要初衷是整顿停棺不葬恶俗，丙舍的设置却为停厝提供便利，势必引起社会的质疑。有人就提出："停棺不葬，此积习之最恶者，自仿照杨园葬亲社例创行葬会，暗中裨益不浅，今乃以盗棺故而建殡舍，故而埋葬更加迁延，则利弊之相去几何哉？"[5] 为了避免物议，同时节约成本，丙舍一般对于停厝棺柩有一定的限期，或适当收取费用。如苏州同善堂丙舍，为居民无力者寄棺之所，照例越期即埋瘗于义冢。[6] 嘉定西门乡广仁公所殡舍，由里人陈宗元等呈县拨存仁堂款筹建，每柩年收寄费二元，以三年为限。[7] 海宁州普善堂办理停厝事宜，凡寄厝棺木，定以年限，每年冬至日寄厝，三年为限。限满不领出者，无论绅宦士庶之家，一律由堂代为埋葬，不准展限。[8] 停厝往往是收费的，很多善会善堂利用这一方式谋利以补充经费。光绪元年（1875），苏州安节堂在姚家集创设昌善局殡舍，暂寄旅榇，

---

[1] 民国《镇洋县志》附录《自治》。
[2] 光绪《崇明县志》卷三《建置·义局》。
[3] 民国《嘉定县续志》卷二《营缮》。
[4] 光绪《菱湖镇志》卷二《公廨》。
[5] 民国《新塍镇志》卷五《任恤》。
[6] 顾禄：《桐桥倚棹录》卷六《义局》，上海古籍出版社1980年版，第87页。
[7] 民国《嘉定县续志》卷二《营缮·公廨》。
[8] 民国《海宁州志》卷六《恤政》。

以寄费之有余补安节局之不足。因效果较好，后续添造殡舍三百余椽。① 这种做法在江南很普遍。如苏城东越会馆所设丙舍，分别上等、次等两类，遇有同业尊重先人择寄上房，收取寄资以充修葺经费；其次则专寄同乡同业旅榇，不取分文。②

（二）提供丧葬资助

在埋葬过程中，除棺木外，还需要石灰、纸钱等物资，以及"土工"和"脚夫"扛抬棺木和挖掘坟墓。清代江南这些事务往往被人垄断，出现了"脚行"等组织，他们私分地段，敲诈勒索，成为社会顽疾。同治年间，湖州知府宗源瀚指出："阻葬恶棍，所在多有，或抬棺必须某乡买砖石、工料，必须某人修桥庙则需索捐资若干。附近居民则须酒席若干，否则群纵而阻之；或谓时日有犯，或谓方向有碍，至举葬之家畏惧迟滞。"③ 为民众埋葬提供土工、脚夫的善举应运而生，甚至出现专门的慈善组织。如娄县助葬局，凡贫不能葬者赴局领取石灰，按柩给发。④ 南汇二区五团劝葬局，由傅恭弼等认捐石灰等经费创办，劝导和资助本团及时掩埋，民国以后归并慈善会。⑤ 吴县光福镇当地风俗，但凡作坟墓、抬棺木，夫役及坟工敲诈勒索，以至于丧户贫而停葬。士绅徐某深恶痛绝，设立掩埋局。凡有诈扰者到局报明，每棺安排四人扛抬，每人给脚力120文，作坟者给工食120文。相较原来节省数倍，"家少久停之柩，野无不葬之棺，远近受惠匪浅。"⑥

最知名的是镇江府城丹徒，专门设置有义扛，有专门的人员和经费，自嘉庆年间至清末延续近百年。据光绪《丹徒县志》记载："义扛，计管二事，其一救火抢柩，其一恤贫代葬。共人夫二十四名，城内外各半，遇有火灾将迫近灵柩，及时抬抢，又老幼废疾之人不能行

---

① 民国《吴县志》卷三十《公署三·善堂附》。
② 《东越会馆公善堂碑记》，《明清苏州工商业碑刻集》，第275页。
③ 光绪《濮院纪闻》卷二《建置》之《应禁六条》。
④ 光绪《娄县志》卷二《建置》。
⑤ 民国《南汇二区旧五团乡志》卷三《建设·公所》。
⑥ 光绪《光福志》卷五《公署》。

动之人，背负救护。其或无柩无人，即令人夫帮附近水龙接济，给身价每名千二百文外，每次酌情给奖赏。其中抢棺出门不论几棺加倍给钱。所有经费由同邑捐助。平居无事，遇有崇善堂施舍之棺，由伊等抬埋。至于贫穷无力之人，久停未葬之柩亦有伊等抬埋。董事人计路之远近，柩之轻重，酌给工饭钱。十里每名钱七十文，二十里每名钱八十文，三十里每名百文，四十里每名白二十文，五十里每名白二十文。人夫姓名立有承揽。乾隆四十九年（1784），举人顾绍鼎等呈请府县立案，严敦礼经理其事五十八年之久。据查该会前后抢护、抬埋事实，总督麟书饬给慕义可风匾额，以示奖励。自嘉庆至咸丰二年（1852）仿行者数十处，与水龙相辅相成。三年粤匪距城，水龙义扛全毁。匪退后依次兴复，今有义扛二处，一在城内实济堂，一在城外安仁堂。另北门外有大安堂，除办理埋义冢外，添置义扛数名，为停柩遇火及客商贫民病毙者抬埋棺柩之计。①

（三）安放与祭祀

"祖宗之赖有子孙者，养生送死之外，惟此春秋祭扫，保守坟墓为重耳。"② 死后能够享用血食香火，是传统丧葬观念中重要的一环，对于那些无子嗣和亲属的人，或那些无主尸骸而言，这一点就成为奢望了。为无子嗣亲属的孤寡提供安放木主场所，祭祀无主尸骸，自然也是一种善举。很多义葬组织就专门提供这些服务，尤其是捐助善举的孤寡。如临安县安仁善堂办理捐产代祭业务，凡有土客民人无子嗣，情愿捐产入堂，本人身故后在该堂设灵位，由堂代办每年祭扫，以延血食。客民曹炳，字燮堂，因年迈无嗣，无人承继，发愿将西门外直街四间楼房捐入堂内，恳请准其设位，由堂内负责祭扫。同治年间，曹某病故后，安仁善堂按约定接受房产，每岁祭扫均由堂董经办。③

一些善堂对无主坟茔也定期祭祀。太平天国运动后，清廷特褒扬

---

① 光绪《丹徒县志》卷三十六《尚义附义举》。
② 余治：《得一录》卷八之三《保墓良规》。
③ 宣统《临安县志》卷一《建置·惠政》。

忠烈，立有专祠，地方接踵而行。如桐乡乌青镇敬心会，每年分两期祭祀当地死难者，八月初一为遭遇"粤匪"难期而设；正月二十八日，为同治甲子遭湖州匪盗之劫掠，届期祭祀。① 同治五年（1866），嘉定外冈重建保元堂，以里中殉难无后者的田产充当祭祀及施棺代葬费用，设有专祠祭祀。②

（四）催葬

清代江南多久厝与浅葬的现象，流风所致，人们习以为常。虽官方多例行公事的劝谕严禁，但多被奉为具文。为了应对这一困境，官方借重乡约、保甲、家族等力量，督促民众埋葬；社会往往能积极配合官方的行动。许多善会善堂都将劝葬、催葬作为一种基本活动。催葬属于劝人为善的行为，从根本上符合施善与教化的精神内涵，是一种独特的善举形式。

催葬的一般程序是，由善会善堂等事先清查应葬的停厝在家或户外的棺柩；由地保、乡绅等呈请州县发布速葬告示，领取簿记；得到官府支持后，再确定收埋日期，一般在清明、冬至前后，由善会善堂派人敲锣打鼓在乡间宣传，催人们自行掩埋。若民间不愿自行埋葬，善堂还有代葬的权力。乾隆年间，嘉兴王店镇先后创办埋胔会与允安会，募集善愿，专办掩埋，两会相辅相成，按创办者李集的设想："允安之会常存，则此会一日不废。"允安会每岁春腊以葬里之贫不能举殡者，用灰隔法营葬。埋胔会，每三年冬腊掩埋无主棺木，其方法很有特色："其例三年一举，定腊月先期地保揭告示牌，鸣锣谕知，于各地择无主者插纸标于上，至期举行。有棺则埋朽者，生揭盛磁坛深埋之。禁用火，三五日毕功。"③平湖乐善堂规定，每年清明节前，肩示鸣锣，凡应葬之处，标插小布旗。各乡保赴堂领取谕单，查明暴露者。临收之日，司事四五人到场照料，看明应收者将瓦书收字别之；愿留者准留；棺木坍塌者拾骨入坛。④

---

① 民国《乌青镇志》卷七《墓域》。
② 光绪《嘉定县志》卷二《营建志·公廨》。
③ 光绪《梅里志》卷七《蠲恤》。
④ 民国《续平湖县志》卷二《建置·义产》。

第三节 尸骸问题与掩骼埋胔善举

收埋无主尸骸作为荒政的重要一端，很早就引起注意。《礼记·月令》记载："孟春之月，掩骼埋胔。"也就是说，在春季生机勃发时节，掩埋野外暴露的尸骨。历代关于掩埋的事例不胜枚举。明清时期，掩骼埋胔（常简称"掩埋"）成为江南重要的善举类型，不仅大量综合性善堂以掩埋作为主要业务，还出现了"瘗骼会""掩胔会""掩埋会""枯骨会""相葬局"等专门的慈善组织。这一局面的出现，既有慈善发展的内在逻辑在，也与江南社会环境休戚相关，严重的浮尸路殍问题是其重要原因。

一 江南的浮尸路殍问题

江南自身人口密集，工商业发达、城市繁荣，来此谋食的外地人比比皆是，不乏客死无人收殓者；本地因贫困而无力营葬者也不少。康熙初年，闽浙总督刘兆麒发布公告指出："浙省会城五方杂处，往多外籍侨寓之人，生则寄食他乡，死则弃棺郭外，更有本地土著之民，苦于贫穷孤独，身后无人殓埋，以致年深日久，暴露荒郊，白骨抛零，青燐夜泣，见闻所及惨目伤心。"[①] 嘉庆《钱塘县志》有类似记载："武林五方杂处，往多外籍侨寓之民，生则寄食，死则寄櫬。即土著之民，其贫穷孤独者，身死之后，暴露荒郊。况当兵燹之后，白骨抛零，青燐夜泣，实繁有徒，不可胜载。"[②]

这种客寓"生则寄食，死则寄櫬"的现象在江南较为常见。仲宏道《濮川同善会记》记述："迩来天行水旱，人事兵戈，异乡断梗，每愁旅櫬无资，孤苦游魂，欲续沟中累骴。所谓凡民之丧，莫惨于此。即或好义之家，蠲力施棺，然而舍无常地，主无常人，资无常

---

① 刘兆麒撰：《总制浙闽文檄》卷三《添置义冢地永行收派土葬棺骸》。
② 嘉庆《钱塘县志》卷十一《恤政》。

出，得此遗彼，曷能远暨。"① 平湖乍浦镇，滨临海角，地瘠民稀，自禁海令松弛，成为联通东南及日本的海港，商贾云集，人烟辐辏，遂为海滨重镇。"生聚即众，旅瘗日繁，津亭驿路，往往白骨狼藉。"② 宝山罗店镇，为合邑出入通衢，"凡商贩艺事力役人等，由镇经历者不时云集，间或中途病毙失足溺河家远无亲族收葬，并有远年停厝朽腐棺木，皆因有地无力，无地无力，以致暴露，未葬者最为惨淡。"③

中国素来多自然灾害，明清时期更为严重。灾荒之际，以及青黄不接时，人们外出逃荒，久而久之形成风俗。法国著名汉学家魏丕信（Pierre - Etienne Will）曾指出："只要面临饥饿，或仅仅是担心会遭受饥饿，人们即随时准备外逃，这可能是中国在危机状况下最独特的场面。""人们在传言的驱动下，沿着主要路线，流向那些他们猜想会有农业剩余并可能找到工作的地区。"④ 江南水陆交通发达，经济繁荣；苏北黄淮地区、长江中游等处多水旱灾害，前来谋食寻财者司空见惯。明清时期，苏北人口密集，灾荒频发，有地利之便，多往江南"趁荒"。晚清张应昌《清诗铎》中载有《逃荒行》一诗，描述江北灾民往江南逃荒的惨状：

> 秋风猎猎天将霜，长途对对怀糇粮。淮徐大水凤颍旱，千人万人争逃荒。
>
> 逃荒却欲往何处，闻道江南多富庶。锁门担釜辞亲邻，全家都上黄泥路。
>
> 报说江南逃荒多，斗米换儿人不顾。闻言半晌泪欲吞，前途如此愁难存。⑤

由于长期食不果腹、饥肠辘辘，加之沿途诸多困扰，流民沦为浮

---

① 光绪《濮院志》卷九《任恤》。
② 光绪《平湖县志》卷四《建置下·义产》《路守管纪略》。
③ 光绪《罗店镇志》卷三《营建志下·善堂》。
④ ［法］魏丕信：《十八世纪中国的官僚制度与荒政》，徐建青译，江苏人民出版社2000年版，第32页。
⑤ 陶誉相：《逃荒行》，载（清）张应昌编《清诗铎》卷十七《流民》，中华书局1991年版，第556页。

尸路殣比例很高。杨铸《流民叹》写道："昔闻江南好，大江茫茫风色早。江南顷刻居人扰，视汝流亡似秋草。"从中可以看出，江南民众对灾民充满畏惧和鄙视，同时也可以看到灾民"十人逃难几人存"的悲惨命运。① 浮尸路殣带来诸多社会问题，引起人们的高度关注。

第一，自然灾害容易导致大规模营养不良、流离失所，以及严重的环境污染，从而增加暴发传染病和瘟疫的风险。俗话说"大灾之后必有大疫"，有一定道理。明清时期，人们对于灾害与瘟疫有一定认识，特别是对"戾气"的认识有所突破。所谓"和气致祥，戾气致灾"，停棺不葬与浮尸路殣，违背"天和"，引发瘟疫。明人黄佐在《泰泉乡礼》中痛陈停棺不葬的害处在于"伤害天和，变生瘟疫"："葬者藏也，欲人不得见也。贫者穴土藏棺，存礼而已。不许轻信风水祸福之说，及兴发某房之说，停藏父母至数十年不葬，以致尸棺暴露，鸦飡狗食，伤害天和，变生瘟疫，惜哉痛哉！"② 棺骸暴露与尸骨抛散，容易导致疠气熏蒸，灾荒之后更是如此。明清之际，瘟疫猖獗，尤以江浙一带为著，产生了著名的"温病学派"。清代名医林北海曾指出："疫症之起，惟饥馑之年尤甚。流离满野，道殣相望，三五为群，死无虚日。千百一冢，埋藏不深，掩盖不厚。时至春和，地气转动，浮土陷塌，白骨暴露，血水汪洋，秽毒之气上冲，随风流布。邻近灾荒之处，无论乡城村镇，贵贱男女，老幼强弱，感受皆从口鼻而入，无影无形，直侵腑脏，沿门阖巷，传染相同，遂成疫症，顷刻云亡，莫可救药。"③

第二，尸骸狼藉暴露，常会被禽兽撕咬吞噬，情形凄惨，对人们的心理冲击很大。佚名《桃南义冢碑记》中对贫民死无以葬及四处流离的凄惨遭遇表达了深切的同情，很有代表性："彼穷民，或罹孤独，生无以生，死无以死，或流异地，谋食他乡，客死道路，均叹无主，募棺殓尸，委弃荒邱蓬蒿，埋瘗沙石沉浮，日晒风吹，星寒月冷，寂

---

① 杨铸：《流民叹》，载张应昌编《清诗铎》卷十七《流民》，第560页。
② 黄佐：《泰泉乡礼》卷三《乡校》《禁火化以厚人伦》，《四库全书》本。
③ 余治：《得一录》卷一之二《同善会章程》之《奉劝深埋骴骼预绝疫端公启》。

寂空山，青磷明没，悠悠逝水，鬼哭时闻，游魂无依，白骨暴露，睨视心惊，愁容惨目。"① 宋琦对此深表同情："呜呼，人不幸里居贫厄，远道流离以死，棺殓不足庇身，豆羹无以慰魄，而竟委其躯于不□不食之地，乃有肝肠寸裂之惨。"②

第三，尸骸问题还容易引发了社会问题，如阻挠埋葬和借尸图赖等，给社会安定和公共卫生等带来了严重危害。如杭州，"省城每有地棍串同地保将路毙之尸移至富户门首，名曰'飞殃'。又有河内浮尸引至富户地界，名曰'打扦子'，藉此勒诈"。③ 关于阻葬，第五章有专节论述，兹不赘述。

二 清代江南善会善堂中的掩埋善举

乾隆中期，名吏陈宏谋任江苏巡抚时，发布文檄，指出："城关乡镇，抛露棺骸，处处有之，若不及时掩埋，转临炎夏，臭秽难堪。"故要求各属从速掩埋。嘉庆时期，汪志伊任闽浙总督，鉴于杭州停棺不葬及客死无人过问暴露荒郊，特筹资委托各地官员查明，将无主及有主无力者妥葬官山，凡有主有力者依照期限从速埋葬，数年间报竣者以万千计。林昌彝《射应楼诗话》记其事：多葬停棺亦御旱之一策。南方人多厝停不葬，其甚者，以木桶瓦罐篾贮之。又有客死无人过问者，以至日久暴露荒郊。游魂无归，往往助旱魃为虐。皖江汪稼门先生志伊抚浙督闽，筹葬资委各州郡贤员协同地方官逐处查明，将无主及有主无力者，妥葬官山，标记勒小碑。其有主有力者，谕劝依限速葬。报竣者以万千计。先生述怀诗云：欲酬大旱云霓望，徧瘗荒郊暴露棺。此实善政也。④ 此段文字附录于张应昌《过湖上万骨冢悲赋》后，足见他十分推崇汪志伊当年的举动，并有将左宗棠等推行的收埋政策与之并列的意味。

民间也多以掩埋枯骨为一大善举。如宝山高桥一带浮葬之风盛行，塘内滩地常暴棺累累，每届潮灾漂流四散。康熙三十五年

---

① 同治《安吉县志》卷十五《艺文》。
② 光绪《唐栖镇志》卷十七《冢墓附义冢》。原文中即标注缺一字。
③ 民国《杭州府志》卷七十三《恤政四》之《栖流所报验规条》。
④ 《清诗铎》卷二十三，第857页。

（1669），善士曾某捞埋978具。乾隆十二年（1747），顾玥等各捐银两，捞埋流棺1243具。其后，每有风灾，浮尸发现均由乡董筹资为之埋葬。① 这种临时性的措施很难满足经常性的需要，由善会善堂兴办掩埋显得很有必要。

掩埋是最早和最普遍的义葬善举类型，很多善会善堂将其作为主要业务，并有掩骼会、掩埋局之类的专门组织。如位于江浙通衢之地的枫泾镇，嘉庆初年举办瘗埋会，历年收埋颇多。据光绪《重辑枫泾小志》记载："嘉庆五年（1800）至十六年，张身涛等收埋枯骨1714具；十九年张秀乐等收埋枯骨162具；道光元年（1821）王泰等收埋枯骨807具，续刻瘗埋总录；道光三年（1823）水灾，程应枚捐资捞瘗292具，埋冈字圩；十九年（1839），主簿李帧暨里人等掩埋关帝庙旁厝棺113具于结字圩；二十九年（1849）水灾，里人程熙雍捐资千纸捞取厝棺，瘗于陶庄、干窑两处；咸丰十年（1860）粤匪至，民多赴水死者，里人陈宏基、张庆容、程熙雍等捐资捞尸240具，埋于冈字圩；同治八年（1869）叶永元捐四中区云字圩422号田3亩8分作义冢；自同治八年至光绪六年（1880）镇南近乡共埋2680具；又八年，共埋400具，陈宗赙经办。"② 镇江丹徒，道光初年，由茅元络等创办普仁堂，负责收埋路毙浮尸及辛伙仆妇暴死不及送回者。该堂在当地引起较大反响，仿建者不少，如西城外安仁堂、南门外种仁堂、万寿宫实济堂以及丹徒镇兴仁堂、海溪镇普济堂。③ 同治七年（1868）五月底，江苏布政司丁日昌勒令地方整顿停葬，限期于本年十月底，有力者自行营葬，无力者由亲属报明善堂代埋，其余无主各棺，责成善堂一律尽行收埋，并明定抬夫工饭、钱文数目，严禁把持需索。至八月中旬，又催促各属限期收埋停厝棺柩。不久札令催促苏

---

① 民国《宝山县续志》卷十《卫生》。
② 光绪《重辑枫泾小志》卷二《建置志》。
③ 光绪《丹徒县志》卷三十六《尚义》附义举；光绪《丹徒县之櫡余》卷九《尚义·义举》。

松等加速收埋，应娄县禀请展限一月。① 短短半年时间，单就整顿停棺一事颁行三道札文。他还就严禁火葬、轿脚夫勒索等下达禁令，足见其重视度。这一举措取得很好的成效，如南汇地方，据通报，全县有主有力停棺 44464 具，已葬 25911 具，未葬 18553 具，勒令年底葬完。有主无力者停棺 3400 具，已有董保代为埋葬。其掩埋无主尸棺共计 6767 具。②

三 掩埋善举的主要形态

根据推行方式，可以将掩埋善举分为平时定期或临时性的掩埋，以及战乱灾荒后的集中掩埋两种形式。

其一，平时的定期或临时掩埋。乾隆年间，嘉兴梅里镇先后创办允安会、埋胔会，募集善愿，专办掩埋。其中允安会每岁春腊以葬里之贫不能举殡者，用灰隔法营葬；埋胔会每三年冬腊掩埋无主棺木，揭盛大坛，不用火化，其棺未朽者，移至广孝阡葬埋。其方法甚有特色："其例三年一举，定腊月先期地保揭告示牌鸣锣谕知，于各地择无主者插纸标于上，至期举行，有棺则埋朽者，生揭盛磁坛深埋之，禁用火，三五日毕功。"③ 嘉庆初年，海宁敦仁堂葬会创立，先后置备义冢 40 余亩，每年冬举行掩埋，仅嘉庆八年至道光二十六年，总计埋葬男女棺木即骨坛共计 5720 具，助葬有地无力者数十年来不可胜数。太平天国战乱后，尸骸枕藉，累累白骨委诸道左。敦仁葬会无力举办，每届冬令，由善后局提款埋葬暴露。同治八年复设敦仁局，绅士周金标等四人按年轮流经理掩埋事宜，凡民间无力自葬者，可由局中拨给灰工代葬。④ 宝山江湾崇善堂，创办于道光年间，凡境内路毙者施与棺木，于冬至一律掩埋。清末归乡公所主办，每年饬总举行掩埋一次。⑤

---

① 丁日昌：《丁中丞（日昌）政书》卷二十《通饬禁止停丧不葬由》；《丁日昌集》卷三十《藩吴公牍十》，《通饬禁止停丧不葬由》，上海古籍出版社 2010 年版，第 417 页。
② 同治《南汇县志》卷三《建置志》。
③ 民国《梅里备志》卷二《蠲恤》，梅里镇亦称王家店镇，在今嘉兴市秀洲区。
④ 民国《海宁州志》卷六《恤政》。
⑤ 民国《江湾里志》卷十《善堂》。

其二是灾荒战乱后的集中掩埋。战乱灾荒往往产生大量的死难者,不仅需要大量的棺柩与墓地,而各善会善堂的人力财力往往有限,很难满足需求。因此,官府与地方往往特事特办,建立丛冢草葬。善会善堂长期从事义葬,往往被委以重任,作为主办机构。由于战乱灾荒时期的义葬属于变态情况下,做法和平常有所不同,将在下一节专门论述。

一些善堂专为埋葬婴孩、乞丐、囚犯等特定的对象而设立。同治年间,上海善局林立,唯独没有掩埋婴孩的专局,常有婴孩尸体漂浮水面。加之贫户无力备棺或无地埋葬,往往被人发掘,甚至犬噬鸟啄,惨不忍言。同治十三年(1874),善人董某邀集同仁创办正心局,专门埋葬死婴。贫户婴孩病死后无力买棺者,来局报明收埋代葬。① 光绪二十一年(1895),常熟善人丁吉城等集资创设了殡婴园,专门收葬城厢内外病殇婴孩,至二十八年(1902)收埋一千余口。② 苏州推仁局还专门设置义冢,掩埋三县被处决人犯棺木。③

掩埋善举大多由综合性善堂所进行,也有专以掩埋暴露为事务的善堂,如掩埋局、枯骨会等。乾隆五十七年(1792),绅士王朝绅等倡建太仓州相葬局(亦称志济局),原设于隆福寺,后移建娄东书院西,买民宅改建,募捐代为无力者安葬。④ 嘉庆五年(1800),嘉善知县万相宾创办瘗埋局,附于同善会经办,由邑人张南珍、朱菊溪、吴临浦负责。每年清明、腊月捐资雇人埋瘗,埋骨于白坟圩积骨塔义冢。⑤ 湖州双林镇有掩埋会,光绪年间邑人许士英、王福寿等继续办理,每年冬至掩埋暴露尸骨。⑥

四 掩埋善举的一般程序

经过长期的积累和借鉴,清代江南掩埋善举不断系统化和程序

---

① 《申报》,同治十三年十一月二十四日,第526号,《创立正心局保婴埋婴各善举》。
② 光绪《常昭合志稿》卷十七《善举》。
③ 同治《苏州府志》卷二十四《公署四·善堂》。
④ 嘉庆《直隶太仓州志》卷五《营建下·恤养》。
⑤ 光绪《嘉兴府志》卷十四《养育》。
⑥ 民国《双林镇志》卷八《公所》。

化。如青浦同仁堂，主办报验路毙浮尸并施棺，并办理代葬事宜。其中《掩埋章程》规定：

> 堂中收埋，每岁举行两次，定于清明、冬至前十日，令司葬雇舟下乡查看暴露棺柩，将粉笔逐一标明"同仁堂收"字样。届时自行迁葬及遮盖者听，如仍暴露，饬葬夫运至义冢掩埋，立石标记。暴露棺木，如有年久坍毁不能运葬者，须检齐骸骨，改用喜材。另用合同号砖，一块埋在收处，一处埋在葬处。日后若家属欲领回，即将收处号砖向葬处号砖查对便可明白，庶不至有碍疑似之误。有地无力情愿代葬者，须由子孙或亲属到堂报明登记号簿，择日请地师下乡堪地，至一切船只、饭食夫工以及沙灰、喜材等费用，均由堂内给发，不取葬主分毫。①

南汇同仁堂，办理施棺、平买、掩埋、义冢、路毙等八种善举，同治年间所颁行的规条逐一加以说明。其中《掩埋规条》规定：

> 照向章一年一举，以清明为期。经董预先督保在城厢内外，查明暴露棺柩，有主者催令自葬。无主及无力者详加访问，分别男妇，编号等簿，破碎之棺零具骨箱检盛，尽行抬赴义冢，男妇异处，一律深埋。每逢三节设祭焚纸。如无力而有地者亦为之代葬。

《收埋路毙》规定：

> 或病死道旁，或淹毙河内，一经地邻报堂经董亲往查看，如无伤痕，即施棺殓埋。倘地保、丐头及无赖等籍尸图诈，据实禀究。如有伤痕，报官验明然后棺殓。收过之尸俱于册内注明衣服状貌以备查对。尸场相验此项经费另有专款田产取租抵用。虽同归善堂经管，仍应将收支书目分册报销，以免混杂。盈余则存典

---

① 光绪《青浦县志》卷三《建置·公建》；民国《青浦县续志》卷三《建置·公建》。

生息,俟积有成数,再添产业,以冀永久。①

分析这些章程,可以看到,清代的掩埋善举基本有如下的要点:每年有一段时间进行集中掩埋,主要在清明节、冬至腊月或上、中、下三元之际,这些季节属于青黄不接之际,农闲之时,气温较低,便于收集掩埋工作的进行;集中掩埋之前,提前发布通知,警示和督促有主者自行及时埋葬,以免由善堂强制处理,同时查明无主即无力掩埋者,号簿登记;对于野外浮尸路殍及破败棺柩,提前进行扦插标记,指明有善堂负责收埋;到期将应埋棺柩集中于义冢掩埋;对于棺柩骨炭毁坏者,进行重新殓葬或就地掩埋;掩埋过程中,必须分别男女,并查核姓名等信息,以备亲属查认;凡地方无力掩埋者,甘愿葬入义冢者,经申请和由善堂代葬;掩埋所需一切经费由善堂负责,不需民间支出,也严禁经手者向地方索要;除集中时间掩埋外,平时由董堂雇佣人夫行走地方,随见随埋。

浮尸路殍往往需要查明身份、死因,如非正常死亡需请仵作等勘验,以免成为借尸诈扰的借口,或招致麻烦。一般出现非正常死亡的事例,一经地主邻右报告善堂内,须由善堂经董亲自前往查看。如果没有伤痕,证明不是他杀的话,就直接施棺掩埋。如果有伤痕,则由善堂负责报告验明后再棺殓埋葬。尸场勘验所需费用等一律由善堂负责支付;这两种情形都直接由善堂参与和负责,避免连累地主邻右等,增加其困扰;针对各种借尸图诈等不良行为,善堂有权送官办理,甚至自行处理。清代江南这一方面的相关规条、禁令很多。余治《得一录》中有《收埋路殍浮尸章程》一项,收录了南翔振德堂等规条,关于尸场勘验或严禁阻葬,内容大体相近。②

由于浮尸路殍往往不知道来历,查明身份来历十分重要。一般而言,善堂收集后,往往会发布公告,说明状貌,以招人认领。清末,上海同仁辅元堂定期在《申报》等媒体公开发布信息,一面招人认

---

① 同治《南汇县志》卷三《建置志》。
② 余治:《得一录》卷八之四《收埋路殍浮尸章程》,卷八之五《尸场经费章程》。

领，一面以召诚信。如《申报》第1774号上就有同元辅元堂刊行的"叠收路毙"通告：

> 正月初四日，法巡捕报在浸会堂北街有无名男尸一口，年约四十岁，面黄无麻有须，身中穿黑布大襟马褂，内穿蓝布棉袄、白布短衫；下身着蓝布小脚裤。秃头，脚着芦花蒲鞋，散发无丝线。又老北门汛兵报在北门外缸瓮滩下有无名男尸一口，年约二十岁，面白有麻无须，身长、穿蓝布棉袄，蓝布夹裤，头戴蓝布和尚睡帽，发辫蓝头绳，脚着白布鞋，另有布袋一只，内放蓝布单裤一条。布局发棺均经验殓无伤，扛送堂冢，挨号掩埋。倘有亲属，到局内认领。①

除同仁辅元堂外，《申报》上还常见江南各地"路毙叠见""招认路毙"之类的内容，其中一则消息道：

> 二十日，苏阊外马布浜有路毙男子一人，年五十余岁，二十五日渡僧桥叶家弄又有男尸一名毙于道左。两人均系乞丐之流，悉由地方呈报善堂，经堂董验尸，因身并无伤痕，故即时给棺殓葬云。②

如此诏告天下，既能宣扬善举，又能招人认领，为善堂免除后患。利用新型舆论手段，也是慈善近代化的一个重要的表现。

第四节 善后之政：灾荒与战乱中的义葬

江南历来以富庶安定著称，重大灾荒与战乱较少，然而一般的灾

---

① 《申报》第1774号，1878年2月8日。
② 《申报》第1868号，1878年4月28日。

害仍然很频繁。据邓拓《中国救荒史》统计，16—19 世纪，江苏和浙江分别发生 106 次和 56 次灾荒，在所列的十八个省中分列第二位和第七位。① 清代中后期一改常态，遭遇多次重大水灾，太平天国运动延绵十余年，给江南带来深重灾难。灾难来临时，往往伴随大规模的人口死亡和流离，加之原有社会秩序的破坏，国家与社会在应对这些突发事件时，经常会应接不暇，甚至功能瘫痪。单是及时有效掩埋大量的尸骸棺柩就是一大挑战。清代，善会善堂广泛参与到灾难善后之中，成为一支不可或缺的力量。

一 清代江南的灾荒与尸骸问题

江南地区水网发达，占尽水利，水旱灾害相对平缓。明清以后，随着人口的增长与开发的加剧，这一态势显著改变。据统计，1401—1900 年，太湖地区共发生涝灾 257 次，旱灾 174 次，平均每 1.9 年和 2.9 年一次，其频率远高于前期。② 不过，较之黄淮、两湖地区，依然是比较少的。清代，江南地区经历了魏丕信所称的"水利循环"，在康乾时期，由于大兴水利和休养生息，水旱灾害相对较少；嘉道以后，环境破坏与水利废弛，使其灾害日趋严重。作为太湖要道的浏河，顺治至乾隆间多次疏浚，然而嘉庆十七年（1812）以后再未大规模疏导，很多地方淤塞为平陆，进而废弃。道光三年（1823），江南遭遇大水，很多地方内涝严重，"淹浸至两三月之久，实为数十、百年未有之事，而乃见于浏河闭塞未久之后"。③ 道光以后，江南洪涝灾害更趋频繁，光绪以后几乎无年不灾。

虽为水乡也难保干旱无虞，清代，江南共发生过的特大旱灾至少有 14 次之多。④ 如乾隆十四年（1749），江南大旱，苏南各地普遍歉收，灾民流离。如光绪《周庄镇志》记载："乾隆乙巳夏大旱，苏松地区尚可戽水灌田，常镇诸郡率皆无禾，于是饥民络绎而来，人宪筹

---

① 邓拓：《中国救荒史》，载《邓拓文集》第二卷，北京出版社 1986 年版，第 45—46 页。
② 黄宗智：《长江三角洲小农经济与乡村发展》，中华书局 2006 年版，第 32 页。
③ 瞿中溶：《瞿木天文集》卷十二《浏河记》。
④ 冯贤亮：《咸丰六年江南大旱与社会应对》，《社会科学》2006 年第 7 期。

赈苏城各门设局施粥,人众相济以践踏,死者日数人,或千余人,散在乡镇者亦十百为群,纷纷求食,谓之吃白饭,明年夏米价愈贵,死者愈多多矣。"① 嘉庆十九年(1814),江南大旱,地势高处被灾尤剧,无锡等地"赤地数千里,民间无米炊,爨无薪,汲无水"。②

江南位于江海交汇处,潮灾格外严重,经常海潮溢入,岸线变动频繁,各种坍塌、淤浅、倒灌等时有发生。据陆人骥统计,自西汉初元元年(前48)至1946年,全国至少有潮灾570余次,其中明代180次,清代213次。③ 江南地区潮灾最为频繁,由灾导致田园淹没、人畜死亡十分常见。如顺治十一年(1657),江南大潮灾,苏松地区损失严重,如靖江"平地水深丈余,漂没民房无数,溺死男妇千余口";宝山"潮高五六尺,居民溺死无算"。松江"大风雨,海溢,人多漂没"。叶梦珠《阅世编》记载上海及周边情形:"疾风暴雨,海水泛溢,直至外塘,人多溺死,室庐漂没。闻崇明之水,几及城上女墙,漂没人民无算。"④ 康熙三十五年(1714)潮灾,宝山淹死万余人,崇明,随潮漂没者数万人,沿海民人庐舍为之一空。清初董含《三冈识略》记载其事云:"嘉定、崇明、吴淞、川沙、柘林八九团等处,漂没海塘五千丈,灶户一万八千,淹死者共十余万人。黑夜惊涛猝至,居人不复相顾,奔窜无路。至天明水退,而积尸如山,惨不忍言。……盖百余年无此变矣。"⑤ 雍正十年(1723)六七月间,苏松太的一些沿海或离海较近的地区发生了严重的潮灾。次年,继以大疫,很多地方死亡甚众。《清史稿》记载:"六月乙卯,苏州大风雨,海溢,平地水深丈余,人多溺死。""七月,苏州大风雨,海溢,平地水深丈余,漂没田庐人畜无算;镇洋飓风,海潮大溢,伤人无算;昆山海水溢;宝山飓风两昼夜,海潮溢,高丈余,人多溺毙;嘉定海溢;崇明海

---

① 光绪《周庄镇志》卷六《杂记》。
② (清)钱泳:《履园丛话》《赈灾》。
③ 陆人骥编:《中国历代灾害性海潮史料》,海洋出版社1984年版。本节潮灾未注明出处者,多参考此书。
④ 叶梦珠:《阅世编》卷二《灾祥》。
⑤ (清)董含:《三冈续识略》卷上《海溢》。

溢，溺人无算；青浦大风海溢。八月，昆山海水复溢，溺人无算。"①

明清时期，瘟疫越来越频繁，尤其鼠疫、霍乱、猩红热等。瘟疫往往爆发于战乱灾荒之后，由于它具有原发性与传染性，正常年景下也会出现。由于人口密集、环境温热、水陆交通发达，江南成为中国瘟疫最为频繁的区域。②叶梦珠《阅世编》记述，清初苏松等地就遭遇多次瘟疫："康熙二年（1663）癸卯六月至十月终，疫疾遍地，自郡及邑，以达于乡。十七年，华、娄二邑，自六月望后起，至十一月，大疫，吾乡家至户到，病殁者甚多，或一村而丧数十人。十九年，自常州以迄苏、松，大疫遍地，吾乡家至户到，谈鬼事者如见。"③更多的情况下，瘟疫是作为次生灾害出现的。雍正十年江南潮灾后引发瘟疫。龚炜《巢林笔谈》中记载："雍正十年秋，大风拔木，沿海居民，漂没无算，荒民之流于昆者，或聚于书院门外，枕藉而死者十八九，臭腐之气，蒸为疾疫。"④乾隆《沙头里志》也记载："水退之后，尸横遍野，并及棺骸，盈千累百，触目伤心。明年春疫竟大作。"⑤

由于灾害发生日趋频繁，社会御灾能力有限，经常导致大量人口死亡，文献中充斥着"道路枕藉""积尸满野""浮尸漂没"等字眼，触目惊心。乾隆《支溪小志》记载，"雍正十年，潮灾大作，漂没田庐，淹死丁口以巨万计。"⑥乾隆十二年（1747），江南严重潮灾，死亡惨重。据《清史稿》记载："七月，海宁潮溢；苏州飓风海溢；常熟、昭文大水，淹没田禾4480余顷，坏庐舍22490余间，溺死男女50余人；昆山海溢，伤人无算。"⑦仅上海、南汇两县溺死二万余人。江南由于停棺与浅葬风气盛行，灾害之后，还经常发生棺柩四散的情形。道光二十九年（1849），苏南大水，苏松等处34州县严

---

① 《清史稿》卷四十《灾异志》。
② 余新忠：《清代江南的瘟疫与社会：一项医疗社会史的研究》，北京师范大学出版社2014年版。
③ 叶梦珠：《阅世编》卷二《灾祥》。
④ 龚炜：《巢林笔谈正编》卷一《官僚疾赈》。
⑤ 乾隆《沙头里志》卷末《雍正十年潮灾纪略》。
⑥ 乾隆《支溪小志》卷一《地理志·水利》。
⑦ 《清史稿》卷四十《灾异志》。

重灾荒，较之道光三年更甚。如常熟地方淹没严重，"极目汪洋，庐舍坍没，迁徙无从，浮柩乘风而逐者，不知万千"。① 光绪三十一年（1905），松江等地遭遇潮灾，上海、南汇等地死亡众多，棺木四散。据民国《上海县志》记载："浦东之高桥及崇明之长兴沙、满扬沙，宝山之鸭窝沙、石头沙、横沙等处，人畜、庐舍、浮厝冲荡无存，炊烟断绝，浮尸遍地野，受灾尤惨。"②

由于浮尸路毙问题往往会造成了严重的社会问题，如危害公共卫生、冲击道德伦理，也给社会秩序带来威胁。在战乱与灾荒时期，这种问题表现得更为突出，施棺掩埋的任务也更为沉重。

二 清代救荒中的义葬事业

掩埋尸骸在先秦时期就很普遍，汉代以后更大量出现于救荒过程中，并逐步成为荒政中的重要措施。如早期著名的荒政书——宋代董煟《救荒活民书》中记载有宋代名吏晁补之活饥民葬遗骸的善政："择高原以葬死者，男女异墟。"③ 明清以后，掩埋已成为基本的临灾措施，是各类荒政中的常见内容，实践中也广泛推行。明人林希元《荒政丛言》中将"既死贫民急募瘗"作为六项急需办理的举措之一。他提出："大荒之岁，必有疾疫，流移之民，多死道路。不为埋瘗，则形骸暴露，腐臭熏蒸，仁者所不忍也。"④ 俞汝为《荒政要览》中将掩骼埋胔作为"饥馑拯救之要"。周孔教《荒政议》将"既死之民宜募瘗"作为八宜之一。内容包括增修义冢，分别男女；招人掩埋，每具给银五分等。⑤ 清代是中国封建制度的烂熟期，对各方面的思想和举措大多进行了整理，荒政方面也不例外。掩埋尸骸这一主旨也得以继承和发展。康熙年间，陆曾禹在《钦定康济录》中将施药和

---

① 柯悟迟：《漏网喁鱼集》，中华书局1997年版，第12页。
② 民国《上海县志》卷二十八《杂记·享异》。
③ 董煟：《救荒活民书》，载李文海、夏明方主编《中国荒政书集成》第一册，天津古籍出版社2010年版，第38页。
④ 林希元是明代中期名吏，其《荒政丛言》中将救荒措施概况为"二难、三便、六急、三权、六禁、三戒"，他在泗州时有初步实践，遇死者，给银四分，雇人埋葬。参见《中国荒政书集成》第一册，天津古籍出版社2010年版，第97页。
⑤ 周孔教：《荒政议》，参见《中国荒政书集成》第一册，第506页。

掩埋作为"视存亡以惠急需"的两项措施，视为"临事之政"的重要方面。①

清代前中期，政府强势主导荒政，重视奖励和劝导民间参与，取得良好的成效。嘉道以后，灾荒的日益频繁，内忧外患困扰，政府已越来越难维持先前积极的态度。与此同时，以善会善堂为代表，地方社会日益崛起和组织化，具有承担更多的地方事务的能力和要求。善会善堂长期植根地方，具有强大的号召力，以及组织人力、物力、财力的能力。因而，国家与社会之间很容易就找到了契合点，善会善堂参与地方救荒，日益为国家所认可和倚重。

善会善堂参与救荒的主要有形式：一是依托现有的善会善堂资源，鼓励其参与救荒行为；二是兴办新的善会善堂，举办各种收养婴孩孤儿、救济贫困孤老、施舍医药食物以及掩埋尸骸棺柩等事务。由于事关地方大局，善堂经董们往往比较积极主动，自觉参与各种灾荒救济之中。义葬是救荒活动中的重要环节，特别是对浮尸路毙和漂散棺柩进行收集和掩埋。如道光二十九年（1849），吴江盛泽镇遭遇严重水灾，饥民死者无算。在当地士绅等主持下，进行了各种救荒活动，比如放钱厂、施粥担、清门米、老人粮、恤孕妇、留弃婴、棉衣票、稻草房、收饿殍及瘗浮棺等，其范围十分广泛，工作也很细致。由善人四处收埋饿殍，以薄棺殓埋。仲湘有《荒政新乐府》组诗记其事，其中有《收饿殍》诗如下：

> 昨日收一殍，今日收一殍。中有一人更堪悼，左手持钱右手票。是领官赈回，未及到家毙道中。尔生无一箪，尔死无一棺。捐瘗积数尺，行人为鼻酸。一身四周木皮薄，终胜果然委沟壑。从此不识饥与寒，生者何如死者乐。

对于浮厝棺木，大多漂没水面。有人冒雨雇工捞取，却无人认领，当地居民多攒烧化，乃将其送往湖州义冢中埋葬。有《瘗浮棺》

---

① （清）陆曾禹：《钦定康济录》卷三《临事之政》，《中国荒政书集成》第三册，第184页。

诗记其事：

> 五月六日水横流，野田历乱棺沉浮。有客冒雨身坐舟，募工捞集堆如邱。棺前和或刊字召，儿孙久无之，贫民日夜争摧烧，惨哉骨骺满地抛。茫茫何处寻乐土，湖州旧有丛葬所。魂魄一去不复还，千鬼万鬼啸聚他乡山。

这里的"丛葬处"，指的是位于湖州东北的小梅山，道光十三年（1833），由盛泽种善堂经董王辅廷与人捐置，主要用于供本镇衣冠旧族借葬和掩埋无主棺柩。① 尸骨掩埋得到了地方政府和士绅的高度重视，由地方士绅主持的施棺代葬慈善机构在江南地区大量出现。

江南沿江地区，多江洲滩涂之类，经常遭遇潮侵威胁。沿岸多无力迁葬及无嗣坟墓，或崩露骸骨，或沉浸江流。很多善会善堂着力打捞和掩埋漂没、暴露的棺木与骸骨。如丹徒崇善堂。同治十二年（1873），由善人于学源、严宗廷、王浩生、罗凤翔等禀官创办拾骨局，专司迁葬沿江坍塌墓葬。拾骨局先依附于义渡局，后附于近仁堂，遇有迁拾均临时募款。后在凤凰山、了髻山设置义冢70余亩。几十年间，先后共迁葬一万六千余冢。② 南汇三官堂慈云局，由张国安、傅锡圭经理，负责收埋沿海溺毙浮尸。1905年8月初，飓风冲毁王公圩，溺毙众多，尸随潮流，储学洙等备棺收尸，埋葬于慈云局义冢。③

三 灾荒与义葬：以"癸未大水"为中心

关于善会善堂进行掩埋浮尸路骾的史料比比皆是，但是明确记载其在具体灾害中的作为者却并不多。为了详细说明义葬与荒政的关系，下面以道光三年（1823），癸未大水期间江南善堂参与救荒进行个案分析。

道光三年（1823）夏天，长江流域爆发全流域严重的洪涝灾害，

---

① 光绪《盛湖志》卷三《灾变》。
② 光绪《丹徒县志》卷三十六《尚义》附义举；光绪《丹徒县之榷余》卷九《尚义·义举》；民国《续丹徒县志》卷十四《义举》。
③ 民国《南汇县续志》卷三《建置·义举》。

中下游受灾甚为严重,史称"癸未大水"。据不完全统计,全流域受灾州县多达 144 个之多,尤其是长江下游干流及太湖流域受灾达 95 州县,几乎无一幸免,这在整个清代是比较罕见的。① 这次水灾使江南遭受巨大损失,在农业生产等方面甚至具有转折性影响。② 林则徐记载:"苏属被灾之重,为从来所未有。……此数十万饥饿余生,将何术以处之哉?……总之灾分太重,灾民太多,灾区太广……"③ 在癸未大水的救荒过程中,国家、地方政府与社会进行了良好的协作,效果显著,堪为清代中后期荒政的典范。④

由于大水灾造成各地大量人口死亡,灾后的尸骸打捞和掩埋成为重要任务。这一工作或官府负责,或由地方好善者自行组织。嘉善罹难民众甚多,无主施棺四处漂散。知县恽敷组织雇工分别携带索缆,棹舟四处昼夜打捞,择高旷之地搭棚存放,地方好善者纷纷乐施。除请亲属认领之外,无人认领者直接埋葬。他制定救济章程,设粥厂,施舍棺木。因举措有效,被全省推广。当地举人沈文江捞起尸棺 3400 余具,魏星吴捞起施棺 5040 余具,各自买地开圹,分别男女,立为义冢,以次掩埋,并详情豁免钱粮。后两人均得旌奖议叙。⑤

善会善堂在这一过程中扮演着重要的角色。苏州城内各善堂多参与掩埋善举。据状元石韫玉记载:道光三年大水中,吴县"野田浮厝之棺,漂失者有之,棺木朽坏而骸骨零落者有之。郡城之体仁堂……分赴四乡收葬……计先后收埋尸棺三万余具"⑥。吴江平望镇,大水之后,由众善堂董事王廷臣等捐设捞葬浮棺 2598 具,于北角圩专门设

---

① 《清代长江流域西南国际河流洪涝档案史料》,中华书局 1991 年版,第 18—19、155—156 页。
② 李伯重:《"道光萧条"与"癸未大水"——经济衰退、气候剧变及 19 世纪的危机在松江》,《社会科学》2007 年第 6 期。
③ 光绪《松江府续志》卷十四《田赋志·赈恤》。
④ 余新忠:《道光三年苏州大水及各方之救济——道光时期国家、官府和社会的一个侧面》,载张国刚主编《中国社会历史评论》第一卷,天津古籍出版社 1999 年版。
⑤ 光绪《嘉善县志》卷四《冢墓》。
⑥ 石韫玉:《独学庐诗文稿·四稿》卷一《收葬无主之棺记》,《清代诗文集汇编》783 册。

置义冢，占地 12.2 亩。① 灾荒时期的义葬方式不像平时那样精细，往往采取更为便捷和节省的藁葬丛埋的方式。

癸未大水期间，太仓地区在知州张作楠率领下，地方士绅广泛参与其中，荒政备具，进行了卓有成效的救灾活动。《清史稿》记载："三年，大水，作楠冒雨履勘灾乡，问民疾苦，停徵请赈，借帑平粜。疏瀹境内河道，以工代赈。水得速泄，涸出田亩，不误春耕，人刊《娄东荒政编》纪其事。"②《娄东荒政汇编》是灾后绅董顾嘉言等为了感念救灾官绅，并劝勉后世而编辑，详细记载了这次救荒的全过程，保留了一分珍贵的史料。③ 据该书记载，道光三年夏，淫雨浃旬，苏松大水，娄东平地水深数尺，灾黎嗷嗷待哺。由知州张、知县郑等禀请赈济，后朝廷分别给予抚恤、给赈、加赈、蠲缓等，还动用常平仓进行了平粜，动用藩库银 4 万余两买米。各地绅富或支领赈米，或自行捐米，在城乡设置赈厂 18 个之多。④ 另外，举办工赈，疏浚浏河。针对婴孩、贫病者，则由当地士绅商富禀请设置保婴局与恤病局。鉴于"诗书旧族耻受人怜，鳏寡穷黎羞称乞食"等情况，各绅富捐资近 900 千，在志济局和沙溪同善堂等善堂中增设恤嫠局，另办理施舍棉衣、医药等善举。

关于义葬方面主要是捞棺与施棺两项，主要由志济堂、沙溪同善堂等负责，另城乡设局多处。《汇编》记载如下："州城志济堂向常施棺收葬无主之尸。大水之后，年荒疫作，清寒旧族有停尸不能殓者，兼之四境汪洋，浮棺漂荡，见者心伤。爰另设局，访有不能棺殓者，即畀至其家；野死者，即具棺以葬，并雇人四处捞收浮棺，买地

---

① 光绪《平望续志》卷三《义冢》。
② 《清史稿》卷四百七十八，循吏三《张作楠》。
③ 《中国荒政书集成》第五册第 3035 页收录了这一文献。在序言中，顾嘉言提到编辑此书的目的："因念贤父母体恤灾区，荒政备举，而各乡绅富谊笃桑梓，踊跃捐输，不可不勒为一编，以为后劝。"
④ 赈厂是松太地区一个比较奇特的社区组织模式，它不仅是灾荒时期组织地方赈济的组织，还深刻影响了当地的基层社会管理。对此，吴滔有深入的研究，参见《清代江南社区赈济与地方社会》，《自然灾害与中国社会历史机构》，复旦大学出版社 2001 年版；《清至民初嘉定宝山地区分厂传统之转变——从赈济饥荒到乡镇自治》《清史研究》2004 第 2 期以及其专著《清代江南市镇与农村关系的空间透视——以苏州地区为中心》，上海古籍出版社 2010 年版。

葬之。"施棺分两种情形：一种是有主之家无力入殓者，即将棺木送至其家；另一种是无主的浮尸路毙，直接具棺埋葬。棺殓与埋葬是葬礼过程的两个重要程序，对于本地人，只提供棺木而不强制要求埋葬，既默认当地停葬的积习，又减少了额外负担。参与施棺的主要有三个组织，其中，志济堂舍棺212具，计钱318千文；盐公堂局舍棺50具，计钱110千文；吕祖庙局40具，计钱120千文；沙溪同善堂舍棺200具，计钱500千文。这些经费除各局自筹外，还有善人蒋治等捐助。捞棺方面，则由董事钱凤孙、蒋治、闻维堉等负责，共捞取543具，骨坛319个，计钱184千文有余。其中捞取费用157.4千文，由蒋治等捐助，葬费27千余则有志济堂自行捐办。至次年春夏，当地二麦丰收，棉稻茂盛时，灾民陆续恢复本业，各绅董也依次撤局。这次娄东救荒，除恩赈与工赈外，共计用钱7.4546万（千文，下同），其中道库拨款1.1425万，盐义仓谷价0.34万，官捐1.5652万，而民捐则多达4.4068万，占近六成。①

在这次救灾过程中，以张作楠为代表的娄东官员在灾情勘报、拨给公款公粮及组织方面做了很多工作；地方绅商们在具体救荒过程中，尤其是济贫方面作用巨大。

四 战争与义葬：以太平天国战争为例

较之自然灾害，战争的频率相对低下，但人口死亡和秩序破坏更严重，因而对义葬的要求更迫切，难度也更大。下面以太平天国战后江南的义葬善举为例，分析战乱与义葬的关系。

江南文秀之地，兵火稀少，清代是一个例外。明清易代之际很多地方惨遭屠戮，太平天国运动更造成空前浩劫。咸丰三年（1853）三月，太平军攻陷南京，并定都于此，建立太平天国，同时攻克常州等地。清军则在南京周边设江北、江南两大营，对其形成包围。此后双方以江浙皖赣等地为主战场，进行长达十余年的鏖战。咸丰十年（1860），太平军攻破江南大营之后，江浙多数地方先后落入农民军手

---

① 顾嘉言：《娄东荒政汇编》，载李文海、朱浒主编《中国荒政书集成》第五册，第3061页。

中，史称"庚申之变"。这次战乱造成巨大的人口损失，很多地方人口损失过半。人口史家何炳棣曾指出："太平天国起义堪称为世界史上规模最大的内战，如就双方的残酷性和破坏性而言，历史上是少有其匹的。"① 这一说话绝非夸张。根据曹树基等研究，这次战争使江南人口减少1700余万人，损失率达60%以上！如杭州府经历多次争夺，人口死亡也最为严重。该地嘉庆二十五年有人口319.7万余人，至战前至少达到370万以上，而到战争结束后次年，土著人口仅72万，减少近300余万人，高达80%以上。②

表3-1　　　　　　太平天国运动前后江南人口变动　　　　　　单位：万人

	苏州	松江	太仓	常州	镇江	杭州	嘉兴	湖州	合计
1851年	654.3	291.5	197.1	440.9	248.4	361.8	309.0	290.7	2793.7
1865年	229.0	263.0	144.7	119.6	52.2	72.0	109.1	63.2	1052.8
减少	425.3	28.5	52.4	321.3	196.2	289.8	199.9	227.5	1740.9

资料来源：本表根据曹树基《中国人口史》（第五卷）清时期相关研究整理。

这些今天看来令人惊骇的数据，在当时是鲜活生命的飞来横祸，横陈的尸骸，累累的白骨。这次战乱给江南留下了惨痛的记忆，很多文献记录了当时的凄惨与恐怖的场景。由于阶级立场等的影响，多数的文字将矛头指向农民军（"粤匪"），对官军涉及较少。思想家冯桂芬在《果育堂纪略》中备述战乱中各阶层的困苦，言辞悲切：

> 纵横千里之内，人烟寥落，邑里榛芜。道路沟洫，断股绝胻之残骸，暴露而不收；孝子悌弟鳏夫寡妇之哭声，呜咽而不出。此陷贼郡县之苦也。
>
> 苏、松旁近，逆贼出没无时，朝不保暮。贼锋所指，扶携四走，蒲伏于火光枪炮之中，魂惊胆裂。或崖岸颠坠，或崎岖僵

---

① 何炳棣：《明初以降人口及其相关问题（1368—1953）》，葛剑雄译，生活·读书·新知三联书店2000年版，第279页。

② 曹树基：《中国人口史》（清时期），复旦大学出版社2001年版，第455—490页。

仆。幸而得脱，异乡漂泊，衣食路绝，树阴以供寝卧，草根以充饼饵。寒暑莫御，疫疠时作，死亡疾病，十家而九。此避难人民之苦也。

军兴以来，各路官军，昼则荷戈驰突，夜则倚垒呻吟。一日之中，屡交锋刃；一月之久，不解甲胄。凌风雨，冒霜霰，饥寒内攻，矢石外逼，出万死一生之途，以冀一捷。此从征将士之苦也。①

文献中类似记载比比皆是。如《望仙桥乡志稿》记载："粤匪自金陵窜出东南，郡县皆被蹂躏。嘉定受害甚酷，西北两乡尤烈，庐舍存十之一，人民存十之二，饥饿濒死皆无人形。自庚申五月比来西乡民房十毁八九，遗黎糠秕不给，饿死无算，多蒿葬者，至癸亥秋冬间流亡渐复。"② 光绪《宜荆县志》记载："粤贼之变，两邑罹祸尤酷，水死、火死、梃死、刃死、兔触死、雉经死、鸩毒死、殍死、疠死者，厌肉于野，流血于川，辑庐于岳，哀骨于原，他他藉藉，不可胜数，官耶？民耶？兵耶？寇耶？"③ 光绪《金坛县志》记载："粤匪自金陵直窜苏杭，所过郡县城池，除瓮城沪渎外皆失守，而坛邑以弹丸蕞尔之区，官民一德，固众志于金汤，捍卫百有余日，势不能支。邑令死之，绅士庶民誓殉难者百人中存无三四，积尸填街巷井，委弃枯糜，暴露如葬。克复后仅存数十家。谋生不暇，过者徒睨视而已。"④ 战争引发严重灾荒和瘟疫，江南不少地方饥民罗雀掘鼠以充饥，甚至出现争吃人肉的惨剧。余治《江南铁泪图》记载："壬戌秋，闻宜兴、溧阳人相食，以江南民风柔弱，莫不至此。至癸亥秋冬则常郡阳湖、无锡各乡竟有市场卖人肉者，目击情形至于此极。"⑤

---

① 民国《上海县志》卷十《慈善》，冯桂芬：《果育堂纪略》。另见熊月之编《中国近代思想家文库·冯桂芬卷》，人民出版社2014年版，第81页。
② 光绪《望仙桥乡志稿》不分卷《张湾留养局记事诗并序》。
③ 光绪《宜荆续志》卷三《冢墓》《义阡记》。
④ 光绪《金坛县志》卷十三《艺文·记》。
⑤ 余治：《江南铁泪图》，《罗雀掘鼠、人肉争售》，学生书局1969年版，第62页。

同治四年（1864），太平天国运动被中外联合镇压，江南恢复久违的平静，面对的却是满目疮痍、百废待举的悲惨世界。如何恢复正常的生产生活，重建社会秩序是摆在国家与社会面前的紧迫任务，清理掩埋尸骸成为一个严峻的问题。兴办善会善堂，救助社会贫弱无告群体，解决社会养生送死问题，并借以整顿伦理风教，作为重建主要手段，受到高度重视。

由于死亡人数庞大，这些掩埋工作由官方组织或民间自发两个路径进行。一般采取藁葬的方式，即挖掘大坑集中掩埋，较少单独掩埋。不少地方殉难者被清廷推为忠烈加以褒扬，列专祠，春秋两季由官致祭，并置祭田。如镇江金坛殉难者众多，露骸遍野。同治四年春，两江总督曾国藩派员收埋，于西禅寺前设大墓一座，治坊后设大墓二座，称为"万人墓"。后善后局收埋义骨，在北门外太师庙后成冢五座。自同治三年起，前后十余年中，金坛官民先后组织了多次大型的掩埋活动，设置义冢多处。① 石门澉水镇，咸丰十年七月末太平军攻入，居民遭杀戮者计有男二千余人，女七百余人。后由镇绅何荣华、李钟杰等募捐资分葬男女两冢。光绪元年盛炳奎、徐士澜等又集资加土并立碑于左，称之为修川庚申殉难诸义士之墓。②

很多地方掩埋工作虽由官府、善后局等负责统筹规划，但实际运作则一般由善会善堂进行。江苏溧阳由江苏厘金局捐款，委托南渡厘局负责收瘗遗骸，委员叶向荣、李桂芬先后会同知县周邦庆，谕存仁堂绅士王栋董理其事，置办东门外曹家坟田六亩二分零作为义冢，请豁免粮赋，勒石在案。显然，具体负责掩埋活动的是存仁堂，而厘金局等提供资金，州县则居中劝导。③ 战争中杭州人口损失最为严重，战后，杭州在掩埋方面着力也最著。咸丰十年，清军第一次克复杭城后，即由巡抚王有龄组织掩埋，凡6089棺，建立义冢，碑载姓名，编字分列。同治三年，省城初复，巡抚左宗棠等地方官绅创办了同善

---

① 光绪《金坛县志》卷四《赋役志下·惠政》。
② 光绪《澉水新志》卷八《冢墓》。
③ 光绪《溧阳县续志》卷四《食货志·养育》。

堂,其下附设掩埋局,置办义冢。掩埋局除掩埋死难者外,还针对当地普遍存在的无主暴露及停棺不葬加以清理,并申请官方严禁各种破坏行为。①

综上所述,清代善会善堂兴起后,日益深入社区,在地方社会中的地位和作用也更趋显著。在救灾和善后中,善会善堂俨然已成为不可或缺的力量,甚至是进行协调与执行的中心机构。这是中国救灾史上一个重大的突破,也是中国慈善史中的一个重要面向。

第五节　安抚羁旅：客寓商旅的义葬善举

中国人讲求乡土情缘,崇尚落叶归根。谋生和宦游外地者,多以荣归故里为傲,以归葬故土为期,他们基于同乡同业情缘,彼此体恤,守望相助。那些担任官职、财力丰厚的官绅、商人更被寄予厚望。明代以后,服务同乡、同业的会馆公所应运而生。多数会馆公所具备慈善功能,不少直接发端于各类善举,文献中也经常将会馆公所与善会善堂混为一谈。中外学界对会馆公所有深入研究,对其慈善功能有所涉及,代表性的学者如全汉昇、何炳棣、范金民、王日根、唐力行等。② 本书在吸收现有研究的基础上,着重讨论明清江南会馆公所的义葬功能与社会效应。

一　清代江南的"外地人"

受人口增殖和社会经济发展的影响,人口流动日益频繁,且中心化和去中心化并存,既向人口密集、经济文化发达的区域聚集,又有由密集区域向稀少区域的扩散的趋势。明清时期,江南作为全国的经

---

① 民国《杭州府志》卷七十三《恤政》四。
② 代表性成果有、全汉昇:《中国行会制度史》,新生命书局 1934 年版;何炳棣:《中国会馆史论》,(台北)学生书局 1966 年版;王日根:《乡土之链:明清会馆与社会变迁》,天津人民出版社 1995 年版;《中国会馆史》,东方出版社 2005 年版。专论会馆公所慈善者也不少,如范金民:《清代徽州商帮的慈善设施——以江南为中心》,《中国史研究》1999 年第 4 期;王日根:《明清民间社会的秩序》,岳麓书社 2003 年版;彭南生:《行会制度的近代命运》,人民出版社 2003 年版等。

济文化中心，吸引了大量外地人前来。他们大多在城市中生活，进而脱离原籍，定居下来。这些外地人在入籍和融入当地社会之前，往往被称为"客寓"或"客寓商旅"。晚明名臣徐贞明指出："东南之境，生齿日繁，地若不胜其民，而民皆不安其土。"① 作为人口高压区，江南也是重要的人口外迁地，很多人"非求生于近邑，必谋食于他乡"。清代以后这一趋势有增无减。

江南城乡间聚集了大量外地人，他们大多来自江浙皖地区，其中以徽州、宁绍、苏北等处最多。如苏州为："东南一大都会，商贾辐辏，百货骈阗。上自帝京，远连交广，以及海外诸洋，梯航毕至。"② 作为全国纺织业中心，苏城汇集大量外地人。雍正元年（1723），苏州织造胡凤翚奏报："阊门南濠一带，客商辐辏，大半福建人民，几及万有余人；又有染坊踹布工匠，俱系江宁、太平、宁国人民，总计有二万余人。"③ 上海的外地人也为数众多，其中尤以苏锡常、宁绍、闽越等地为多。无锡人宣敬熙曾说："同治初年，粤逆平，锡金两邑迁居沪上暨流寓生业者最数万人。"④ 光绪初年，"粤人之寓居沪上者，实繁有徒。即以木作而论，其专作外国小木器具者，已有二百余人，特设立公所，名公胜堂"。⑤ 江南市镇也是客寓商旅聚集之区。如以丝织业著称的吴江盛泽镇，"凡江、浙两省之以蚕织为业者，俱萃于是。商贾辐辏，虽弹丸地而繁华过他郡邑。皖省徽州、宁国二郡之人服贾于外者，所在多有，而盛镇尤汇集之处也"。⑥ 仁和塘栖镇为水陆交通要道，各地商旅甚多，"徽州同人之商于斯者不下千数"。⑦ 嘉兴濮院镇，"典当司柜多徽州人，成衣木局多宁波人，针工半句容人，

---

① 徐贞明：《西北水利议》，载徐光启《农政全书》卷十二。
② 苏州历史博物馆等编：《明清苏州工商业碑刻集》，江苏人民出版社 1981 年版，第 331 页。
③ 《雍正朱批谕旨》卷二百，雍正元年四月五日，胡凤翚奏。
④ 《锡金公所征信录》，光绪十九年宣敬熙序。
⑤ 《申报》光绪二年（1876）正月二十九日，《木匠互控》。
⑥ 江苏省博物馆编：《江苏省明清以来碑刻资料选集》，生活·读书·新知三联书店 1959 年版，第 446 页。
⑦ 程嘉武：《募建唐栖新安会馆缘起》，载《新安怀仁堂征信录》，光绪四年刻本。

染坊、银匠多绍兴人，漆工多江西人"。① 不少市镇中，外来人口甚至远超本地人。

江南的外地人主要有如下几种类型。一是旅居商人。江南作为全国工商业中心，吸引大量外地工商业者前来，徽州、山陕、宁绍、闽粤等各地商帮大多以江南为活跃区域。如乾隆《湖州府志》记载："隆万以来，机杼之家相沿比业，巧变百出……各直省客商云集贸贩，里人贾鬻他方，四时往来不绝。"② 二是雇用工人。江南本地人口难以满足发达的工商业的需要，不得不吸纳外地人来填充。据李伯重研究，1850 年，江南城镇人口约为 720 万人，雇用劳动者约为 150 万人。③ 这些外来雇工多来自周边经济相对落后的地区。如苏州的染坊，根据所染色的不同产生地域分工，青坊工匠多来自近郊唯亭，黑坊多镇江人，红坊以句容人居多，绸布印布坊则是绍兴人。④ 三是垦殖农民。江南普遍人多地狭，但空闲土地仍旧不少，特别是太平天国战乱之后，江南吸纳了数以百万计的移民。吴庆坻《蕉廊脞录》记载："吾浙两遭寇乱，人民凋瘵。休养生息逾二十年，渐见繁盛，而杭、湖二府客籍居十之三。"⑤ 由于种植收益低，工价高，江南地主和农户习惯雇用宁绍等地农民前来帮工。民国《濮院志》记载，濮院"近镇人家多业机杼，间有业田者，田事皆雇西头人为之。西头谓石、桐邑界，其地人多而田少，往往佃于他处。每于春初携眷而去，名曰种跨脚田"⑥。四是无业流民。繁华富庶的江南很具吸引力，平时就有很多人前来，灾荒时更成为灾民就食的目的地。上海，"沪上为通商总集，五方杂处。凡无业游民遇事生风者，人目为流氓"。⑦ 苏北、黄淮地区

---

① 嘉庆《濮院琐志》卷七《杂流》。
② 乾隆《湖州府志》卷四一《物产》。
③ 李伯重：《江南的早期工业化》，社会科学文献出版社 2000 年版，第 417 页。
④ 罗仑主编：《苏州地区社会经济史（明清卷）》，南京大学出版社 1998 年版，第 468 页。
⑤ 吴庆坻：《蕉廊脞录》卷一《光绪十五年浙省编查户口》，中华书局 1990 年版，第 8 页。
⑥ 民国《濮院志》卷十四《农工商》。
⑦ 葛元煦撰，郑祖安标点：《沪游杂记》卷二《流氓》，上海书店出版社 2006 年版。

灾民大多以江南为"趁荒"之地,"每届秋冬之间,有江北淮徐海一带游民,百十为群,或乘坐船只,或推挽小车,或结队步行,衣履齐全,不类乞丐,号称饥民、所过乡村,坐索饭食,铺户等敛钱资送,必须给其所欲始去,否则恃众强取,人畏其强横,不敢较论"。① 上述四类人中,尤以工商业者最为集中和富有组织性。

　　明清时期,无论晋商、徽商,抑或洞庭商人、宁绍商人,大多来自人多地狭的地区,他们长期客寓外地,落叶归根、入土为安成为一大难题。如徽州,吴济平称:"新安土薄田少,计其地产不足以共生齿之繁,不能无仰给他方。"② 民国初年,祁门县知事报告:"祁俗迷信风水,往往感于形家之言,将棺柩浮厝在山,停滞不葬。如购买葬地,往往卖主索价甚昂,视卜葬者之家资定地价之高下,亦不良习惯也。"③ 道光年间,徽州人朱琦记载,在家乡泾县历经千辛万苦,却难以找到一方墓地,甚至因此败落:"窃惟余邑安窀最难,往往耗重资,尽付东流。迩者人愈稠,地愈狭,即值愈昂,苦叠遭辛蜇,家遂落。适主讲吴中,询风俗,知缓葬者颇尠。暇辄遍览郊原,多平且旷,觅购亦稍易。久乃获诸盘门外田方七亩,载起幽宫。"④ 在客寓地遭遇的困难也不少,很容易遭到当地人的刁难与滋扰。民国《法华乡志》记载上海附近风俗:"购地营葬,土著者尚易集事。若客乡来葬者,把持地段,争昂其值,间有老妪寡妇不能做工者,环索照派,或越境夺工,动辄殴打。此种恶习,各处皆然,卒难禁革。"⑤ 朱琦称"皖江多好施,所在辄置义冢",与其说乐善好施,不如说是现实无奈。

二　江南的会馆公所及其慈善功能

　　客寓商旅作为"外地人",难以融入当地社会,生存压力巨大,

---

① 《清仁宗实录》卷二百九十一。
② 董桂敷撰:《紫阳书院志略》卷七《艺文》《尊道堂记》。
③ 南京国民政府司法行政部编:《民事习惯调查报告录》,中国政法大学出版社2005年版,第187页。
④ 朱琦:《小万卷斋文稿》卷十八《双湖丙舍碑记》;《徽郡新立吴中诚善局碑记》,光绪十一年刻本。
⑤ 民国《法华乡志》卷二《风俗》。

遭遇疾病死亡，往往"棺无可寄，地无可葬"①。同时，他们有聚集同乡、联络情谊的客观需要。在这种情势下，明清以后，以会馆公所为代表的同乡、同业组织应运而生。有不少人认为，会馆为同乡组织，公所为同业组织。但明清江南，同乡、同业交叉性很强烈，会馆公所之间并没有不可逾越的界限。如上海泉漳会馆碑记称："会馆者，集邑人而公立公所也。"②建汀会馆碑记称："仕宦商贾之在他乡者，易散而难聚，易疏而难亲，于是立会馆以联络之，所以笃乡谊也。"③彭泽益先生也提出："会馆公所名虽不同，实则性质无异。"④随着工商业者在城市中的增长，清代很多会馆社会功能日益增多，商业领袖们越来越多地参与到当地社会的管理中。

江南会馆公所最为聚集，且与工商业发展密切相关，和京城为典型的试馆或四川等地的移民型会馆形成鲜明的对比。道光年间，有人曾指出："尝走通都，过大邑，见夫士商云集，或游宦，或服贾，群然杂处其地者，罔不设立会馆，为同乡汇叙之所。各直省尽然，尤莫盛于北至幽燕，南之吴越。"⑤据范金民研究，江南共有会馆公所582处，其中，苏州最多，达227处；上海次之，达154；以下依次是南京54处，湖州43处，杭州43处，嘉兴30处，常州16处，镇江15处。⑥这与江南地区的工商业发展水平，尤其客寓商旅的分布状况大体一致。诚如钱江会馆碑记称："会馆之设，肇于京师，遍及都会，而吴阊为盛。"⑦明清时期，苏州会馆公所众多，在全国数一数二。如

---

① 《烟业公所碑记》，载《上海碑刻资料选辑》，上海人民出版社1980年版，第344页。
② 《兴修泉漳会馆碑》，载《上海碑刻资料选辑》，上海人民出版社1980年版，第235页。
③ 《重修建汀会馆碑》，载《上海碑刻资料选辑》，上海人民出版社1980年版，第235页。
④ 彭泽益主编：《中国工商行会史料集》，中华书局1995年版，第15页，彭序。
⑤ 《新建豫章会馆始末碑》，载《上海碑刻资料选辑》，上海人民出版社1980年版，第336页。
⑥ 范金民：《明清江南商业的发展》，南京大学出版社1998年版，第283页。
⑦ 《吴阊钱江会馆碑记》，载《明清苏州工商业碑刻集》，江苏人民出版社1981年版，第45页。

苏城宁吴义园，在阊门元邑九都四图，1881 年由金陵人铜锡硝皮业者集资创建，办理同业善举，其经费由同业照贸易之大小酌情捐助。上海作为江南的工商业重镇，会馆公所也很多。据我国香港学者梁元生统计，1840 年以前，上海由各类会馆公所 18 个之多，而同光时期兴办达 36 个之多，至 19 世纪末该地会馆公所至少有 63 个。① 市镇中会馆公所也不少。如嘉定南翔镇，有敦仁堂，为酒业公所集资修葺，二十年构建敦仁堂新堂屋，经费由同业捐集。新安公所，俗称徽州会馆，在南翔镇芥二十七图，同治末年方云岩等募建，并扩充义园。光绪二十三年（1897），金惠畤改建殡舍 26 间。② 吴江盛泽镇，嘉道之际有徽州、山西、华阳（红花会馆）、宁绍、济东、济宁、金陵等八个地域商人会馆，另有米业、稠业、药业、茶叶、雉发、鲜肉等公所多处。道光时期，徽州、宁国两地商人合建徽宁会馆，在碑记中称："凡江、浙两省之以蚕织为业者，俱萃于是。商贾辐辏，虽弹丸地，而繁华过他郡邑。皖省徽州、宁国二郡之人服贾于外者，所在多有，而盛镇尤汇集之处也。"③ 徽商在嘉兴濮院建有新安义园，为徽籍客死者停厝之所。宁绍商人创建宁绍会馆，办理客死者停厝与掩埋。光绪八年重建，有殡房 20 余间，义葬地 8 亩有奇。④

很多会馆公所以善堂命名，不仅名称类似，功能也相差不大，在地方志等文献中也常混为一处。徽商是江南实力最为强大的商帮之一，在江南设置的各种慈善设施多达几十处。徽商在苏州先后创办积功堂、积德堂、诚善堂，在上海设思恭堂，在娄县设敬梓堂，在杭州设惟善堂，在嘉兴及常熟均设存仁堂、广仁堂，还有盛泽的积功堂、濮院的崇义堂等。道光八年（1828），徽商公立苏州诚善堂，专备乡人寄柩停厝，附设积功堂内，后改建于阊门外桐泾浜。⑤ 嘉庆十六年

---

① 梁元生：《上海道台研究》，上海古籍出版社 2003 年版，第 166 页。
② 民国《南翔镇志》卷二《营建志》。
③ 江苏省博物馆编：《江苏省明清以来碑刻资料选集》，生活·读书·新知三联书店 1959 年版，446 页。
④ 民国《濮院志》卷九《任恤》。
⑤ 同治《苏州府志》卷二十四《公署四·善堂》。

(1811),婺源人张履谦等创建昆山新安同德堂,后改建于丽泽门外,专办徽州所属六邑无归旅榇,施棺寄厝,购立义冢。1860年毁于战火。同治四年(1865),由徽人叶正传、张宗沐等捐资重建。置办市屋二所,以生息备殡埋经费。嘉庆二十三年(1818),浙江杭宁绍三郡商人创建志远堂,购地收葬同籍旅榇。同治四年李如龙等重建志远堂,扩建12间殡舍,兼办施棺。① 嘉庆二十五年(1820),徽人公建甪直镇敬梓堂,葬其乡人无法归葬者。咸丰十年毁,同治三年重建。至民国初年,尚存义田七百余亩。民国《甫里志稿》记载:"敬梓堂在里之寿仁桥东,系安徽会馆。凡安徽人之旅居里中者,掩埋代葬及扶亲返乡,悉该堂代理。嘉庆间创,其中房屋陆续添建。另有殡舍一所,在金鞍浜内。"② 光绪八年(1882),由宁波商人张明标、陈尊一等集资建富阳四明公所,又称积善堂。该堂先设丙舍五间,以停放乡亲棺木。光绪二十八年(1902),购西边地建屋13楹,将旅榇停厝于此。复集同乡邱宝来、裘思忠等集资建正殿廊庑,拓积善堂为寝室,作为同仁聚议之所。③ 道光十年(1830),监生施唯一、周楚佩等邀集在嘉兴的行商各户,共同购买蒯塔坊外小黄字圩地五亩有奇,造屋前后十间,停殡房三十间,作为绍兴寄柩之人殡葬旅榇之所,取名继善堂。置办西门外秀水下塘三庄北荒字圩地五亩,作为义冢。凡旅榇无归者先寄存于继善堂内,三年后无人领归则迁入义冢埋葬。同治初年重修厝屋厅事,另建放生池一所,由官方出禁令严禁捕捉。④

作为客寓商旅的公共空间,会馆公所的功能广泛。其最基本的功能有两项,一是聚会祀神,一是办理善举。清代中期以后,又产生了聚议商务、贮存货物、议定行规、处理纠纷等诸多功能。1908年,由日本东亚同文会编著的《中国经济全书》中,对会馆公所作了精辟的论述:

---

① 光绪《昆新两县续修合志》卷三《公署》。
② 民国《甫里志稿》卷三《建置》。甪直镇别称甫里,因唐代文学家陆龟蒙曾居此,自号甫里先生而得名。
③ 光绪《富阳县志》卷十一《建置·善举》。
④ 光绪《嘉兴府志》卷十四《养育》。

会馆与公所之结合，亦大有别。所谓会馆者，皆由其同人乡人所组织而成，不许他省厕入其间，然一同乡的团体。其所行事，又纯然为善举。例各同乡中人客死他乡者，则设殡舍，或义冢停置之。其贫苦而不能购买棺木者，亦由会馆施给之。有贫困者之子弟，欲求学者，则施以教育，病者则授以医药。甚或饥者食之，寒者衣之，其事全系慈善事业。至于公所则不然，就其目的而论，非为善举，专为同业者协议商业上之事故而设，故其组合员，亦不必尽属同乡人，其规则皆系商业上，而不及于其他事业。①

这里同时出现"善举"和"慈善事业"两个概念，这也是文献中"慈善事业"概念较早引入近代中国的例证。不过，将会馆公所视为两种组织，会馆是同乡团体，专办慈善事业；公所则是同业组织，专办商业事宜，则有所偏颇。英国传教士玛高温（D. J. Macgowan）《中国的行会》一文中指出；"慈善事业——同乡行会并为自称是一个乐善好施的慈善组织，然却总是参加各式慈善活动——收殓、埋葬死人。他们或者是帮助把死者尸体送回家乡，或者是在定居地为同乡人修建一个公墓。有时对孤儿寡妇提供生活补助，或将贫困者送回其家乡。"② 20世纪30年代，工商部《工商同业公会法》中，分析了会馆公所发展为工商团体的一般工程："自舟车交通，商贾往来中，贸易远方，异地聚处，本其民族精神。渐次结合成立团体是为公所会馆之滥觞。其始也仅为乡谊上之观念，醵资建筑馆舍，以供祭祀及同乡会

---

① 《中国经济全书》第二辑之第四编《会馆及公所》［光绪戊申（1908年）］两湖督署藏版。
该书原名《支那经济全书》，是20世纪初日本东亚同文会调查编著的大型报告书。彭泽益主编《中国工商行会史料集》中节录了该部分内容，文辞出入甚大："会馆公所者，名虽不同，实则无异。有谓会馆为善举而兴，公所为商业而立，然此不过自形式而观之也。盖会馆为同乡所组织，以善举为最多，如设丙舍、设义冢、赐贫困者之棺木，教育无资力者之子弟，诸如此类，不遑枚举。然其执行商业上之事务，与公所无异。"（参见彭书第91页）

② 彭泽益主编：《中国工商行会史料集》，中华书局1995年版，第13页。

集之所，或举办公益善举事业，或停柩棺，施给医药，开办义塾等。继则基于营业上之共同利害关系会集讨论，或公订规约，以资相互维系，盖由公益团体性质进而及于商业关系。故吾国工商团体，本于会馆制度之精神。"① 会馆公所所从事的善举以施棺、停厝、代葬为主，因此也有"死人会馆"的说法。

三 会馆公所义葬善举的三种形态

义葬善举是会馆公所的主要业务，也是其存在的重要基础。《江宁六县旅沪同乡会会刊》曾指出："会馆或公所之建立，其唯一任务只在寄存或运送棺柩回籍，及逢时节之祀神、打醮二者而已，律已现代精神固不足言组织，不足言团体，更不足以言同乡之事业。"② 吴志远研究认为，苏州地区涉及善举的公所有 52 所，其中从事施棺殓葬者 35 所，购置义冢者 23 所，助鳏恤寡者 19 所，延医施药者 15 所，出现频率最高的两类均与义葬相关。③ 一些会馆公所甚至是在义葬善举的基础上建立起来的，且始终以。如上海建汀会馆，其前身是嘉庆初年上杭人曾、王、傅、杨等人创设同庆堂义冢。道光五年（1825），由上杭、永定、建宁等地商人集资，在南市购地创建会馆，供奉天后，以余地为义冢，以同庆堂旧址为祀产。光绪初年设龙冈会，募集经费除补贴会馆经费外，"补订资遣落魄回籍，及捡骨还乡等"。《肇立龙冈会碑》说："会馆义冢之设，所以联乡谊，妥旅魂，法至良，意至美也。"④

全汉昇提出，会馆的事业有社交、善举、宗教、经济、法律五个方面。善举方面，主要有三类，前两款为："在会馆之一部或附近设

---

① 转引自朱英《中国近代同业公会与当代行业协会》，中国人民大学出版社 2004 年版，第 12 页。
② 《江宁六县旅沪同乡会会刊》，商务印书馆 1935 年版，转引自顾德曼《家乡、城市、国家：上海的区域网络和认同（1853—1937）》，上海古籍出版社 2005 年版，第 136 页。
③ 吴志远：《浅析苏州地区公所的数量和善举》，《"家庭·社区·大众心态变迁"国际学术研讨会论文集》，黄山书社 1999 年版。
④ 《建汀会馆肇立龙冈会碑》，载《上海碑刻资料选辑》，上海人民出版社 1980 年版，第 277 页。

殡舍（亦即丙舍）以安置灵柩；或预备葬具，俾会员于必要时得以使用。""设置墓地以葬同乡之死者。我国人有爱祖先墓地的习惯，异乡客死时每每把遗骸送回乡土安葬；不过资历不足，或父祖以来便侨住异乡的人，也常常埋葬在这种会馆设立的共同墓地。"①

会馆公所所从事的义葬善举主要有三种形态：设置义冢、资助掩埋；设置丙舍、提供停厝；给予钱物、协助归葬。三者紧密相扣，形成完整的义葬网络。

（一）设置义冢、资助掩埋

为了满足掩埋需要，由会馆公所为主导，在居住地购买义冢，专门瘗埋同业同乡，并提供各种资助。会馆公所所设置义冢时江南义冢公墓体系中主要的组成部分。早在顺治年间，即由关东、山东两帮，集资在上海县城西购田五十余亩，作为埋葬公地，称之为山东茔义田。因四至边界碑磨灭，道光五年（1825），关山东公所公议再立碑，以垂久远。其四至为：北有沟东南取齐，东有沟南北取齐，西有义碑南北取齐，南有义冢碑东西取齐。② 道光八年（1828），浙绍公所（永锡堂）在上海城北门外添置义地一处，"以备掩埋无力归葬之柩，谓之浙绍义冢"。包括上海县主簿陶某在内，捐助的个人及商户多达213个，少者一两元，多者近千元。道光二十年（1840），鉴于堂屋破败、经费不足，多次募捐重建。③ 罗店镇为棉业巨镇，由徽商捐置漏泽园，埋徽商之死而无可归者。④ 雍正年间，徽州人金集出资掩埋灾民尸体，又买田置义冢，倡设施棺局。⑤ 苏城积德堂四民义冢，在虎丘，占地十亩，乾隆八年（1743），徽人黄国俊等建。⑥ 积功堂，乾隆五年（1740）创立时，共设置义冢14所，同治年间增至84所，

---

① 全汉昇：《中国行会制度史》，百花文艺出版社2007年版，第110—111页。
② 《关山东公所义冢地四至碑》，载《上海碑刻资料选辑》，上海人民出版社1980年版，第194页。
③ 《浙绍公所捐置义地姓名碑》，载《上海碑刻资料选辑》，上海人民出版社1980年版，第210—228页。
④ 光绪《罗店镇志》卷二《祠墓》。
⑤ 光绪《罗店镇志》卷三《营建》；卷六《人物》。
⑥ 顾禄：《桐桥倚棹录》卷六《义局·普济堂》。

专门安葬客死无归的乡人。① 湖州双林镇，乾隆以前徽商殁于镇者，随处散厝。乾隆年间，休宁籍孙吴汪程俞等十六家商号，共同出资在西圩滩购地修筑会馆，并置办义冢，凡休宁人客死者皆暂殡以俟家属来领，其无力回籍者，则葬于箐山山地，亦公资所购。另于市中置买市屋5处，以租金作为葬费及津贴迁柩之用。道光年间，因资本耗尽，俞春敷、吴东樵等募筹措经费重建堂屋，并扩充善举，凡徽州六县之商人客死者皆可入殡。② 富阳新安会馆，又名新安文会，创建于乾嘉时代，咸同之际毁于战火。后徽商胡兆泰、胡启咸等集资重建，祭祀关公、朱子，凡徽人议事咸集于此。在城外锁石山麓建厝屋一所以妥梓乡旅魂，而小鹤山西山等处买山场十数亩为从葬地。③

除提供义冢坟地，会馆公所还给客寓商旅提供棺木、衣物、给发葬费等。苏州梳妆公所规定，如有伙计身后无依靠，给发衣衾、棺木、灰炭等件；如病故而无坟墓，由公所暂葬义冢，立碑为记，待家属领回。锡金纸业公所公议，寒素之家，病故无殓者，给殓葬费洋二十元；赤贫者，加给葬费洋十元。④ 上海莫厘三善堂的"回赊施棺"颇具特色：回棺分奎、全、福三号，照本定价收钱发棺；赊棺分禄、寿两号，前者价十千，先收五千，后者价六千，先收二千；施棺列喜字号，凭保经报，不取分文。⑤ 光绪年间，杭州惟善堂成立了六安材会，专办施棺事宜，该会捐助者主要是徽馆业者（徽菜面馆），接受施舍者遍及寓杭徽州六邑各业工人。⑥ 上海徽宁思恭堂，乾隆初年由徽商程炳临等创办，办理停棺掩埋。所需石灰、石碑等由堂内预备，物资由同邑祥泰布号等负责提供；分别男女孩棺挨次排葬，夫妇合葬者另行安排；掩埋经费由堂内支出，扛抬由堂内负责，以免冒领。该

---

① 乾隆《苏州府志》卷三十一《义冢》。
② 民国《双林镇志》卷八《公所》。
③ 光绪《富阳县志》卷十一《建置·善举》。
④ 江苏省博物馆编：《江苏省明清以来碑刻资料选集》，生活·读书·新知三联书店1959年版，第118—119、541页。
⑤ 民国《上海县志》卷十《慈善》。
⑥ 王振忠：《清代、民国时期江浙一带的徽馆研究》，载熊月之、熊秉真主编《明清以来江南社会与文化论集》，上海社会科学出版社2004年版，第137—148页。

堂的做法很典型，被山东会馆等仿效。

（二）设置丙舍、提供停厝

会馆公所多设置有丙舍，用于停放同乡、同业之无法及时归葬或就地埋葬者。由于丙舍往往占用会馆多数空间，因而有"死人会馆"的说法。《中国经济全书》也称："殡舍一事，在以慈善事业为目的之会馆，原系其最主要之事务，故一般之中国人，亦大约皆视会馆为停柩之处也。"①

苏州城丹霞义园，由江宁句容县人创建，本为红花公所，并建殡舍，凡同业客苏身故者均可寄柩。②嘉庆末年，上海徽宁思恭堂，由婺源人胡炳南等添建丙舍三十余间。光绪三年（1877）扩建，于厅堂东侧设义园、办事处及丙舍一百四十余间，置义冢地八十余亩。③归安县双林镇，各省客商云集，本地人贸易他方，四时往来不绝，有"小苏州"之称。乾隆年间，祖籍休宁的孙、吴、汪、程、俞等十六姓合捐购地，创办新安义园，作为休宁客死暂殡之所；置店屋五处，以租金为葬费及迁柩回籍之用。道光年间，徽州典商筹资重建义园，凡徽州六县之商人客死者皆得入殡。④钱塘塘栖镇，为江浙雄镇，"户口繁殖，衣冠辐辏，五谷百货充斥其中，他郡县鲜有及者"。嘉道年间，由徽商合建新安会馆，前面为祭祀和集会场所，后面设置殡舍，另设置义冢以便无主者掩埋。光绪《唐栖镇志》记载："在大善寺西，为新安人厝棺之会馆。前庭屋供奉关帝，岁时祭祀，并集合同乡散胙饮福，以联系乡谊。后建屋二十余间，为殡舍，缭以围墙，新安人旅居病故，一时未能扶柩回籍者皆为厝焉。若厝放太久而无主领归者，并买南山冢地，先期布告择日埋葬，以免暴露。有堂屋以联乡情，有殡舍以避风雨，有义葬以安旅魂，洵善举也。"⑤

---

① 《中国经济全书》第四编《会馆及公所》，光绪戊申（1908）两湖督署藏版，第432页。
② 民国《吴县志》卷三十《公署三·善堂附》。
③ 民国《上海县续志》卷三《建置下》。
④ 乾隆《东西林汇考》卷四《土产志》；同治原纂、民国补纂《双林镇志》卷八《公所》。
⑤ 光绪《唐栖镇志》卷十八《事纪·纪恤政》。

各会馆对停厝棺柩常有严格规定，如停厝者必须是本籍者，由保人呈报详细情况；入殡舍后男女分舍停放；积存期一至三年，过期不领者代葬义冢中。上海徽宁思恭堂要求甚严，凡棺柩到堂，需姓名、号数方准进入；进入后，分男女孩棺分别安置，登簿备查；停厝大棺以三年为限，可酌情展限至六年，小棺以一年为限，过期不领者照议掩埋；死因不明、薄棺易坏者不得寄存。① 上海由于城内地价高昂，且限制停厝和掩埋，很多会馆都设置于城外四周，公所则多聚集于城内，形成鲜明的对比。

（三）给予钱物、协助归葬

设置殡舍为权宜之计，义冢是针对无主棺柩的无奈之举，最佳归宿毕竟是归葬故里，入土为安。协助同乡同业归葬故里，成为会馆、公所在重要目标。

嘉兴城外有新安义园，光绪九年（1783）由当地徽商募捐创立，凡徽州人之客死者停厝于此，先后添置厝屋多处。道光初年，商董姚世纶捐足钱一千千文存典生息，以资助有家可归又无力扶棺者。② 道光十年（1830）起，徽商在塘栖建有会馆及义冢，设厝房数十间，可停棺木200余具。因经费充裕，此后不断修葺，后毁于战火。同治四年（1865），由同人公捐重建，掩埋同乡未葬之棺柩。邀集同乡，在原址兴建怀仁堂会馆，作为旅榇公所。晚清以后，会馆公所经费经常从商税中抽取。同治九年（1870），徽州茶商江明德带头捐款，并向松江、闵行、嘉兴、余杭四处徽商抽捐，次年又增塘栖、南浔两处，凡出口茶箱，每箱抽12文，六处分派。从同治十年到光绪二年的六年间共收茶捐银1265元。自1865—1876年，有197家商号或个人捐款，其中有木商、乐耕书屋、公益兴等。③ 嘉兴新塍镇南货业所公立广福集，规定货物中每千文抽收一文，作为善举经费，主要周恤同业孤寡，包括归葬旅榇。许兆奎《广福集条约》记载："吾镇南北货业

---

① 彭泽益主编：《中国工商行会史料集》，中华书局1995年版，第869—872页。
② 光绪《嘉兴县志》卷十二《蠲恤下》。
③ 《新安怀仁堂征信录》，光绪四年刻本。

中诸友多半家非殷实,借薪水以资养赡。其中有因旅途患病不及回家,病故后旅榇难归,有亲族无依靠孤寡难自给者。死者年久暴露,生者冻馁四散,问心何以自安?然费巨年远,力有不逮,每思筹一专款……同业诸君按货物每千文提钱一文另行存储,以资助扶棺埋葬,安抚孤寡。"①

四 他乡与家乡之间:清代江南的义葬网络

如前面所述,在居住地,会馆公所一般提供施棺与停厝服务,年久无人归葬或无主得棺柩才会埋入义冢地。要实现叶落归根,必然要求家乡对应的提供停厝及义冢地。如杭州惟善堂章程规定:"首重送回原籍,次则觅地埋葬。"该堂在杭州设置丙舍与义冢,汇集各地棺柩;在徽州六邑设置各口岸分设登善集,接应运抵棺柩,分送给地,从而在客寓地与原籍之间形成网络。范金民以徽商在江南的慈善设施为例,指出徽商旅人从入殓、安厝到转运、落葬,编织起了一张完整庞大而细密的江南运棺网。② 不仅徽商如此,很多地域商帮和会馆公所围绕义葬活动有大量设施和安排,形成网络。下面以洞庭商帮与宁波商帮为例,论述在不同区域和情形下如何发生联系,义葬网络是如何运行的。

东山位于太湖中,亦称洞庭山、莫厘山等,是著名的洞庭商帮诞生地。该地著姓望族实力强大,富商大贾聚集,最著名的当推席氏、翁氏、郑氏、严氏、叶氏等。清代东山设置多个善会善堂,同时在上海、苏州、南京等许多地方设置有会馆公所。如惠安堂有两处:一在前山漾桥,嘉庆十一年(1806),叶椿桂堂捐建。二在后山杨湾,徐孝标捐建,为施棺、掩埋兼施药之所。固安堂,也分设前后山两处,道光二十四年(1844),里人王泰募捐创始,为衣冠旧族久停棺柩及无力殓葬,不愿报堂者,由局代葬。凡收殓抬埋坟工等费,均由局中定章平价。其稍有力者收资,无力者不较。③ 咸丰十一年(1861),

---

① 民国《新塍镇志》卷五《任恤》。
② 范金民:《清代徽州商帮的慈善设施——以江南为中心》,《中国史研究》1999 年第 4 期。
③ 民国《吴县东山镇乡志类稿》之《建置·公益》。

太平军攻陷东山,乡民来沪避乱者众多,患难之后,死亡相属。当地富商大族出面主持善举,在小南门外倡办体仁善局,作为病殁安殓之所,在肇家浜置办义冢;后购买房屋,置办丙舍,停厝旅榇。在家乡东山,同治三年(1864),翁氏家族等在前山余家湖(县志称俞家湖)创办存仁堂,世代经营,作为在外舟次病故者寄柩之所。后建有丙舍,为外来棺柩暂时停厝之处,逾期催葬,无主者送埋义冢。后山叶问波在杨湾创立体仁堂,主办赊棺。同治七年(1868),在沪洞庭商人在上海南门外糖房街购地建堂,办理赊棺。因经费常支绌,由大商人席光照呈请上海道,援松江五善堂之例,抽收过卡丝捐。席义泰、叶义茂、朱万森诸号公捐市房收息帮助经费。经费充裕后,乃创办堂局,兼办惠安、固安、体仁三善举,取名莫厘三善堂。经费主要依靠在沪洞庭商人捐助,"为山人客死安殓停殡之所,兼赊棺送柩,以济同乡之贫者。"举办回赊施棺、代殓、寄柩、掩埋、送柩等善举,"前后山诸堂之费,赖以拨给,而凡义渡、恤嫠、施医药诸善举,亦逐年次第毕具矣"。"于上海公用外,并推广接济东山诸善举,惠及桑梓者多矣。"①

宁波帮是继徽商、晋商之后兴起的又一强大的地域商人群体。宁波帮足迹遍及全国,主要经营钱业、南北货及洋货业等。"乡之地不足于耕,人多业贾,国以内名都大埠,工商所期会,必甬人开其先。"宁波雅称四明,各地四明公所多达数十个,尤以上海规模最大。乾隆年间,旅居上海的钱随、费元圭、潘凤占等宁波绅商发起创立"一文善愿",规定:凡旅沪宁波同乡,每人每天捐一文钱,以三百文为一愿。通过多年积累,嘉庆二年(1797),终于在上海县城西北紧邻护城河处购地三十余亩,建设四明公所,其中房屋二十间做寄柩用、其他作义冢地,后添建关帝庙、土地祠等。《上海四明公所征信录》记载:"殡舍既成,分东西序,男女有别;为祀事所,岁时有祭。拨余屋以舍馆丁,俾司启闭。辟余地为义冢,以安旅魂,秩然有序,始基

---

① 民国《吴县东山镇乡志类稿》《建置·公益》;民国《洞庭东山会馆报告书》,民国四年印。

之矣。"① 道光十六年（1836），增设赊棺局。不久，在时任上海县令蓝蔚雯（宁波定海人）支持下，四明公所划入官图，免去税收。咸丰三年，四明公所毁于战乱。咸丰八年在原地重建，并在家乡鄞县、慈溪、镇海、奉化、象山、定海六邑分设殡舍各一所，建元济堂为乡人聚会办事之处。道光二十九年（1849），四明公所被划入法租界范围。法国人多次图谋侵占和破坏四明公所，尤其是毁掉其坟地。同治十三年（1874）和光绪二十四年（1898）引发两次流血冲突，史称"四明公所事件"。由于实力强劲，组织有力，法方被迫妥协，四明公所得以保存，声势大振。光绪年间，在上海周边及家乡设分厂多处，如褚家桥的西厂、东厂，沪南日晖港之南厂，沪北江湾敬梓堂也附入公所内。光绪三十一年（1905）起，各地以旅榇运回宁波艰难，由昆新四明公所开其先例，请助永远葬费若干，将棺柩运至上海，由公所统一运回宁波，随后天津、南京、汉口、温州、湖州、太仓、吴淞先后援例附入。宁波各地分设殡舍、义冢多处。其中鄞县分厂位于江北岸泗州塘，每当清明、冬至，由船只将棺柩从上海运归，堂内建有殡舍三百二十间，另有义山多处。② 至宣统年间，每年运送棺柩多达一千二三百具，由宁绍公司轮船负责。这样，上海四明公所成为中转地，公所彼此联系，形成以上海和鄞县为核心的义葬网络。

　　设立四明公所的最初目的是为旅沪的宁波人死亡后有一块安葬之地，后来又增加停棺、施棺之事，兼及难民救济，其主要功能就是安抚死者，即所谓"联乡谊而安旅榇也"③。张美翔《上海四明公所大事记序》称："吾乡商于沪者力厚势雄，急公尚义，于公所因有功矣，而人数尤多，集会尤盛，其视公所若身家性命之关系，能忘生死以从之。"④ 宣统二年（1910），宁波旅沪同乡会成立，四明公所的职能大为减少，但停柩、运柩以及其他慈善功能一直在延续到新中国成立后。1951 年，按照上海卫生局疏散积柩的要求，四明公所几个月内接

---

① 《上海四明公所大事记》，载《上海四明公所征信录》，民国七年（1918）铅印本。
② 民国《鄞县通志·政教志》。
③ 《上海县为长生会将房产助入四明公所告示碑》，载《上海碑刻》，第 266 页。
④ 《上海四明公所征信录》，载张美翔《上海四明公所大事记序》，民国七年铅印本。

受棺木数千具，不堪重负，因而郑重声明凡寄存逾期灵柩一律限本年冬至前领出，否则分期埋葬。① 至此，经历一百余年的风风雨雨，四明公所退出历史舞台。今天，四明公所仅存大门和围墙，成为上海市级文保单位和人民路上一道独特的风景。

以义葬为核心，会馆公所进行的各种慈善公益活动，在家乡与他乡之间形成联络，产生了积极的社会效应。不但有助于增加客寓商旅的向心力与竞争力，也有助于社会秩序的稳定。吴江盛泽镇《徽宁会馆碑记》着重强调义葬有助于敦睦乡谊："又以俦侣众多，或不幸溘逝，设积功堂，置殡舍，权依旅榇，俟其家挑带以归。其年久无所归者，徽郡六邑，宁国旌邑，各置地为义冢，分为两所。每岁季冬埋葬，具有程式。于是徽宁之旅居于镇者，无不敦睦桑梓，应声气求，肫肫然忠厚恻袒之意，出于肺腑，诚善之善者也。"② 上海《浙绍永锡堂乐输碑》备述离乡背井、谋生在外的艰辛，以及同乡守望相助的必要。"吾等来自越邦，盖已怅乎乡离井背；贸迁沪渎，亦只为蜗角蝇头。纵乐土之可适，嗟旅魂之何依！彼博施济众，在古圣既所难能；而益寡哀多，谅吾人亦应易及。谁悲同路，同怀恻隐之心；尽是他乡，咸发矜怜之意。"③ 这种异地同乡之乡土情缘，深深扎根于中国文化传统之中。

客民流寓是否成为本地人，其标志往往不在于繁衍生息于斯，而在于其世代安葬于斯，作为认祖归宗之所。很多人在异地生活多年，还是期望叶落归根，归葬桑梓。若长期生活于异地，逐步融入当地，则会逐步选择扎根当地，埋葬于兹，实现由"外地人"向"本地人"的转变，这是一个很微妙且漫长的过程。在《新安惟善集六安材会征信录》公启中，作者备述商旅的艰辛和义葬的重要性：

  盖闻人生百年，如驹过隙，渺沧海之一粟，哀吾生之须臾，

---

① 晨风：《上海四明公所的来龙去脉》，《宁波晚报》2009 年 10 月 11 日第 10 版。
② 《徽宁会馆碑记》，《明清苏州工商业碑刻集》，第 357 页。
③ 《浙绍永锡堂乐输碑》，《上海碑刻资料选辑》，上海人民出版社 1980 年版，第 216 页。

自古皆有死，此亦古今之同慨矣。愿死于桑梓，与死于异地，相去奚啻霄壤。嗟乎！关山难越，谁悲失路之人；萍水相逢，尽是他乡之客。旅中苦况，大抵如斯，昔人所以兴慨也。吾乡人来此作贾，后先继起，肩背相望，其间大半终岁勤动，仅资糊口者，不幸夭逝，束手无策。谁无父母？谁无妻子？睹兹景况，能不悲哉！同人有鉴于此，爰拟设立"惟善集六安材会"，少补万一。惟兹事体大，同人自愧力绵，负荷为难，端赖众擎共举，集腋成裘。所愿同乡善士各解囊金，或按月输助，又或按旬认解，俾得赞成，微物仪化者得所依归，即生者亦同深鳌戴矣。若四方仁人君子，鉴于敝会区区之愚衷，慨捐巨款，此则敝会不敢请耳，固所愿也。①

　　会馆公所通过义葬善举，同乡同业间的互助协作，敦厚乡谊，可解客死他乡之忧惧，强化同籍同业凝聚力和归宿感，有利于他们在居住地的生存发展。在"家乡"与"他乡"之间，这种复杂而微妙的关系一直在延续，这也是中国近代化历程中颇具特色的景象。

---

① 转引自王振忠《清代民国时期江浙一带的徽馆研究》，载熊月之、熊秉真主编《明清以来江南社会与文化论集》，上海社会科学院出版社2004年版，第137—138页。

第四章　善的体系：传统慈善事业的诸面向

慈善作为一个重要的公共场域，汇集各种力量和不同的诉求，是探视社会文化极好的窗口。当慈善发展到一定程度后，政府与宗教性的慈善活动退次席，民间组织性善举逐渐增多，并成为主体。这是中外慈善发展的一般路径。学者游子安先生曾指出："清代善人的活跃、善会善堂的兴起与善书在民间的流行，是相互关联的社会现象。随着善书广泛传布，修善与行善成为中国人最基本的道德规范，善的观念更深入人心。""善人、善书与善堂构成完整的'善的体系。'"[①] 本章是从江南义葬出发，剖析"善的体系"的内涵，审视传统慈善事业的诸多面向。

第一节　义葬的思想文化根源

一　丰厚的传统慈善思想

近代大慈善家熊希龄指出："吾国立国最久，文化最先，五千年来养成良善风俗者，莫不由于儒、释、道之学说所熏陶。"[②] 中国文化源远流长，诸子百家荟萃。作为中国传统思想文化的"三原色"，儒释道所包含丰富的慈善理念，通过长期实践，陶铸出乐善好施的民族性格。这种慈善文化是义葬善举蓬勃发展的肥沃土壤。

---

① 游子安：《劝化金箴——清代善书研究》，天津人民出版社1999年版，第16页。
② 周秋光编：《熊希龄集》，湖南出版社1996年版，第2002页。

(一) 儒家

近代思想家冯桂芬曾说:"五经四子书皆劝善书也,亦间及果报。"① 孔孟之道,儒家学说是中华文化的根基,也是中华慈善文化的重要基础。儒家慈善思想是以"仁爱"为中心展开的,构筑了包括仁政、性善、民本、大同等在内的丰富的慈善思想,具有深远的历史影响。儒家思想的核心内容是"仁"。孔子从道德感情的基础出发,提出"仁者爱人""泛爱众",宣扬扬善止恶,加强人格与道德的修养。"己所不欲,勿施于人。""己欲立而立人,己欲达而达人。"孟子认为慈善源于人的天性本善,提出"四端"说(或称"四德"):"恻隐之心,仁之端也;羞恶之心,义之端也;辞让之心,礼之端也;是非之心,智之端也。人有四端也,尤其有四体也。"(《孟子·公孙丑上》)统治者应推行仁政,"老吾老以及人之老,幼吾幼以及人之幼",才能"保民而王"。他提出:"与人为善"是君子的最大美德,所谓:"善与人同,舍己从人,乐取于人以为善。"(《孟子·公孙丑上》)民本思想是中国早期文明的宝贵遗产。"民为邦本,本固邦宁。"(《尚书·五子之歌》)"天视自我民视,天听自我民听。"(《尚书·泰誓》)由于民心民力如此重要,统治者要王祚长久,就必须以民为本,敬天明德,保民利民。要实施仁政,使黎民百姓"仰足以事父母,俯足以畜妻子;乐岁终身饱,凶年免于死亡"(《孟子·梁惠王上》)。大同思想深深根植中国文化之中,儒家则将其发扬光大。《尚书·大禹谟》中盛赞帝尧:"稽于众,舍己从人,不虐无告,不废困穷。"孔颖达疏:"不苛虐鳏寡孤独无所告者,必哀矜之。"《礼记·礼运》中描绘了令世人心驰神往大同理想:"大道之行也,天下为公。选贤与能,讲信修睦,故人不独亲其亲,不独子其子,使老有所终,壮有所用,幼有所长,矜寡孤独废疾者,皆有所养。""矜寡孤独废疾者"亦称"鳏寡孤独"或"无告",被历代视作一个特殊群体,与仁政德治挂钩。儒家主张"舍生取义""重义轻利",推崇那些为了公共利益牺牲个人利益的行为,将义利关系提升到对人的生命终极关怀的高度。诸如"财聚则民

---

① 冯桂芬:《显志堂稿》卷一《窥天镜序》。

散，财散则民聚"（《礼记·大学》）。"不义而富且贵，于我如浮云"（《论语·述而》）之类的论述，至今影响至深。

汉代以后，儒学确定了独尊地位，成为官方的指导思想和一代代儒生士子的精神支柱。经历数千年的演变，儒家在延续中发展。宋明以后，日益庶民化，深刻的影响大众生活。无论参政还是居乡，参与地方公益而不是坐而论道，成为很多士绅的自觉选择。

（二）道家道教

道家创始人老子十分讲求"慈"与"善"。老子将慈作为立身三宝之一："一曰慈，二曰俭，三曰不敢为天下先。"（六十七章）慈原意为爱，河上公章句称"爱百姓若赤子"。在《道德经》中多次提到"善"，如第八章："上善若水。水善利万物而不争，处众人之所恶，故几于道。居善地，心善渊，与善仁，言善信，正善治，事善能，动善时。"一连用了九个善字。老子之善的内涵，主要体现为上善若水；善者吾善之，不善者吾亦善之；以德报怨三个方面，将善作为顺应自然与天道的一种理想状态。① 所谓"常善救人，故无弃人；常善救物，故无弃物"（二十七章）。善待天下所有人，善者使之更善，不善者使之得到感化而迁心为善所谓。"天道无亲，常与善人。"（七十九章）就是说，天道虽无偏私，但适应天理、秉承善道的人往往会得到眷顾。庄子主张顺应自然，反对"毁道德以为仁义"（《马蹄》），但仍有诸如"爱人利物之谓仁"（《天地》）"富而使人分之"（《在宥》）之类的主张。《庄子·天道》篇称："吾不敖无告，不废穷民。"成玄英疏："百姓之中，有贫穷者，每加拯恤，此心不替也。"②（《庄子集释》）这是典型的慈善思想。

两汉以后，经过千百年发展，在继承老庄思想，糅合诸子学说及借鉴佛教后，中国的本土宗教——道教应运而生。鲁迅曾说过："中国文化的根柢全在道教。"道教慈善思想的主要内容体现为善恶报应、乐生好善、慈心物命等。道教早期经典《太平经》提出"乐生""好

---

① 刘固盛：《论老子之善》，《光明日报》2009年7月6日第12版。
② 成玄英疏：《庄子集释》卷五《庄子·天道》。

善"的教义，主张"乐以养人""周穷济急"。"若积财亿万，不肯救穷周急，使人饥寒而死，罪不除也。"①《太平经》宣扬善恶相承负，现世的福祸是先人的行为的结果，又会影响子孙后代。稍后，葛洪在《抱朴子》中更将长生等与行善联系起来，《微旨》篇提出："览诸道戒，无不云欲求长生者，必欲积善立功，慈心于物，恕己及人，仁逮昆虫，乐人之吉，愍人之苦，周人之急，救人之穷，手不伤生，口不劝祸，见人之得如己之得，见人之失如己之失，不自贵，不自誉，不嫉妒胜己，不佞谄阴贼，如此乃为有德，受福于天，所作必成，求仙可冀也。"他还将修善成仙加以量化，"人欲地仙，当立三百善；欲天仙，立千二百善"。《度人经》以"普度天人"的思想立论，宣称"无量度人"的慈善伦理，提出："慈者，万善之根本。心若不慈，善何以立。"《赤松子中诫经》说："人为天地之本，当为善。"唐宋时期，道教鼎盛，涌现出《太上感应篇》等为代表的劝善书。这些著作以道教经典为核心，又糅合儒佛思想，言简意赅，易诵易记，对后世影响深远。

（三）佛教

佛教是三教中最富逻辑性的，善于迎合大众心理与日常生活。自两汉时期传入中国后，逐步融合中国社会，在各方面产生巨大影响。所谓"诸恶莫作，众善奉行，自净其意，是诸佛教"（《阿含经》），佛教是慈善的宗教，慈善思想之丰厚，实践之普遍在中国远胜其他任何教派。佛教慈善观主要体现在慈悲、布施、福田、业报等方面，在佛经中相关妙论比比皆是。

慈悲是佛教的核心理念，主张对众生要有同情心，认为这是自身解脱和普度众生的法门。佛陀教导弟子，希望能以慈、悲、喜、舍四种心境（"四无量心"）来修行，并扩展至一切众生身上。慈即视众生为亲人，悲即帮助众生解脱痛苦。《大智度论》云："大慈与一切众生乐，大悲拔一切众生苦；大慈以喜乐因缘与众生，大悲以离苦因缘与众生。""同体大慈，无缘大悲。"《大宝积经》说："慈爱众生如

---

① 王明：《太平经合校》，中华书局1960年版，第60页。

己身",要对众生苦难感同身受,"能为众生作大利益,心无疲倦"。中国化的佛教更具有世俗情怀,更具有慈悲心肠。要大慈大悲,就必须多行善事,正如《妙法莲花经》所谓"大慈大悲,常无懈倦,恒求善事,利益一切"。佛教最追求的到达彼岸("波罗蜜多")有六种方法("六度"),即布施、持戒、忍辱、精进、禅定(止观)、智慧,居首位就是布施。由布施,能对治悭吝贪爱烦恼,能施与众生利乐。关于布施的办法,也有"三布施"(法施、财施和无畏施)、"八布施"、"十布施"等多种。"出家重持戒,居家重布施。"(《大智度论》)也许正是如此之故,历代居士善信们参与各类慈善公益也格外普遍。福田是佛教慈善的重要概念,修行比作种田,要修福就要广种福田。《无量义经》说:"润渍众生,诸有善根。布善种子,遍功德田。"众生都善根,要通过福缘功德加以培育,让其茁壮成长。唐宋时期起,寺院设有三福田,即供养父母的恩田,供佛的敬田和施舍贫者的悲田。唐宋以后,虽有国家社会广为参与,但佛教依然是最重要的慈善力量。而官方支持创办的悲田养病坊、福田院等慈善机构,则多借助寺院力量维持运作。和道教一样,佛教也讲"报应",不过它更强调因果循环,自作自报,更具煽动性。魏晋南北朝起,即产生诸如《善恶因果经》《劝善经》等经书,以及大量报应故事集。

前面对儒释道三教中所蕴含的慈善思想进行简要的梳理。较之博大精深的中国传统文化,不免挂一漏万。墨家、法家等其他思想流派也有不少闪光的慈善思想。如墨子讲"兼相爱、交相利""爱无等差""远施周遍"。商鞅主张:"治国之举,贵令贫者富,富者贫。"管子提出"九惠之教"。《管子·入国》记载:"入国四旬,五行九惠之教。一曰老老,二曰慈幼,三曰恤孤,四曰养疾,五曰合独,六曰问疾,七曰通穷,八曰振困,九曰接绝。"这与《周礼》所提的"保息六养"有异曲同工之妙。这些都是宝贵的慈善文化资源。中国文化以包容著称,儒、佛、道思想,经历不断冲突与互渗,唐宋后逐步实现三教合一。帝王士子们往往明师儒学,暗习佛道,流风所布,终于融会贯通。明代中期以后,社会文化日趋平民化,推动着慈善事业的发展。太虚大师指出:"其有扶生助葬,养老济病、拯填载人祸之难,救鳏寡孤独之苦,加以修桥补路、义渡侠行等社会慈善公益,都出于庙会善堂。此等庙堂,大抵崇奉观音、玉皇、关帝等,策动以因果报应、观音灵感之佛化,助成以内外功行、受天封神之道教,则民间教化主重于释道,而儒则惟在支持家族宗法。"① 在宗教思想和寺庙宫观的影响和推动下,慈善事业在扎根社会,不断延续。

二 明清善书与慈善教化

如果说三教精神提供了思想基础,各类劝善书的修纂与传播则是慈善发展的直接资源。汉代以后,《太平经》《赤松子中诫经》《抱朴子》等已具备劝善书的雏形。宋元以后,善书日趋流行。《太上感应篇》以"善恶无门,惟人自召"开篇,详列善事恶行,宣扬积善成仙。该书自北宋间问世后,就被备受推崇,成为善书之首。宋真宗亲自为之题词作序,并发内帑印发万册散布全国。问世于宋元之际的《文昌帝君阴骘文》(又称《丹桂籍》),劝人"救人之难,济人之急,悯人之孤,容人之过",通过事例劝人行善积德。此外,较为知名的善书还有《太微真君功过格》《阴骘文》、李昌龄《乐善录》等。明清时期,善书刊刻与传播日趋鼎盛,《玉历宝钞》《觉世真经》等先后问世,形成以"三圣经"(《太上感应篇》《阴骘文》《觉世真经》合称)为代表的善书体系,善书版本众多,数量激增,类型多样,以致城乡充斥,妇孺皆知。康熙五十年(1711),状元彭定求曾为《文昌阴骘文》石刻作跋文,提道:"《帝君阴骘文》,刻本甚多,而见者视为故纸,或借不信杳冥之说,排议以自便其私。"② 随着善书数量的激增,清代中期以后,出现了不少善书汇编,如《敬信录》《信心应验录》《保富确言》《福寿宝藏》等。这种汇编加速了善书传播的两极化,那些知名度高的善书因此流传更广;反之则难免被淘汰。乾隆年间,刘山英编辑大型的善书总集《信心应验录》,辑录善书150种。20世纪30年代,上海乐善社编辑《福寿宝藏》,收善书140种。陕西

---

① 太虚:《中国之民间教化何在》,载《海潮音》月刊,第24卷5期。
② 彭定求:《彭定求诗文集》,载《书文昌阴骘文石刻后》,上海古籍出版社2016年版,第720页。

商人贺箭村编辑《古今善书大辞典》，共收录善书169种。如今善书的数量更多，流传方式更灵活，如中国善书网收录的就达几百种之多。

善书的创作主要有神仙降笔和士绅具名编纂两种。飞鸾降笔善书的神祇中，最知名的当推文昌帝君（文帝）、关圣帝君（武帝）和孚佑帝君（吕祖）。此外，还有太上老君、玉帝、观音、玄天上帝等，这些都是广受民众信奉的神祇。流行最广的如文昌《阴骘文》《功过格》《孝经》《蕉窗十则》《大戒经》，关帝《觉世真经》《关帝明圣经》《救生船》，吕祖《功过格》《本愿经》以及《玄天上帝垂训》《玄天上帝金科玉律》等。清代以后，还出现以三位神仙为主体的汇编，如《文帝全书》《吕祖全书》《关圣帝君全书》等。明代中期以后，出现由士绅名流、高道大德具名编著的善书，如莲池大师云栖袾宏《自知录》、袁黄《了凡四训》、周梦颜《安士全书》、颜茂猷《迪吉录》、石成金《功券》、余治《得一录》等。明清之际，形成了一场由袁黄、颜茂猷等儒家士人鼓动起来的道德劝善运动，其影响所及非常普遍，在整个清代可谓经久不衰。[①] 上述这些都是这场劝善运动的佼佼者。具名撰写的善书中，大多也包含佛道思想和神仙信仰的内容。因而，从善书的编纂、刊行和传播中，可以反映出神仙信仰的发展演变过程。

善书渊源甚广，内容宏杂，兼容三教思想与民间信仰，包括儒家忠孝节义、道德内省和阴骘观念，佛家的因果报应及道家的积善消恶之说，是传统思想的大杂烩，也是了解千年来中国人思想与生活的重要法门。善书文体有劝善文、劝善歌、格言笺铭、功过格、宝卷等；从所涉内容者，既有一般综合性善书，亦有劝戒酒色赌杀之类的专题性善书；说教对象上至帝王将相，下至士农工商，囊括了社会各个阶层。史学家刘子健曾指出："最能代表中国多数人信仰的不是《论语》，不是《传灯录》，不是《近思录》，不是《道德经》，而是这些大批的各种的善书，主旨很简单，三教都是好心，大家都该做好人，

---

① 参考吴震《清末清初劝善运动思想研究》修订版，上海人民出版社2016年版；《颜茂猷思想研究：17世纪晚明劝善运动的一项个案考察》，东方出版社2015年版。

行好事，毋许偏信一教，偏执一说。"①

江南地区是明清善书创作和传播中心，涌现出以云栖袾宏、袁黄、周梦颜、彭绍升、潘曾沂、余治等为代表的大善人。他们大多服膺佛道，不仅力行善事，而且修纂了大批广为传颂的善书，如云栖袾宏《自知录》《戒杀放生文》、袁黄《了凡四训》、周梦颜《安士全书》、余治《得一录》等。袁黄在善书编纂史中有承前启后的作用，《了凡四训》设立命之学、改过之法、积善之方、谦德之效，并用功过格加强道德自律，迁善去恶，几百年来流传甚广，影响深远。清初大儒张履祥就称："袁黄《功过格》，竟为近世士人之圣书。"② 善书编纂和流传有较强的地域性和家族性，如清代前期多种的善书都与云间善人有关，如许缵曾辑录《感应篇图说》《育婴编》、周鼎臣《敬信录》，以及《汇纂功过格》等。这些善书大多由松江地方好善者联合编纂、刊行和施送，影响很广。③ 余治一生以劝善、行善为己任，"益广刊善书，或集优人，俾演古今果报事，冀感发乡愚"，一时有"余善人"之称。④ 像袁黄、余治这样的善人，乐于行善和劝善，使善风在民间不断流传，陶铸大众心理之中。清末《江苏杂志》称："感应阴骘之文，惜字放生之局，遍于州县，充于街衢"，足见善书与善举的流行程度。⑤ 近代著名报人包天笑回忆道："苏州有些大户人家，常常送善书给人家，或为道德家的格言，或以神道说教，他们算是'做好事'。"⑥

值得注意的是，上述这些大善人大多是参禅悟道，融会三教的大德。皈依佛教或道教，对于他们的劝善行善大有裨益。云栖袾宏是明代四大高僧之一，主持云栖道场四十余年，是净土宗第八代祖师。周

---

① 刘子健：《明代在文化史上的估价》，载《食货》15卷第9、10期，1986年4月。
② 张履祥：《杨园先生全集》卷五《与何商隐》。
③ 游子安：《善与人同——明清以来的慈善与教化》，中华书局2005年版，第122—131页。
④ 光绪《无锡金匮县志》卷二十五《行义》。
⑤ 江苏同乡会编：《江苏杂志》，第9、10期合刊，《社说·江苏人之信鬼》，光绪二十九（1903）年。
⑥ 包天笑：《钏影楼回忆录》，《民国笔记小说大观》本，山西古籍出版社1996年版。

表 4-1

善人	籍贯生卒	所著善书	慈善事迹	社会效应
袁黄	嘉兴嘉善（1533—1606）	《了凡四训》	厉行动过格，行善而得子、及第、长寿	陈龙飞受启发创办同善会
周梦颜	苏州昆山（1656—1739）	《万善先资》《欲海回狂》《阴骘文广义》等	纂《财赋考》，力主裁减苏松浮赋	后人合编《安士全书》，流传甚广
彭绍升	苏州长洲（1740—1796）	《元宰必读书》《保福确言》《文昌玉局心忏》《质神录》等	创办近取堂等善堂，主办施棺、恤嫠、扩建润族田	彭氏被誉为江南积善世家之首，声名卓著
余治	常州无锡（1809—1874）	《得一录》《江南铁泪图》等	多次主持赈济，首创粥店、保婴会、代赈法等，撰写和排演善戏	保婴会得到官方推崇，大为流行。《得一录》成为各地善举典范

梦颜，字安士，博通经藏，深信净土法门，自号怀西居士，一生以戒杀、戒淫为念。彭绍升法名际清，初不信佛，志存利济。因心存困惑，有人告以道家修炼法。习之三年不效。后读佛书豁然开朗，明了道之所归，始信佛乘。余治在广行善事和刊行善书的过程中，最终皈依道教，成为一名居士，还被尊为龙门派第十二代大宗师。《龙门正宗觉云本支道统薪传》记载："派名阳辉，字莲村，吴兴人，金盖玄裔。性善而慈，言行不苟，导人以善之心孜孜不倦。尝搜买善书而于苏松常镇各埠，设肆推售。必非博蝇头小利足征其劝善之诚，用心矣良苦矣。暮年好道尤笃，养志修心，不问外事，山居持诵，礼拜奉道拳拳，不第为乡里之善人，亦龙门之泰斗也。"①"宗教是慈善之母"，笼统的从儒释道思想并不能很好地解释慈善发展的内在原因，从事善举者的宗教信仰是值得充分留意的。

三 善书中关于义葬的规定

早期的善书中对劝善惩恶的记述大多较为笼统。《太上感应篇》

---

① 《龙门正宗觉云本支道统薪传》，《藏外道书》第 31 册，巴蜀书社 1994 年版，第 471 页。

成为后世善书修纂的典范。它开篇宣扬"祸福无门，惟人自召，善恶之报，如影随形"，然后列举应奉行的二十余种善行和百余种应去的恶行，与慈善直接相关的仅"矜孤恤寡，敬老怀幼""悯人之凶，乐人之善，济人之急，救人之危"等寥寥数语。① 宋元以后，善书的内容则日趋细致，对善恶功过的规定更具体。如《阴骘文》，仅短短五百余字，七十余句，却多处涉及慈善。不仅开篇揭示"救人之难，济人之急，悯人之孤，容人之过"的主旨，还有如下具体要求："济急如济涸泽之鱼，救危如救密罗之雀。矜孤恤寡，敬老怜贫。措衣食，周道路之饥寒；施棺椁，免尸骸之暴露。家富，提携亲戚；岁饥，赈济邻朋。""舍药材以拯疾苦，施茶水以解渴烦。"② 功过格的出现，在善书历史上具有划时代意义。这种簿格式的文本，将善恶量化，逐日登记，促人自勉自省。其中，《太微仙君功过格》《自知录》与《云谷禅师授了凡功过格》最为知名，被广为流传和模仿。

善书中关于义葬的内容日益广泛和细致。《阴骘文》中有"施棺椁，免尸骸之暴露"的表述，一些版本中还加上"造漏泽之仁园，兴启蒙之义塾"等句子。《自知录》中则有"死不能殓，施与棺木，所费百钱为一善"的规定。明清以来，还涌现了多种"不费钱功德例"，主张针对不同人群，倡导各类不费钱财的济物利人的功德善举。其中，最为知名的熊勉庵（江苏淮安人）的《宝善堂不费钱功德例》和石成金（江苏江都人）的《功券》。《不费钱功德例》详列乡绅、士人、农家等十余类，其中，"大众"目下及"富贵家"目均有义葬相关内容。石成金根据熊书体例，增补了若干条目，并纂官长、乡绅二约，合称《功券》一卷。"富贵费钱功德"一目，有"拯救鳏寡孤独，收养遗弃婴儿，助人婚葬"的条文。成书于雍正年间《文昌帝君功过格》，针对不同层序与人群提出详细的规定，其中关于丧葬礼仪与义葬善举的记述最为详备（见表4-2）。

---

① 《感应篇汇编》，团结出版社2013年版，第11页。
② 周梦颜：《安士全书》，载《文昌帝君阴骘文广义节录》，团结出版社2013年版，第14页。

表4-2　　　　　几种主要善书中义葬相关记载

书名	作者及时代	内容	备注
文昌帝君阴骘文	不详，宋	措衣食，周道路之饥寒；施棺椁，免尸骸之暴露。造漏泽之仁园，兴启蒙之义塾	
太微仙君功过格	又玄子，金	葬无主之骨一人为五十功，施地与无土之家葬一人为三十功。若令出备租课则无功	功格·救济门
自知录	云栖祩宏，万历年间	死不能殓，施与棺木，所费百钱为一善。葬无主之骨，一人为一善；施地与无坟墓家，葬一人为三十善，若令办租税者无善；置义冢，所费百钱为一善。见鳏寡孤独穷民饥渴寒冻等不救济（一人为一过），（无财者非过）。掘人冢，弃其骨殖者，一冢为五十过；平人冢，一冢为十过，太古无骨殖者非过	善门·仁慈类 过门·不仁慈类
功过格	袁黄，万历年间	禁止恶俗，如淹女、火葬、宰牛、杀牲、酒肆戏台等，一日算十功。葬死人及枯骨。一人算十功。埋葬一无主死骸，准三十功；施舍一葬地与无土之家，算五十功。造三宝尊像及施香烛灯油等物及施茶、施棺等一切方便事，每百钱算一功	当官功过格·功格
不费钱功德例	不详，明	水流尸骸，禀官捞埋。道路死人，倡募棺木；地上遗骸，收殓埋葬；凡民有丧，匍匐救之。施贫人及无主尸骸棺木。施义冢地。请人拾遗骸，禀官瘗埋	大众不费钱功德 富贵家费钱功德
文昌帝君功过格	不详，雍正	丧葬诚信五十功；不久停亲丧百功；丧葬草率百过；久停亲丧百过。助人嫁娶丧事百钱一功；置义冢百钱一功；掩一暴露棺埋一白骨五功；施棺木一具三十功；施地葬一人三十功。平一人冢五十过；掘地遇人骸骨抛弃不顾五十过。葬死人，埋枯骨五功	伦常第一 仁爱第四 居官第七

资料来源：据《道藏》《安士全书》、袁啸波编《民间劝善书》及中文善书网等，参见www.sharebook.net。

除文本形式外，不少善书或借用宝卷方式，或以图画为主，图文结合，宣扬行善去恶。清代以来，这类善书大为流行。成书于咸丰年间的《潘公免灾救难宝卷》一书，宣扬大善人潘曾沂善举事宜，劝导人们广行善事，"有力者出钱，无力者出言"。书中提出："有力量者放开度量愿分家业广行善事，或济孤贫，或施医药，或惜字谷，或施茶汤，或掩埋暴露，或收养老弱，或施粥济荒，或保婴恤嫠，或刻善书，或放生命，或雇工惜字惜谷，或买毁淫书，或保全名节，种种善事，随力而行。"① 大善人余治所著《江南铁泪图》，历述太平天国战乱之后江南的种种惨状，共计42图，配有诗文和图解。其中两图与义葬相关，"遍地尸骸，猪拖狗食"一图记载："贼过之后，巷无居人，被害男妇无人收殓，往往为狗彘所食，东拖西拽，肢体分离。虽有孝子慈孙，无从识认，真狗彘不若也。"所配有诗文道：

世事天翻地覆，尸骸遍地横陈。淋漓血肉乱纷纷，不辨头衔名姓。

狗彘无知狂噬，居然仗贼凶争。轮回之道枉为人，不若畜生还甚。

"四野流离，转填沟壑"一图，记载难民四处逃难，道路枕藉的情形："难民为贼所冲，各处逃性命，屡避屡迁，四方流散，既乏亲知可托，又无技术谋生，日久月长，筋疲力尽，往往填沟壑。不问名门旧族，率多藁葬，无从识别。"所配有诗文道：

忽听一声贼到，人人胆落魂销。家财万贯甘愿抛，虎口余生暂保。

随处风餐露宿，谁怜梗断蓬飘。强颜乞食学吹箫，半作他乡饿殍。

---

① 上海城隍庙：《潘公免灾救难宝卷》，咸丰五年（1855）翼化堂印版。

文后，附有作者的劝募启文和各种善报事例，图文结合，极具感染力。①

总之，中国传统慈善的发展史植根于传统文化的深厚土壤中。明清时期，形成了体系庞杂、体系丰富的劝善体系，其核心是儒佛道三教思想，外在形式是大量的劝善书，而鼓吹宣传的则是以知识精英为主体的善人群体。这个体系的形成，对于传统慈善发展具有深刻影响。

第二节 清代江南善人群体与慈善网络

明清时代，江南是全国经济发展的中心，也是慈善文化最为发达的地区。检阅江南的各种地方志、笔记、家谱，往往会发现连篇累牍的各种善人义举的记载。如同科第功名、孝行节义一样，乐善好施成为广受推崇的行为。

一 清代江南的乐善风气

乐善风气是慈善发展的重要基础，这种氛围一旦形成，激发人们踊跃行善，见义勇为，反之则会抑制慈善行动。明清时期，江南地方形成了浓郁的乐善好施之风，时人常称道之"善气"。何谓"善气"？即"善人通过慈善事业，以求在社会上形成人人为善的风气"②。晚清时，《申报》盛赞江南为乐善的福地："俗谚以苏杭为福地，岂地气之独厚哉！亦以苏杭之地务本者多，故漕粮所出甲于天下，而蚕桑之利亦首屈一指，而好善者多……福地之说或不诬也。"③ 石渠《轮香局记》中称苏州："吾苏好善之人多也，生长是邦，耳濡目染，视善为分内事，与抑上之人谓之倡率，俾之得行其志，而益劝其为善也。"④ 民国《吴县志》记载："吴中富厚之家多乐于行善，冬则施衣

---

① 余治：《江南铁泪图》，学生书局1969年版，第12页。
② 游子安：《善与人同：明清以来的慈善与教化》，中华书局2005年版，第2页。
③ 《申报》第13册，第45页，光绪四年（1878）六月十四日。
④ 同治《苏州府志》卷二十四《公署四·善堂》之石渠《轮香局记》。

被，夏则施帐扇，死而不能殓者施棺，病而无医者施药，岁荒则施粥米。今时又开乐善好施建坊之例，社仓、义仓给奖议叙，进身有阶，人心益踊跃矣。"① 上海也毫不逊色，光绪《法华乡志》记载："沪人率皆好善，遇便人事，争先为之，故事易集。今虽户鲜盖藏，而尚义之风较他处尤为奋勉。"② 市镇与乡村中乐善之风也很浓郁。如宝山县罗店镇，"殷户颇多，遇有善事，罔不相率勇为，抑且前所已行者创之，视兵毁以前之急公好义，有过之无不及也"。③ 月浦镇，"地瘠民贫，而乐善好施者则亦不鲜，往往慷慨解囊，集涓滴而成巨款，存典生息，资以施济。俾茕茕无告之民以及无主尸骨尸身皆得其所。呜呼，其有上古仁厚之遗风乎？"④

乐善风气的形成是历史积淀与善人聚集的必然结果，流风所布，势必影响人们的日常行为。北宋名臣范仲淹在家乡苏州创办范氏义庄，以义田所得资助同族衣食及婚嫁丧葬用度。这一做法被广为仿效，明清以后，在全国出现数以千计的族田义庄，江南最为集中。同善会、育婴堂等善会善堂也最早在江南出现，形成良好的社会示范。乾隆末年，孙传之等在湖州菱湖创设义冢。在募捐引文中，他写道："凡在士庶，际兹太和翔恰，承流仰化，皆当恪体而为善于乡矣。为善之道，莫甚于重民命，如苏州之同仁、嘉兴之同善、本郡之宁绍寄棺所，善事之传闻，指不胜屈。菱湖虽处偏一隅，亦当仿而行之。"⑤ 善人集中或善堂兴办得好的地方，往往为人津津乐道，争相仿行。由于慈善组织集中、制度规范优越，江南普遍存在慈善的示范与模仿现象，进而扩散到全国很多地方。冯桂芬提出："今世善堂、义学之法，意犹近古、能行之者，惟我江苏为备。"⑥ 晚清义赈过程中，出现江南善堂移植华北的现象，如青州普济堂、天津广仁堂等。光绪《松江府

---

① 民国《吴县志》卷五十二《舆地考·风俗》。
② 光绪《法华乡志》卷二《风俗》。
③ 光绪《罗店镇志》卷三《营建志下·善堂》。
④ 民国《月浦里志》卷十《救恤志》。
⑤ 光绪《菱湖镇志》卷二《公廨》之《募建义冢小引》。
⑥ 冯桂芬：《显志堂稿》卷三。

志》不无自豪地写道："今年直豫秦晋相继告寝,好善之士闻风而起,集资至数十万之多,救灾及数千里之远,一时东南好义之名称天下,何其盛欤？"①

慈善活动是对他人的救助与施舍,需要有财力物力的支持,但并不意味着慈善与金钱之间是必然相通的。即使物质条件相对较差的地方与个人,也能积极投身善行义举之中。清人俞岳极力赞扬善人对于善风善俗的作用："孔子曰'吾观于乡而知王道之易易也'。盖国之有善人,所以培邦本扶世教,非徒自修饬斤斤焉,蕲于寡过而已。措之一身则为善行,施之一乡则为善俗,推而至于一国,天下皆然。"②善风气的出现,形成一种强大的舆论氛围,使从事善举成为人们普遍追慕的行为,这是慈善发展的根本动力。不论是国家的劝募旌奖,或者民间的好善乐施,它们在推行善举时,往往都存在一种理想,即并不是单单为一地、一时与一事,而是希望能够推而广之、达到善与人同的效果,积少成多,由近及远,从而由一乡而到一邑、再到一省、进而至于全国。毕竟个人的力量有限,通过广结善缘,使更多人共襄善举,最终达到"善与人同"的目的。

二 江南善人群体的特征

善人是慈善活动的发起者、捐助者与主导者,直接决定慈善活动的进程与方向。美国学者韩德林（Joanna Handlin Smith）在《行善的艺术》中盛赞江南乐善之风："特别是在长江三角洲地区,五分之四的慈善人士居住在这里,这个地区的省会聚集了大量受过很好教育但通往官场的道路却被阻塞的人。这些人以及其他一些人,比如识字的医生、僧人们是晚明慈善的一个关键。"③五分之四的提法并不科学,但善人聚集确实是明清江南慈善发展的重要因素。江南的善人群体具有数量庞大、涉及面广、家族延续性强、师承关系明显等特点,这是全国其他地方所无法比拟的。

---

① 光绪《松江府志》卷五《风俗》。
② 光绪《黎里镇续志》卷二《善堂》之俞岳《仁寿祠题名碑记》。
③ ［美］韩德林：《行善的艺术：晚明中国的慈善事业》,吴士勇、王桐、史桢豪译,江苏人民出版社 2015 年版,第 12 页。

(一) 善人群体的出现

民间慈善活动的发端是个人及个别性的施舍善举，这类行为源远流长。"不食嗟来之食"典故所涉齐国大夫黔敖，灾荒时在路旁施粥，其实也是慈善行为，然而，千百年来被忽略和扭曲。① 宋元以后，民间的救济与慈善丰富多样。明代这类行为日趋普遍，"善人""善士"等固定的称谓出现，地方志、文集笔记中大量事例。明清之际著名文人魏禧提出："世之称善人有二，谨身行矜式闾里，所谓乡党自好者也；轻财好施，有功德于乡梓者，所谓富好行其德者也。两者操行不同，同归于善。"② 我国台湾学者梁其姿指出："明末以来的方志开始固定地、系统地记录地方慈善家的活动，而'善人'这个古老的名词在此时得到了新的社会意义"，即"因慷慨散财行善于乡里而留名后世"。③ 我们很难统计到底有多少人参与过善举，或者说能称之为善人，但是，善人作为一个群体登上历史舞台，则是一个不争的事实。这是中国社会的一个崭新的现象，标志着传统慈善事业进入新的阶段。

明清江南善人群体广泛涉及官宦、士人、居士、商人等各个社会阶层。日本学者吉冈义丰提出："善人阶层里有各色各样的人，范围很广，我们可求之于出家人之间，亦可求之于学者文人、乡绅巨贾之间。总之，他们都属于知识阶层的人。"④ 来自官宦之家者，如潘曾沂、彭绍升；士人如石成金、严辰、余治；居士出身者如袁黄、周梦颜；商人如经元善、丁丙、胡光镛等。其实，很多人活跃于官绅商学各界，很难简单定位其身份。这些只是凤毛麟角的佼佼者，他们背后是数以万计、延绵不断的普通民众。明清江南出现了一大批多年经办

---

① 《礼记·檀弓下》："齐大饥，黔敖为食于路，以待饥者而食之。有饥者，蒙袂、辑屦，贸然而来。黔敖左奉食，右执饮，曰：'嗟，来食！'扬其目而视之，曰：'予唯不食嗟来之食，以至于斯也！'从而谢焉，终不食而死。"

② 魏禧：《魏叔子文集》卷十二《新城杨善人善行实迹跋》，中华书局2003年版，第637页。

③ 梁其姿：《施善与教化——明清的慈善组织》，河北教育出版社2001年版，第83页。

④ ［日］吉冈义丰：《中国佛教发展史》第三篇《中国民众宗教的系谱》，余万居译，天华出版事业公司1984年版，第681—682页。

善堂的善人,很多人是自觉自愿,甘于奉献的,甚至以此为职业,这是十分难能可贵的。"视善事为分内事"的氛围的出现,正是大量善人聚集、善举丛生的必然产物,同时也是慈善发展的原动力。

(二) 善人的家族传承

《周易》有言:积善之家,必有余庆;积不善之家,必有余殃。中国素重家族,并以多子多孙、富贵绵长为理想。除功名和耕读之外,积德行善被视为是家族兴旺的重要途径。江南地区有一副广为流传的对联,道出其中的奥秘:"世间数百年旧家无非积德,天下第一件好事还是读书。"① 江南地区世家望族很多,对此,潘光旦、吴安仁、江庆柏等已有深入研究。② 很多大家族以行善积德而声名远播。清人仲瑞五堂主人《几希录》表彰当时著名乐善世家:"赈荒善报几不可胜数……至近世大家昭昭在人耳目者,如吾吴之彭氏、潘氏,以及昆山之徐,常熟之蒋,常州之赵,钱塘之许,其先世之积功累德,固妇竖所共知者。"③ 这里提到长洲彭氏是江南望族,以彭定求、彭启丰祖孙状元而著称,科甲鼎盛,有清一代出状元2人,探花1人,进士14人,举人31人,其他功名者数以百计。同时,彭氏也是乐善世家,自明末即推行赡族、惜字、济贫等善举。彭启丰之子彭绍升,乾隆中期中进士后,无意仕途,皈依净土,法名际清,成为清代著名的居士,在"其慈善思想和实践,对此后江南地区乃至全国的慈善事业发挥了重要影响"。在清代江南地区的慈善谱系中,具有承上启下的地位与作用。④ 他曾受菩萨戒,生平乐善好施,仿范氏义庄设彭氏润族田,创办了施棺会、恤嫠会、施衣局等,后建近取堂,将诸善会统

---

① 这一对联在江南很多地方流传,如翁同龢为南浔张静江故居撰写的就是此联,其原创人可前推至清中期状元湖州人姚文田。
② 潘光旦:《明清两代嘉兴的望族》,载《潘光旦文集》第三卷,北京大学出版社1995年版;吴安仁:《明清时期上海地区的著姓望族》,上海人民出版社1997年版;江柏庆:《明清苏南望族文化研究》,南京师范大学出版社2002年版。
③ 仲瑞五堂主人:《几希录》,载袁啸波编《民间劝善书》,上海古籍出版社1995年版,第336页。
④ 王卫平、黄鸿山:《继承与创新:清代前期江南地区的慈善事业——以彭绍升为中心的考察》,《苏州大学学报》2011年第3期。

一管理，长期举行施棺、恤嫠、惜字、放生等善举，他还参与管理乐善堂、继善堂等。① 大阜潘氏祖籍徽州，历代多好善者，如十六世德辅公潘佑从事各种收养、掩埋类的活动；二十四世筠友公仲兰，"饥者待以举火，寒者待以挟纩"，凡地方修桥梁、平道路、奉先睦族、扶优存孤、掩骼埋胔之类，时时行之而无倦容"。清初，潘氏正式定居于苏州，继续发扬乐善家风。乾隆年间，潘冕重振家业，踊跃参与地方善举，"大则身任，小则饬助"，"毕竭力共襄其成，不吝费，不沽名"。此后其子孙科举联捷，参与善举自然更为积极。如潘世璜长期主持集善局、辅仁局等，举办济贫、掩埋诸善举。② 大善人潘曾沂，道光初年，绝意仕途，"康济天下之愿无所施，则退而为善于一乡"。③ 道光七年，创办赈恤乡里的丰豫义庄后，主持和参与各种赈济平粜、弛免田租、创办义塾、收养弃婴、兴修水利等慈善公益活动，被称为"吴门第一善人"。受其影响，其弟遵祁、曾玮、其子侄仪凤、祖谦、祖荫等都成为著名的善人。

  江南善人世家中有不少子承父业，延续前人的乐善传统。比较著名的"父子档"如谢元庆与谢家福；冯桂芬与冯芳植，经纬与经元善；盛康与盛宣怀等。孟莳谢氏是江南著名的慈善世家，《清史稿》称其"世以行善为事"。谢元庆（字蕙庭）以乐善好施著名江南，与潘曾沂、彭绍升并称"吴中三大善人"。他多次参与赈灾，"平时禁淫书、创乡约、恤产保婴，设局收废盲，担粥食饿丐，善举未易悉数。尤喜担药囊米券，仆仆委巷间，救人贫病。"④ 冯桂芬称赞他："吾吴固多善士，求其实心实力、如身家衣食为之者，亦不过数人，

---

  ① 彭绍升：《二林居集》卷五《问心编》《美成编》《好善堂施棺册叙》；卷六《近取堂公产录叙》；卷九《近取堂记》；卷十《继善堂碑》，《续四库全书》本。
  ② 徐茂明：《江南士绅与江南社会：1368—1911年》，商务印书馆2004年版。
  ③ 冯桂芬：《显志堂稿》卷七《内阁中书功甫潘君墓志铭》，《续四库全书》本。
  ④ 《孟莳谱刻稿·世传》，转引自王卫平、黄鸿山《江南绅商与光绪初年山东义赈》，《江海学刊》2006年第5期。

谢君蕙庭其一也。"① 谢家福是晚清义赈的组织者和领导核心，二十余年中，多次前往苏北和华北各地赈灾，构建起庞大的义赈网络，同时致力于慈善的近代转型。冯桂芬是近代著名的思想家，他一生致力于善举。他去世后，江苏巡抚吴元炳呈请将其崇祀乡贤祠，盛赞他："咸丰三年（1853）收养江南北流亡，全活无数；同治初在上海请设抚恤局，专办掩埋、栖流；又创办保息、安节等局；郡城复后故宦（指冯桂芬）经理女普济、锡类两堂，撙节经费，营建堂屋，规制因以大备焉。"② 冯桂芬早在翰林院期间，就与恩师潘世恩等在京城倡修苏太义园，救无力举葬的同乡，"乡人之无以敛者，资以送园，逾年而瘗之，愿归葬者资而致之家。"③ 自道光三十年（1850）返乡至同治十三年（1874）去世，二十余年中积极参与各种慈善活动，创办或主持多种慈善组织。他在吴县光福镇创办一仁堂，主办施药、施棺，掩埋了数以千计的难民尸骸。避难上海期间，冯桂芬为救助难民，请设抚恤局，并创建了保息局、安节局。其中保息局举办施棺、埋葬。战后移往苏州，其救助对象也扩展至到所有难民，职能也有进一步拓展，发展为兼办养老、恤嫠、施棺、埋葬和义塾等善举。同治三年（1864），在江苏巡抚李鸿章的直接过问下，冯桂芬领衔重整各善堂章程，亲自兴复了苏州女普济堂、锡类堂和丰备义仓三个慈善组织。冯芳植是其次子，全程参与了这些活动，并主持一仁堂等。经氏祖籍浙江上虞，后在上海经商致富，积极投身上海及家乡的各种慈善公益活动中。道光二十七年，经纬被公推为上海辅元堂经董，候兼任同仁堂董事，"施医药，设义学，毁淫书及恤嫠、赡老、赊棺、义冢诸善举，并禀办合邑四乡掩埋。未几又任育婴堂事，集资扩充，收婴至数百口"。④ 经元善年轻时代即协助父亲从事这些善举。在其父去世后，

---

① 冯桂芬：《显志堂稿》卷一《良方集腋合璧》序。
  ＊谢氏是儒医世家，谢元庆著有《良方集腋合璧》，谢家福著有《桃坞谢氏汇刊方书》等。
② 冯桂芬：《显志堂稿》卷首《崇祀乡贤录》。
③ 冯桂芬：《显志堂稿》卷三《苏太义园记》。
④ 虞和平编：《经元善集》，载《经君芳洲先生家传》，华中师范大学出版社2011年版，第171页。

接任同仁辅元堂董事,从事善举越推越广,尤其在晚清义赈及推行女学等方面颇多建树。

地方家族与善会善堂往往有紧密的关系,很多家族长期资助资金、土地,参与善堂的创建与日常管理,出现一些有强烈家族性的善会善堂。昆山井亭港,道光以前没有善堂,每值夏秋之交,民间急病苦难觅药,无主厝柩年久暴露,以无人掩埋。乡人马格堂顿起恻隐之心,与张松泉等创立从善堂,纠结成义会若干股,得钱数百缗,于水月庵旁择地以为义冢,汇集筹款置买田亩,以为恒产。自道光十年(1830)起,历时五载告成。当时,格堂先生已辞世,由其子马澤甫及张松泉后裔张家桢续办,负责收埋附近村庄无主暴露棺骨,兼办施棺,极大改善了当地面貌。① 乾隆四十一年(1776),南汇一团倡办施棺局,该局由盛氏捐资制作棺木,就近施送,自次年起推行,至同治年间依然施行不废。② 镇江溧阳同善堂曾发生一件新奇的事情。该堂创办于道光八年,创办之初,由周勋、方世裕等7人捐置置产,所得租息购买棺木收葬路毙浮尸,禀县立案。战后,堂产契据无存。光绪三年,由知县朱骏劝谕经董狄学苏等协同各后裔清理堂产,兴复旧规。姚氏后裔因经乱贫困,从七股捐资内收回一股,永不过问善堂事务,并向县衙具结存案。③ 在乡村与市镇中,家族性特点更为明显。如湖州南浔镇的各个善会善堂,多由刘氏、庞氏等大族世代经营管理,其田产和款项也大多来自这些家族的定期捐助。吴江仁善堂,在县城西门外,道光三年(1823),由邑人、翰林院编修费兰犀于家中设置该堂,主办掩埋、收婴事宜,在江震两地置办田亩640余亩。该堂后由费氏世代经理。④

夫马进在对"杭州善举联合体"研究中提出,用"徭役化"概括善堂董事们不堪重负。这种看法是片面的。一方面,很多经营善堂

---

① 光绪《昆新两县续修合志》卷三《公署》;民国《昆新两县续补合志》卷二《公署》。
② 同治《南汇县志》卷三《建置》。
③ 光绪《溧阳县续志》卷四《食货志·养育》。
④ 光绪《吴江县续志》卷二《营建》。

的个人和家族承受着巨大的经济负担；另一方面，他们主观上是否乐意，或者有没有间接得到报偿，也是应该充分考虑的。美国学者艾尔曼指出："对于政治、经济与社会秩序而言，传统社会的宗族制度与其说是一种被动的反应者，不如说是一种积极的支持者。"① 一般而言，慈善具有超越血缘的公共性。在社会变迁的大背景下，家族作为地方社会的基本单元，在慈善活动中的作用不容小觑。

（三）善人社会网络

以区域慈善组织为中心，善人们因多年合办慈善公益活动，在多个领域有直接间接的联系，形成了相对固定的关系网络，并有普遍的社会认同。这类善人关系网络，在苏州、上海、杭州等慈善发达的都市体现得尤为明显。这些地方士绅商富聚集，善会善堂众多，这些为慈善网络的形成创造了条件。近代著名买办徐润在其年谱中记述，"历年同办公益善举之友，余莲村（治）、李秋亭（金镛）、谢绥之（家福）、施少钦（善昌）、严佑之、陈竹坪、胡雪岩（光镛）、盛杏荪（宣怀）。"② 除余治外，这些人都是当时驰骋工商业界的著名绅商，也是上海城乡各善堂的主要经办人和金主。清代杭州慈善以善举联合体而著称，事实上，围绕在善堂总董丁丙周围也有一个庞大的关系网络。他们多为活跃于杭州工商业和政界的名流，如红顶商人胡雪岩，丁丙本人则是杭州锡箔业和出版业的执牛耳者。除在主持善堂事务中的工作关系，这些善人之间还往往有姻亲关系。如襄办善堂绅董中，与丁申为亲兄弟，应宝时为连襟，陆檀（点清）为妹夫，他与张鼎元（梅生）、严熊等也有亲戚关系。③

关于慈善家社会网络最为典型的实例是晚清义赈群体。在华北义赈中，以江南为核心的各地的善人义士们，在经元善、李金镛等的运作下，以上海协赈公所等善堂为依托，面向全国募捐，并亲赴华北灾

---

① ［美］艾尔曼：《经学、政治与宗族：中华帝国晚期常州今文学派研究》，赵刚译，江苏人民出版社1998年版，第10页。
② 徐润：《徐雨之先生润自叙年谱》，载《新编中国名人年谱集成》本，（台北）商务印书馆1981年版。
③ 丁立中纂修：《先考松生府君（丁丙）年谱》，载《北图珍本年谱丛刊》本。

区进行救灾行动。历时达数年之久,用银数百万两,成为当时救灾最为重要的力量,也是江南善人们最为重要的集体行动。朱浒在其研究中,对这一群体给予高度评价,称之为"江南善士圈"①。这些义赈慈善家们大多与余治有师友关系,而《得一录》等作为指导善举推行的经典,为各地普遍师法效仿。可以说余治这以"善士圈"的灵魂人物。义赈模式形成后,晚清时期广泛运用于江浙等全国各地,基本特征就是以善人为核心与各善会善堂跨区域的协作。

由于兴办善举过程中,势必要求扩大关系网络以调动社会各种公私资源,包括官方的介入、私人财富,所涉及的也是土著、流寓等各社会阶层。这种社会网络的建立,对于其他事务的建立是有巨大价值的,这也是前述绅商群体参与义赈等善举的重要原因。游子安指出,"办善举,既带来个人名誉,并为子孙积福,也造福于乡梓,结成'关系网络'有利于其他事业的开展。"②

(四) 慈善家系谱

江南的慈善家一直存在着若隐若现的内在延续与传承,这与前述几种情形大异其趣。从明代中期的云栖袾宏、袁黄,到明末的陈龙正、高攀龙等,再到清代中期的彭绍升、潘曾沂,至大善人余治将其发扬光大。他除厉行善举,还广泛联络,其好友、门生众多,均乐于行善。如同治《苏州府志》中将余治与此前两位善人进行比较:"道光中以善人著声远近者,有吴县潘曾沂、谢元庆,(余)治起稍后,意与潘、谢亦微异,潘意专在养,谢意重在养而兼以教,治意重在教而先以养。"③谢元庆(蕙亭)是江南著名善士,其子谢家福的晚清义赈的领袖。清人叶裕仁在余治年谱题跋中对此有一段经典的论述:

吴江袁黄氏生明之季,以祸淫福善之说化人,人从而化之。郡中彭氏生重熙累洽之世,衍其绪论,于时民物滋丰,风俗敦

---

① 朱浒:《地方性及其超越——晚清义赈及其近代中国新陈代谢》,中国人民大学出版社2007年版。
② 游子安:《善与人同:明清以来的施善与教化》,中华书局2005年版,第184页。
③ 同治《苏州府志》卷一百一十二《人物·流寓》。

朴，故其设施犹未广。及道光中，人心日坏，民生日蹙……潘功甫宗净土之教，以之修己而劝人，于是刊布善书，广行施济……于是莲村余君亦行其道于澄江梁溪之间。迨至咸丰之世，生民之祸极矣，故莲村之为术愈广，立说愈卑。①

康有为也曾指出："今以善士名天下，如熊纯叔、谢家福、严佑之，皆其（余治）弟子，实江浙袁学之大宗，潘功甫（曾沂）、汪小石之后劲也。……今直省水旱饥灾，岁有月余，余君弟子匍匐争号，拯其死亡，天下之人争归之。"② 余治弟子李金镛、谢家福、经元善、严作霖、熊其英等，在晚清义赈中异军突起，享誉海内，成为中国历史上第一个慈善家群体。这一群体，继承袁黄衣钵，为潘曾沂等善人的后续，是江南慈善家前后相承的生动体现。王卫平教授提出，袁黄、彭绍升、潘曾沂、冯桂芬、余治、谢家福等均为江南地区慈善事业发展过程中的关键角色，处于"慈善系谱"的节点上。"他们在纵向上前后影响，在横向上组成网络，表现出一脉贯通、互为影响的传统，并随着时代的转型，呈现出由传统走向近代的发展轨迹。"③ 一个个善堂善会看似孤立，实则有密切的关联。众多的善人义士虽没有直接血缘联系，却继承前代慈善理念与实践，不断开拓创新，令中华悠久的慈善文化延绵不绝，永葆生命。

第三节　善举与政教：义葬的政治文化内涵

相较于现代慈善以帮助社会弱势群体为主，传统慈善的政治和教化色彩浓重，显得颇不纯粹。光绪《松江府志》指出："善堂之设，

---

① 吴师澄编：《余孝惠先生年谱》叶裕仁"跋"。
② 姜义华编：《康有为全集》，《书余莲村〈尊小学斋集〉后》，上海古籍出版社1994年版，第44页。
③ 王卫平：《慈风善脉：明末清代江南地区的慈善传承与发展》，《苏州大学学报》2016年第3期。

所以佐吏治之不及。"① 近代大慈善家张謇提出："王者矜其无告而为之所焉，此于政为变例，而不足以为本计也。王政不得行，于是慈善家言补之，于是国家社会之义补之。凡以济政之穷与兴政所不及，通于政焉而已。"② 可以说，兴办善举贯穿着宣导王道德政，鼓吹君上良法美意，维护现存等级制度的诉求。这种价值追求在义葬善举中有鲜明体现。

一 宣扬德政，强化秩序

中国古代，以"生有所养，老有所终"为养老孝亲的终极理想；"事死如生，事亡如存"为普遍推崇的礼仪原则。《中庸》说："践其位，行其礼，奏其乐，敬其所尊，爱其所亲，事死如事生，事亡如事存，孝之至也。"荀子称："丧礼者，以生者饰死者也，大象其生以送其死，事死如生，事亡如存。"（《荀子·礼论》）可以说，丧葬礼仪则关乎伦理风教的大事。同治《孝丰县志》将慈善与政教的关系阐述得很到位："养生送死无憾，王道之始，故文王发政施仁，必先茕独。我国家视民如伤，恫瘝在抱，无一物不得其所，并有以弥天之憾而济其穷。养济育婴，德被沾危，漏泽有园，施及枯骨，垂为典则，恩至渥也。"③ 明清官方推崇土葬与速葬，力求"死者获体魄之安，生者尽送终之礼。此阴阳常理，为政者转移风俗之大端也"。④ 将义葬作为"厚人伦，美风俗"的要务，就是这种思想生动的体现。

无论在墓地安排、棺木等次、葬费多少等各个方面，"男女、贵贱、尊卑、内外"等原则被反复强调，借以强化封建伦理纲常。通常义冢所葬棺需立图册，编号注明姓氏以备查考；义冢姓名可考者，除夫妇合葬外，男女异穴分别掩埋；外地人一般另划区域埋葬。男女大防是格外强调的原则，停厝棺木时也要将男女分开，不辨性别的通过

---

① 光绪《松江府志》卷九《建置》。
② 张謇：《南通养老院记》，载《张季子九录》（慈善录），中华书局民国二十年铅印本。
③ 同治《孝丰县志》卷三《建置》。
④ 林枝春：《与刘按察使论速葬之法书》，载贺长龄编《清经世文编》卷六十八《礼政·正俗上》。

占卜等方式设法区分。如海宁普善堂,"于东街建屋八进为停厝男柩,以'容止若思言辞安定'列号,每进7间,每间厝柩3具,每字计21号;街西房屋8进寄厝女柩,以'笃初诚美慎终宜令'字,列号间数于东同,共计112间。"① 施赊棺木时对身份等级的规定也十分严格。昆山巴城镇乐善堂主办掩埋,所设义冢分"山水清秀"四字号,男棺列山字,女棺列水字,男女无从辨别者列清字,幼棺列秀字,朽坏不能迁者原地掩埋。② 南汇同善堂,先查明暴露棺柩,有主者催令自葬;无主及无力者详加访问,分别男妇,编号等簿,破碎之棺零具骨箱检盛,尽行抬赴义冢;男妇异处,一律深埋;无力而有地者亦为之代葬。③ 不难看出,这些烦琐的安排,其实是将人世间的礼仪规范转移到尸骸棺柩上。

在施舍中强化教化色彩,对救助对象的品行、身份等有严格的要求。著名社会学家詹姆斯·米奇利（James Midgley）指出:"从历史角度看,慈善提供者对'值得救济'和'不值得救济'的人进行严格区分。值得救济的人包括老年人、残疾人、儿童和其他无能力照顾自己的。不值得救济的是那些身强力壮的无业者,以及因为某种行为而陷入贫困的人,如吸毒与犯罪者。"④ 从技术角度看,这无疑是合理的,但是,这种划分并不是基于经济考量,更多的是一种道德的选择。这一点在清代慈善中普遍存在。如枫泾同善会馆,"是会也,首先节孝重大伦也,次及孤贫怜无告也。游惰不及,寓劝惩也。"⑤

二 禳灾弥祸,趋吉避凶

所谓"和气致祥、乖气致异"（刘向《条灾异封事》）,传统政治思想中,人间有违天道人心、伦理纲常的行为和现象会形成乖戾之气,干扰自然运行,带来灾祸。改善之法是顺天应人,广施德政,多

---

① 民国《海宁州志》卷六《恤政》。
② 同治《巴溪志》不分卷《建设》之廖纶《巴溪义冢记文》。
③ 同治《南汇县志》卷三《建置志》之《同善堂规条》。
④ ［美］詹姆斯·米奇利:《社会发展:社会福利视角下的发展观》,苗正民译,格致出版社2009年版,第68页。
⑤ 光绪《重辑枫泾小志》卷二《建置》之蔡维熊《同善会馆碑记》。

行善举。中国有丰富的"禳灾"学说，于灾荒战乱之时，通过各种娱神活动与宽松政策，营造祥和的气氛。邓拓《中国救荒史》中对"天命主义之义禳弭论"着重进行了论述。大善人余治主张推行乡约以"化导乡愚"，推广善举是其中重要的一个方面。他指出：

> 地方各种善举，宜随时劝导，量力施行。而寡妇孤儿，苟有不得其所，怨郁之气，最戾天和，故恤嫠恤孤，尤宜早为设法。宣讲时留心查问，约有若干，劝有力者酌量周济。仿高忠宪公同善会例，广集善会，或捐一文愿、十文愿，集少成多，按月送给孤寡各户保全清节，扶植单寒，最为极大阴德。至其他善举，如养老、恤婴、掩埋、助葬、积谷、备荒、筑堤、开港、救火、扶病，<u>种种有益地方之事，实足培养生机，潜消劫运，亦宜随力兴举，使人人知力行善事造福更无限量</u>。①

这一论述可以看出：其一，各种善举均有"培养生机，潜消劫运"的功能，应当随时劝导，量力施行；其二，诸多善举中，以救助孤儿寡妇阴德最大，因他们为阴气与生气的象征，也是最需要救助的对象；其三，力行善事对于个人或地方都是积德造福的，无论贫富均可参与。这一表述代表了传统慈善思想的基本面。清人钱泳将行善积德比喻为积累财富："大凡人为善者，其后必兴，为恶者，其后必败，此理之常也。余谓为善如积钱财，积之既久，自然致富；为恶如弄刀兵，弄之既久，安得不伤哉？此亦理之常也。"②石渠感慨江南民风败坏，鼓吹只有依靠善举绵延，才能挽回气数："吾苏素称繁富，因是浮糜者有之，淫逸者有之。非有诸善举延绵不绝，阴为补救，何由开悔祸之机，以挽回气数？"③光绪年间，南浔师善堂经董谈熊江辑录《掩埋备览集证》，收录各种报应事例以劝世。他提出："世间容有负

---

① 余治：《得一录》卷十四《宣讲乡约新定规条》。加下划线部分，原文中加圈点。
② （清）钱泳：《履园丛话》卷七《臆论·为善为恶》，中华书局1997年版，第182页。
③ 同治《苏州府志》卷二十四《公署四·善堂》。

心之活口，而地下绝无背德之枯骸。从来掩骼埋胔食报不浅，而埋骨不慎者辄遭其殃。"① 对于普罗大众而言，这种因果报应是最便捷、有效的。

穰灾弥祸、趋吉避凶是推行善举的重要出发点。明清时期，停棺不葬、火葬、浮尸路毙等丧葬问题严重，被视为败坏社会风气。"实足戾阴阳之和，召旱干水溢之患。"② 通过义葬掩埋，使尸骸免于暴露和入土为安，从而达到"仁风祥洽，戾气消融"的境界。万历二十一年（1593）黄河决口，"齐、梁、淮、徐广大地区数十县遭受大水灾"，出现"人相食，骨相枕，民死十之七八"的悲惨景象。同善会创始人杨东明及时上疏赈灾，并绘制《饥民图》一并上呈万历皇帝，并推荐名吏钟化民主持救灾事宜。《饥民图》有《饿殍满路》一幅，图解道："这暴露的尸骸，都是冻饿死的饥民，缘系流寓，无人收埋，都拉在城郭外万人坑中，鸟食狗吞，肢骸散乱，甚可痛心。今春气透发，臭秽熏人，恐蒸为厉疫，死亡更多。这都是国家的赤子，赖他以为根本，耗伤若是，可无寒心？"③ 乾隆初年，胡燮臣作《奉劝深埋胔骼预绝疫端公启》，提出："先王于孟春掩骼埋胔，诚恐秽恶之气，为民物害，故掩埋必深，所以预补造化，非徒泽及枯骨已也。……与其救济疫症于既发，莫若消弭疫端于未形。"④ 他极力鼓吹地方心存利济，深埋尸骸，此举深得江苏巡抚陈宏谋认可，下令刊布分发。缪日杞指出，苏州城人口繁盛，四方商贾聚集，居住条件紧张，以致民众死后多火葬了事。"翳空臭达远迩，过者蹇额，其亲戚恬然安之，习为故常。"因此导致民风滋浇，戾气失和，引发瘟疫，连年歉收。自创办锡类堂后，因力行善举则年成丰收，百姓安乐。"自四月至九月止，共葬埋棺骨累计四千余。是岁秋大熟，灾沴不生，稚耄嬉戏，邀

---

① 民国《南浔志》卷三十四《义举一》。
② 光绪《川沙厅志》卷二《建置》，何士祁：《同善堂纪略》。
③ 杨东明：《饥民图说》，《四库全书》本。
④ 余治：《得一录》卷一之二《同善会章程》《奉劝深埋胔骼预绝疫端公启》。胡燮臣为娄县人，乾隆十年乙丑科（1745）进士，曾任福建连江知县。

登于太和。"① 晚清时期，南浔人董汉策劝里人修德以禳灾，而不是佞神以求福。还认为，南浔之所以在太平天国战乱中得以独存，重要原因是当地"多善人食余福"："吾浔佞神且玩侮焉，是请祸也，岂召福耶？自兵燹焚掠以来，甲第为邱虚，白骨遍原野，所在皆是，浔独晏然，岂天独爱浔民而燠煦之夫，亦惟是浔多善人食余福焉。"② "死而弃之沟壑，人之情不忍为，故有葬死之义。葬者，藏也。"（《吕氏春秋》卷十）无论有主之家或无主尸骸，唯有即时埋葬，才能符合情理，避免灾祸。

中国文化中有深刻的鬼魂观念，认为人死之后化为鬼魂，必须即时埋葬，血食祭祀，才能不作祟，人鬼两安，否则就引来灾异。如《礼记·祭义》称："众生必死，死必归土，此之谓鬼。"《左传》记载："鬼有所归，即不为厉。"古代文献中充斥着大量鬼怪故事，各种停丧不葬引起恶报，助葬掩埋召来善报的案例更是不胜枚举。1873年7月23日，《申报》曾合载两篇新闻，前文记录了商人不葬父母，死后停厝其间皆被漂没；士子不葬父母屡试不第；民人不葬祖宗，祖宗附身其女；某人不葬其父而中年无子的四个故事。后文则记录秀才陈某于兵燹后在家收埋骨殖，次年乡试高中的事迹。③ 梁恭辰《北东园笔录》中有不少类似内容。《鬼报德》记载：乾隆五十三年（1788），苏州饥荒瘟疫，饥民多倒毙道路。善人李连玉捐助西郊高处地百弓（近半亩）做义冢掩埋。竣工后某夜，他自乡下催租回家，来不及进城，泊舟近港歇息。半夜，有强盗三五人登船持刀抢劫。危急之间，突然岸上数百人叫嚣谩骂，群盗惊疑，狼狈而逃。其实，当地荒草蔽野，空无一人也。他心知是义冢鬼报德。隔日备酒菜前往祭奠致谢。④《践坟惨报》记述某人因践踏无主坟墓，后家破人亡。梁恭辰因而感慨："无主之坟，有力者崇而封之，无力者从而掩之，乃矜恤同类之

---

① 同治《苏州府志》卷二十四《公署四·善堂》，缪日杞：《锡类堂记》。
② 同治《南浔志》卷三十三《风俗》，董汉策：《普劝同里修德禳灾说》。
③ 《申报》，同治十二年七月二十三日，第101号，《停丧不葬近事四则》《撩埋暴露善因一则》。
④ 梁恭辰：《北东园笔录续编》卷四《鬼报德》。

道,恶可以枯骨无知,视若草芥耶?卒之我能使鬼一死而再死,鬼亦能使人有嗣而绝嗣。呜呼报亦惨矣。"①《江右黄》记载,南昌黄俊民见古寺中棺木累累,破败者甚多,心生恻隐,捐田二十亩作为义冢,出资劝人营葬,但凡年久而无力者一一埋葬,立碑铭记,共葬四十六棺。后来,家族科甲蝉联,冠盖不绝,人争羡慕。②

三 去除弊俗,改良风气

推行善举的重要的出发点是移风易俗,改良社会风气。由于习俗与礼仪具有陶铸社会文化心理的功能,历代统治者十分注重培育良风,革除鄙俗。日本历史学家岸本美绪指出:"'移风易俗'的目标并不是单纯的'文明化',也不是单纯的'回到自然',而是把教养、礼仪、天真的良知等各种要素综合起来实现的'一团和气'的理想秩序。"③宋明以来,儒学深入下层社会,关注日常礼仪的理论与实践的互动,对风俗方面更为讲究。

从地方志及各种其他文献看,明清江南存在各种各样的丧葬弊俗,如停棺不葬、火葬、奢葬、偷葬、杂用僧道、阻葬扰葬等。大儒张履祥严厉批评江南丧葬弊俗,他认为:"今里俗婚礼犹存古意,冠礼废矣,然未有违理伤教如丧祭之甚者。"他条列当时的丧葬祭祀弊俗与同志诫勉,其中丧弊有十种,分别是:召僧道追荐度亡、初丧作乐娱尸、为酒食以召乡党、吊丧以赙赠、乘丧嫁娶、火葬、丧葬风水、丧久不举、沮葬、点神主不详。④如何改变这种局面呢?办法不外乎两种:一是颁行律令,严禁各种违规行为;二是推行义葬善举。曾有人旗帜鲜明地提出,江南丧葬恶习风行,乃因官方教导无方所致:"大江以南浮厝不葬之风甚炽,岂真民之无良哉?特在上者化导无方耳。"⑤清代理学名臣汤斌在江苏巡抚任内(1684—1686),曾颁行《风俗条约》,整顿各种弊俗,包括禁止火化与停柩不葬,因措施

---

① 梁恭辰:《北东园笔录三编》卷五《践坟惨报》。
② 梁恭辰:《北东园笔录四编》卷四《江右黄》。
③ [日]岸本美绪:《风俗与历史观》,《新史学》第13卷第3期,2002年9月。
④ 张履祥:《杨园先生全集》卷十八《丧葬杂说》,《续四库全书》本。
⑤ 同治《巴溪志》不分卷《建置》,廖纶:《巴溪义冢记文》。

得力，一年之中报葬棺木三万余。义葬过程中，格外强调按照儒家理念的丧葬礼仪。如硖川广善会规定："凡无力营葬者，开明棺数，即葬所报局，局中为择日备料，一仿朱子白云葬法，石灰山黄泥凤口砂以水和匀，每下料数寸以杵捶令坚实即所谓三和土也。"① 乾隆二十八年，杨文学鹤山等创办嘉兴王店镇埋胔会，"每三年冬腊掩埋无主棺木，揭盛大坛，不用火化，其棺未朽者，移至广孝阡葬埋。"② 通过这种活动，有助于创造社会典范，形成舆论压力。

很多"鄙俗"是长期基于社会实际长期形成，约定俗成，根深蒂固，以儒学正统自居的道学家看不惯，因而著文批判，甚至创办善会善堂树立典范。但是，现实往往令他们难以如愿。思想家陈确就是一个典型，他对丧葬鄙俗批判格外严厉，还完善了《葬亲社约》。然而，在为妻子等亲属操办丧事时，却不得不循例，内心备受煎熬。各处设置义冢时也大多依俗行事。如嘉善原有义冢设置于西门外出字圩，因地理先生说该地位于城区上风，不宜埋葬。同仁会经董恳请知县立案永禁埋葬，另择南门外白豪圩设置义冢。这种矛盾的思想与行为，是颇发人深省的。

四 抵制西方，收揽民心

对西方艳羡不甘，对过去追慕赞美，对当下的不满失落，这三种情愫交替并存，是近代中国思想界的常态。近代西方的慈善理念实践对本土的慈善事业带来强力冲击。基督教进入中国时，采取慈善、教育、医疗作为"传播福音"的手段。美国基督教差会负责人司弼尔曾赤裸裸地指出："我们的慈善事业，应该以直接达到传播基督福音和开设教堂为目的。……作为一种传教手段，慈善事业应以能被利用引人入教的影响和可能为前提。"③ 不少民众接受了洋人救助，转而信奉基督教，极大地刺激了很多人的敏感神经。如近代著名思想家冯桂芬在《收贫民议》中提倡取法西法收养贫民。他大胆宣称："法苟不

---

① 嘉庆《硖川续志》卷二十《丛谈》。
② 光绪《梅里志》卷七《瘗恤》。
③ 《美国与加拿大基督教差会会议记录》，1899年，第47页，转引自顾长声《传教士与近代中国》，上海人民出版社1980年版，第275页。

善,虽古先吾斥之;法苟善,虽蛮貊吾师之。"他盛赞荷兰国有养贫、教贫二局的做法,行文之中,却难掩感伤,发出"所谓'礼失而求诸野'者,其是之谓乎?""堂堂礼义文物之邦,曾夷法之不若,可慨也已!"的慨叹。①

在统治阶层看来,这不仅意味着传统统治教化的失败,有丧失民心的危险,还会引发各种困扰。基于现实政治考量与民族情感的考量,推行慈善活动和改良原有善举,抵制西方的影响。《申报》曾以"西人好善"为题,号召国人乐于行善:"夫畛域不分,一视同仁,蚁驮一粒,鳌戴千钧,各视其力之所能至,无非皆恻隐之心。西人尚若此,而况我同为食毛践土之华人!"② 既然西洋人都能做到,中国政府与民众自然不能甘于人后。特别是政府无法有效管控洋人的传教与慈善活动,民众常以育婴谣言等进行反教运动,这给统治者提出严峻的挑战。自教会在各地发展伊始,民众中就盛传教会育婴中剜眼剖心的谣言,以讹传讹,此起彼伏。从南昌教案、天津教案到长江教案,近代百余年间,这类传闻从未停歇,甚至现代编著的一些书都采用此说。同治九年(1870)天津教案后,总理衙门特意颁行了《传教章程》,首条即要求教会不要介入育婴活动,不被理睬。两广总督张之洞曾提出,教会需向当地官方呈报育婴情况,并接受检查,建议被清政府采纳却遭到法国等列强的抵制。在光绪十七年(1891),扬州、芜湖、无锡、丹阳、九江、武穴、宜昌等多地接连发生反洋教运动,统称"长江教案"。武穴教案后,御史恩溥上《各省教案皆缘育婴而起请饬广设育婴堂折》,直陈:"各省教案繁兴,由于会匪之肇事;会匪媾衅,起于教堂之育婴。""为教士计,非停办育婴不能释百姓之疑心。而为国家计,非广劝育婴,亦无以杜教民之借口。"主张各省广设育婴处所,其建议中肯而为朝廷采纳,清廷特发上谕,要求各直省将军督抚妥筹育婴堂,以期"自可隐杜乱萌"。③ 此后,全国许多地

---

① 冯桂芬:《校邠庐抗议》之《收贫民议》。
② 《申报》1877年2月5日,《西人好善》。
③ 朱金甫主编:《清末教案》第2册,中华书局1998年版,第483—485、500—502、603页。

方又掀起一次育婴建设高潮，尤以湖北成效最为显著。① 转任湖广总督的张之洞认为，湖北华洋杂处，教堂甚多，育婴之举为当务之急，"分派员绅，驰赴各属，会同地方官绅周历城乡，切实劝导，设法筹捐的款，或因或创，极力扩充"，希望"兹堂既成则贫婴有归，教堂无所收养，民间不得藉为口实。"② 光绪十九年（1893）十一月上《筹办育婴折》，奏报通省筹办育婴情形。两年多来，湖北全省69州县均新建或扩建的育婴堂，"综计一州一邑，虽筹经费多者钱数千串，以至数百串；收养婴孩多者数百名，以至数十人，各该地地方官均能各就本处情形实心劝办，不遗余力"。③ 西方扩张不断侵犯中国的主权与尊严，激起民众的不满，肆意破坏和侵占墓地是重要的"罪证"。1855年，上海的一份反租界揭帖中历数外国侵略者利用租界为非作歹的种种罪行，其中就包括损毁坟墓。其中有诸如"挖掘坟墓，拆除民房，死者魂魄，亦不安康""白骨累累，沉冤不伸，触目惊心，切齿痛恨"之类的表述。④ 两次四明公所事件，激起民众反抗热情，罢工罢市，与这种逻辑密切相关。

解决具体的现实问题与宣扬特定政治文化理念，中外慈善事业中往往双重目的并存。光绪《吴江县志》将养济院、育婴堂归为院堂，将种善堂、留婴堂、众善堂等归为民间善堂，认为："以上各堂局，或栖流，或收养弃婴，或施给衣药等项，要以报验路毙、掩骼埋胔为大宗，后世所谓善举，盛时以为王政，故具列之公署之末。而兹缀通饬勒石告示三件如左，亦以见善堂之与政治实相表里云尔。"⑤ "善堂之与政治实相表里"是清代慈善发展的重要面向。

---

① 黄永昌：《传统慈善组织与社会发展：以明清湖北为中心》，光明日报出版社2012年版，第201—2016页。

② 赵德馨主编：《张之洞全集》第三册《奏议》，《筹办育婴折》，武汉出版社2008年版，第143页。

③ 附片《张之洞全集》未收录，中研院近代史研究所编《教务教案档》第五辑收录有影印件，题为张之洞《为遵旨筹办湖北通省育婴堂恭折奏祈圣鉴事》，第1150—1158页。

④ 赵靖、易梦虹主编：《中国近代经济思想资料选辑》，中华书局1982年版，第299页。

⑤ 光绪《吴江县续志》卷二《营建》。

第四节　清代慈善发展的困境与应对

雍正帝曾说:"夫养少存孤,载于月令,与扶衰恤老同一善举,为世俗所难。"① 民国初年,著名报人杜亚泉在《东方杂志》撰文说:"吾国慈善事业,至为繁夥,惟多失慈善本意,且界限不明,系统紊杂,或与公益混为一事,或与宗教并为一谈,甚且以鬼神迷信之事,占慈善事业之泰半",因而主张"根本之厘整"②。这一说法揭露了清代慈善发展存在的普遍问题,有一定道理。读罢这两段文字,不胜唏嘘,看来不仅目前慈善发展问题多,善举难为,在清代也存在不少问题。

那么清代慈善发展中存在哪些困境和问题呢？与当前有何异同？国家与社会如何应对？从中能否得到启发呢？典章、方志等官方色彩浓重的文献中,对慈善发展中的弊端和"黑幕"语焉不详,或略过不谈。要了解清代慈善发展的实况,尤其存在的问题,除应多笔记、报刊等多种类型的史料,从中寻求蛛丝马迹。下面试结合多种史料,探讨上述问题,区域上以江南为主,兼顾全国各地。③

一　世俗所难:清代慈善发展的困境

(一) 组织之难:管理混乱,弊窦丛生

健全的组织和充足的资金是慈善事业持续发展的两大保证。正所谓"公资不集,则临渴掘井,易举易废;有公资而无公所,则散而无纪,万一彼此异见,则事难垂久"④。清代慈善发展普遍存在"重建

---

① 《清世宗实录》卷十九,雍正二年闰四月癸未。
② 《东方杂志》第12卷第10号,高劳:《慈善事业》;周月峰编:《中国近代思想家文库·杜亚泉卷》中收录此文,中国人民大学出版社2014年版。
* 杜亚泉(1873—1933),原名炜孙,字秋帆,号亚泉,笔名伧父、高劳,汉族,会稽伧塘(今属上虞)人,近代著名科普出版家、翻译家。
③ 本节曾以"善门难开:清代慈善发展的困境与应对"为题,提交第三届寒山寺文化论坛(2009年9月)。参见秋爽、姚炎祥主编《寒山寺文化论坛论文集2009》,上海三联书店2010年版,第284—307页。
④ 民国《濮院志》卷九《任恤》之沈梓《保元堂征信录序》。

设、轻管理"的问题，在组织方面困境较多。

善堂董事中不乏乐于行善、不支薪资的，但多数专职司事和堂役是需要支付修缮饭食的，加之兴建和维修堂屋、善堂内杂用之类等耗费，各项日常开支往往占到总支出的大部分，实际用于慈善活动的则只剩下小部分。笔者在吴江市图书馆找到几种善堂征信录，记载了当地几家善堂的日常运行情况。以盛泽种善堂为例，分析该堂自同治四年至光绪十五年（1864—1889）长达25年的征信录，分析历年财务情况发现，除个别年份大兴土木外，司事修缮均为最大项支出，其次则是堂屋修缮和添置杂用，直接用于掩埋、代葬、惜字等核心善举的支出则寥寥无几。①《申报》曾披露："即育婴诸事，因投堂入院之人终岁无几，亦即按人给钱，养之于外；而堂院中空无所有，久之屋宇且渗漏损坏。岁无增修而凡初定之经费、移拨之款项，官绅以其盈余也，辄有借作他用。数人易手之后，遂觉一切善举皆有名无实矣。"作者指出，"此天下之通病"，因而大赞栖流所的妙处。② 在全国多数州县，往往仅有养济院、育婴堂几种"钦定"的善堂，类似情况更严重。

经营者的态度与能力往往决定了善会善堂的命运。创办难，经营更难，必须有德才兼备管理人员尽心竭力经办方能有所成就。由于管理者所托非人，因循守旧，或敷衍了事，或营私舞弊，导致很多善堂有始无终。华亭人沈步桓在《永安局记》中感慨善举难为道："余游四方，见有兴是举者矣，或三四年，或六五年。问之，曰费不支也，曰力不给也。即积田数百，资巨万，行之久而有视为具文者矣，行之又久而中有侵蚀者矣。假乐善之名，鲜阴行之实，堕同人之德，朘死者之膏，其咎安在？"③ 光绪末年，民政部奏请整顿全国慈善事业："近查各省善堂善举，有分官办、绅办者，亦有官绅合办者，固不乏洁清自好、热心任事之人，而官绅舞弊，胥吏侵渔，因之而事多废弛

---

① 《盛泽种善堂征信录》，同治四年至光绪十五年，吴江市图书馆藏刻本，刊行年代不详。
② 《申报》1879年9月20日，总2295号，《喜栖流善举得成因志》。
③ 光绪《平湖县志》卷四《建置下·义产》。

者亦在所不免。"① 显然，这类舞弊侵渔的现象当时十分普遍。

由于善堂经董难以事必躬亲，必须假手于人，所雇用工役多是升斗小民，他们一旦贪图小利，也会影响善堂的运营。清初思想家唐甄曾揭露苏州育婴堂黑幕："诸乳妇多不良，第贪三百钱，得堂中之衣褓皆用于己子；所养之子，置之不顾，故多有病死。其籍记中，病者十二三，死者十一二矣。堂中虽有察婴之规，使从事者视之，不过月一至焉。岂能相与寝处，故病死者多也。"②《申报》曾披露，不少地方育婴堂乳妇常虐待婴孩，或不愿正常哺乳，或将所领衣食等留作自用，有些乳妇甚至一乳多雇，导致"堂中之孩无不鸠形鹄面，从无肥胖白净之人"③。上海同仁辅元堂是近代著名的善堂，也曾出现管理不善，招致批评。《申报》刊文披露，按照惯例，工役们掩埋之后再到该堂报到领钱，然而这些人经常贪图便利，敷衍塞责，每每不肯深埋，导致尸棺日炙雨淋，几如未葬，甚至尸腐蛆生，血水漂流，情形凄惨。④

遭遇胥吏、无赖、恶丐等滋扰的现象也很常见。据清人顾禄《桐桥倚棹录》记载，乾隆年间，苏州普济堂董事吴周钤在任职期满后，写诗描述个中辛酸，有"经费统一周，民销官算之。郡守至幕府，辗转校簿迟。吏胥乘其间，吹毛而求疵。善果不可为，归咎于官司"。在另一首诗中，他更有"畏堂如畏虎"的感慨。⑤ 因阻葬风行，对义葬善举大有妨害："收埋善政也，自有遇事生波之棍徒，动辄挟人命图赖，而善政中遂有害焉非大为之防，则善路阻，而平民之受害不堪问矣。"⑥

（二）经费之难：用度支绌，使用混乱

善堂创始时，往往依赖官绅的捐助，大多采取官员捐廉倡首，士

---

① 《民政部奏整饬保息善政柄妥筹办法折》，《东方杂志》1907年第5期，第197页。
② 唐甄：《潜书》卷下《恤孤》，中华书局2011年版，第148页。
③ 《申报》1880年3月31日，总2482号，《善堂宜防流弊说》。
④ 《申报》1872年6月10日，总第65号，《论善堂义塚切宜深埋事》。
⑤ （清）顾禄《桐桥倚棹录》卷六《义局·普济堂》。
⑥ 余治：《得一录》卷八《收埋路毙浮尸章程》。

绅商富踊跃捐助的办法。步入正轨后，如果没有大额捐助，未置办恒产生息，一旦经费筹措不力，就难以维持日常运作。清代中后期，丹徒各善堂大多得糖油杂货厘金资助，义渡、救生、粥厂、育婴、恤嫠等处均有津贴，多则五六百，少则一二百及数十元不等。沪宁铁路开通后，火车直达上海，当地百业萧条，各善堂顿时消减不少。① 清代善会善堂往往依赖特定的家族和个人，导致善举无法持续运营。据《清稗类钞》记载，晚清大商人胡雪岩为人乐善好施，名下钱庄等则吸纳不少善堂存款。待其败落后，各善堂在其商号中的投资皆无可追索，只得饮恨吞声而已，江南诸多依仗其捐助的堂局也大受影响。②

善会善堂经费是否充裕，取决于地方的贫富和士绅商富的多寡。一旦经费支绌，不但难以推广善举，甚至废弃。乾隆十年，官绅公建上海同善堂，后因经费不足，善举多停辍，直至废弃，堂屋也改作他用。③ 战乱灾荒时，道路枕藉，流离失所，社会资源极度匮乏，原有社会秩序的破坏，对慈善救助是空前的挑战。厘金制度兴起对于推动中国的近代化建设，客观上起到了不少积极的作用。很多洋务事业与地方建设因此得以开展，慈善公益也从中分润不少。然而，这种"苛捐杂税"自产生之日就饱受诟病。清末名幕张廷骧曾感叹："臣生于江浙之间，厘金最旺之地，目击商民由富而贫，由贫而至于赤贫，皆由厘金累之。"④ 很多善堂依靠厘金善捐生存，向各行各业大肆摊派维持经营，成为苦商害民的弊政，无异于饮鸩止渴。《申报》曾刊《论清查善堂事》一文，披露江浙不少地方，"捐输因之日少，致善堂不废而常若废"。⑤

善会善堂多从事养老恤幼、扶贫济困类的"救穷"之举，常被认为"其事缓而其功小"，较之赈灾、平乱之类的紧要事务无关大旨，因而经常被侵占挪移，官办背景的善堂尤其如此。松江南汇县曾设尸

---

① 民国《续丹徒县志》卷十四《义举》。
② 徐珂：《清稗类钞》，《豪侈类·胡雪岩之豪》。
③ 同治《上海县志》卷二《建置·附善堂》。
④ 张廷骧：《不远复斋见闻杂志》卷六《陶公三疏》。
⑤ 《申报》1897年3月15日，《论清查善堂事》。

场经费,负责办理尸场报验,然而"经费多挪借、赔累,多年不堪苦累,岁末长面临债务需索,董事苦不堪言"。① 晚清讽刺小说家李伯元在《活地狱》中,描述了一个奸诈的师爷撺掇知县敲诈当地涉讼人家的故事。师爷建议威逼黄、巫两家息讼,再各报效数千两银子,作为设立学堂的经费,"这两家的银子白白到手,老爷又得了好名声,岂不是一举两得呢?"老奸巨猾的县令欣然同意,但强调应为"善堂"而非"学堂","学堂经费是要造册子报销,不能上腰的,不如说是善堂经费,可以没有查考,似乎稳当些"②。这一情节透露了一个重要的信息,善堂经费没有查考,官员可从中贪赃枉法,还能博取名声。光绪《黎里镇续志》的一篇文字印证了这一点:"窃观地方善士,随在皆有,往往一涉善事,动辄得咎。无他,衙门胥吏多方需索,遂至昔贤有善事不可为之语。可知虽有善堂,虽有办善之人,而无贤有司护持于上,仍不能行也。"③ "一涉善事,动辄得咎",要维持慈善的持久运营何其艰难。

(三) 施舍之难:博施济众,尧舜犹病

子贡曾问孔子,如果"博施于民而能济众",广泛地给民众好处,周济众人,算不算是仁义之人? 孔子说,这样做何止是仁人,简直就是圣人,连尧舜都为做不到这样而为难呢! 只要能够推己及人,"己欲立而立人,己欲达而达人"就能仁义的境界了。④ 唐人孔颖达在《春秋左传正义》中对"三不朽"做了界定:"立德谓创制垂法,博施济众";"立功谓拯厄除难,功济于时";"立言谓言得其要,理足可传"⑤。对于慈善公益,博施济众始终只是一个理想境界,如何分配有限的资源才是应该直面的现实。由于经费不足、规模狭隘等原因,大多数善堂对收养、救助对象进行限额等措施,同时施给的钱物饭食

---

① 同治《南汇县志》卷三《建置志》。
② 李伯元:《活地狱》第一回《刁代书情让十倍润,赵稿案计赚两家钱》。
③ 光绪《黎里镇续志》卷二《善堂》。
④ 《论语·雍也》:"子贡曰:如有博施于民而能济众,何如? 可谓仁乎? 子曰:何事于仁,必也圣乎! 尧舜其犹病诸! 夫仁者,己欲立而立人,己欲达而达人。能近取譬,可谓仁之方也。"
⑤ 《春秋左传正义》卷三十五,《襄公二十四年》。

等很少。各地养济院、普济堂、清节堂等，普遍设置定额，所派发的银米，往往仅够最低的生活标准，甚至仅够简单的粥饭而已。《申报》曾载《善堂宜防流弊说》一文，论及各处清节堂常以额度和经费有限为辞，其所收养节妇多是因情面请托者，而穷乡嫠妇虽含辛茹苦，大多因没有关系而得不到照顾。①

受经济条件所限，明清时期，贫困人口远大于慈善体系整体救助能力。施舍过滥，不仅会虚耗资源，甚至让慈善体系陷入崩溃。很多善会善堂经常遭遇的难题是，游惰无赖之人常混迹其中，骗取饭食、金钱，真正困难的反而得不到救助。《申报》曾报道："上海地方为善者最多，每年冬令施衣送米络绎不绝，然其中立法终莫之善，以致强横者去而复来，得及变卖，为其入烟赌之销场；弱者苦苦哀求，欲得一次而不能，实在贫穷老弱均难沾其实惠，大半在于无益之中。"该文记述，有个叫唐阿三的地痞，从果育堂领得棉衣一件，将其变卖，过几日又去强索，被司事识破不给，他恃强谩骂，将堂门踢坏，最后被纠送法办。② 如此施善，当然弊大于利。

另外，多数善会善堂集中于城镇，不仅难以施惠于乡村，甚至城内无法周济，存在明显的城乡之别。晚清彭洋中感慨善举的城乡之别："通都大邑，仕宦商贾辐辏之区，其财易集，故其事易举；而乡里之间，地隔势散，惟各自行其力之所能为，能集众善以广其施而垂之久，自非风俗之美，慷慨好义笃行之多，往往不能。"③ 如处于远乡的弃婴很难抱送入堂，即使送达也多病饿而死，因此育婴堂收养的基本是城内及近郊的婴孩。清代中叶，江南出现"接婴—留婴—育婴"一体的"育婴事业圈"，可谓一大创举。义葬中，城乡之别也较普遍。如太仓嘉定城内，乾隆年间建有存仁堂，办理施棺代葬，四乡民众因距城偏远，寒暑时节申报和行善极不便利，因此多停棺不葬与暴露尸骸。④

---

① 《申报》1880年3月31日，总第2482号，《善堂宜防流弊说》。
② 《申报》1872年12月1日，总第208号，《善事难为》。
③ 道光《宝庆府志》卷六十二《疆里记》，（清）彭洋中：《同善堂记》。
④ 嘉庆《直隶太仓州志》卷五《营建下·恤养》。

（四）取信之难：以善为名，信誉败坏

维持良好的声誉，取信于人，关乎慈善生存发展的根本。慈善组织要建立信誉需要长久努力，而声名狼藉往往在一人一事之间，古今教训，莫不如此。一些善堂经董贪污腐败，乃至以善举为名，借机敛财，挥霍享乐，导致慈善有名无实。道光年间，御史张灏奏称："镇江府属近有不肖绅衿，谋为（善堂）董事，侵蚀自饱，以至经费不敷，久乃化为乌有等语。一府如此，他府可知。……至地方善事，经理不善，以至有名无实，谅不独江苏一省为然。"①《申报》曾刊出《善堂不善》一文，揭露上海某些善堂之黑幕："董理堂政者，昔则面黄肌瘦，今则脑满肠肥，以众人之财以为财，节众人之食以为食。既云经费至不能添一人，则一连看八十余本京戏之费从何而出耶？每至年终米药派捐于众人归善于一己，非其亲友己党求之如登天之难。"② 某些善堂董事徒有空言，信誉不佳，富商大贾不肯捐资，于是狐假虎威，向妓院、烟馆等处勒索摊派，然后大肆挥霍，导致"有善堂之名而竟无善堂之实"③。这种做派，无异于监守自盗。

但凡坑蒙拐骗，往往会伪装成寻常的样子才能更具迷惑性，透过诓骗现象是窥探社会常态的"捷径"。徐珂编撰的《清稗类钞》是近代中国社会的百科全书。该书棍骗类中有"善棍"条，栩栩如生地描述了假借慈善行骗的做法：

> 凡得恶名者，始可曰棍，而光宣间乃竟有假托善名而为恶者，人目之曰"善棍"。其人辄假借慈善事业之名，赁屋于市，标其名曰某某善堂，刊刻缘起，四出募捐，并列负有资望之绅商姓名，谓之曰发起人、赞成人，或从而尊之曰董事，以求取信于人，冀得踊跃输助。其实凡列名者，未必一一过问，惟经手之数人，得朋分金钱而已。其号称经办之事，如放赈也，办学也，育

---

① 《宣宗实录》卷三一二，道光十九年四月壬辰，第37册，第1038页。
② 《申报》1876年5月15日，总1217号，《善堂不善》。
③ 《申报》1873年12月19日，总第547号，《论善堂新闻》。

婴也，养老也，又有衣米、医药、棺冢以及惜字、凉茶之施舍，一一胪列，巨细靡遗。究之，实行者一二而已，所得之赀，泰半自润，甚且有因以致富者。其所以得善棍之名者，亦以其诈欺取人财耳。①

诈骗者设立善堂，募集善款，然后举办一两种善举掩人耳目，以便诈取钱财的行径。这正是多数善会善堂运作的常见程序。

善堂经董多是当地声名显赫的官绅商富，他们往往为官员倚重，出入公门，作为地方权威，享有"非正式权力"。若运用得当，有助于地方与民众；若滥用，则势必仗势欺人、鱼肉乡里。《申报》曾刊有《善堂司事不可依势说》披露，"近来善堂司事往往有恃其势力以鱼肉乡里者"。"善堂董事类多乡绅，而乡绅之中品类不齐，其有好事者，抑或有人有求于彼，稍加以谀词，无不兴高采烈，任意妄行。故近以来，往往闻有善堂董事经手讼事，出入公门，私情请托，无所不为，为司事者来亦假虎之威。遇有些小公事以窃其董事之名片，向官关说，其间颠倒是非，混淆曲直者所在多有，此风之渐长，已非一朝夕矣。"产生的原因是："善堂之名气太重，官信太过，善堂之绅董未能择人，而司事者更不闻其人品，于是乎假为善之名，行为恶之实。"②"假为善之名，行为恶之实"，有这样的害群之马，维护慈善的清誉自然难上加难。

在不少地方，善堂甚至沦为规避赋役、压迫民众的工具。善会善堂田产、房产呈报备案后，得到官府保护，常能享受豁免赋税等优待；但是，善堂的租赋并不会降低，租佃者要承担沉重的赋税负担和社会压力。一些人为逃避赋役将田产捐给善堂，这是典型的"诡寄""飞洒"手法。晚清江南名士陶煦批评道："善堂或名清节，或名保婴，类皆有田千百亩，而收租亦如上所云云。独不思租重，而农无以为生，虽有节妇，饥寒迫而失守；虽有婴儿，势有不得不溺，岂所谓

---

① 徐珂：《清稗类钞》第11册，《棍骗类·善棍》，中华书局2010年版。
② 《申报》1879年12月12日，总2378号，《善堂司事不可依势说》。

善者耶?"① 也就是说,善堂田产租佃繁苛,一边在救济贫苦,一边又在制造贫苦,这是极为矛盾的行为。韩国学者田炯权研究江南和湖南等地义田公产情况,指出清代义田的租佃率普遍高于私佃。② 光绪年间,发生了著名的"南汇普济堂荡案"。南汇普济堂有芦荡田产近万亩,由总佃顾斯盛、樊凤祥、张国安、顾庆余、唐留耕等五人顶首,每亩不足 500 文,转租给 200 余小佃,连年加租,后加之每亩 2000 文。因剥削过重,引发械斗,小佃、董佃与官府之间斗争十余年,直至民国初年尚未消停。③《申报》曾披露:"昔在乡间,有索债者而未即偿者,则曰:'如不即行交出,吾将送入某善堂。'而欠者无不赶即措缴者。盖一经善堂,则所欠若干不但分文不能短少,而且另有所费,故不若还之债主之为愈也。"④ 镇江金山寺曾发生过这样一个真实的故事。道光十五年,金山寺僧以民户租地置屋,岁租难收,钱粮无出为由,因而禀请官府将公庄基地 284 亩拨归普仁堂收租充费,其租地花名六百余户。⑤ 可见,普仁堂较之金山寺这样的大寺,在地方更为强势。清代各地抗租抗粮现象普遍,一些善会善堂因得到官府的庇护,表现得更为凶悍。目前,善会善堂的研究中,大多集中讨论善堂以何名义行善,倾向于肯定的较多,但对在善堂与民众,尤其租佃者的关注很不够。善堂不善反而作恶,这种现象值得深思,学界也不应隐讳和回护。

二 慈善发展困境的社会根源

上面种种问题是如何产生的呢?追根溯源,其中既有慈善组织自身的问题,也有复杂的社会文化根源。主要表现在以下几个方面:

(一)慈善体系庞杂,脱离社会实际

清代善行义举体系复杂,形式多样,既有济贫救急的慈善活动,

---

① 光绪《周庄镇志》卷四《风俗》。
② [韩]田炯权:《中国近代社会经济史研究——义田地主和生产关系》,中国社会科学出版社 1997 年版。
③ 民国《南汇县续志》卷三《建置·义举》。该志详细记载了往来诉讼的大批文书,颇有价值。
④ 《申报》1879 年 12 月 12 日,总 2378 号,《善堂司事不可依势说》。
⑤ 光绪《丹徒县志》卷三十六《尚义附义举》。

也有济人利物的公益行为,摊子越铺越大。晚清以后,许多原本属于国家分内和并未推广的事务也纳入经办范畴。慈善组织增多、救助范围扩大是一种进步,但体系过于庞杂又是危险的,毕竟民间的善行义举不能也无法取代官府的救灾济贫与公共治理。典型的案例是杭州的"善举共同体",几乎囊括了杭州城所有的慈善公益,很多属于政府范围的活动纳入善举体系之下,还新办十余种善举,每年经费在数万两之多,总董丁丙经理十余年间,多次垫赔,苦不堪言。① 使贫苦无告者"养生送死无憾"是很多善人梦寐以求的目标,但是,脱离客观社会经济条件,一味地追求博施济众是不现实的。

从明清之际的起步,到康乾时期的官僚化,到嘉道以后社区化和儒生化以及晚清以后重建转型,传统慈善事业在持续发展,但整体上停留在"养生送死"的较低层次。嘉道以后,国势日下,民生日艰,国家救济体系逐渐废弛,灾荒战乱却日趋严重。光绪年间,叶裕仁指出,康乾时期,民物滋奉,风俗淳朴,故善举所行不广;道光时,人心日坏,民生日蹙,在位者因循粉饰,潘曾沂等力行善举,"所救济者不啻亿万计";咸丰之世,疮痍满目,盗贼纵横,"待命者愈殷,而输财者愈鲜",余治奔走劝募如拯溺救焚,不遗余力,所救济者亦不啻亿万计。② 一人而救亿万,自然是夸大其词,毕竟社会经济的发展从根本上制约着慈善的发展,依靠二三善人,甚至整个的慈善救济,也只能救得一时一隅的少数人,是无法解决所有问题的。在丁戊奇荒中,江南绅商组织义赈,动辄能募集百十万两,然而到庚子前后,各地包括江浙地区灾荒日趋严重,各地善人四处劝捐,成效却日趋减退,一个重要原因就在这里。

(二) 一些慈善观念和做法产生负面效应

慈善是一项连接施善者与救助者的活动,既要施善者乐于行善,又要救助者乐于接受,因此行善的过程与细节很重要。清代慈善发展

---

① 丁立中:《先考松生府君年谱》,《北京图书馆珍本年谱丛刊》本;可参见夫马进《中国善会善堂史研究》,商务印书馆2005年版,第463—532页。

② 《梁溪余孝惠(治)年谱》,载《北京图书馆珍本年谱丛刊》本,第339页。

中某些观念与做法不恰当，产生了负面效应。下面略举几种：

施善者强烈的道德优越感，对救助对象缺乏平等心，容易损害其体面尊严。如养济院、普济堂与栖流所，主要收容乞丐之类，当地贫民碍于体面往往不愿进入。清人何焯在《普济堂记》中记述养济院情形："天下疲癃残疾惸独孤寡，皆兄弟之颠连无告者也。国家设立养济院以存恤之，唯恐有一夫不得其所。然一入其中，即与乞丐同列，故负气带性之人，有宁死而不肯入者；亦有羁旅穷窘，或遇疾病无以自活，然本非土著不得入者，往往僵踣道路，深可悯也。"① 各地清节堂普遍实行严苛的封闭式管理，嫠妇进入堂内后，几乎与外界隔绝，即使父母去世等大事也需当日返回，子女亲属探视也严加约束。不少义冢收葬浮尸路毙、乞丐流民之类，包括处决的囚犯，影响观感，人们常以埋入义冢为耻。苏州锡类堂，主要收葬荒郊无主露棺，当地衣冠旧族不乏贫不能葬者，往往不愿意"委弃亲人尸棺于荒郊漏泽"，宁可停厝在家。② 施赊棺木时，免费施舍给贫户的一般是次等的薄材，与乞丐相当的。道光年间，嘉善知县江峰青批评道："虽然为善而不思其究竟，与未为善同。为善而转滋其流弊，与为不善同。夫施棺而与以美材，而无此赔金之术，势必仅与薄树，而乞棺之家又必不能停丧。又多无土可葬，又无力购砖瓦蔽棺。……尸气逼人，必为瘟疫。瘟疫行而施棺又多。而瘟疫不止，人第归咎于疫气流行，孰知为善者实与之有关乎？"③ 他认为，这种做法不仅不能遏制停葬恶习，反而加剧了停丧与瘟疫等问题。

畛域之见严重，对于客商流寓的救助相对缺乏。清代，客居外地者往往历经多年都无法融入当地社会，被视为"客民"或"外地人"。尤其在五方杂处的城镇，客商流寓人数众多，这些人"生则寄食，死则寄厝"，是最需要救助的对象。然而，多数善会善堂由当地人创办，与乡图、保甲结合，固守"内外之别"，救助的对象大多为

---

① 同治《苏州府志》卷二十四《公署四·善堂》。
② 同上。
③ 光绪《嘉善县志》卷四《冢墓》之江峰青《劝捐田亩新设各区义冢条规》。

"本地人",所救助的"外地人"主要是流民、乞丐之类,对于一般的贫弱或急难者关注则较少。针对"外地人"的救助主要依靠同乡同业者组织的会馆公所进行,在很多地方与善会善堂形成互补。

秉承"重养轻教"的慈善模式,重在给救助者提供物质帮助,轻视其自身参与和自我发展。前述《善堂不善》作者提道:"善堂之设,原以周济贫人非以补助董事也。故于夏令则施医药所以救穷乏之疾苦也;施棺木所以安死亡之魂灵也;于冬令则施热粥所以活困苦之残喘也;施棉衣所以免乞丐之冻毙也。此四端者尤为最急之务。他虽当举行尚在可缓之列,若并此四端而无之,又何贵乎设立善堂也?"① 施舍医药、棺木、棉衣以及施粥等,可救穷者一时之急,却并不解决根本。如冯桂芬所述:"近世善堂之法,凡贫者皆与药,死与槥,死于道路者埋而其碣焉。"② 这种从襁褓到坟墓的、单纯地给钱给物的善举体系,耗费巨大,效应却很差。清末民初,受西方慈善思想与实践的影响,人们对此有日益深刻的认识,对传统慈善的批评也日益强烈,且采取各种"教养兼施"的措施予以纠正。1907 年,《民政部奏整饬保息善政并妥筹办法折》称:"从前各项善堂善局,率多重养轻教,物力日绌,生齿日繁,势必难以持久。盖聚此无数不耕不织、非士非商之民,皆纷然待哺于官吏,不惟国家财力不逮,亦为世界公理所无拟。"③ 这种局面到民国年间仍然未根本改变。1929 年,汪滔《中国育婴所现状之一斑》中称:"国人之因袭观念,往往以消极之怜悯为救济事业之出发点,而于被救济者之前途与出路,每多轻忽置之。以育婴所言,一般人之观念与其主事人之思想,亦多复如是。是故一般在所中之婴儿,只能受养而不能受教,征之本期之调查,益足证信。夫养为消极之救助,乃过渡之办法也。若不教之以学识,授之以技能,使能自立谋生,是徒为社会增加一消费分子,即养之本意亦

---

① 《申报》1876 年 5 月 15 日,总 1217 号,《善堂不善》。
② 冯桂芬:《显堂志稿》卷三《光福一仁堂记》,《近代中国史料丛刊》本,第 365 页。
③ 《东方杂志》第四卷第五期(1907),《民政部奏整饬保息善政并妥筹办法折》,第 197 页。

失之矣。"①

（三）泛道德化和泛政治化倾向

清代的善会善堂普遍存在浓厚的政治教化色彩。首先，举办善举被作为仁政的象征，借鼓吹王道德政，苴补官方政教之不足。换言之，官民推行善举，落脚点常不在于救助贫困无告者，而在以施善为名，行教化之实。清人常认为，善会善堂这一新兴产物乃是发源于三代的理念与实践，所谓"文王发政施仁，必先无告……后世善师其意，乃有育婴、养济、药局、义冢诸设"②。同治《孝丰县志》提出："养生送死无憾，王道之始，故文王发政施仁，必先茕独。我国家视民如伤，恫瘝在抱，无一物不得其所，并有以弥天之憾而济其穷。养济育婴，德被沾危；漏泽有园，施及枯骨，垂为典则，恩至渥也。"③明末推行同善会，就格外强调救助无告与宣讲圣谕结合，以期"舍者为善，受者亦善""行者亦善，闻者亦然"。④

发展慈善有明显的正风纯俗的目的，将推行善举作为整饬风俗的基本手段，象征性和工具性明显。试图消弭的溺婴、抢醮、停棺不葬等"弊俗"，往往有深刻的社会背景，很难完全根除。通过推行善举，既能解决一些实际的社会问题，又能为社会树立典范和给民众以希望，倡导"纯美"风俗，鼓动乐善风气，从而达到"所养者少，所全者多"的目的，可谓一举多得。清代麻城名士袁铣指出："夫都会所以不溺婴者，有育婴堂也。育婴堂岂遂能尽养子女哉？有此堂以树之风声，使知女不可溺，贫者送入此堂，不贫者亦从而抱养。育婴堂所养者少，所全者多，盖为之倡，以动其善心也。"⑤泛道德化最为典型的是收焚淫书、惜字惜谷、放生戒杀等，其对象是外物，是清代慈善比较有特色的地方。

---

① 汪滔：《中国育婴所现状之一斑》，载李文海主编《民国时期社会调查丛编》（社会保障卷），福建教育出版社2005年版，第330页。
② 同治《通山县志》卷二《建设志·矜恤》。
③ 同治《孝丰县志》卷三《建置》。
④ 余治：《得一录》卷一《同善会》。
⑤ 光绪《麻城县志》卷三十四《艺文志》，（清）袁铣：《戒溺女文》。

一些外在因素的考量，如禳灾弥祸、趋吉避凶等兴办慈善的动机，具有明显的功利性和迷信色彩。古人相信弊俗恶政会上干天和，招致灾荒疫疠；而美俗善政则会天人和谐，去祸消灾，因此要禳灾弥祸就应顺天应人，广施德政，多行善举。《太上感应编》称："所谓善人，人皆敬之，天道佑之，福禄随之，众邪远之，神灵卫之，所作必成，神仙可冀。"人们参与善举，不乏不求回报者，但更多的是为着长寿、多子、仕进、旌奖、名誉等回报者。这种功利性的劝导，容易产生负面效应，一旦未如愿以偿，会降低人们的行善热情。

（四）国家与社会的关系与态度

清代国家与社会在发展善举中的相互关系复杂多变，依赖又排斥，维持若即若离的微妙关系态度。"居官作善，如入宝山"，官员们运用自身的身份、地位，调动各种社会资源，对慈善的发展常常起重要的甚至关键性的作用。官方的介入，有助于慈善的推广和整顿；而强势介入会扭曲慈善的本质，阻碍其持续健康发展。官办的公共事业大多效率低下，耗费严重，无论仓储、救灾还是恤政都是如此。导致慈善的官僚化和"徭役化"，明清地方政府的行政目标与机构设置、财政能力严重脱轨，名义上是全能型的"大政府"，运作能力却很低下。对于慈善事业这类关乎民生民意而又非紧要的事务，官方习惯性的借重民间，以倡导和监督为主，刻意保持其民办性。民间对官方介入和胥吏需索多有忌惮，除非遭遇内外困境，一般也不愿过多依赖官方。

综观清代慈善的发展，呈现长期的相对平稳或低迷发展和个别年份和区域的突发性发展并存的特殊景象。一方面，由于个别君王或官僚对某些善举的重视关注，下级官员士民或迫于压力，秉承上意，或曲意迎合、邀功请赏，做些官样文章和政绩工程，导致慈善在特定的时段和区域的非常规发展。另一方面，因并非紧要事务，操作中伴随种种弊病，变得害民而累官，国家与社会往往并不热心。雍正是清代最为重视慈善的君主，他曾提出育婴、普济为"道婆之政"，认为"只可帮忙，令好善者成，百姓自为之。若官做者不胜其烦。空招集远来无依之人,倘力不能,有害无益"①。皇帝如此,地方更是视为具文,例行公事,顶多捐廉倡首而已。民间素有"救急不救穷"的说法,虽多乐善好施的善人义士,许多地方乐善风气浓厚,但真正如潘曾沂、丁丙那样乐善不倦、有德有才,且自身财力雄厚、人脉广泛的人并不多见。晚清时期,《梁溪余孝惠(治)年谱》编纂者叶裕仁感慨大善人余治的遭遇:"呜呼,世道之隆污,民生之休戚,有权势者莘然不动其心,余莲村一布衣起而拯之,至濡手足焦毛发而不顾,其亦可悲也。"② 这是余治的悲剧,更是时代的悲剧。

三 国家与社会的应对措施

为了解决慈善发展中的各种困境,清代国家与社会有针对性地采取了许多的应对措施。每一个区域、在不同时期,针对不同的善举类型,具体的措施往往有所不同,但在变通救助方法、改变筹资方式、改善管理方式、加强监督征信等方面,其精神主旨有很多的类似之处。

(一)变通救助方法,救助对象和方式进行限定

对施舍对象、范围等进行一定限定,保持一定灵活性。社会上应救助的贫弱无告者总是层出不穷,救不胜救;人力、财力却相对有限,因此,对施舍对象、范围进行必要的限定,对于维持慈善持续运营至关重要。早在明代,养济院就对收养孤贫的数额、籍贯及所发钱粮严格限制。清代明显延续了这一传统,常见限定标准有区域、数额、年龄、家世、品行、身体状况以及救助时间等。如杭州府海宁州普善堂,专办停厝事宜,凡寄厝棺木,定以年限,每年冬至日寄厝,三年为限;限满不领出者,无论绅宦士庶之家,一律由堂代为埋葬,不准展限。③ 湖州府南浔镇承济善堂由富户严氏独任,凡孀妇赤贫无依者,按月给发赡养之费,30岁以内夫故而年在40岁以内者得给恤其子女,无子者立嗣,给至16岁,女则至20岁为止。④ 限定的同时,

---

① 《宫中档雍正朝朱批奏折》,雍正三年九月六日。
② 《梁溪余孝惠(治)年谱》,《北京图书馆珍本年谱丛刊》第156册,第339页。
③ 民国《海宁州志》卷六《恤政》。
④ 同治《南浔志》卷三十四《义举》。

一般保持一定灵活性，如根据财力设置额外指标、进行临时性救助等。

进行有针对、有差别的救助，兼顾被救助者体面。鳏寡孤独与急难死丧的情况随时随地都会出现，在推行善举中要有针对性和差别性。如停棺不葬和浮尸路毙是江南社会常态，若都即时施棺掩埋，任何义葬组织都难以运作，因而各地善会善堂往往在清明、冬至前后一段时间集中施棺掩埋，同时鸣锣催葬，让有力之家自行处理；平时零星尸骸则就地掩埋。为了节省开支，惠及更多的人，同时顾惜受惠人体面，善会善堂采取变通方法，针对不同的对象，采取差别化的施舍，身家清白人家施与材质较好、较为昂贵的棺木，而贫户施舍的是相对廉价的棺木，乞丐与无主尸骸则更次；或采取半卖半送的方式，置备不同等次的棺木，由丧户支付部分。代赊会、借贷局等组织是兼顾体面的典范，清中期以后十分流行。

由于善堂大多位于城内，名义上服务全府县，但实际范围有限，通过多设置善堂，向社区化发展很重要。清代中期以后，江南慈善发展中有两个趋向：一是城市中出现多个同类型堂局，划分一定服务区，分工协作。如丹徒，道光初年由邑绅茅元络等于城内中街兴办了普仁堂，收埋路毙浮尸及辛伙仆妇暴死不及送回者。由于城隔内外，夜晚有暴病者来不及送普仁堂，另于西城外火星庙旁创建安仁堂。[①]二是发展市镇和乡村善会善堂，从而解决城局无法惠及问题。濮院、乌青等镇清初即建有葬会。嘉道时期，市镇、乡村义葬组织空前发展。社区化最为充分的是"育婴事业圈"，建立了各种连接乡村—市镇—府县的育婴网络，其中以江南地区最为发达。据王卫平先生研究，江南至少存在城乡一体化的育婴事业圈26个以上，至清末成为地跨苏松杭嘉湖五府的庞大的网络。[②]

变通救助方式，教养兼施，救人救彻，注重救助对象的自身参

[①] 光绪《丹徒县志》卷三十六《尚义附义举》；民国《续丹徒县志》卷十四《人物附义举》。

[②] 王卫平、黄鸿山：《中国古代传统社会保障与慈善事业》，群言出版社2005年版，第244—259页。

与。单纯给钱给物，耗费巨大，容易助长救助者惰性，同时很多救助对象只是遭遇暂时的困难，变通救助方式显得必要和可行。如育婴堂，因雇乳堂养或寄养耗费巨大且效果不佳，道光以后各地发展保婴会，推行自养。由原来雇佣乳妇居堂抚养的方式，发展为给贫困家庭钱粮资助，"俾自养其所生之女，无须出外佣工"。这种方式婴孩成活率更高，真正"惠而不费"①。晚清慈善发展从"重养轻教"向"教养兼施"转变。光绪年间，清政府要求各地督抚责成地方官绅体察情形，以育婴堂附设蒙养学堂，养济院、栖流所、清节堂附设工艺厂。北京普济堂、功德林粥厂后改设教养局，收养贫民，教以粗浅工艺。②如上海抚教局，主要收养16岁以内的流浪儿童，"给以衣食、安其栖宿、雇觅工匠、量材教习、使之昼夜专勤，无许仍前行乞，一年之内，已可习成。"③民间社会也积极进行调适，改变捐助方式。清末，苏州商会就规定："一应善举，无关大局、无关要义者（如布施、周济、养而不教之类），本会经费虽裕，概不担任，亦不得于会中提议。"④

当某种善举存在严重缺陷或难以兼顾时，清人往往采取新创慈善组织的方法加以补救。新的慈善组织，如普济堂、栖流所、代赈会等，并未取代原有善堂，而是在运营模式上有所创新。由于官营的养济院弊窦丛生，且多收养本地贫病老人，数额十分有限，于是后来极力推广官督民办的普济堂，由民间自行经营，收养条件更为宽松，对外籍、流丐、残疾多有照顾。同治八年，湖南在官绅曾国荃等倡议下，以养济院、普济堂"限有额数，难以周给，鳏寡孤独向隅者多"，"议立恤无告堂，稍补普济、养济两院之所不及"。该堂建成后，年课收养穷黎千余人。⑤

---

① 同治《长沙县志》卷九《保育·育婴》。
② 《光绪朝实录》卷五百四十四，光绪三十一年夏四月甲辰，《御史王振声奏变通官粥厂改设教养局》。
③ 余治：《得一录》卷十三之四《劝推广抚教局公启》。
④ 章开沅等主编：《苏州商会档案丛编》（第一辑），华中师范大学出版社1991年版，第31页。
⑤ 同治《长沙县志》卷九《保息》。

（二）改变筹资方式，稳定收入来源，量入为出

要保持慈善事业的持续稳定发展，充足稳定的经费来源至关重要，依靠临时个别性的捐助显然是不够的。各善会善堂将设置房产田地等公产和发典生息，作为维持日常经费的主要方式。余治曾撰《以公项行义说》，其中提道：" 善堂多矣，义举繁矣，倡为者即出己资，而不能不忧其匮。……惟念善堂办公之事也，以公济公，莫如取诸公项。公项云何，买卖田屋之中用是也。每社每年总有田屋交易，交易总有中用者，向来有提为公用者。亦有各业户公分者也，若以此项中用，或分其半，或分十之三四，均交各堂，以为义举之助，以公办公，惠而不费，何人不愿也？"① 这是清代普遍的做法。清代中期以后，很多善堂还以设置殡舍的方式谋利，为无法归葬者提供棺木停厝服务，收取一定费用作为日常经费。如太仓州镇洋殡舍，道光初年创建，"专为寄厝尸棺之所，共舍房十一间，年收寄资以充当经费"。②

很多地方采用捐收善愿的方式，有善人逐年或逐日捐助小额金钱，分发给贫苦和急难者。如嘉兴同善会，从道光初年起募集善愿，每月捐钱六十文为一会，自半会至百十会，办理恤茕独和助学修金。③ 最为典型的是葬亲会，其运作方式与明清以来各地流行的钱会和合会类似，大多由若干会首发起，召集会员，交纳一定会金；定期掣签发放；不过葬会旨在助葬，因而有些会员乃是出于善心的定期捐助；会钱也向丧葬家庭倾斜。浙西地区葬会一直很发达，制度建设上颇多创举，尤其在乌青、南浔、濮院等巨镇。如乌青镇，由镇绅沈宝樾、丁翔高倡办葬会。每会 40 人，十年为满，每会出钱 800 文，共得 32 千文，足敷葬费。此会成效甚好，光绪中期，集至 320 会时才因故废止。④

嘉道以后，通过征收各种善捐成为新的筹资方式，晚清更成为主要经费来源。如嘉兴普济堂，嘉庆年间扩建，各捐户奖叙有差。道光

---

① 余治：《得一录》卷十六《良法附纂》，"以公项行义说"条。
② 民国《镇洋县志》附录《自治》。
③ 光绪《嘉兴府志》卷十四《养育》。
④ 民国《乌青镇志》卷七《墓域》。

八年，郡人陆廉、岳鸿奎等重整堂规，凡米商销售货一石捐厘一文，置货自销也照此办理。① 咸丰三年（1853），扬州帮办军务刑部侍郎雷以諴（1795—1884），仿照林则徐一文愿之法，在扬州附近各镇抽收厘金。此后，经清廷同意，在各地推行，成为晚晴重要的财税制度。善捐就是在收取例行商捐、契税以及田产附加捐等带收的，专门用于善举的经费，是制度化和强制性的。如杭州同善堂、普济堂等，同治初年兴复后，善堂经费每季向厘局请领银3000两，出典生息、米盐木箔丝锡各捐均归善堂绅士酌济支放。经费按季报销。② 光绪八年，湖北兴国州倡办兴善堂，兼行育婴，其经费向行商坐贾收取，"各行客指每串抽钱一文……如各行有抗不遵办及收多报少者，随时禀官查究。其捐数由专首士按月查明，报知总首商办一切"。③

（三）规范管理方式，维持慈善相对的独立性

维持善会善堂相对的独立自主性，即听由地方士绅商富自主创办、自行经营；官员倡导鼓励，而不直接参与，且约束胥吏需索等行为。清初，统治者在鼓励推广育婴堂、普济堂之类时，也有诸如"劝募好善之人……照京师例，推而行之"④。"择富厚诚谨之人董理，并令州县率同佐贰不时稽查"⑤之类的规定。道光年间，清廷曾下令："凡地方旧有善事，务当设法保全。公举诚正殷实绅士充当董事，责令实心经理，严剔弊端，以杜虚縻侵蚀之渐。"⑥ 显然，官方对慈善的态度是"官督民办"或"官倡民办"式的，即由民间创办经营为主导，地方官往往委托或铨选管理人员进行间接管理，或者倡首劝募一下，而不过度介入。虽然不同时期和区域，慈善模式多有不同，这一特征总体得以维系。如湖北汉阳，"城厢市廛皆有善堂，行一切惠施，民有急难，咸得所归，其事则绅耆总之，费则众人输之，不假官为监

---

① 光绪《嘉兴府志》卷十四《养育》。
② 民国《杭州府志》卷七十三《恤政》。
③ 光绪《兴国州志》卷四《义所》。
④ 《世宗实录》卷十九，雍正二年闰四月癸未，第7册，第312页。
⑤ 光绪《钦定大清会典事例》卷二百六十九，《蠲恤·恤孤贫·养幼孤》四，商务印书馆1909年版。
⑥ 《宣宗实录》卷三百一十二，道光十九年四月壬辰，第37册，第1038页。

督，事无不办"。①

虽然清代慈善事业极力维持独立性和民办性，但官方的作用依然十分重要。一是调动行政资源，为慈善事业的发展提供政策、管理、财政等方面的支持。如乾隆元年，应直隶总督方观承奏议，清廷通令"直省郡县育婴堂有资粮缺乏，难以持久者，督抚大吏，酌款接济，以收实效"。②二是通过劝募旌奖，调动社会资源参与慈善事业，如规定捐助钱物值银千两者，准请旨建坊，对于善堂经董更多优遇。光绪年间，江苏曾规定："凡各善堂绅董，其公正无私经理，有法者每三年由该府州县送给匾额花红一次，以旌其门。士绅则详情奏奖，营私者公同议撤销。"③三是对各种危害社会、有违风教和妨害善举的行为的禁革，为慈善组织提供保护和支持。如陈宏谋、汤斌、裕谦、丁日昌等在江苏就有一系列风俗整顿与奖励慈善举措。丁日昌在江苏巡抚任内，鉴于由善举绅董经管尚有七八成可归实济，"由书差经管者，则账房分起十之一二，杂物门上分起十之一二，书差又复侵渔十之三四，穷民所沾实惠不过一二而已。"因此，他力主孤贫、育婴、恤嫠等善举用绅董而不用书差，"绅董若有侵渔，尚惧清议之持其后；差役则唯利是图，非清议所能动心。"④

修订堂规，明确慈善原则、组织方式、资金管理、堂务分工、革除弊病等各方面的规则，是慈善制度化的基本条件。清代江南普遍重视这一点，往往由善堂绅董和地方官员协作，共同商讨议定堂规。一旦通过，往往要呈报官府存案，并刊石勒碑予以公示。江南善举发达，多数的善会善堂在议定规约方面比较规范。只收录与各地地方志的善堂规约就不下百余种。在议定章程时，往往选定最为完备和典型的规约为范本进行修订。要特别提到的是余治的《得一录》，这本诞生于道光，完善于同治年间的慈善总集，包含大善人余治的慈善思想

---

① 同治《荆门直隶州志》卷十一，《艺文志》十四，王庭桢：《兴善堂记》。
② 方观承：《方恪敏公奏议》卷二，《奏恳圣恩仰祈睿鉴事》。
③ 《江苏省例续编》，《布政使应清理善堂田产事》，光绪乙亥夏月江苏书局刊。
④ 赵春晨编：《丁日昌集》卷五三《抚吴公牍》十八，《苏藩司详长元吴三县经征六年份恤孤余剩应否请示由》，上海古籍出版社2010年版，第545页。

与实践，汇集了传统慈善的精华和主体，不断完善、广为流传，被奉为兴办善举的规范与圭臬，对近代慈善的发展有巨大指导作用。

（四）引入监督制衡，建立征信体系

信誉是慈善发展的根本保障，清代为维持慈善的信誉，通过各方面的监督制衡，建立了以征信录为核心的征信体系。

清代兴办善举过程中，逐步形成了一定的程序，即在募捐之前发布公告启示，申明募捐缘由与用途；募捐过程中将所募集的经费定期或随时张榜公布；遇兴修重建之类更要刊碑勒石。为彰显捐助者的功德，各堂局要专簿登记，并书牌张挂，甚至勒石纪功。很多善人本着"行善何须人见，积德自有天知"的信条，不愿留名，却给一些"善棍""善痞"可乘之机，因而很多地方明确规定，捐纳必须公布。望仙桥广仁堂，嘉庆十四年（1809），由张铣创建，主办施棺代葬。张铣过世后，由其长子文淑等接办十余年，因力渐不支，次子文淦不忍是局废弃，劝募同志量力饬助，与子侄修葺屋宇，扩建义冢，议定条约，至此该堂走上正轨。清人朱右曾《望仙桥广仁堂记》记："道光二十五年（1845）九月规模既定，条约维新，地限十有一图，恐广则弗给也。入资者登降随时弗强也，棺之厚薄尺寸有定程也，灰棺埋葬者有定费也，出入之数职之司月稽之，司年汇之，司总年终会之。三岁而刊布之以征信也。呜呼，斯可谓术之善而可大者欤？"① 晚清以后，更在报纸、杂志等新式媒体上发布。如清末义赈过程中，但凡有各地募捐及赈济实况，都会在《申报》等上予以公布。

为了防范司事人员营私舞弊、自肥身家，同时取信于人，善会善堂定期刊行征信录，汇总账务，除向官府呈报和社会分发外，事先还要将征信录送到城隍社庙焚化祭拜，质诸鬼神以相互惩戒。明末同善会中就有用公费刻会籍，登记会费收支并传送会友的规定，这是善堂征信录的雏形。官办的育婴堂、普济堂等要定期向官府呈报每年财政状况。平湖乐善局规条首条规定："每期开工司事，先诣城隍庙，将上期征信录焚炉并送县附卷存。查余分捐户信录，上大书'如有怀

---

① 光绪《望仙桥乡志稿》不分卷，（清）朱右曾：《望仙桥广仁堂记》。

私、难逃天谴'八字。"① 笔者曾在苏州吴江市图书馆查阅到《王江泾兴仁善堂历年征信录》，在其首页有个红色印戳，上书"经手徇私，定遭天谴"八个大字，十分醒目。② 这种"质诸鬼神"的方式在清代很流行。善堂聚会时，往往召集同仁，面对神灵起誓。道光二十四年（1844），南浔师善堂鉴于创办40余年，事务烦琐，每多掣肘，会集同人在城隍庙集会，在神前发誓共襄善举，"咸宜实心实力矢慎矢公，俾得继美前贤滋培后福。若果视为具文，潦草了事，幽魂含恨，罪有攸归。司事倘敢舞弊，经手再有侵蚀，必遭绝嗣短命雷殛天灾。"③

同治十二年（1873），嘉兴王家店镇创办仁济堂，办理恤嫠、保婴、施棺、掩骼诸善举。成立之初，为绝私心而昭公允，特意赴社庙焚化征信录，绅董余懋作《疏文》如下：

> 为绝私心而昭公允。某等于里中劝募经费，议立章程，创设是堂，资办善举，相期实心实力，不惮任劳任怨。然任劳在力尚有人知，任怨在心，苦难自见。唯当盟与天地，质诸鬼神，斯可以践其所已言，防其所未然焉。如有假公济私徇情滋弊，不顾无穷之拯济，致绌正需，并将有限之捐输动滋糜费，渐至视为具文，久则虚行故事，在办事者作孽难容，或水火死丧，眼列罪条，以警戒之。④

清代除养济院等由官府直接拨款经营外，其他的善会善堂也往往向官府呈报，尤其是将田产、房产等备案，以寻求保护，一旦发生纠纷，由官府出面调解。乾隆六年（1741），清廷严饬地方官实力推行育婴堂，择富厚诚谨之人董理，规定每年终将所育婴儿及支存细数造

---

① 民国《续平湖县志》卷二《建置·义产》。
② 《王江泾兴仁善堂征信录》，光绪二十二、二十三年，藏于吴江市图书馆。
③ 民国《南浔志》卷三十四《义举一》。
④ 民国《梅里备志》卷二，《蠲恤》之余懋《仁济堂赴社庙焚化征信录疏文》。

报查覆,如有怠玩、克扣需索等弊病,即行查参。① 光绪《青浦县志》将所有善堂混编一处,并述其理由:"公建不区分官民,以建自民者皆具之存档,是亦官司所当稽考焉尔。"② 这种说法无疑是有一定道理的。

四 历史反思与启示

清代慈善发展困境根植于社会深层矛盾,涉及各种利益群体,如慈善的功能定位、国家与社会关系、社会经济程度、精英文化与大众习俗的差异等。各个时期和区域以及不同慈善类型的发展模式、程度、内涵及应对措施也存在有广泛的差异。不少地方应对措施困境取得了积极效应,在较长时期能维系慈善的健康运行。一些应对慈善困境的思路和方法不乏合理性,如募集小额捐和慈善的社区化等。当前,我国慈善公益事业尚处于起步阶段,面临的困境和问题也不少,很多问题与清代有惊奇的类似,如慈善理念与实践的脱节、国家与社会关系的错位、慈善信誉与参与的缺失等。因此,分析清代慈善发展,给我们很多反思和启示:

第一,慈善发展问题根源是深层次的,发展模式与社会现实脱节,慈善功能定位与社会发展也有很大偏差。"博施济众"的理想,缺乏相应的社会经济支持,而以慈善辅助政教、寓教化于施善的理念,导致慈善活动偏离了救助贫弱无告的主旨。这从根本上导致了慈善发展的困境,也决定了国家与社会的应对措施无法从根本上解决问题。

第二,慈善发展的很多观念和做法本身存在两难困境。如等差原则的问题,如果不对救助对象进行必要的限定,慈善组织有限的资源根本无法满足社会需求,一旦也影响其持久运作;一旦进行限定,又会遗漏很多需要救助的人群。尤其有关贵贱、尊卑、内外之类的区分多有歧视之嫌,伤害被救助者的同时,对慈善自身无疑也是一种

---

① 光绪《钦定大清会典事例》卷二百六十九,《蠲恤·恤孤贫·养幼孤》四,商务印书馆1909年版。
② 光绪《青浦县志》卷三《建置·公建》。

伤害。

第三，慈善是一种社会调节机制，不能取代政府的救灾济贫行为，也不能包办地方公共事务。清代慈善体系的逐步扩大和向慈善公益发展，是地方社会兴起的产物，促进了近代社会发展，同时也意味着传统善举走向终结。

第四，慈善事业只要旨在救助贫弱和济人利物，本意就是好的，但若推行不善则会造成不良后果。尤其是各种以慈善为名义的贪赃枉法和追名逐利的流行，严重败坏慈善的声誉。要全面认识慈善，征其名而责其实。

第五，信誉是慈善的第一生命。为了维持良好的信誉，取信于人，必须对善举全过程和参与者进行监督制衡，使得款归实处，善有攸归。

第五章　国家与社会：明清社会变迁中的义葬善举

在社会变迁的大背景下，明清江南社会出现普遍的秩序失范，社会问题突出。善会善堂在协调社会关系，维系社区运作方面，具有重要作用。义葬具有慈善发展的许多共同特征；同时它又不是钦定推广的善举类型，和育婴堂等官办善堂有所差异，因此是分析明清国家与社会，以及社会变迁的很好的视角。

第一节　明清社会变迁与儒家困境

一　明清社会变迁及其影响

明清时期，中国社会经历了一个较长的经济变动过程，农业生产的商品化，手工业与商业的发展，城市与市镇经济的繁荣，区域与跨区域市场网络的出现，白银货币化的确立，朝贡贸易体系……同时，社会内部也积累和孕育许多新的社会因素，日益加剧的利益纷争，各阶层、集团和群体演绎着新的分化与组合，这是明清社会变迁的重要底色。对此，国内学界有深入研究，代表性学者如全汉升、傅衣凌、吴承明、樊树志、万明等。欧美汉学界重视晚明以来长时段的历史变迁的研究，代表性的学者如史景迁、魏斐德、孔飞力、马若孟、韩书瑞、卜正明等。①

  明清社会变迁，首先是商人地位上升和士绅阶层的嬗变。商人们攫取财富，逐渐成为经济的执牛耳者，并将触角伸向各领域。董含《三冈识略》描述了明代江南的变化："曩昔士大夫以清望为重，乡里富人羞与为伍，有攀附者，必峻绝之。今人崇尚财货，见有拥厚赀者，反屈体降志，或订忘形之交，或结婚姻之雅，而窥其处心积虑，不过利我财耳。遂使此辈忘其本来，趾高气扬，傲然自得。"②商品经济的发展，科举与仕途的壅塞以及庶民地主知识化，士绅阶层越来越普遍地参与工商业活动中，出现士商相混的趋势。其次是城市社会的兴起。在传统社会，政治制度与社会思想相对保守和理想化，追求稳定的秩序，商业与城市是明显的破坏力量，意味着人口流动、财富聚集、社会关系变动、社会竞争激烈，等等。城市的繁华富庶，创造了相当大的自由空间，也为消费与享乐创造了条件。明清社会阶级阶层关系松动，贱民阶层解放，地主普遍城居化，乡村社会中绅民共生模式也发生转变。美国学者白凯提出："国家、精英和农民之间关系的变化始于明末清初，当时，不断发展的商业化引起了地主和佃户之间互动关系的大规模调整。大土地所有者迁往城镇，既可以利用那里提供的商业机会，也可以享有那里提供的社会文化设施。大规模的土地所有权日益集中于在外地地主手中，并越来越趋于分散，这一过程反过来又在总体上限制了地主对地产耕种、佃户福利以及乡村事务的参与。"③再次是心理与社会的落差形成文化冲突，导致动荡失序。财富、资源与权力结构、法律制度等不相匹配，士绅阶层陷入焦虑与恐慌，各种批判与救世之学说与言论充斥。诸如族田义庄、善会善堂、会

---

  ① 参考柯文《在中国发现历史》，中华书局2005年版；杨念群《中层理论：东西方会同下的中国史研究》，江西教育出版社2007年版。关于明清社会变迁与社会秩序变动，可以参考卜正明《纵乐的困惑》和《明代的社会与国家》，余英时《士与中国社会》，万明等主编《晚明社会变迁：问题与研究》，韩书瑞、罗友枝《18世纪的中国社会》，司徒琳主编《世界时间与东亚时间中的明清变迁》等论著。
  ② 董含：《三冈识略》卷十《三吴风俗十六则》。
  ③ [美]白凯：《长江下游地区的地租、赋税与农民的反抗斗争》，林枫译，上海书店出版社2005年版，第321页。

馆公所等公共设施的出现,很大程度上是对这一局面的拯救和应对。

江南作为中国的经济文化中心,是明清社会变迁的典范,甚至有"鹤立鸡群"之势。美国著名汉学家孔飞力(Philip Alden Kuhn)在《叫魂：1768 年中国妖术大恐慌》中提到"江南问题",认为满清王朝在面对江南时有严重的忧虑与紧张："除了精巧与优雅外,江南也意味着堕落和汉化。江南颓废的文化正在葬送到那里就任的优秀官员们,不管他们是旗人还是汉人。""如果满人在中国文化面前失去自我的话,正是江南文化对他们造成了最大的损害。"① 摒除民族主义的成分外,满清王朝的这种紧张是对商业化之下社会文化的失序的焦虑,以及儒家文化应对社会变迁的困惑。明初,朱元璋同样对江南充满敌意,采取各种防范和压制措施,应该存在同样深层次的原因。如何在商业化和世俗化的浪潮中,保持儒家学说的纯洁性和统治地位,成为一个时代性课题。

二 社会变迁中的儒家发展困境

理想与现实总有出入,要么现实向理想屈服,要么理想向现实投降。当道德说教和政策措施长期无法改变失序和混乱时,必然为民众所摒弃。在社会变迁之下,正统的儒家学说遭遇巨大挑战,令人无所适从。它必须高扬道德理想旗帜,保持批判精神和核心地位；又要适应时势变化加以修正,以更好地说服人们。马良怀教授运用"崩溃"与"重建"深刻论述魏晋时期士大夫在社会变迁中的困境和调适。② 这一逻辑同样适用于明清,社会秩序崩溃,官场伦理败坏,社会风俗浇漓,知识阶层整体堕落和失势,加剧了儒家理念与实践的冲突。儒家植根于中国历史与民众中,即使晚清内外交困时,依然是士绅精英与庶民大众的知识、信仰的基础。

儒家发展困境是自身造成的：一方面坚守道德与身份的优越感与等级秩序的神圣性；另一方面对政治和现实的积极热忱,在入世与出

---

① [美]孔飞力：《叫魂：1768 年中国妖术大恐慌》,陈兼、刘昶译,上海三联书店 1999 年版,第 94 页。
② 马良怀：《崩溃与重建中的困惑：魏晋风度研究》,中国社会科学出版社 1993 年版。

世、道统与王统之间游移不定。两汉以来，儒家继承了三代衣钵，以礼入法，最终形成一整套等级森严、系统繁杂的礼仪制度，上至君主的行止寝处，下至庶民的衣食住行，均在规范之内。儒家维持着近乎高傲的优越感，并积极投身实践，以礼仪为表，道统为里，强化社会秩序与规范。法律、舆论的约束，道学家们高声唱和，甚至帝王权臣也难以招架。儒家有积极乐观地面对社会问题和投身改革维新的动力，却始终无法弥合与大众在心理和实践的差距，或坚持理想的能力。先秦时期起，救助无告被定位为王道德政的表现，作为国家的职责，社会参与属于"补王政之不足"，是"拾遗补阙"的依附角色。

历代王朝多以赈恤为政的应有之义，但远非紧要任务，对民间乐善好施行为虽有劝勉，又抱有戒心，因而官方的不作为与社会不愿作为并存。另外，儒家思想讲求仁爱与恻隐等，救助贫弱无告又应当是当仁不让的，是符合其道德主张的。子路赈灾的典故在历史上经常被提及，从中可以看出儒家的内在矛盾。据《孔子家语》记载，子路任蒲地县令，为了预防水灾和民众一起修筑沟渠；念及民众辛劳，就给他们发给饭食饮水。孔子知道后，让子贡前往阻止。子路愤愤不平，质问孔子说，老师你教导我们要有仁义之心，却禁止我践行仁义，我无法接受。孔子回答道，你知道民众挨饿就该向国君报告，请他发国库粮食救济。你私下把食物送给民众，是彰显国君没有恩惠而表现自己道德高尚。你赶快停止，不然必定获罪。① 孔子将赈灾政治化，认为此举是私惠，会彰显当政者的不仁，因而招致灾祸。

礼俗冲突是儒家理想与现实矛盾的集中体现。礼仪是风俗的成文化和法定化，是对各地不同风俗的规范与整合；风俗则是礼仪的实践过程，即进入地方社会和民众生活的过程，两者对立统一，相辅相成。《礼记》称："夫礼始于冠，本于昏，重于丧祭，尊于朝聘，和于乡射，此礼之大体也。"（《礼记·昏义》）作为礼仪的核心，经过

---

① 王国轩、王秀梅译注：《孔子家语》卷二《致思》，中华书局2009年版，第67页。
  * 孔子原话为："汝之民为饿也，何不白于君，发仓廪以赈之？而私以尔食馈之，是汝明君之无惠，而见己之德美矣。汝速已则可，不则汝之见罪必矣。"

不断演变,冠婚丧祭日益烦琐化和地域化。明清以后,冠礼废弃不行,祭祀演变不大,婚丧礼仪俨然成为最为重要的日常礼仪。遵循礼仪是需要成本的,当普通大众包括士人自身没有能力遵循礼仪时,声嘶力竭的批判显得苍白无力。以丧葬为例,虽然官方鼓吹入土为安,但现实是,江南人多地狭,小康人家亦难以觅得葬地,只得停厝在外,甚至任其狼藉;或者火葬,付之一炬以图省事。流风所至,习以为常,人们的违法悖理的负罪感也逐渐消逝。所谓的"土火之争",是徇俗与尊礼的矛盾,更是生人与死者争夺空间的斗争。城市发展对义葬也带来巨大的威胁。义冢地一般设置于城镇郊外,随着经济发展,往往会迁移和毁坏墓地,这是一种常态。葛元煦《沪游杂记》中记载晚清上海的沧桑巨变:"孤冢荒郊,尽变繁华之地;层楼高阁,打开歌舞之场。"① 原来的埋骨之地变成了繁华的街市民居,那么那些尸骨棺柩呢?除了部分迁移到更为偏远的地带,更多的则是任意发掘抛弃。

从理学家陈确的身上,尊礼与徇俗的矛盾体现得格外明显。陈确,字乾初,是明清时期的一位长期为学界和社会所忽略的重要的思想家。作为蕺山学派的代表人物,陈确在理学、小学等领域颇有建树。他著有《葬论》一书,声嘶力竭地批判风水堪舆、久丧不葬等各种违背礼仪的现象,提出了一整套改革的建议,如族葬、深埋实筑等。② 他认为:"丧礼之坏久矣,今之所守者,皆非礼之正也。"③ 他与张履祥等相互切磋,对葬亲会的改进和推广不遗余力。然而,直至他临终,他的理想也无法实现,结发妻子坚持丧葬用佛道仪式,颇具讽刺意味。他的学说长期得不到学界和社会的认同,论著被淡忘,直到晚清时才被重新发现。

明清慈善事业在社会变迁大背景下发展,很多方面深深烙印着时代特色。面对时势变迁,高扬道德与礼法的旗帜,精神主旨又脱离社

---

① 葛元煦撰,郑祖安标点:《沪游杂记》卷三《冶游自悔文》,上海书店出版社2006年版,第168页。
② 王瑞昌:《陈确评传》,南京大学出版社2002年版。
③ 陈确:《陈确集》卷三《寄蔡养吾书》,中华书局1979年版,第121页。

会实际，背离大众习惯，很容易陷入理想与现实的冲突之中。中古时期佛教传入和近代基督教传入后，在理论上、礼仪上还是传教模式上，都对儒家造成极大的冲击。虽然儒家以积极入世著称，但不如佛教和基督教。特别是它们都积极投身各种慈善活动中，产生了强大的号召力，吸引了大量民众的参与。这极大地刺激了儒家，使之从思想与实践上，采取各种举措进行反击，其中就举办各种慈善活动，以争夺领导权和民众支持。唐代对于佛教慈善的整顿，以及晚清大力推行育婴等善举都有这种意图。这一过程，反映了儒家深重的焦虑。

三 士绅精英的困境与救赎

如果说儒学是国家的指导方针和立国之本的话，更是文人士大夫安身立命之本。士绅精英投身慈善公益活动，是他们社会变迁下进行的社会拯救与自我救赎。所谓社会拯救，是通过慈善行动，在解决现实问题的同时，宣示道德价值和社会理想，树立典范与表率。自我救赎则是通过外在的行动，消弭和弱化内在的不安与焦虑，维系本阶层利益。梁其姿曾指出善会善堂是整顿社会秩序的策略，"慈善活动的兴起，反映着民间对这些变化（商业化后社会的变化）的一种保守的反映，希望透过强化了的传统道德规范，重建社会秩序，以求阻缓新的变化。""这些善会的最终目的，乃是在社会价值观念变化相当快速之时，以道德的诉求来维持既存的社会规范。"[①] 日本学者井上彻也指出："士绅精英在社会变动下的思想和行动的转变，促进了宗族复兴和义庄运动的出现，具备防卫和救助功能的宗族的大量涌现是因应外在压力的重要手段。"[②]

明清士人经常发出世道沦替、人心不古之类的感慨，由于社会的紊乱和士人阶层的整体堕落，让很多使人产生强烈的失落感和罪恶感。诚如清人沈梓所指出："惟士为四民之首，士不读书明理，则凡民无以表率，而风俗于是乎不可问。……惟向之为士者，专务贴括以

---

① 梁其姿：《明末清初民间慈善活动的兴起——以江浙地区为例》，《食货》第 15 卷（1986）第 7—8 期。

② ［日］井上彻：《中国的宗族与国家礼制》，钱杭译，上海书店出版社 2008 年版，第 146 页。

博科第,第知谨约自守,而本原之地,义利之界,则未有以推勘而究其极,先君子尝切切尤之,而未有以救之也。"① 原本的坐而论道行不通了,就要起而行动,通过各种实际的行动相辅助。一己之力势单力薄,于是聚合同志,集会结社,以期"善与人同"。可以说,行善是联络同志、整合社会,实现其道德救赎与社会追求的最佳途径。

孔子曾说:"君子谋道不谋食。耕也,馁在其中矣;学也,禄在其中矣。君子忧道不忧贫。"(《论语·卫灵公》)也就是说,一个道德高尚的人应当努力去追求"道"而不要费心于衣食,因为只要能获得道德真理,自然就有利禄相随,因而不必忧心经济上的贫困。士人普遍是依靠学识和功名谋取生存之本的群体,物质需求要通过一定的转换程序才能得到,而不是简单的"自有"或者"禄在其中"。现实中,很多儒生士子不仅不能恪尽职责供养家庭,甚至连自身温饱都无法解决,包括孔子也多次食不果腹。孔子还说:"君子固穷,小人穷斯滥矣。"(《论语·卫灵公》)也就是说,一个有教养、有德行的人就应该安守贫穷,不该像小人那样一经贫穷就失去节操。他告诫士人们安贫乐道,摒弃享乐,但"食色,性也",追求更高的物质生活也是天性,读书人难以独善其身。于是古今历史上有很多读书人出现"人格分裂"的现象,他们一边追慕优游林泉,一边留恋富贵荣华;一边高唱天道心性,一边沉溺声色犬马;一边愤世嫉俗,抨击人心不古,一边道貌岸然,醉心蝇营狗苟。所谓"君子固穷",很大程度上是士人们的自我安慰,并不能掩盖这一群体存在长期普遍贫困的问题。

明清时期,科举竞争激烈,仕途严重壅塞,社会消费奢靡化,阶级阶层剧烈变动,官僚普遍的低俸禄,因而官绅阶层贫困化问题十分严重,很多人无法依靠合法收入维持生计和养生送死。清初大儒唐甄,长期流寓江南,他曾购得土地70亩,年收租40石,每年要纳赋税20石,去其一半,不足维持家计。后经商失败,老年时不得已寄食外地。他一生饱受贫困折磨,在《大命》一文曾泣血写道:"父死

---

① 民国《濮院志》卷九《任恤》,(清)沈梓:《保元堂征信录序》。

三十一年而不能葬，母死五年而不能葬，姊死三十年而不能葬，弟死二十九年而不能葬。乃游于江西，乞于故人之宦者，家有一石一斗三升粟，惧妻及女子之饿死也。"① 作为理学名家，令一家诸多亲人停棺不葬，自然是家境贫寒又不愿循俗采用火葬等办法，骨子里还是希望让家人入土为安的。300多年后读来，仍令人潸然泪下，不胜感慨。苏州人冯桂芬曾哀叹："四民之中士最贵亦最贫，商贾无论矣，农工勤力，类能自给，独安分读书之士，修脯所入，辄不足以自赡八口。平日之苦已愈平民，及应试则舟车、庐舍、糗粮，以及代馆事，备试卷，随在需费，其苦又甚焉。"② 明清家族的成败兴替十分激烈，在世家望族聚集的光环之下，骤富骤贫的情形为数更多。一般贫寒之家跻身大家望族一般需几代人努力，衰败没落常在三数年之间。明代文学家归有光称："吴中田土沃饶，然赋税重而俗淫侈，故罕有百年富室。虽为大官，家不一二世辄败。"③ 随着科举仕进、商业成功或勤劳经营，大量贫寒之家相应兴起。"兔死狐悲，物伤其类；恻隐之心，人皆有之。"这些新兴家族为了稳固富贵和赢得社会地位，在族田义庄、善会善堂、义学书院等家族与社区慈善公益方面显得更为积极活跃。

通过明清慈善的兴起与发展，可以看到在儒家理念遭遇现实挑战时，士绅精英的角色发生巨大的转变。他们坐而论道外，日益关注现实问题，并利用自身资源积极主动投身实践之中。虽然其思想主旨有保守性的一面，这种"行动主义"是一种进步，是中国向近代转变的内在动力。

第二节　从义葬看明清国家与社会

从玛丽兰金、罗威廉，到梁其姿、夫马进，再到王卫平、周秋

---

① 唐甄：《潜书》卷二《大命》，中华书局1955年版，第97页。
② 冯桂芬：《改会试议》，《校邠庐抗议》。
③ （明）归有光：《震川先生集》卷二十五《敕封文林郎分宜县知县前同州判官许君行状》。

光,环顾30多年来中国慈善史研究,不难发现,国家与社会问题似乎是一个绕不过的问题。这里无意简单套用"国家—社会"分析框架与"市民社会"理论,而从所研究的明清江南义葬与慈善这一主题,据之以实情,分析清代的国家与社会,并对学界相关研究进行探讨。

一 明清义葬发展中的"国家在场"

现代社会福利理论认为,慈善是一种社会行为而非政府行为,在政府倡导或扶持下,由民间团体和个人自愿组织和开展的救助社会困难群体的行为。救助贫弱或社会保障是政府应尽的职责,不属于慈善范畴。无论中外的慈善历史,都经历了国家与宗教为主导的阶段,"众多的巨大的灾赈救助,往往都是政府和民间共同参与,密不可分;官办和民办同时并举,一以贯之"。[1] 明清善会善堂从一开始就具鲜明的民间性,如梁其姿所说,"不属于宗教团体、也不属于某一家族,是地方绅衿商人等集资、管理的长期慈善机构。"[2] 这是一个划时代的进步,标志中国传统慈善翻开新的一页。

所谓"国家在场",是指国家的力量、意志和权威在社会活动中发挥作用。因参与方式、程度等不同,国家在场有直接与间接、全面与部分、显性与隐性之分;有的是普遍、强制性的行动,有的则是个别的、象征性的举动。中国传统社会是"人治社会",本质上是"官治社会"。官员拥有政权赋予的特权,即使以私人身份从事公共事务,表面上是个人行动,也明显地运用着政府的权威与影响力。在明清慈善发展中,国家的参与与影响始终存在,从颁行各种慈善相关的谕旨饬令,到支持或参与善会善堂的建设与管理,形式复杂多样,但其作用却普遍存在。[3] 义葬与常见的育婴堂、普济堂、栖流所之类的善举不同,它并没有赢得官方的一贯关注和政策推广,大多却在地方社会主导下发展,其路径与特征等具有一定独特性,但是国家并未缺位,而是始终"在场"而非"缺位"。

---

[1] 周秋光主编:《中国近代慈善事业研究》,天津古籍出版社2014年版,第49页。
[2] 梁其姿:《施善与教化:明清的慈善组织》,河北教育出版社2001年版,第1页。
[3] 黄永昌:《传统慈善组织与社会发展:以明清湖北为中心》,光明日报出版社2012年版,第153—161页。

明清义葬发展中的国家在场，主要体现在如下几个方面：

首先是政策的引导和规范。由于被视为纯化风俗与整顿社会问题的措施，并作为善行义举的一个类型，清代义葬的发展始终受到慈善政策及相关社会政策的影响，主要表现在禁革火葬、停棺等丧葬鄙俗；奖励民间乐善好施行为等方面。为了禁革火葬、停棺不葬、阻葬等鄙俗，并鼓励民间参与，清代中央多次颁行法令与政策，江南这些现象最为严重，地方更是三令五申。虽多例行公事、视为具文者，但在不少官僚的极力推行下，这些措施还是取得一定成效的，特别是在汤斌、裕谦、丁日昌等任职期间的措施，成效和影响较大。康熙年间，汤斌在江宁巡抚任里极力整顿风俗，端正人心，其主要措施就是禁止火化及久停柩不葬之俗，"一岁报葬者三万余棺"①。同治年间，江苏布政使应宝时下令清理官民各类善堂田产，对其中各种违法乱纪行为加以规范，同时对善堂经营者进行奖惩："凡各善堂绅董，其公正无私经理有法者，每三年由该府州县送给匾额花红一次，以旌其门。士绅则详情奏奖，营私者公同议撤销。"②官方还对民间乐善好施行为进行旌表与奖励，包括赏给名誉、功名、授予虚衔乃至实职。对于善会善堂，官方往往不吝给予荣誉，维持其积极性和主动性。

其次是提供保护和支持，包括在善堂审批立案、钱粮杂役的豁免、对善堂的保护等方面。各地善堂经营中，容易遭遇各种干扰，经董难以处理则借助官方干预。民间成立善会堂时，向官府详情立案后，得到官方颁发的护照，接受不定期稽查，而且可助其议定章程，这些都是善会善堂正规化的重要标志。光绪《月浦志》记载："里仁堂，在城隍庙西廊，专办掩骼施棺，并未详情立案，故无臬司护照以及一切章程。至道光间废。"③显然，未获得官方的许可庇护，极容易陷入停顿。光绪《青浦县志》将所有善堂混编一处，其理由是："公

---

① 钱仪吉主编：《碑传集》卷十六《工部尚书汤公神道碑》。
② 《江苏省例续编》卷四《布政使应清理善堂田产事》，光绪元年（1875）江苏书局刻本。
③ 光绪《月浦志》卷二《营建志·公所》。

建不区分官民，以建自民者皆具之存档，是亦官司所当稽考焉尔。"①善举所设为地方公共事务，与社会各阶层多有关联，因而往往会滋生矛盾。比较突出的是与胥吏的矛盾，在钱粮报销与命案报验等方面经常遭其掣肘。清人李福对此有深刻认识："窃观地方善士，随在皆有，往往一涉善事，动辄得咎。无他，衙门胥吏多方需索，遂至昔贤有善事不可为之语。可知虽有善堂，虽有办善之人，而无贤有司护持于上，仍不能行也。"②林则徐在整理江苏沿海沙洲产权时，格外注意区分书院、善堂等公产与贫民所占私产，提出凡道光八年前已属公产、民业报部存案者一律准买执业，使"各项善举经费有资，不致坐废，更免小民流离失所"③。

最后是直接的主持或捐助。很多善会善堂都曾得官员眷顾，在经费上，除直接拨给没官公产赞助经费外，运用最多的是"捐廉倡首"。这是一个清代官员办理公共事务常用的法宝。由于公共事务繁多，地方财力有限，官员通过捐助薪俸、耗羡等以倡首，运用自身权威与影响力的劝奖鼓励，吸引社会支持参与，可谓一举多得。光绪五年（1879），苏州昭文知县陈某见辖区内无主棺椁、骨骸四处遗弃，无人收殓，特地捐廉买地设立义冢，雇佣人工尽数掩埋。如此他还意犹未尽，又禀请督抚下令于各属一体举行。他的提议得到了首肯，令苏州府照会各郡县仿照办理。除经常的监督巡视外，或委任董事、司事等，并参与规章制度的议定。也不乏官方直接介入进行管理的案例。最为典型的当推各地普济堂，夫马进、王卫平、黄鸿山等进行了深入的研究，揭示了其官僚化的过程。由于义葬并不是国家指定推广的善举，官员们所投入的心血或资源远少于养济院、育婴堂、普济堂、清节堂之类。幸得官方眷顾者寥寥无几，且基本为府县城内的特定堂局。

二 慈善、士绅精英与共同体

士绅是缙绅和士人的合称，前者指拥有官职的官员，包括在任

---

① 光绪《青浦县志》卷三《建置·公建》。
② 光绪《黎里镇续志》卷二《善堂》。
③ 林则徐：《林则徐集》上册《奏稿四》，第139页。

者，也包括退居的乡宦；后者则泛指有各种功名的读书人。科举功名不仅是获得国家认可的标志，也是赢得社会认同的重要指标。不过，社会权力结构是多因素复合作用的结果。功名、权位、财富、家世、关系网及个人才能等，都是重要的因素。傅衣凌先生提出著名的多元结构的论断，认为乡绅不仅限于有功名的仕宦者，既包括在乡的缙绅，也包括在外地当官但仍对故乡基层社会产生影响的官僚；既包括有功名的人，也包括地方上有权有势的无功名者。① 清代商人富户在地方社会中的作用日益彰显，特别是绅商群体的兴起，其社会历史作用日益凸显。② 学界常用的精英概念，在汉语中并没有与之对应的词汇，它广泛包括士绅、知识分子、商人、大中小地主以及其他在地方有财富、权力、影响和受过较好教育的人。③ 围绕士绅的概念范围等，这里不过多涉入，采用相对宽泛模糊的士绅精英的概念。

虽然中国很早就确立中央集权制度，此后不断完善，并最终形成一整套基层管理模式，通过官僚直接管理、保甲里甲、礼乐教化等各种手段，维持对社会的控制。实际上，国家权力并未完全达到基层社区，在基层社会，形成了以士绅精英为主导的领导阶层。《申报》曾刊有《绅衿论》一文，叙述士绅对于地方社会的重要性。

> 世之有绅衿也，固身为一乡之望，而百姓所宜衿式，所赖保护者也。其子弟亲朋也自当善为训诫，其僮仆婢媪也自当严为约束，令其恪守家规，不敢为非而后已。一乡有善事则身先倡率，以行为筹画以成就；一乡有恶人则设法劝谕，以改过惩治以警邪。有余之家，或遇灾荒则捐资以助赈；或遇患难，则捐资以相救。无力之家，或有当兴之利，则多方以赞成；或有当除之弊，则多方以规正。乡皆如此，绅衿上可以济国家法令之所以不及，下可以辅官长思虑之所未周，岂不使百姓赖其利服其教畏其

---

① 傅衣凌：《中国传统社会：多元的结构》，《中国社会经济史研究》1988 年第 3 期。
② 马敏：《官商之间：社会剧变中的近代绅商》，华中师范大学出版社 2003 年版。
③ 王笛：《近代中国大众文化研究叙事方法的思考》，《史学月刊》2006 年第 5 期。

神乎?①

  张仲礼将绅士在家乡参与各种地方和宗族公共事务的功能称之为"绅士功能",包括监督公共事项的财务、兴建和运作,组织和指挥地方团练,建立和经理地方和宗族慈善机构,以及在和官府打交道时代表地方和宗族的利益等。②创办与经营一个慈善组织,需要大量有善心、有财力的善人的持续的支援。清人宋璜在《普济堂记》中论及经营善举的困境:"今于一堂之中,而欲尽合郡老疾茕独无告之民,各遂其生,服食医药棺椁之物无不毕具,生有以养,没有以安,其惠甚普,其费不赀。非有乐善好施者为之倡议兴举,则基不立;非有踵事增华者为之实力奉行,设法捐助,则经费穷而事且中废。是故创始难,继起尤难。"③清代江南大多数义葬类善会善堂是由民间创建经营的,比重之高远超育婴、养老等堂局。道光《苏州府志》将慈善组织分为公局与民间善堂两种,前者包括普济堂、育婴堂等,属于义葬者仅有三处,分别是苏州锡类堂、广仁堂与常熟广仁局,其余百余个善堂均为民建。"民建各堂恤养老病、施舍棺药、收埋尸柩。民捐民办,官吏不经手。"④

  地域社会中,各种善会善堂、会馆公所在构建共同体中处于重要地位。日本学者小浜正子指出:"一个地域形成地域社会,必须要具有对于地域共同意识的认识,如果以社团委基轴考察地域共同性认识的成立,那么具有地域整体共同性的团体的出现,便具有了分水岭的意义。这种团体的形成,已经不仅仅是谋求部分人的利益,而是为了地域社会的共同利益了。"⑤诚如卜正民(Timothy Brook)指出的,很少人的行为完全是个体行为,不管他们也许对其他人所表述的他们如

---

① 佚名:《绅衿论》,《申报》1872年5月1日,第32号。
② 张仲礼:《中国绅士的收入》,费成康、王寅通译,上海社会科学院出版社2002年版,第42页。
③ 光绪《嘉兴府志》卷十四《养育》,(清)宋璜:《普济堂记》。
④ 道光《苏州府志》卷二十三《公署五·义局》。
⑤ [日]小浜正子:《近代上海的公共性与国家》,葛涛译,上海古籍出版社2003年版,第5页。

何与众不同。"一切捐赠都在一个精致的社会互动的网络内运作，这个网络在很大程度上决定了什么可以接受，什么不可以接受。"① 清代城市与乡村中，逐渐形成各种地缘、血缘之类的组织，如宗族、会馆等，同时在水利、教育、仓储、治安、慈善等公共事务中紧密协作，自我管理，各个社会阶层与力量，在共同的生活空间中彼此依赖、互利互惠，一定程度上形成了共同体。通过上述活动，使地方社会形成以士绅精英为核心的关系网络。

三 国家与社会对慈善的态度与困境

（一）国家的态度与困境

行政事务千头万绪，国家难以面面俱到，必须分清轻重缓急，有所为有所不为。诸如赋役、治安、救灾之类紧要者，往往不惜投入、大力推行；如教化、恤贫之类无关紧要者则有所取舍，酌情办理就好。清代名宦吴荣光曾指出："养民之政，其端甚多。有户口、籍贯以奠其居，与编甲、防盗以御其侮；有劝农、开垦、修堤以课其业，有田谷之禁以去其耗；有捕蝗、伐蛟以除其害，有桥梁、济渡以利其行；有仓储以备于未荒之先，有荒政以救于既荒之后，有惠恤诸政以周困穷而登仁寿，此皆会典所垂载，为治要者也。至于筑塘堰以资水利，备器具以救火灾，寒则施衣，饥则设粥，渴则置茶，病则给以医药，死则给以棺衾，葬则给以义地，皆政之切于民生者，然此局多由好义绅衿共为施济，会典不及备载，地方官司宜急加劝励，以裨化原。"②"会典不及备载"并不是来不及，而是官方认为不重要，不需要记载，毕竟各种典章中，连篇累牍形同具文的文字比比皆是。中国素有"救急不救穷"的说法，和灾荒时各级连篇累牍的公文往来及动辄亿万的赈济蠲免相比，国家对各种恤政或善会善堂的关注是很少的。既然无关紧要，做与不做，全凭官员们的注意力、热情和能力。

清代帝王最为关注慈善的当推雍正和乾隆，然而他们的真实看法

---

① ［加拿大］卜正民：《为权利祈祷：佛教与晚明中国士绅社会的形成》，张华译，江苏人民出版社2005年版，第210页。

② 吴荣光：《吾学录初编》卷三《政术》。

是什么呢？雍正帝在朱批中曾讥讽养老慈幼之类是"道婆之政"，可谓一针见血。《清实录》中雍正十三年（1735）的两道谕旨，更深刻揭示了帝王们的看法。此年五月癸亥日，山西巡抚石麟奏报阳曲汾阳两县绅衿士民捐资周恤比间，地方官吏试图公同将其推广，被雍正帝严词批驳。雍正帝认为："该处并无现在应办之事，此乃另开捐纳之条也。若遇无才之有司，经理不善，必致为胥吏之所中饱，土棍之所侵蚀而不能裨益与贫乏之乡人。"他下令以后若无故捐银交官，均应停止。他特地解释道：

> 所谓乐善好施、扶危济困者，大抵于水旱饥馑之岁散财发粟，赈救穷黎；又或于平常无事之时，造义仓以储米谷，修桥路以便行人，或置敦宗赡族之田，或立养老育婴之所。凡此善事多端，必须出自本人之诚心，而又亲身经理，谊同休戚，始可以惠乡间而收实效。①

此年八月二十三日，雍正皇帝突然去世，乾隆继位，着力大力整理雍正时期政治遗产，包括革除弊政、整顿吏治等。此年十月乙酉日，乾隆帝发布《禁陈奏乐善好施、道不拾遗等事谕》，指出：

> 朕观各省捐助一事，或督抚欲博化民成俗之誉，授意属员；或有司欲邀劝输宣力之名，多方迎合，竟至抑勒诛求，计家资之丰约，定捐输之多寡；甚且假公苛敛，中饱侵渔，名曰利民而实以病民。

为了杜绝这些弊病，乾隆规定，若地方公事需要且富户情愿，允许其亲自向布政司呈报请题，州县官员不得自行申报；倡立义田等义举，允许具呈州县详报上司立案，仍听本人自行经理，胥吏土豪不得干涉，希图渔利；督抚依例大者请题，小者量行旌奖。倘有官吏勒

---

① 《世宗实录》卷一百五十六，雍正十三年五月癸亥。

派，该督失察；并有徇庇者，均照例分别处分。①

通过这两通谕旨，我们看到，两位皇帝是比较清醒的，了解官场和社会中的种种"潜规则"，一些"乐善好施"，伴随着"奸民邀赏，有司干誉"的弊病，因此，并不愿意大张旗鼓去宣扬和推广。这也反映了传统政治运作的一个"通行做法"：鉴于兴一利必生一弊，为了规避弊病和问题，为政者往往因循守旧，谨慎兴作，不妨称之为"防弊导向"。

对于具体的善举或善堂，地方官员们的作为带明显的个人色彩，往往有天壤之别。石成金认为，官员和士绅行善最为紧要，功德也最大："论行善是人人分内事，但是平常人为善，力量有限，官长力量无穷，所以官长行一善事，便抵过平常人的百千万件。"② 这一过程运用着政府的权威与影响力，又受官员任期、禀性、能力、关注点等个人因素影响。传统政治文化是单向的对上负责的，既然上峰不甚重视，下级自然不必倾注过多。有清一代，无论是督抚还是州县官，热衷于慈善事业的仅占少数。清代著名的绍兴师爷汪辉祖在《学治续说》中点破其中奥秘："非万不得已，止宜率由旧章，与民休息……故善为治者，切不可有好名喜事之念，冒昧创始。"③ 什么是万不得已？自然是皇帝的谕旨，上头的饬令了，一个尽责的地方官员要奉旨办事，要邀功请赏，更要秉承上意了。官员经常有不作为与多作为两种状态，前者是将政策法令视为具文、忽视已有的公共事业，任其自生自灭，害怕引发弊端、惊扰地方而不愿兴建新的项目；后者是标新立异、遍地开花，热心过度地投身地方事务，罔顾资源条件与后续运营。两种做法，对地方社会的健康发展往往都是有害的。清末新政中，江南很多地方由于官员和士绅精英，"急欲求效，过于讨好，以致美意疑为虐政，仁术指为暴行"，引发民众激烈反弹，川沙、镇海

---

① 《高宗实录》卷五，雍正十三年十月乙酉。
② 石成金：《传家宝》《功券·官绅约》。
③ （清）汪辉祖：《学治续说》，"事慎创始"条，张廷骧编：《入幕须知五种》，载《近代中国史料丛刊》第27辑，文海出版社1967年版，第397页。

等地还爆发民变。①

（二）地方社会的态度与困境

论及参与慈善事业的动因，明清官私文献大多强调善人义士们如何蒙经典教化和皇恩感召，或因桑梓情谊而乐于为善。类似的表述如："月令著掩骼之典，道路无骴；周官隆任恤之文，民皆得所。况谊关桑梓，苟有穷黎，尤未可隔膜视也。"②"窃惟天心专重好生，仁泽溥沾枯骨。钊死无以死，葬无以葬，尤仁人君子之所宜动心者。""上则仰体国家修养之神恩，下则克襄乡党相稠之义举。庆有善积，富有同归，庶不负斯堂创设之苦衷焉。"③然而，这些"文本"往往只是揭示了部分真相。社会力量参与慈善或义葬活动的动机与出发点是多重的。既有基于内在道德信仰的追求、保富弥祸的思量、求名立位的考虑、行善求报的私心；也有外在的政策鼓励、舆论或官方压力，甚至是图谋私利的打算，这些很大程度上决定了他们对待善举的态度。加拿大史学家卜正民（Timothy Brook）指出："士绅的公益事业的文化包装，由德行卓越、深孚众望之人举行的慈善活动所表达，这意味着士绅公益事业投资时处于严密的文化审察之下，同样它也有助于巩固士绅在地方社会的统治地位。"④明清时期，善人作为一个群体出现，具有普遍的社会认同。在受儒家经典教育下，他们普遍具备经世济民的理想与责任感，以及对个人物质、精神世界的追求。慈善公益活动是其实现社会文化价值的重要方式，使之能在共同的环境中进行交往，又得以获取和宣扬地方权威的共同身份。各种善举对于国家属赈恤济贫之策，对地方而言是济人利物，根本上是一致的。

由于秉性、身家、功名等的不同，士绅精英们对于地方公共事务的态度有差别。有的明哲保身，不愿涉足其中以免招惹是非；有的则乐此不疲，以此追名逐利。马敏指出："绅士的社会角色和阶级性格

---

① 彭泽益主编：《中国工商行会史料集》，中华书局1992年版，第792页。
② 光绪《罗店镇志》卷三《营建志下·善堂》。
③ 同治《苏州府志》卷二十四《公署四·善堂》，音德和《仁寿堂记》。
④ ［加拿大］卜正民：《为权利祈祷：佛教与晚明中国士绅社会的形成》，张华译，江苏人民出版社2005年版，第13页。

是双重的,他们既可为虎作伥,助长封建专制的气焰,鱼肉乡里;也可集中抗官,与官府分庭抗礼,强化地方在政治上的自治和相对独立性。"① 人们对士绅的看法也有明显差别,有人盛赞其美德与重要,有人则批评其僭越与贪婪。丁日昌在饬令常州停收布捐的札件中,有一"加函"解释其理由:"铺捐不能不用董事,乡党自爱者皆不肯为董事,而甘心为董事者必皆武断乡曲、心术不甚可问之人,因而假公济私、高下其手。"② 张之洞也曾说:"窃惟中国风尚,乡绅自爱者,以不管公事为有品。或遇有关利害安危大端,偶一任之,或必须地方官敦请,始来与议。其平日自愿管地方事者,及好管地方琐细事者,多非端廉之士。若概名为官,必不免徇私作威,包揽利权,吓诈乡愚,抗扰政令诸弊。故四乡分理细故词讼之乡绅,不宜名之为官,只可同为乡长,若当日团长、团总之例,亦不宜袭日本分区之制,名为区官。"③ 两人都是清代名臣典范,以廉洁自律、政绩卓著著称。他们对士绅的看法不谋而合,都是警惕和怀疑的,都认为洁身自好者以不管公事为有品德;好管地方事务的大多不是端正廉洁之人。晚清时期,有人批评地方绅董"多计私利而不顾公益",如有利可图,则趋之若鹜,一人承担,其他人就转相与为难。④ 这种看法和做法在清代颇具代表性,包括冯桂芬在内的不少大慈善家都曾饱受攻击,一些人甚至招来冤狱。

受政治大环境的影响,士绅精英对公共事务的态度有一个转变的过程,而且存在地域差异。总体上看,晚明时期积极主动,清初转而明哲保身,嘉道之后转趋积极,同光以后逐渐成为地方主导者。清初对江南的高压政策使士绅力量大为收缩,坚守本分,不敢违法乱纪。清初,松江人董含称:"吴下素称浇薄,然士君子护惜名义,缙绅廉

---

① 马敏:《官商之间:社会剧变中的近代绅商》,华中师范大学出版社2003年版,第19页。
② 《丁日昌集》卷八十四,抚吴公牍四十九《札饬停免常郡布捐》,上海古籍出版社2010年版,第800页。
③ 吴庆坻:《蕉廊脞录》卷二《张之洞电驳更张官制》。
④ 《清末江苏等省民政调查史料》,《历史档案》1988年第4期。

洁者多，营利者少，士子读书者多，干谒者少。今则反是，于是一夫发难，列款揭帖，几遍天下。小人往往挟持君子，体统遂不可问矣。"① 乾隆《元和县志》记载："本朝初载遗风犹存，近数十年来缙绅先生杜门扫轨，兢兢自守。与地方官吏不轻通谒，或间相见，备宾主之礼。以去学宫，士子多读书自好，鲜履讼庭。富厚之家踊跃急公输将，恐后小人重犯法，少生事，固教化之隆亦风俗之厚也。"② 在江南与其他区域，乡村与城市之间，士绅精英对公共事务的态度存在较明显的地域差异。美国学者周锡瑞（Joseph W. Esherick）和玛丽·兰金（Mary Rankin）对帝制晚期的中国精英统治模式进行了比较研究，提出江南地方精英与华北等地有明显的差异。在江南，地方精英通过联姻、慈善、书院和诗社等实践和组织，形成了复杂的关系网络，以促进其文化霸权。由于文教发达，功名人群比例最高，士绅普遍卷入商业化中，掌控了多方面的资源，对国家的依赖程度较低。而华北没有便利的水运与交通，商业不太发达，功名之士所占比重不大，地方精英力量相对弱小，没能形成足以与国家抗衡的权力网络。③ 明清以来，城乡二元体制逐步形成，城市与乡村形成截然不同的社会文化环境。乡村之中大多为本地人，生活节奏缓慢，远离行政体系，社会环境单一，促成共同体的要素主要是赋役、水利、乡约等共同事务，集血缘与地缘于一体的宗族是最基本单位，共同体的相对紧凑简单。城市由于客寓、商人较多，社会流动性大，充满变动性，跨血缘与地缘的特点往往更为明显，地方精英比较强势，形成会馆公所、善会善堂以及其他各种集会结社，共同体的复杂多样。

明清时期，存在以善为名，从事图谋私利、以私害公的行为。不少善堂经董利用善堂交通官府，把持地方，从中牟取私利。官府胥吏及地方无赖等从中作梗也很流行，往往使"善举"变得害民而累官，被视为畏途。有人沉痛指出："窃观地方善士，随在皆有，往往一涉

---

① 董含：《三冈识略》卷十《三吴风俗十六则》。
② 乾隆《元和县志》卷十《风俗》。
③ Joseph Esherick and Mary Rankin eds., *Chinese Local Elites and Patterns of Dominance*, pp. 17–23.

善事，动辄得咎。无他，衙门胥吏多方需索，遂至昔贤有'善事不可为'之语。"① 宝山一带情形，由厂董主导地方慈善公益活动，历年控案累累，董事们疲于奔命，稍为自爱或没有靠山的，都退避三舍，不敢涉足太多。② 夫马进在对杭州善举联合体的研究中提出"徭役化"问题：因官方的强制和推卸责任，使经营善举成为苦差事，如同"徭役"一般。总董丁丙累赔数万两之多，不得已多次申请辞职都被慰留。第三次辞职后，官府指派两个人接任，都被拒绝。最后，任命丁丙等八人为总董，并增加拨款，才勉强维持下去。③

四 慈善中的国家与社会的互动关系

瞿同祖先生指出："清代州县政府将一切有关公众福祉之事——福利、风俗、道德、教育、农业等——都视为自己的职权范围内的事。在这些被中国人视为官府'管理'范围内的事情中，有许多在别的社会里被视为民间社会的事……在政府不便履行某些职能时，就由当地的士绅来履行这些职能。我们将会看到：在地方政府和士绅之间有一个传统的职能分工。"④ 19 世纪以后，由于国家能力的下降，地方士绅在救荒和济贫中日益占据主导地位。国家与社会关系发生了变换，行为模式上也有所转换，官方更多的是一种象征性的召集人或坐享美誉的倡导者的角色。法国汉学家魏丕信（Pierre - Etienne Will）对此有一个形象的说明："即使州县和省的地方官并不总是持消极态度，一般来说，他们的作用也仅限于召集地方精英们开会，在会上要求他们成立一个赈济组织（如果他们还没有这样做的话），正式签名承诺义务，如果必要的话，则迫使他们这样做。"⑤

由于清政府并不将慈善事业作为施政要务，更多的放任地方自行发展，同时鼓励乐善好施者。丹徒人戴肇辰在《求治管见》中提出，

---

① 光绪《黎里镇续志》卷二《善堂》。
② 吴滔：《清代江南市镇与农村关系的空间透视》，上海古籍出版社 2010 年版，第 150—158 页。
③ [日]夫马进：《中国善会堂史研究》，商务印书馆 2005 年版，第 501—518 页。
④ 瞿同祖：《清代地方政府》，范忠信、晏锋译，法律出版社 2005 年版，第 282 页。
⑤ [法]魏丕信：《18 世纪中国的官僚制度与荒政》，徐建青译，江苏人民出版社 2003 年版，第 262 页。

官员应当倡导善举，并提出具体办法：

> 州县为民父母，凡民之老幼孤寡贫穷无告以及水旱凶灾流离失所，皆州县所宜矜恤，故有地方素行之善举，与民有济者，宜奖励而保全之；其渐滋流弊者宜整饬而振兴之；如地方善举本少，则凡恤嫠、育婴、济贫以及设立义学、社仓等事，均宜酌量劝捐，择公明之绅士董其事，期于办理妥善，有举无废，则利赖在百姓而庆流子孙矣。①

无独有偶，道光年间御史张灏的一封奏折也反映了这样的信息。道光十九年（1839）四月壬辰，御史张灏奏《各省创立善举，请饬实力奉行》折，谕曰：

> 各直省设立恤嫠会、育婴堂、救生会、留养所等处，或由地方官捐廉，或由众绅士劝募，原以惠穷黎而敦任恤。若如所奏，镇江府属近有不肖绅衿，谋为董事，侵蚀自饱，以致经费不敷，久乃化为乌有等语。一府如此，他府可知。着江苏巡抚通饬各府州县，凡地方旧有善事，务当设法保全。公举诚正殷实绅士充当董事，责令实心经理，严别弊端，以度虚糜侵蚀之渐。至地方善事，经理不善，以至有名无实，谅不独江苏一省为然。着各直省督抚通饬所属，妥议章程，出示晓谕，务使善举得以经久，穷黎实惠均沾，用副朕爱育群生至意。②

通过这两则史料，可以获取相似的信息：其一，地方各种善举，不论官办或民办，多有不良经董从中侵蚀贪渎，给善举发展巨大极大危害；其二，官方支持举办善举，无论官办、民办均要设法保全；其

---

① 戴肇辰：《求治管见》，《官箴书全书》本，黄山书社1998年版，第8册，第220页。

② 《清宣宗实录》卷三百一十二，道光十九年四月壬辰，《清实录》第37册，第1038页。

三，对办得好的要奖励保全，办不好的要整饬振兴；其四，整饬办法是，公推品行良好、家道殷实的士绅充当经董，责成其实心经营。这无疑陷入一个怪圈：担任善堂的士绅不肖，滋生流弊，官方出面整顿，其办法则是"选举诚正殷实绅士充当董事"，终归还是要依靠地方士绅，决定善举成败的似乎在于他们的个人操守，官方只是做从旁监督和事后纠察的角色而已。

　　国家与士绅精英在慈善公益中的合作，很大程度上实现了互利互惠。"绅出为官，官退为绅"，绅富平民也有向官绅阶层流动的意愿和可能，各阶层的分野是相对模糊。卜正民称："公共的和国家的利益似乎巧合无间，因为额外的官僚资源的有效动员服务于人民，增加了地方士绅的公众信誉，又使国家获得了有效和公正的名声。"① 通过义葬善举，宣导礼仪、革除鄙俗、维持社会秩序，是双方共同的诉求。光绪初年，鉴于阻葬风行，双林镇士绅蔡亦庄以崇善堂名义，请府县下令严禁，遇有阻葬事宜，不论边界概行严禁，甚至逮捕当事人。推行了三四年，屡发屡惩，令乡人皆知阻葬有干禁令，此风俗得以净绝。② 善堂甚至代官府惩罚和逮捕违禁者，这在明清之际创办同善堂时是无法想象的。赵世瑜据此提出，士绅并不像某种经纪或者代理人，而是作为地方秩序的管理者，与违犯地方秩序者形成对立，在官府不在场的地方扮演着官府的角色。"③

　　当然，清代国家与社会对慈善的态度扑朔迷离，多有抵牾之处。官方习惯性的借重民间发展慈善事业，以倡导、监督为主，刻意保持其民办性；民间对官方介入和胥吏勒索多有忌惮，也不愿过多依赖官方。梁其姿指出，官僚与士绅商富为了各自的利益相互依存，官方让绅富济贫以维系地方治安，绅富们在此过程中得到特权，形成地方权

---

　　① ［加拿大］卜正民：《为权利祈祷：佛教与晚明中国士绅社会的形成》，张华译，江苏人民出版社 2005 年版，第 326 页。
　　② 民国《双林镇志》卷三十二《纪略·崇善堂》。
　　③ 赵世瑜：《市镇权力关系与江南社会变迁》，《小历史与大历史》，生活·读书·新知三联书店 2006 年版，第 267 页。

威。① 在强调官僚士绅在慈善活动的作用的同时，我们切不可将其过分放大和忽视其他社会力量的作用。

五 关于国家与社会模式的讨论

近三十年来，市民社会理论风靡世界社会科学界，中国的"公共领域"与"市民社会"是其中重要的一个论题。② 通过学术论辩与深入研究，学界普遍认为，批判性的、国家社会二元对立式的"市民社会"在明清或晚清并不存在，或者并不明显。马敏教授提出："作为一种新的研究范式，'公共领域'和'市民社会'理论不仅深化了国家与社会的两极研究，而且更着眼于国家与社会的互动关系，从互动看各自的变化和影响，以及由互动所造成的新领域。"不过，必须做适当地调适，而不是照搬。作为一种分析框架，将公共领域视为既非个人亦非国家又介于二者之间的自主性领域，合理部分是可以被接受的。③

环顾中国传统社会，确实存在非官方亦非私人的领域，或者说连通国家权力与民间社会的过渡地带。如同两个位置投下的石头，激荡出两圈交叉的波纹。国家以中央政府（或朝廷）为核心，经过层层传递，影响力逐步减弱，因而在很多事务上要借重代理和象征。地方以家庭与家族为核心，依血缘、地缘、业缘等关系建立各种社群和组织，与国家发生关系，分享或争夺资源、权力。在国家权力外围与地方社群的交接处，国家与社会扮演不同的角色。受与行政中心的距离、与核心事务的关系、国家的发展状况与能力、地方社会的发展状况等因素影响，存在明显的时空不平衡性。地方官僚通过捐俸等半私

---

① 梁其姿：《清代慈善机构与官僚层的关系》，《"中央研究院"民族学研究所集刊》1988年第66期。

② 参考邓正来、[美] 亚历山大主编《国家与市民社会：一种社会理论的研究路径》，中央编译出版社2000年版；黄宗智《中国研究的范式问题讨论》，社会科学文献出版社2003年版；[加拿大] 卜正民、傅尧乐编《国家与社会》，张晓涵译，中央编译出版社2014年版；朱英《关于晚清市民社会研究的思考》，《历史研究》1996年第4期；《市民社会的作用及其与中国早期现代化的成败》，《天津社会科学》1998年第2期等。

③ 马敏：《商会史研究与新史学的范式转换》，载杨念群主编《新史学》下册，中国人民大学出版社2004年版，第502页。

人方式普遍积极地参与地方公共事务，支持地方精英参与和管理，这些领域包括水利、仓储、救荒、慈善和地方治安等。在州县"一人政府"模式下，唯有以这种方式，政府才能完成成本巨大而纷繁复杂的地方治理工作。虽然有官方承认和支持或地方精英自行组织发展公共领域，特别是清末民初地方自治的兴起，民间力量在不少领域一度取代了官方力量，成为地方事务的实际领导者，但并不意味着公共领域完全自由的扩张，"大国家、小社会"的总体模式也未改观。

国家与社会分析模式有其合理性，它使我们看到在官与民、公与私之间存在内涵丰富的空间，同时又存在明显的缺陷：其一，国家与社会被简化和抽象为一致的主体，抹杀了中央到地方、正式权力与非正式权力的分异和差别；隐去了社会各阶层的利益诉求、个体差异和内部矛盾。其二，国家与社会被设定为并存和充分接触，然而某一方面缺位或消极的情况更为普遍。其三，国家与社会都应发挥自身的优势和主动性。但是由于官僚机构、财政能力和行政重心等的局限，使之在不同的区域、领域的作为是完全不同的。其四，明清以后，随着社会结构的松动，决定社会权力机构和资源分配的要素多元化，并不简单由功名、官职或财富等决定。因而无论是用狭义的"绅士"或者宽泛的"地方精英"，其实都是有限度的。

第三节　慈善与法律之间：以尸场报验善举为中心

翻阅过余治的《得一录》后，一定会有强烈的感受，明清慈善远比我们想象的丰富复杂。因为它囊括的远不只有养老慈幼赈济无告，不只有各种善会善堂，还有家规族约，有惜字惜谷、收毁淫书、劝善抚教等各种形形色色的内容。关于义葬的内容收录在第八卷，该卷共分六个子目，分别是葬亲社约、永安会条程、保墓良规、收埋露骴浮尸章程、尸场经费章程、施棺代赈会条程。其中第五款主要收录有《上海县刘详定尸场经费示》《锡金捐设递解船只谕禁扰累宪示》《严禁自尽图赖宪示》等文件，颇令人意外，也最让人陌生。尸场经费是什么？递解船只干什么的？严禁自尽图赖与善举有什么关系？尸场报验，涉及"刑名"，应该是州县官的核心工作么？怎么会容民间插足呢？命案报验是司法程序，应该是法律问题，如何演变成慈善活动呢？应该说，尸场报验是义葬诸多形态中最独特的，是最具江南地域性的，也是透析国家与社会关系最好的窗口。①

一 报验过程中的诸多社会问题

清代江南，在进行尸场报验时，经常会伴随形形色色的利用人命案件或浮尸露骸等进行敲诈勒索的行为，如书差衙役敲诈勒索、地棍无赖诈扰图赖、脚夫土工私分地段等。在平常的丧葬活动中，类似的现象也盘根错节，成为江南严重的社会问题。

"州县所司，不外刑名钱谷，而刑名之重者，莫若人命。"② 人命案发生后，按例需要州县官进行现场勘验，应轻舟减从，"例止只许随带仵作一名，刑书一名，皂隶二名，一切夫马饭食俱自行备用，不许书役人等需索分文"。实际与此大相径庭。官员下乡前，会派书差到现场搭草棚，做现场勘验准备；官员现场勘验时，一大群衙役、长随及其他随员簇拥其后。州县官本身是没有相关经费补助给书差衙役们，任由他们向原告、被告，甚至案发当地地主邻右摊派索要苦力、马匹、饭食及其他勘察费用，有时甚至与案发地相隔几十里都会被牵扯进来。嘉庆年间，江苏按察使毓岱指出："苏郡地当孔道，往来茕独或因病路毙，或因失足致溺，自应报官验殓，而差忤人等籍做生涯，地主邻右滋扰靡穷，甚至择懦而噬，移厂于殷实地界，欲壑难填，则故作危言，恐吓咨咨。"③ 苏州等地办案"潜规则"颇多，同治六年，时任江苏布政使的丁日昌曾指出："凡被控之家，差役到门

---

① 本节曾以"清代江南的阻葬问题与社会调控"为题，发表于《近代史学刊》第7辑，华中师范大学出版社2010年版，第197—210页，略有修改。
② 田文镜、李卫：《州县事宜》，《官箴书集成》第3册，黄山书社1997年版，第683页。
③ 民国《黄棣镇志》卷三《公署·善堂》，《按察使毓为严禁地保差忤籍尸诈扰以襄善举而杜民累事》。

讲费，有暗号'一个钱'、'十个钱'等弊"，"强横者操必胜之权，庸懦者受无穷之累，甚至破家荡产、丧胆惊心，迨至虚实讯明，早已不堪其扰。"①同治八年（1869）二月，江苏巡抚丁日昌通饬勘验命案费用由州县官自行捐给，严禁书差借端需索。他提道，"访闻苏省遇有命案相验，随带书差、跟丁、人夫，往往多至二三十人，辄向尸亲、犯属、地邻索取尸场使费，甚且有'望邻''飞邻'名目，株连蔓引，比户惊慌，殊堪痛恨"。②"望邻"与"飞邻"指跟随遭殃的"邻居"，"户不必户长，但择其肥者而噬之；邻不必紧邻，即相距绝远者亦不能免，谓之望邻、飞邻。""目力所能及者曰望邻，望弗及者曰飞邻。"③不管有关无关，也不管相隔多远，只管有钱没钱，任意指认勒索，且以执法为名，流风成俗，令人咋舌！浙西类似情况也很普遍。咸丰四年（1854）俞燮等呈称，湖州南浔一带，发现路毙浮尸，差役地保借端需索，"地主、邻右、被告人等，每因尸场验费株连受害。"④民国《杭州府志》记载，杭州城内遇有命案，家属前往认领，衙蠹、地棍往往从旁怂恿，多方勒索。家属报官请求勘验，也常遭遇算计，"或搁其具呈，或定须保戳，或必命地保同禀，刁难百出，以致验费更多于尸亲之诈索，盈千累百，致人荡产倾家。"⑤

地棍、无赖围绕丧葬和命案进行各种欺诈勒索的行为也十分普遍。余治曾指出："收埋善政也，自有遇事生波之棍徒，动辄挟人命图赖，而善政中遂有害焉。非大为之防，则善路阻。"⑥康熙年间，闽

---

① 《丁日昌集》卷二七《藩吴公牍》，《通饬清理词讼严禁传呈等弊》，第388页。
② 赵春晨编：《丁日昌集》卷六十九《抚吴公牍》三十四，《通饬各属凡遇命案相验严禁书差需索使费勒石永禁》，上海古籍出版社2010年版，第680—681页。
＊此文详见多处，如同治《黄棣镇志》卷三《公署·善堂》；光绪《罗店镇志》卷三《营建志·善堂》；光绪《青浦县志》卷三《建置》；光绪《南汇县志》卷三《建置》等。《江苏省明清以来碑刻资料选集》也有收录，生活·读书·新知三联书店1959年版，第265页。
③ 方大湜：《平平言》卷三《验案夫马费》，《官箴书集成》第7册，黄山书社1997年版，第683页。
④ 民国《南浔志》卷三四《善举一》。
⑤ 民国《杭州府志》卷七三《恤政四》《栖流所报验规条》。
⑥ 余治：《得一录》卷八之四《收埋路毙浮尸章程》。

浙总督刘兆麒也提道："浙俗刁险诬赖成风，有等奸恶之徒，或欲掩饰己罪或思中伤他人，每每假以人命借题罔害良善。"① 民国《杭州府志》记载："又有行店工伙徒弟及居家之佣工、仆婢，并留宿之亲友人等，与人口角，或猝中邪魔，或本有亏空，贫病交迫，在主家倏然自尽。抑或跌磕身死，妇人生产殒命等项，往往尸亲视为奇货，不肯收敛。无尸亲者或有疏远亲友挺身出认，衙蠹地棍从旁怂恿，多方勒索，吵闹不休。"② 太仓州璜泾镇，乞丐倒毙于殷实人家门前，"地保辄指为人命，地棍为之寻觅尸亲，其意在得钱，实不欲报官也"。民户往往选择破财消灾，出钱供敲诈者瓜分，以求平息事端。书差衙役也要分赃一番，"地保等主和而吏役不与者，则假官以唤讯"，中产之家"一经此厄，每致荡产"。③ 同治七年（1868），丁日昌下令严禁这一恶俗，他指出："自尽命案，律无抵法，而小民愚悍，每因细故，动辄轻生。其亲属听人主唆，无不砌词混控，牵涉多人，意在求财，兼图泄愤，经年累月，蔓引株连，被告深受其害。"④

埋葬过程中一般需要雇请脚夫、土工等，按例由丧户自行决定，然而，在明清江南这些人往往私分地段，甚至结成公所，遇有婚丧事宜，横加勒索。道光年间，江苏按察使裕谦称："省城内外，有等脚夫于桥头巷口设立公所，其为首之人名曰'盘头'，借口随差赔贴，私分地界，把持包揽，不准本家另行雇佣。每抬棺一具，无论路之远近，动辄需夫七八名至十余名，每名工钱三四百文至五六百文不等，任意勒索，毫无顾忌。迨至棺柩到坟，另有看坟人扛抬，而看坟人又巧立上山、利市、接扛、破土、化灰、登位、圆冢诸名色，多方开销，需费亦不下十余千文。中等之家，每葬一棺，此等费用总须二、三十千文，稍不遂意，即不为扛抬。又以有碍风水为词，阻其埋葬。

---

① 刘兆麒撰：《总制浙闽文檄》卷二《禁假命诬赖》。
② 民国《杭州府志》卷七十三《恤政四》，"栖流所报验规条"。
③ 道光《璜泾志稿》卷一《风俗志》。
④ 《江苏抚院严禁自尽图赖以重民命碑》，江苏省博物馆编：《江苏省明清以来碑刻资料选集》（以下简称《江苏碑刻》），生活·读书·新知三联书店1959年版，第264页。

省外各府州县情形，名目虽各不同，而其勒索阻扰之术，如出一辙。"① 因而下令禁止丧葬扛抬人夫勒索。同治年间，丁日昌也痛陈，"各州县扛夫一项，最为强梗。凡遇民间出殡，无论有力无力，莫不任意需索。若辈以买定地段为词，不能舍此而他雇。"② 在江南不少地方，这类现象大量被记录于地方志中，足见问题之普遍。如嘉庆《直隶太仓州志》记载："脚夫、土工私分地界，把持垄断，遇有婚丧之家勒索雇值，婪索酒食，不厌不休，籍称当官值日，不许主家另行雇募，乡镇皆然，城中尤横。"③

综观上述诸情形，不难发现，报验过程伴生的诸多问题，广泛涉及胥吏、地棍、脚夫、恶丐等各种群体，利用命案与丧葬牟取不当利益，危害一方。余治曾指出："民间波累之事，至人命极矣。伤未必真，而一经报验，地匪得以逞奸，胥役视为利薮，里邻科派，扰害滋多，情极变生，往往事中生事。"④ 各种势力形成盘根错节的利益关系，纠结效尤，沆瀣一气，给社会造成极大的危害。

二 报验诸问题的社会根源及危害

为什么在报验过程中会伴生如此复杂繁多的社会问题呢？这些问题有些是命案勘验中才会出现，有些则是平时就存在的。为什么会产生报验诸问题，其社会根源是什么？有必要从明清历史大背景和江南社会现实进行综合考察。主要有以下几个方面：

（一）清代江南人地关系紧张，两极分化十分严重，各种社会问题聚集

孔飞力《叫魂》通过乾隆年间发生于江南的巫术恐慌，生动地展示了这一个"受困扰的社会"，以及在物质与权力极度匮乏所带来的种种病态。⑤ 可以说，江南在为人艳羡的财富与繁华的背后，是严重

---

① 《嘉定县为禁止丧葬扛抬人夫勒索告示碑》，上海市博物馆图书资料室编：《上海碑刻资料选辑》（以下简称《上海碑刻》），上海人民出版社 1980 年版，第 438 页。
② 丁日昌著，赵春晨编：《丁日昌集》卷三十《通饬禁止停丧不葬由》，上海古籍出版社 2010 年版，第 417 页。
③ 嘉庆《直隶太仓州志》卷十六《风土上·风俗》。
④ 余治：《得一录》卷八之五《尸场经费章程》。
⑤ [美] 孔飞力：《叫魂》，陈兼、刘昶译，上海三联书店 1999 年版。

的贫困化,中下层面临巨大的生存压力。由于"非农化"与"离村"现象普遍,流氓、乞丐等社会次生群体庞大。一些"有主"的客寓商死亡,尚且有会馆公所等提供停厝及归葬的场所。一般流氓、乞丐或无依无靠的"无主"人群,疾病及意外死亡,只会暴露野外。随着商品经济发展,行业竞争明显,出现地域性与组织化趋向。土工、脚夫等社会底层,盘驻于城市和市镇中,依靠日常扛抬过活,同业竞争激烈,乘机需索和私分地段的行为成为"潜规则"。

(二)地方治理的低效和失范是导致阻葬的主要因素

传统社会的地方治理很保守,"一人政府"的模式严重滞后于发展的现实需要。理论上说,传统地方政府是"全能型"的,要求州县官员管理地方财政、民生、司法、教育、教化等一切事务。同时,地方财政自主权很小,官员任期短暂、薪俸低廉,僚属的额定配置很少,薪俸更低。州县官的正常所得根本无法满足日常生活和行政所需。因此,地方官员们一方面极力牟取各种陋规,另一方面极度依赖书差衙役们。许多官员喜欢讲排场,往往勘查一个小小的案件,跟随的诸色人等多达数十上百人,车旅、工食之类照例有事主支出,其数目之巨,实属惊人。为官江南有很大的压力。谢肇淛《五杂俎》提到,江南"奸胥大猾舞智于下,巨室豪家掣肘于上",使官员"一日不得展胸臆"①。同治六年(1867),时任江苏布政使丁日昌通饬清理词讼严禁传呈,提道:"词讼案件,动关百姓性命,书差、讼棍藉以自肥,弊端百出,为民父母者,若非廉明详审,鲜不堕其术中,害民莫甚。"他告诫官员:"减一时之官样,便省书差数十人之骚扰,分一勺之廉泉,便除小民数十家之拖累。"可谓一语中的。②

(三)书差衙役所涉及的不光是地方政府的问题,更涉及传统财政制度、基层治理中的深层次问题

他们利用财富、权势、武力,甚至流氓行为,非法攫取地方社会

---

① 谢肇淛:《五杂俎》卷三《地部一》。
② 丁日昌著,赵春晨编:《丁日昌集》卷二七《藩吴公牍》,《通饬清理词讼严禁传呈等弊》,上海古籍出版社2010年版,第388页。

的权力，或者与地痞等勾结利用，在体制外又对体制运作起重要作用，形成一种事实的地方权威。黄宗羲指斥明代胥吏危害之大："凡今所设施之科条，皆出于吏，是以天下有吏之法，无朝廷之法。"① 著名的官箴书《福惠全书》曾提道："蠹棍把持衙门，胥蠹恣行侵扰。""豪衿、土棍号称金刚、天王、罗刹，二十四人分布四乡，三班衙役与各房科有执事者皆其党羽，门子在内宅出入伺候者，皆其耳目。一票出，非其使令不敢差；一词兴，非其主持不敢告。尤可恨者，花户钱粮，听其包揽，里社吞声赔累"，甚至与县令"分堂抗礼"。② 书吏本是有薪俸的，但康熙初年已取消。衙役，包括皂隶、门子、步快、捕役、轿夫、仵作等则照例有年俸，在大多数地区一般只有6两，少数职位和地区可达12两左右。衙役们一天的正常收入甚至不到两文钱，按当时的消费水准，连个人糊口尚且不足，罔顾养家。书吏们则更没有正规收入，或由官员自掏腰包、拿出廉俸来供养的，而地方官吏有限的收入往往自顾不暇。③ 因此，书差衙役们必须通过勘查案件、征收赋税等行政过程中收取陋规来维持生计，官员们也予以默认，甚至乐意提供分肥的机会。④ 潘际云《治邑》中有"乡民怕入城，畏吏如畏虎。讼事一牵系，动辄一年许"的诗句，足见一般百姓对胥吏们的畏惧和痛恨。⑤

（四）勘验诸问题引发严重危害

胥吏、地棍、差保、恶丐等于命案勘验和丧葬仪式时敲诈勒索，直接挑战社会的道德底线，败坏社会风气，威胁正常社会秩序。康熙《仁和县志》记载："明末以来，仵作人等私立把头项首，分坊值日。每举棺一具，横肆诈勒，有至数十金者，尚未足满，其原恶言语厉不堪，以致鼓吹茶司，渐相效尤。"⑥ 显然，由书差仵作等发端，借丧葬

---

① 黄宗羲：《明夷待访录》《胥吏》。
② 黄六鸿：《福惠全书》卷三《莅任部二》，《官箴书集成》本，黄山书社1997年版。
③ 参见瞿同祖《清代地方政府》，法律出版社2005年版，第78—123页。
④ 董含：《三冈识略》卷十《三吴风俗十六则》。
⑤ 潘际云：《治邑》，参见张应昌辑《清诗铎》卷十八《守令》。
⑥ 康熙《仁和县志》卷十三《恤政》，《宪禁新定婚丧各役价值》。

谋利，鼓吹手、司茶等人员都纷纷染指其中。这些胥吏、地棍、恶丐甚至沆瀣一气，在地方征收规费、借尸诈扰等，甚至引发冲突。苏州阊门一带的铺户，平日屡被当地乞丐勾结官府胥吏强行"蠹取月规"，康熙六十一年（1722）三月，"有恶丐鱼得水借尸图赖，纠集多丐……（将）香店家伙打毁，致阊门一带铺户，各将店门关闭，远近传为罢市"。最后，官府不得不从中调停，并形成了一百户"金阊市民公立"的示禁碑文。① 嘉庆年间，浙江布政使谢燕颀指出："地棍结党讹诈拦丧阻葬，最属可恶。本司久闻杭嘉湖三府每有此等恶习，若不严加惩治，必至相率效尤，大为风俗民生之害。"② 同治年间，杭州知府陈鲁曾提出："地方命案，须官相验，往往差保从中生事，或重索验费，或抑勒私租，或于尸场恐吓地邻，藉图讹诈，或于死所怂恿痞棍，妄陷善良，种种刁风，深为民害。"③ 由于畏惧滋扰，地方遇见浮尸路毙等，唯恐避之不及，不惜将尸骸转移别处，以邻为壑，更无须说施行施棺掩埋之类的善举了。

其次，增加了勘验与丧葬成本，加剧了社会的贫困化。各势力利用报验及丧葬活动，百般需索金钱、饭食等，不厌不休，增加了丧户等受害人群的经济负担，乃至因涉讼而倾家荡产。袁守定《图民录》中提出案件应迅速侦结，则诸弊来不及发作，民众受其福利；反之，"若拖延岁月，不特奔走守候，费时损功，而证佐饮食之，书差勒索之，讼棍愚弄之，百弊丛生，而所费多矣"。④ 在江苏为官多年的丁日昌洞悉其中要害，在任布政使期间，他指出："词讼案件，动关百姓，身家性命，书差讼棍，藉以自肥，弊端百出。为民父母者若非廉明详

---

① 《苏州府为阊门程元芳香店门首有病丐跌毙丐棍借命图诈出示究办碑》，《江苏碑刻》，第430页。
② 光绪《嘉善县志》卷十四《冢墓》，《浙江等处承宣布政司为严禁地棍阻葬恶习以正风俗事》。
③ 民国《杭州府志》卷七十三《恤政四》，陈鲁：《为申明相验定章遵饬勒禁索诈以垂久远事》。
④ 袁守定：《图民录》卷二《词讼速结则诸弊不作》。

慎，不堕其术中，害民莫甚。"① "在有力者尚可买静求安，不至受其窘迫；贫窭之户必至受累无穷，甚至典质借贷，填其欲壑而后已。似此危害闾里，逾于狼虎，不求永禁，民不聊生。"② 杭州阻葬流行，"及至相验而官司之验费更多于尸亲等之诈索。盈千累百，荡产倾家，而索诈之风日炽。"③

最后，增加了丧户的丧葬成本，很多人视丧葬为难事，助长了火葬、停棺不葬等"弊俗"。遭遇各类需索阻扰，家底丰厚或能委曲求全；贫困之家往往难以承受，不得不以偷葬、火葬或者干脆停丧不葬。两江总督裕谦下令严禁阻葬，指出："力量稍薄之家视卜葬为难事，因循耽搁，经年暴露，口不忍言。"④ 在《训俗条约》中，他痛陈江南丧葬弊俗，认为当地"中人之家停棺不瘗者不知凡几，问其原委，非缺盘头脚力，即为风鉴谬谈"⑤。嘉兴知府钱宝廉曾指出，"嘉兴府各属，更有一种刁恶棍徒。往往遇有葬事，纠约无赖多人，攘取物件，讹索阻挠，致令贫富善良，皆以葬亲为难事，而停阁暴露，莫可如何。此等阻葬刁风，尤为地方之累。"⑥ 钟琦《皇朝琐屑录》也记载，"浙江嘉兴府各属多恶棍土豪，遇有丧葬，讹索阻埋，攘取财物，彼此豆剖瓜分，致令善良停柩空室中，不敢营葬展奠。"⑦ 道光年间，湖州知府吴其泰提出地痞恶棍的阻葬行为是火葬等弊俗的根本原因："丰裕者虑及误期，只得出钱以买安静，而贫乏者力难遂欲，竟视葬为畏途。从此湮棺朽，致蹈火化不孝之罪，而揆厥由来，匪棍之拦葬实为厉阶。"⑧

---

① 《江苏省例》卷二《藩政》《布政司丁严禁传呈等项目等名目》同治己巳（1866）冬江苏书局刊。
② 《严禁恶丐结党强索扰累闾里告示碑》，《上海碑刻》，第444页。
③ 民国《杭州府志》卷七十三《恤政四》，《栖流所报验规条》。
④ 裕谦：《裕靖节公遗书》卷三《训俗类·禁阻葬示》。
⑤ 光绪《常昭合志稿》卷六《风俗》《江苏巡抚裕靖节公谦训俗条约》。
⑥ 钱宝廉：《严禁火葬积习疏》，饶玉成《皇朝经世文续编》卷六十三《礼政》，文海出版社1972年版。
⑦ 钟琦：《皇朝琐屑录》卷三十八。
⑧ 民国《乌青镇志》卷二十三《任恤》，《湖州知府吴其泰严禁阻葬图诈失火勒赔告示》。

三 国家与社会的应对措施

鉴于报验过程中诸问题猬獗及巨大危害，清代国家和社会多管齐下，采取多种应对手段加以整顿。主要体现在以下几个方面：

（一）颁行禁令和规范，如严禁书差勒索、规范命案勘验

这些禁令往往由地方士绅和官员发起提议，由地方督抚及各级官员发布，一般勒石刊碑，树立于府县大堂、城隍、善堂、书院等重要场所。这类禁令在江南为数众多。如乾隆二十年（1755），华亭县颁布禁令，严禁土工脚夫四分地段："窃夫工匠役凡遇婚丧，不得私分地界，霸占扛抬，恃强攫夺，议定每人日给工价伍分，惟婚丧大事，非民间每家每月常有之事，议于工价之外，每名另给酒饭银四分，以作犒赏。如敢分界垄断，额外夺索，立拿重究。再脚夫工匠，通属皆然。"① 道光十五年（1835）三月，时任江苏按察使的裕谦，连续发布《禁停棺不葬示》《禁阻葬示》，要求地方尽快掩埋停厝棺柩，对于拦葬讹诈者一体严拏承办，除密访查拏外，合行出示严禁。② 对于借尸图赖，丁日昌曾下令，"如子孙将祖父母、父母尸身图赖者杖一百，徒三年；其亲尊长，杖八十，徒二年；妻将夫尸图赖者同罪；告官者，以诬告反坐。"③ 当然，如果没有配套措施，单靠行政命令，解决错综复杂的社会问题是绝无可能的。清代两百余年间，江南各级官员三令五申，类似现象却屡禁不止。

（二）成立善会善堂，作为处理命案报验的代理机构，同时兼办施棺、掩埋等义葬善举，满足多方面需求

乾隆年间以后，报验善举在江南日趋流行，善会善堂增长速度也加快。笔者粗略统计，江南七府一州共有施棺助葬类与综合类善会善堂近537处，创办时间较为明确的有467处，其中乾隆以前16处，

---

① 上海博物馆：《上海碑刻资料选辑》，上海人民出版社1984年版，第435页。
② 裕谦：《裕靖节公遗书》卷三《训俗类》《禁停棺不葬示》《禁阻葬示》。
* 裕谦（1793—1841），原名裕泰，字鲁山，蒙古镶黄旗人。嘉庆二十二年进士，先后任礼部主事、员外郎，荆州、武昌知府，荆宜施道，道光十四年（1834），任江苏按察使；十九年（1839），任江苏布政使、江苏巡抚。鸦片战争时，以巡抚兼署两江总督，守卫定海时壮烈殉国。追赠太子太保，谥靖节。
③ 余治：《得一录》卷八之五《尸场经费章程》，《附严禁自尽图赖宪示》。

乾隆年间 61 处，散布于城市与市镇；嘉庆年间 68 处，道光年间 119 处，在江南初步普及。太平天国战后，江南善会善堂迅猛发展，除大量废弃堂局得以重建外，新建了大批的堂局，光施棺助葬类与综合类善堂就多达 200 余处，其中，同治年间 88 处，光绪年间 94 处，遍布城乡各地。①

嘉道以后，由善会善堂作为处理命案报验的代理机构获得普遍认可，一些是为此特意设立的。苏州近郊黄棣镇为水陆通衢，多浮尸路毙，乾隆四十一年（1776），由地方士绅倡办了仁寿堂，负责捐资报验，以杜绝书差滋扰。该堂议立章程，由府通详立案，规定凡有路毙浮尸，责令坊保先行界放义冢等空隙处所，赴官报验殓埋。书差饭食及脚夫扛抬由善堂支付，就近搭尸场验殓，棚厂水脚等费用由各堂董事捐给。并规定陆路凡遇倒毙尸身仍停原处，听堂邀同地保填单报验，不得私移分寸；河内浮尸于附近搭棚厂候官看明，将尸身移至厂前捞起相验，捐棺殓埋；所需棚厂、水、锅、葱、酒等费钱 2000 文，水陆船费 6000 文，仍听堂捐出，交保分给；不准传讯地主地邻堂董，致扰需索。② 常熟同仁堂主办助葬事宜，捐办抬具器具什物。赤贫之家有婚丧等事，到公所报道直接取用。不得民间借端勒索，雇佣者应听本家随处雇唤，按路程给发工钱。③ 无锡恒善堂设置递解船 4 只，每月给钱 72000 文，不准封踏他船；路毙之案均由堂验报，以免借尸图诈。④ 湖州南浔师善堂是晚清江南诸善堂的典范，咸丰年间，该堂仿照府城广仁堂之办法，遇见无主水陆毙尸及斗殴命案，尸场验费由堂捐给，以免扰累。几年后重建，针对当地阻葬风行，禀请江浙会办督葬事，由堂中派人护葬，令抢灰、索费之俗绝迹。又筹设葬会，推行施棺助葬。因成效显著，浙江巡抚马新贻特意通令全省各府县效仿

---

① 关于清代江南义葬发展问题，参见吴琦、黄永昌《清代江南的义葬与地方社会——以施棺助葬类善举为中心》，《学习与探索》2009 年第 3 期。
② 同治《黄棣镇志》卷三《公署·善堂》。
③ 《江苏省例》卷二《藩政》同治七年三月日札，《江苏巡抚部院丁通饬示禁碑》《严禁轿脚夫勒索》。
④ 光绪《无锡金匮县志》卷三十《善举》。

推广。①

（三）规范报验过程，明晰报验项目、约束胥吏行为

嘉道以后，江南各地出现多次由善会善堂发起，地方官员下令规范勘验的文告和章程，围绕规范报验程序、明确人员与经费等，内容大同小异。大致要点如下：勘验程序要点有：路毙仍停原处，毋许擅自移动，由堂内报官验视，一切不累地邻；根据有无伤痕、有无家属认领等情形加以分别辨认；对于有主尸骸有家属认领，或不允许报堂，或酌情给予资助；乞丐一般由丐头负责管理，如无棺木可到堂领棺殓埋；一般无主认领者，由总甲赴堂具报堂董，看明无伤者即行殓埋，有伤者给发联单报县验殓听候追缉，堂内仍给棺埋葬。

经费问题最为关键，一是各个环节的费用标准；二是费用由谁支付。嘉定存仁堂主办施棺代葬，嘉庆十三年（1808），知县吴桓奉巡抚汪志伊批示立石，明确规定，凡路毙浮尸地保报验，由存仁堂中给棺，并发尸场费用钱三千文。路远处所，除官船自行捐给外，其余船只给五串。堂中给钱1750文。毋庸传及地邻。② 南汇县，自咸丰二年由官绅捐钱2000串存典生息作为经费，遇有斗殴自尽命案所需费用从中拨发。太平天国战争中，此项经费被挪用，同治八年重办，由县署每年捐廉200千，另设置田租，交与同善堂代为经理，除相验命案尸场经费外，做施棺助葬之用。光绪年间，又拨给无主地多处，使此项经费用度充裕，用少存多。③ 很多地方还专门设置田产。如奉贤同善堂，"因命案尸场扰累地方，议定验费章程，由堂给发，通详立石。惟费出同人事难久，同治二年经董林国琮特捐验费田143亩有余，逐年一应收支"。④ 道光年间起，杭州由栖流所主办倒毙浮尸的报验善举，以免株连邻右。兵燹后，栖流所附设于普济堂右，其报验赴场给费则由同善堂、施材局司事兼办。⑤

---

① 同治《南浔镇志》卷三十五《义举》。
② 光绪《嘉定县志》卷二十九《金石》，《存仁堂施棺代葬并设栖流所碑文》。
③ 光绪《南汇县志》卷三《建置》。
④ 光绪《奉贤县志》卷二《建置·公所》。
⑤ 民国《杭州府志》卷七十三《恤政四》。

同治六年（1867），江苏巡抚丁日昌下令规范命案报验，要求凡遇一应命案下乡相验，务须轻舆减从，一切费用由厅州县自行捐廉给发，由县详明立案，不许向民间分派分毫。如有书差胥吏借端滋扰索取尸场规费分文者，严行惩治。他还详定章程，就报验的每一个细节、规定随从数目、饭食工费、舟车旅费等项目，罗列了一个详细的名目：

> 相验项下：承行一名，每日饭食钱240文；招房一名，每日饭食钱400文；仵作一名，每日饭食钱400文；皂快二名，每各饭食钱180钱；行杖二名，每各饭食钱140文；以上随带书差以照例定额数量为增减，不准于现定名额外再有多带，能减者更善。跟班二名，每名饭食钱140文；厨役一名，每日饭食钱140文；轿夫四名，每名饭食钱120文；伞夫一名，每日饭食钱120文；以上随带夫役同书差人等总共不得过十五名。地保伺候每案给饭食钱500文；土工每案饭食钱400文；本官船一只，每日钱1000文；书差轿伞船二只，每只800文；无船者雇小车，每车每日钱400文；搭尸场给钱1000文；芦席给钱240文；红白布给钱140文；烧酒给钱300文；苍术白芷给钱100文；银朱笔墨给钱60文；尸格给钱200文；招书办稿一切纸张300文，如不招解减半；代书纸张钱200文①

这个规定在晚清诸多报验规条中最为著名，成为各地州县和各善会善堂制定尸场经费的范例。分析这个精简后的名单中，州县官员随从多达15人，每日饭食钱2700文；地保土工每案900文；舟船费2600文；尸场诸费2540文左右，四项合计8740文。也就是说，即使一日审结也需费用近9000文（当时约6两），这在当时已经是一笔不小的开支了。关键是，地方官员"捐廉"，他们合法收入有限，需要

---

① 赵春晨编：《丁日昌集》卷六九《抚吴公牍》三十四，《通饬各属凡遇命案相验严禁书差需索使费勒石永禁》，上海古籍出版社2010年版，第680—681页。

捐廉倡首的事情多如牛毛，这笔报验的钱从何而来呢？

由于担心官方经费支绌，难以永续施行，或者官方无力筹备管理，这些费用往往由善堂要求支出，或由善堂负责筹集，如此"需索之弊自可永绝，且于民间既不派累而于官署又免捐廉，亦不致日后再有更张"。《得一录》中列有收录有上海同仁辅元堂《报验联单》及《谕单》，还收录有《上海县刘详定尸场经费稿》《上海县定尸场经费示》两文，从中可见一些端倪。咸丰八年（1858）十月，刘郇膏就任上海知县后整饬报验弊俗，原计划"报官相验应需杂费皆系本县捐廉给发，不准吏役人等在外需索分毫，并遇案捐牌晓示在案"。后同仁辅元堂经纬、曹树珊等十八董事禀报，经费由官员捐助恐难以为继。呈请照奉贤县章程办理。① 无论报验何项命案，应需尸场棚席厂费及夫马船只并各书役饭食等项一应杂用，概由堂内给发备用。同仁辅元堂在此前本有报验章程，如在附近，由堂内给钱 4800 文，如路远需船另给舟钱 1750 文。"惟上邑用项较繁，应行略为加增。现拟无分远近，每案由堂捐钱 2800 文，应请署内颁给谕单。发交原差到堂具领开发各项。堂内即用刊板联单照填案由。注明发讫字样。呈案备查。不准于定数之外再有加增名目。"这样原本报验一案，经费从五六千文增加到二十八千文，足足增加了五六倍，较奉贤县二十八千文封顶的标准也增加了不少！②

同仁辅元堂作为上海市规模和影响力最大的善堂，在既有报验章程的情况下，为什么要仿效奉贤县的做法呢？关键还是钱的事。哪里是"略为加增"，明明是大发福利。显然由于之前的标准太低，"奸徒仍以验费诈骗勒派"。新订标准后，刘知县和该堂还议定了谕单和告示牌（"捐牌式"）。谕单后附有 28 千文之多，合计三十余项的明

---

① 据《得一录》卷八之五《上海县刘详定尸场经费稿》记载："奉贤县除路毙浮尸无伤者由堂看明棺验报县立案外，其路毙有伤应行报验者，如在附近处所，由堂捐给尸场厂费暨军轿杂役各项饭食钱五千文；若路远用船，除本官坐船自行捐给外，随从书役另给舟盘钱五千，三十里以外再加钱二千。此外一切闹殴杀伤以及自尽各项命案，无分程途远近，统由堂内给发大钱 2 万文。概由原差承领分给，以杜需索情弊。"

② 余治：《得一录》卷八之四《尸场经费章程》。

细清单。明细如下：

计开：刑房 700 文，招房 700 文，代书 280 文，原差 1400 文，押验总头 700 文，红班 700 文，禁班 350 文，传话 700 文，仵作 1000 文，尸格 280 文，值日四名 560 文，门房 140 文，茶快 140 文，军轿 280 文，衣箱马机 140 文，铺司 224 文，清道 224 文，金瓜 224 文，军件 800 文，轿班 500、1000 文，样板 224 文。以上计钱 10 千 766 文。

外加：朱墨笔 60 文，手巾 50 文，红布 70 文，芸香苍术 114 文，烧酒 1200 文，土作四名 560 文，小夫两名 280 文，吹手三名 420 文，炮手一名 280 文，粗纸 340 文，捐牌夫一名 140 文。以上又计钱 3 千 514 文。每次小轿船价不论远近共钱 14 千文。以上统计钱 28 千 280 文。

这个清单名目之多令人眼花缭乱，简直是州县衙门闲杂人员的大荟萃！报验一口价，28 千文还多，近 20 两之多，差不多是巡抚丁日昌所定标准的好几倍！其中尸场诸费只多了 1000 文，还省去了给地保的饭钱。谁是最大的受益人？谁是报验问题的罪魁祸首，不言而喻。捐牌式全文为："胥役随从相验，向有需索恶习。业经董事议明，费用由堂给发。现已勒石永禁，毋许再蹈前辙。倘仍藉端索诈，究办定依严律。"① 至于能否满足胥役随从们的胃口就不得而知了。

（四）允许地保、民众等向官府报告，或由善会善堂代为禀告，对违法行为追究责任

地方官员颁行了许多关于报验及阻葬的告谕、禁令等，不少是应地方士绅或善会善堂所呈请下达的。道光十五年，江苏按察使裕谦下令严禁阻葬，提出"嗣后乡村市镇遇有举行葬事者，倘若坟邻地棍混行阻拦，藉端讹索，允许被害之人赴所在有司指名禀究，以凭擎案惩办。保甲知情徇弊一并擎究。""该差役保甲人等，倘敢藉端派累，或

---

① 余治：《得一录》卷八之五《尸场经费章程》《捐牌示》。

地棍乘机诈扰。许即就近禀明，地方官立提重究，均勿轻纵。"① 对于报验及阻葬中的违法行为，善会善堂不仅可以呈官究办，还鼓励民众向堂里报告，由堂局代禀。嘉庆十一年，上海知县苏常阿曾勒石严禁各种滋扰善举的行为："保甲居民人等，嗣后同仁堂举行恤嫠、赡老、施棺、掩埋等项目听该董照规条办理，不得藉端滋扰，如有路毙浮尸不识姓名并无亲属收殓者，验无别故，许地保赴堂同仁堂领棺收殓，并发棚厂殓费六折钱八两。倘有书役地保人等再向地主邻右需索，禀明县府研究查究。"② 杭州栖流所办理尸骸报验，其倒毙浮尸别立报验规条，以免株连邻右。《栖流所报验规条》规定："地方斗杀及居家伤毙者，以及坟园寺院一切命案，均准投所报验查办。其尸场验费由所给发，不准书差作轿人等再向地主邻右凶犯被告人家勒索分文。如违，亦由同善堂绅董查明送究。"③

四　报验善举的历史启示

分析上述措施，有的是官方运用自身权威进行禁革整顿，有的是地方精英以善会善堂为中介加以协调，有的则是民众的检举报告。表面上说，官方的举措最多、最全面；但这些举措很多是应地方士绅或善会善堂的要求的例行公事，具体执行和保障需要依赖后者，因而地方社会实际上更为积极主动。报验诸问题的罪魁祸首真是官方，如果不是他们勘验中大讲排场，纵容胥吏下乡需索，问题不会如此严重。地方精英组织善会善堂，要求官方下令严禁阻葬和规范勘验，并作为勘验的地方代理者，承担本该官员负担的经费。在这个过程中，国家与社会的关系是很微妙的，充满冲突与密切协作，彼此防范又相互利用。中国台湾学者邱澎生在研究了苏州、上海等地会馆公所及商会商团后提出，在公产的立案语法人确认过程中，存在一种法律规范的"由下而上的演化"的制度变迁模式。④ 这种逻辑同样适用于善会善

---

① 裕谦：《裕靖节公遗书》卷三《训俗类·禁停棺不葬示》。
② 同治《上海县志》卷二《建置·附善堂》。
③ 民国《杭州府志》卷七十三《恤政四》《栖流所报验规条》。
④ 邱澎生：《公产与法人：综论会馆、公所与商会的制度变迁》，载朱英主编《商会与近代中国》，华中师范大学出版社 2005 年版，第 54—82 页。

堂之中。

通过尸场报验可以看到，传统的善举不只是赈恤无告的慈善活动，还有参与命案勘验等司法活动，具有地方治理与维护地方社会秩序的功能。由于地方治理存在诸多局限，单纯的行政命令与法律条文往往并不能解决问题。许多社会问题涉及多重利益因素，脱离地方力量的参与和配合，行政与法律手段根本无法执行文，因而国家有强烈的与地方社会协作的需要。晚明以来，地方社会兴起，地方精英们整合社会力量与资源，成立会社解决现实问题，维护地方利益，实现自身的政治与社会诉求。这样，两者之间就有了契合点。通常认为，地方政府独占司法与财政权力，对于社会管理方面则更多依仗地方力量。尸场报验的事例提供了一个极好的反证。因为即使在命案勘验中，清代中期以后，官方依然越来越依赖地方力量了。在尸场报验善举中，地方社会显得更为积极主动，要求官方规范勘验程序、约束胥吏行为，实际上也是双方的一个利益博弈的过程。

第四节 清代江南义葬的社会效应

义葬善举植根于江南浓郁的慈善文化之中，具有特殊丰富的社会内涵。它针对的是施棺掩埋、浮尸路毙等之类的社会问题，但与民生国计、社会秩序、礼仪法度等大旨休戚相关，与其说是"送死"的问题，毋宁说"事生"的问题。

一 解决现实问题

明清时期，受人地关系紧张、贫富分化等诸多因素影响，民众面临较大的生存压力。通过推广善举，对于解决特定人群的现实困难，缓解社会矛盾不无裨益。唐宋以后，江南为财赋之区，富庶之地，同时也是人口密度最大，贫富分化最严重的地区。尤其战乱、灾荒之余，社会上贫苦困厄者比比皆是。兴办各种善举，虽不能解决根本问题，依旧能惠泽部分人群。晚清时期，嘉兴人吴寿昌称："吾乡之遭贼蹂躏也，富者贫，贫者死，死者暴骨于野，其幸出万死以逃于兵燹者,率皆颠连困苦,无以自存。"扩建普济堂后,情况大为改观,"凡老而无归、嫠而贫、疲癃残废而失业者,饥资以药粟、寒资以帛,疾痛资以医药,死资以棺椁,复巡察骸骼之暴露者,择地丛厝之。"① 陈康祺认为,兴办善举可以弥补政府赈恤和宗族救助的不足,是一大"善术":"今天下井田久废,生齿日繁,朝廷不能行限田之法,宗子又无收族之方,以致豪强者田连阡陌而淫侈亡等,贫窭者勤动终岁而俯仰无赀。惟兴立善举,策划恒产,犹为抑兼并而扶疮痍之善术。"②

明清时代,个人及临时性的施棺助葬、掩埋尸骨之类的比比皆是,但难以满足长期、普遍的需要,义葬组织的出现改变了这一局面。如苏州黄棣仁寿堂成立后,"同志维持收骸代葬,建丙舍以厝旅棺,备殓具而恤无告。由是不羁孤魂咸登安土,无归客榇亦复宁停"。③ 吴县光福镇,多阻葬风俗引起停棺不葬,里人徐某深恶痛绝,倡设掩埋局,凡有诈扰者到局报明,每棺给脚力及作坟者每日给工食,丧葬费用较以往节省数倍。"家少久停之柩,野无不葬之棺,远近受惠匪浅。"④ 杭州城停棺不葬之风甚炽,尸棺常任意停厝西湖周边山上,狼藉暴露,惨不忍睹。创办存仁堂后,主办施棺掩埋,并在钱塘购置义地十余亩,掩埋贫不能葬者,前后所施棺木以数万计,每年收葬暴露棺骸以十数万计。⑤ 湖州长兴同善堂举办各种善举。"自庚申以来,施棺不下数百,瘗骨不下数千,活人不下数万。"⑥

传统社会以血缘和地缘两大基轴维系运转,人们的生老病死一般被视为个人问题而不是公共问题,因而主要依靠家庭、宗族等初级群体来解决。善会善堂的出现对此有所突破,其救助对象由较狭隘的家庭或家族成员扩展到同一社区和同乡的更多的群体,这是一个不小的进步。

---

① 光绪《嘉兴府志》卷十四《养育》,《邑人吴寿昌普济堂征信录序》。
② 陈康祺:《郎潜纪闻初笔》卷十《阮文达公普济堂章程》。
③ 民国《黄棣志》卷三《公署·善堂》。
④ 《光福志》卷五《公署》。
⑤ 民国《杭州府志》卷七十三《恤政四》。
⑥ 同治《长兴县志》卷十五《寺观》;民国《长兴志拾遗》卷上《建置》。

二 改善公共卫生

与寻常的济人利物的善举不同,义葬所涉及的对象是尸骸、棺柩等,这些往往暴露野外,成为重要的污染源,容易诱发瘟疫等传染病。明清时代,人们谈及义葬时多强调其免除瘟疫方面的功效。江苏巡抚张伯行提出掩埋的两个作用:一是令死者得以安息;二是令生者免于灾疫。"昔文王泽及枯骨,况现今经饥饿而死者乎?每见有抛弃骸骨,日色暴露,甚为可惨,宜严饬城关各乡约地主人等,凡街市道路田间有抛弃骸骨,俱令掩埋,以顺生气。盖灾祲之后,每当疫疾,皆因饥死人多,疠气熏蒸所致也。一经掩埋,不惟死者得安,而生者亦免灾疹之祲矣。"① 宝山等地义葬发达,城乡由公善堂主办施棺代赈,后专门设立吴淞施材会、彭浦联义善会、普善山庄等机构,不分籍贯,一律施给。凡地方无施赈专款者,或由邻里醵金,或由铺户捐助,鲜有漠不关心者。民国《宝山县志》盛赞此举:"盖抛骸弃骨,易滋疫疠。此种善举,不特恻隐心之表著,亦公德心之见端焉。"②

清末民初,公共卫生观念日益深入人心,禁革停棺不葬与掩埋暴露也逐渐被视为公共卫生的重要内容。在地方志中,此前关于义葬、义冢的记载大多附于善举、冢墓等之下,清末民初以后,"卫生"这一概念的引入,义葬也常附其下。如民国《宝山县志》新列"卫生"一项,历述清代该地掩埋善举,将其作为注重卫生的实绩。该志写道:"高桥浮葬之风最盛,塘内滩地常暴棺累累,每届潮灾,甚至漂没四散。此后每有风灾浮尸均由各乡董筹集为之埋葬。各乡代葬规条者,旧有冬至鸣锣催葬,来春举办掩埋之例。今此风渐替,而闸北宝境一带浮厝较多之处,恒赖联义善会及闸北慈善团、彭浦乡公所随时查察掩埋,以重卫生。"③ 近年来,随着国内外生命医疗史的兴起,

---

① 张伯行:《正谊堂文集》卷十《四库存目》集部第254册,第138页。
② 民国《宝山县续志》卷十一《救恤志·恤亡》。
③ 民国《宝山县续志》卷十《卫生》。

学界对明清公共卫生问题日趋重视。① 在论及社会实践时，一个重要的例证就是尸骸掩埋和整顿停葬，善会善堂在其中起重要作用。

三　改良社会风俗

兴办义葬善举，在解决民众丧葬困难的同时，有助于树立社会典范，进行告诫劝导，改良社会风气。如清代名宦陈宏谋指出："人行一善事，止于本身增一功德。若劝化得一人为善，则世界上遂多一善人；若劝化一恶人为善，则世界上少一恶人，又多一善人。其人又可转相劝化，以至于千百人。"② 俗话说，存好心，说好话，做好事，行善者无论是否有主观动机，客观上常会对他人和社会产生教化和影响。在文献中类似的记载很多。如光绪《石门县志》记载："乡愚尚浮屠法，率将亲尸烧化，旧志谓移火葬之费，治理漏泽间，犹逾于骨肉尚温，遽付烈焰，至今有司屡行严禁。邑人复设广仁葬会以葬贫无能葬者，火葬之风渐革。"③ 湖州南浔地方阻葬之风盛行，同治年间，由师善堂办理护葬、助葬诸善举，民间原来视为难事的丧葬问题大为改观，成为当地最值得称道的事情，浙江巡抚马新贻下令全省效仿。光绪《南浔志》盛赞："有师善堂经理护葬，故乡间之抢石灰索零费者不敢横行，贫家亦能量力而妥先灵，停棺不葬之风渐革。近事之差强人意者只此而已。"④ 海宁硖石镇，原本风气浮薄，乡村每遇葬事，常借口有碍蚕室多端搁阻抑，且埠夫盘踞高索扛费，导致民间多畏阻而迁延不葬者。嘉庆年间创办广善会后，举办掩埋施棺等，并呈请当事出示严禁阻葬，此风逐渐平息。⑤

善会善堂的成立，有助于营造了向善乐善的社会氛围，提供一个

---

① 主要有：杨念群：《再造病人》，中国人民大学出版社 2006 年版；余新忠：《清代江南的瘟疫与地方社会》，中国人民大学出版社 2002 年版等；《清以来的疾病、医疗和卫生：以社会文化史为视角的探索》，生活·读书·新知三联书店 2009 年版；《清代卫生防疫机制及其近代演变》，北京师范大学出版社 2016 年版；梁其姿：《面对疾病：传统中国社会的医疗观念与组织》，中国人民大学出版社 2012 年版。
② （清）陈宏谋：《学仕遗规》卷四《实学录》，《官箴书集成》第 4 册，黄山书社 1997 年版，第 520 页。
③ 光绪《石门县志》卷十一《风俗》。
④ 光绪《南浔志》卷三三《风俗》。
⑤ 光绪《硖川续志》卷二十《丛谈》。

教化社会、敦厚风俗的场所。晚清时期，湖北光化知县胡启爵在《敦善堂约规》中说："善人多则风俗自厚，善堂立则阴骘易培也。"① 奉贤同善堂建立后，积极整顿火葬、停葬及阻葬等弊俗，"购隙壤为义冢，制椑具，畀夫工作之资，无不备给，及之路毙浮尸，由堂报验，颁发护照联单，而诈讼之端亦因之寝息"。② 日本著名学者吉冈义丰曾盛赞道："对于中国人来说，善并不是平面的伦理道德之劝诫语词，它是中国人谋求社会生活时，视为与生命同价，或比生命更可贵，而谨慎守护的中国人之'魂'。"③ 学者游子安也指出："清代善人的活跃、善会善堂的兴起与善书在民间的流行，是相互关联的社会现象。随着善书广泛传布，修善与行善成为中国人最基本的道德规范，善的观念更深入人心。"④

四 促进社会整合

推行善举在一定程度上解决了社会急难者所需，很多善堂建立后民众"生赖以养、死赖以葬"，有助于增强社会凝聚力，促进社会整合。苏州知府音德和提出设置善会善堂的好处在于："上则仰体国家修养之神恩，下则克襄乡党相稠之义举。庆有善积，福有同归，庶不负斯堂创设之苦衷焉。"⑤ 川沙至元堂创办后，极大地改善了当地贫困无告者的困境。民国《川沙县志》盛赞道："凡施药、助葬、接婴、义塾、洋龙诸善举及旧有之棉衣、冬米、赊棺、惜字等均实力奉行。四境之内，茕独鳏寡贫困无告者，靡不熙熙然，如登春台。当自建城以来三百年未有之盛事也。"⑥ 清代中期，苏州全盛之时，城内外善堂可缕指数者不下数十，"生有养，死有葬，老者、废疾者、鳏寡者、婴者部分类叙，日饩月给，旁建惜字、义塾、放生之属，靡弗周

---

① 光绪《光化县志》卷二《官署·公廨附》，（清）胡启爵：《敦善堂约规十条》。
② 光绪《奉贤县志》卷二《建置·公所》，杨本初：《同善堂记》。
③ ［日］吉冈义丰：《中国民间宗教概说》，余万居译，（台北）华宇出版社1985年版，第5页。
④ 游子安：《劝化金箴——清代善书研究》，天津人民出版社1999年版，第16页。
⑤ 民国《黄棣志》卷三《公署·善堂》。
⑥ 光绪《川沙厅志》卷二建置；民国《川沙县志》卷十一《慈善》。

也。"① 宜兴，"同光以来承平垂五十年矣，而民间元气迄今未全复，饥馑有荐作，赖任绅锡汾与邑中善绅迭为维持，救灾则有赈济、养生则有善堂，恤死则有义阡。"② 昆新阳地区为四达之区，地瘠民贫，其间颠连困苦，赖抚恤存赡者比比皆是。嘉道以后，该地创办了敦善堂、普育堂与清节堂，从此，"两邑穷黎生有赡养，死有槥葬，与夫茕独寡废疾婴稚鲜有失所"。③

在都市之中，善会善堂提升了民众生存空间，对于社会整合的作用更明显。晚晴时期，上海形成庞大的慈善网络。《申报》曾刊文称赞："上海善堂林立，凡贫苦者之生养死葬莫不妥，酌章程悉心经理，是众善之门当称无美不具矣。"④ 有人称赞，当地各种救助设施齐全，故"人皆乐为上海人"："上海繁华，经营贸易发迹较易，此人所共知也。至于身死之后并可借得一具美材以掩遗骨，妻妾能守则有清节堂养赡之，子孙能读则有各义塾教诲之，病则有医药，饥则有热粥，寒则有棉衣，皆可仰望取给于各善堂也。"⑤ 作为移民城市，面临着突破畛域之见，是客民成为市民的巨大挑战。这里，我们看到，正是大量慈善事业的出现，使得"人皆乐为上海人"，这是达到区域整合的重要手段。1907 年，李维清编修的《上海乡土志》是一部供初等学年使用的乡土教材，其中，大篇幅记载近代上海的新事物、新面貌，并专列《善堂》一课，其文如下：

> 上海善堂林立，所行之善举颇多，而其基本财产，皆由于郁松年、经纬、施善昌诸人之筹画也。今城内之善堂，有同仁辅元堂、果育堂、普育堂、济善堂、育婴堂等；城外之善堂，有仁济堂、广仁堂、栖流公所等。所行之善举，或施棺木，或送医药，或恤孤嫠，或拯残废，或教聋瞽，或育婴孩，或入堂以养病，或

---

① 同治《苏州府志》卷二十四《公署四·善堂》，石渠：《轮香局记》。
② 光宣《宜荆县志》卷六《善举》。
③ 光绪《昆新两县续修合志》卷三《公署》，邱樾《普育敦善清节三堂归并记》。
④ 《申报》壬申六月初十日第 65 号，《论善堂义冢切宜深埋事》。
⑤ 《申报》同治十三年十二月十九日，第 547 号，《论善堂新闻》。

施粥以惠贫，种种善举，不一而足，贫苦之民，实受无穷之幸福也。①

中国有守望相助、患难相恤的传统，义葬与育婴堂、清节堂、普济堂等各种善举并行，对于地方社会的发展与内聚力的加强有积极意义。日本学者小浜正子指出："一个地域形成地域社会，必须要具有对于地域共同意识的认识，如果以社团为基轴考察地域共同性认识的成立，那么具有地域整体共同性的团体的出现，便具有了分水岭的意义。这种团体的形成，已经不仅仅是谋求部分人的利益，而是为了地域社会的共同利益了。"② 清代城市与乡村之中，逐渐形成各种地缘、血缘之类的组织，如宗族、会馆等，同时在水利、教育、仓储、治安、慈善等公共事务中紧密协作，自我管理，各个社会阶层与力量，在共同的生活空间中彼此依赖、互利互惠，一定程度上形成了共同体。

1909 年，清政府仿照日本的《市町村制》，颁布了《城镇乡地方自治章程》，规定：在城镇、乡一级进行议员选举，组成自治公所，从事地方的教育、卫生、道路工事、农工商事务、慈善等公共事务，各地成立自治公所，开展"以地方之人办地方之事"的自治。《章程》第五条划定的自治范围包括八个方面，第五点为"本城镇乡之善举：救贫事业、恤嫠、保节、育婴、施衣、放粥、义仓积谷、贫民工艺、救生会、救火会、救荒、义棺义冢、保存古迹，其他关于本城镇乡善举之事"。其他款中，还涉及学务、卫生、道路工程、农工商务、公共营业等。③ 地方自治所涉及的内容是个大杂烩，有新增的，有引进的，但是，相当部分是立足于本土，有几十甚至几百年的实践。这是明末以来善会善堂运动不断演进更新的结果，也是中国社会内生动力的生动体现。

---

① 李维清著，吴健熙标点：《上海乡土志》，上海古籍出版社 1989 年版，第 108 页。
② ［日］小浜正子：《近代上海的公共性与国家》，葛涛译，上海古籍出版社 2003 年版，第 5 页。
③ 《城镇乡地方自治章程》，故宫博物院明清档案部编：《清末筹备立宪档案史料》，《近代中国史料丛刊续编》第 802 册，（台北）文海出版社 1982 年版，第 728—729 页。

参考文献

一 文献资料

1. 正史典章类

赵尔巽、柯劭忞等编：《清史稿》，中华书局1976年版。

王钟翰点校：《清史列传》，中华书局1987年版。

《清实录》，中华书局1985年版。

中国第一历史档案馆编：《光绪朝朱批奏折》，中华书局1995年版。

清高宗敕撰：《清朝文献通考》，商务印书馆1959年版。

刘锦藻撰：《清朝续文献通考》，商务印书馆1959年版。

《雍正朝大清会典则例》，《四库全书》本。

《光绪会典》，《近代中国史料丛刊》本。

《江苏省例》，清同治八年江苏书局刊本。

《江苏省例续编》，清光绪九年江苏书局刊本。

不著撰者：《治浙成规》，《官箴书集成》本，黄山书社1997年版。

2. 文集笔记年谱类

陈子龙等辑：《明经世文编》，中华书局1962年版。

陈龙正：《几亭全书》，《四库禁毁书丛刊》本。

陈其元：《庸闲斋笔记》，中华书局1989年版。

陈宏谋：《五种遗规》，《四部备要》本，中华书局1989年版。

陈确：《陈确集》，中华书局1981年版。

丁日昌：《抚吴公牍》，光绪三年刊本。

丁日昌著，赵春晨编：《丁日昌集》，上海古籍出版社2010年版。

丁立中：《先考松生府君（丁丙）年谱》，《珍本年谱丛刊》本。

冯桂芬：《显堂志稿》，《近代中国史料丛刊》本，文海出版社1971

年版。

冯桂芬著，熊月之编：《中国近代思想家文库》冯桂芬卷，中国人民大学出版社2014年版。

高攀龙：《高子遗书》，《四库全书》本。

顾炎武：《顾炎武全集》，上海古籍出版社2011年版。

顾禄：《清嘉录、桐桥倚棹录》，中华书局2008年版。

顾嘉言等辑：《娄东荒政汇编》，《荒政书集成》第二辑，北京古籍出版社2001年版。

黄六鸿：《福惠全书》，《官箴书集成》本，黄山书社1997年版。

刘兆麟：《总制浙闽文檄》，《官箴书集成》本，黄山书社1997年版。

李文海、夏明方、朱浒主编：《中国荒政书集成》，天津古籍出版社2010年版。

彭定求：《彭定求诗文集》，上海古籍出版社2016年版。

彭绍升撰：《二林居集》，光绪六年刊本。

祁彪佳：《祁彪佳集》，中华书局1960年版。

钱泳：《履园丛话》，中华书局1997年版。

钱仪吉：《碑传集》，中华书局1993年版。

吴师澄编：《余孝惠先生年谱》，《北京图书馆珍本年谱丛刊》本。

吴荣光：《吾学录初编》，《续四库全书》本。

徐珂：《清稗类钞》，中华书局1984年版。

徐栋：《牧令书》，道光二十八年刻本。

王士性：《广志绎》，中华书局1981年版。

余治：《江南铁泪图》，（台北）学生书局1969年版。

余治编撰：《得一录》，同治八年见得斋刻本，华文书局股份有限公司1969年版。

张履祥：《杨园先生集》，《续修四库全书》本。

张謇：《张季子九录》，中华书局民国二十年铅印本。

张廷骧编：《入幕须知五种》，《近代中国史料丛刊》27辑，（台北）文海出版社1967年版。

昭梿撰、何英芳点校：《啸亭杂录》，中华书局1980年版。

赵翼：《陔余丛考》，中华书局1999年版。

钟琦：《皇朝琐屑录》，光绪二十三年（1897）刻本。

左宗棠：《左宗棠全集》，岳麓书社1996年版。

朱珔：《小万卷斋文稿》，光绪十一年嘉树山房刻本。

周安士：《安士全书》，团结出版社2013年版。

3. 地方志（以地域为序）

沈世奕撰：康熙《苏州府志》，清康熙三十二年刻本。

雅尔哈善等撰：乾隆《苏州府志》，乾隆十三年刻本。

宋如林等纂修：道光《苏州府志》，道光四年刻本。

李铭皖等修，冯桂芬等纂：同治《苏州府志》，光绪八年刻本。

李根源、曹允源纂：民国《吴县志》，民国二十二年铅印本。

李光祚修，顾诒禄纂：乾隆《长洲县志》，乾隆十八年刻本。

许治修，沈德潜纂：乾隆《元和县志》，乾隆二十六年刻本。

叶承庆纂：《江苏省吴县东山镇志》，民国二十三年排印本。

凌寿祺纂修：《浒墅关志》，道光七年刊本。

彭方周修：《甫里志》，乾隆三十年刻本。

许玉瀛纂：《甫里志》，光绪初年刻本。

佚名撰：《甫里志》，光绪中纂，抄本。

章腾龙：《贞丰拟乘》，嘉庆十五年聚星堂刊本。

陶煦纂：《周庄镇志》，光绪八年元和陶氏仪一堂刊本。

徐傅编：《光福志》，道光二十四年刻本。

徐傅编，王镛等补辑：《光福志》，光绪二十三年刻本。

张郁文撰：《光福志补编》，民国十八年苏城毛上珍铅印本。

沈藻采纂《元和唯亭志》，民国二十三年元和沈三益堂铅印本。

徐翥先纂：《香山小志》抄本，民国六年纂。

张郁文纂：《木渎小志》，民国十年苏州华兴印书局铅印本。

张郁文纂：《光福诸山记》，民国十年苏州华兴印书局铅印本。

朱福熙等修：《黄埭志》，民国十一年苏州振新书社石印本。

李楚石纂：《齐溪小志》，民国十五年铅印本。

杨振藻修，钱陆璨等纂：康熙《常熟县志》，康熙二十六年刻本。

劳必达修，陈祖范纂：雍正《昭文县志》，雍正九年刻本。
王锦等修，言如泗纂：乾隆《常昭合志稿》，光绪二十四年活字本。
郑钟祥、张瀛修，庞鸿文纂：《常昭合志稿》，光绪三十年活字本。
张镜寰修，丁祖荫纂：民国《重修常昭合志稿》，民国三十八年铅印本。
倪赐纂：《唐市志》，抄本，乾隆五十七年原纂，道光十四年补纂。
黄炳宸纂：《梅李文献小志稿》，抄本。
黄宗城纂：《梅李补志》，抄本。
黄冈纂：《新修梅李小志》，抄本。
吴存礼编：《梅里志》，道光四年华干重刊本。
吴熙编：《泰伯梅里志》，光绪二十三年刊本。
张鸿等修，王学浩等纂：道光《昆新两县志》，道光六年刻本。
金吴澜等修，汪堃等纂：光绪《昆新两县续修合志》，光绪六年刻本。
连德英修，李传元纂：民国《昆新两县续补合志》，民国十二年刊本。
诸世器纂：《菉溪志》，民国二十八年铅印本。
陈至言纂：《信义志》，光绪三十三年吉晖堂抄本。
朱保熙纂修：《巴溪志》，民国二十四年铅印本。
郭琇纂：康熙《吴江县志》，清康熙二十三年刊本。
陈荫纕等修，倪师孟等纂：乾隆《吴江县志》，清乾隆十二年刊本。
金福曾修，熊其英纂：《吴江县续志》，光绪五年刻本。
陈和志修，倪师孟等纂：乾隆《震泽县志》，清乾隆十一年修，清光绪十九年重刊本。
佚名纂：《震泽县志续》，民国九年吴江柳氏抄本。
仲沉洙纂：《盛湖志》，乾隆三十五年刊本。
仲廷机纂：《盛湖志》，民国十四年刊本。
钱墀纂：《黄溪志》，道光十一年亦陶轩刊本。
阎登云纂：《同里志》，民国六年叶嘉棣铅印本。
徐达源纂：《黎里志》，嘉庆十年吴江徐氏孚远堂刊本。
蔡丙圻纂：《黎里续志》，光绪二十五年禊湖书院刊本。
里人公辑：《平望镇志》，清西郊草堂抄本。

翁广平纂：《平望志》，光绪十三年吴江黄兆柽重刊本。
黄兆柽撰：《平望续志》，光绪十三年吴江黄氏刊本。
纪磊、沉眉寿纂：《震泽镇志》，道光二十四年刊本。
钱肃乐修，张采纂：崇祯《太仓州志》，康熙十七年刻本。
王昶等修：嘉庆《直隶太仓州志》，《续修四库全书》本。
王祖等纂：《太仓州志》，民国八年刊本。
王祖畲纂修：宣统《太仓州镇洋县志》，民国八年刻本。
曹焯纂：《沙头里志》，乾隆五年抄本。
倪大临纂：《茜泾记略》，同治九年刻本。
时宝臣纂修：《双凤里志》，道光六年活字印本。
施若霖纂：《璜泾志稿》，民国二十九年排印本。
赵曜纂：《璜泾志略》，稿本。
赵昕修，苏渊纂：康熙《嘉定县志》，康熙十二年刻本。
闻在上修，许自俊等纂：康熙《嘉定县志》，康熙二十三年刻本。
程其珏修，杨震福等纂：光绪《嘉定县志》，光绪八年刻本。
范钟湘、陈传德修，金念祖等纂：民国《嘉定县续志》，民国十九年铅印本。
殷聘尹纂：《外冈志》，《上海史料丛编》本。
钱肇然纂：《续外冈志》，《上海史料丛编》本。
陆立纂：《真如里志》，上海图书馆藏传抄乾隆三十七年刊本。
洪复章纂：《真如里志》，上海图书馆藏稿本。
王德干纂：《真如志》，民国二十四年稿本。
陈树德、孙岱纂：《安亭志》，民国二十六年安定吴廷铨铅印本。
陈曦编：《娄塘志》，民国二十五年娄塘梅祖德铅印。
张承先纂：《南翔镇志》，民国十三年南翔凤翥楼铅印本。
张启泰辑：《望仙桥乡志稿》，上海博物馆藏光绪中稿本。
杨大璋纂：《望仙桥乡志续稿》，上海博物馆藏民国十六年稿本。
童世高纂：《钱门塘乡志》，南京大学图书馆藏抄。
梁浦贵、吴康寿修，朱延射、潘履祥纂：光绪《宝山县志》，光绪八年刻本。

张充高等修，钱淦、袁希涛纂：民国《宝山县续志》，民国十年铅本。
吴葭修，王钟琦纂：民国《宝山县再续志》，民国二十年铅本。
赵恩矩修，王钟琦纂：民国《宝山县新志备稿》，民国二十年铅本。
王树枌修：《罗店镇志》，光绪十五年铅印本。
陈应康纂：《月浦里志》，民国二十三年铅印本。
赵同福修：《盛桥里志》，上海图书馆藏稿本。
钱淦纂：《江湾里志》，民国十三年铅印本。
秦立纂：《淞南志》，嘉庆十年秦鉴刊本。
陈云煌纂：《淞南续志》，嘉庆十八年活字印本。
林达泉等修，李联琇等纂：光绪《崇明县志》，光绪七年刻本。
曹炳麟纂修：民国《崇明县志》，民国十三年稿本。
宋如林等修，孙衍星等纂：嘉庆《松江府志》嘉庆二十三年刻本。
博润等修，姚光发等纂：《松江府续志》，光绪十年刊本。
冯鼎高修，王显曾等纂：乾隆《华亭县志》，乾隆五十六年刻本。
杨开第等：光绪《重修华亭县志》，光绪四年刻本。
谢庭薰修，陆锡熊纂：乾隆《娄县志》，清乾隆五十三年刊本。
汪坤厚等修，张云望纂：《光绪娄县续志》，光绪五年刻本。
陈其元等修，熊其英等纂：光绪《青浦县志》，光绪五年刊本。
周郁滨纂：《珠里小志》嘉庆二十年刻本。
范廷杰修，皇甫枢纂：乾隆《上海县志》，乾隆四十九年刻本。
王大同修，李林松纂：嘉庆《上海县志》，嘉庆十九年刻本。
应宝时等修，俞樾等纂：同治《上海县志》，同治十一年刻本。
吴馨修，姚文枬纂：《上海县续志》，民国七年刻本。
吴馨、江家湄修，姚文枬纂：《上海县志》，民国二十五年刻本。
穆相遥修，杨逸等纂：民国《上海市自治志三编》，民国四年铅印本。
殷聘尹纂：《外冈志》，《上海史料丛编》本。
钱肇然纂：《续外冈志》，《上海史料丛编》本。
王钟纂：《法华乡志》，民国十一年铅印本。
金福曾、顾思贤修，张文虎等纂：光绪《南汇县志》，光绪五年刻本。
颜伟、刘正芬修，秦锡田纂：民国《南汇县续志》，民国十八年刻本。

陈方瀛修，俞樾等纂：光绪《川沙厅志》，光绪五年刻本。
方鸿锴、陆炳麟修，黄炎培纂：民国《川沙县志》，民国二十六年铅
　　印本。
韩佩金修，张文虎等纂：光绪《重修奉贤县志》，清光绪五年刻本。
汪祖绶等修，熊其英、邱式金纂：光绪《青浦县志》，光绪五年刻本。
于定等修，金咏榴等纂：民国《青浦县续志》民国二十三年刻本。
周凤池纂：《金泽小志》道光十一年刊本。
周郁滨纂：《珠里小志》，嘉庆二十年刊本。
叶世熊纂：《蒸里志略》，宣统二年青浦叶桐叔铅印本。
常琬修，焦以敬纂：乾隆《金山县志》，乾隆十八年刻本。
曹相骏纂：《重辑枫泾小志》，光绪十七年铅印本。
程兼善纂：《续修枫泾小志》，宣统三年铅印本。
于琨修，陈玉璂纂：康熙《常州府志》，康熙三十四年刻本。
孙琬等修，李兆洛等纂：道光《武进阳湖合志》，光绪十二年活字本。
王其淦等修，汤成烈纂：光绪《武进阳湖县志》，光绪五年刻本。
庄毓铉、陆鼎翰纂修：光绪《武阳志余》，清光绪十四年活字本。
徐永言修，严绳孙等纂：康熙《无锡县志》，康熙二十九年刊本。
裴大中、倪咸生修，秦缃业等纂：光绪《无锡金匮县志》，光绪七年
　　刻本。
黄印纂：乾隆《锡金识小录》，光绪廿二年刊本。
窦镇纂：《锡金识小录》，民国十四年活字本。
程国昶稿：《泾里志》，抄本。
赵锦修，张衮纂：嘉靖《江阴县志》，《天一阁藏明代方志选刊》本。
陈廷恩等修，李兆洛等纂：道光《江阴县志》，道光二十年刻本。
卢思诚、冯寿镜修，季念诒、夏炜如纂：光绪《江阴县志》，光绪四
　　年刻本。
陈思修，缪荃孙纂：民国《江阴县续志》，民国十年刻本。
阮升基修，宁楷纂：嘉庆《新修宜兴县志》，嘉庆二年刻本。
唐仲冕等修，宁楷纂：嘉庆《新修荆溪县志》，嘉庆二年刻本。
顾名等修，吴德璇纂：道光《重刊续纂宜荆县志》，道光二十年刻本。

施惠等修，吴景墙等纂：光绪《宜兴荆溪县新志》，光绪八年刻本。
陈善谟等修，周志靖纂：《光宣宜荆续志》，民国十年刻本。
高龙光修，朱霖纂：乾隆《镇江府志》，乾隆十五年刻本。
贵中孚修，蒋宗海纂：嘉庆《丹徒县志》，嘉庆十年刻本。
何绍章等修，吕耀斗纂：光绪《丹徒县志》，光绪五年刻本。
李恩绶纂：光绪《丹徒县志》，光绪十六年刻本。
李恩绶纂，李丙荣续纂：光绪《丹徒县志摭余》，民国七年刻本。
张玉藻等修，高觐昌等纂：民国《续丹徒县志》，民国十九年刻本。
刘诰等修，徐锡麟等纂：光绪《丹阳县志》，光绪十一年刻本。
胡为和修，孙国钧纂：民国《丹阳县续志》，民国十五年刻本。
孙国钧纂：民国《丹阳县志补遗》，民国十五年刻本。
李景铎修，史炳纂：嘉庆《溧阳县志》，嘉庆十八年刻本。
朱畯等修，冯煦等纂：光绪《溧阳县续志》，光绪二十五年活字本。
夏宗彝修，汪国凤等纂：《金坛县志》，光绪十一年活字本。
冯煦等纂修：民国《重修金坛县志》，民国十五年铅印本。
傅观光等修，丁维诚纂：光绪《溧水县志》，光绪九年刻本。
李卫等修，沈翼机等纂：雍正《浙江通志》，乾隆元年刻本。
姜卿云纂：民国《浙江新志》，民国二十五年铅印本。
浙江通志馆修，余绍宋等纂：民国《重修浙江通志初稿》，1983年浙江图书馆重誊本。
郑沄修，邵晋涵纂：乾隆《杭州府志》，清乾隆四十四年刻本，《续四库》本。
龚嘉俊修，李榕纂：民国《杭州府志》，民国十一年铅印本。
不著撰人：《杭俗怡情碎锦》，《中国方志丛书》本。
范祖述：《杭俗遗风》，《中国方志丛书》本。
魏原修，裘琏等纂：康熙《钱塘县志》，康熙五十七年刻本。
沉朝宣纂修：嘉靖《仁和县志》，《四库全书存目丛书》本。
赵安世修，顾豹文等纂：康熙《仁和县志》，康熙二十六年刻本。
何琪纂：《唐栖志略稿》，光绪七年钱塘丁氏嘉惠堂刊本。
王同纂：《唐栖志》，光绪十六年刊本。

许三礼修：康熙《海宁县志》，据清康熙十四年刊本影印，《中国方志丛书》本。

李圭修，许传霈纂，刘蔚仁续修，朱锡恩续纂：《海宁州志稿》，民国十一年刊本。

邹存淦纂：《修川小志》，上海图书馆藏，小清仪阁黑格传抄本。

钟兆彬纂：《修川志余》，南京大学图书馆藏抄本。

潘廷章纂：《硖川志》，清初抄本。

王德浩纂：《硖川续志》，嘉庆十七年刊本。

管元耀纂：《嘉庆硖川续志校勘记》，浙江省图书馆藏稿本。

蒋宏任纂：《硖川志略》，道光十三年吴江沈氏《昭代丛书》本。

张吉安等：《余杭县志》，民国八年重刻本。

汪文炳等修纂：光绪《富阳县志》，光绪三十二年刻本。

蒋光弼修，张燮纂：嘉庆《于潜县志》，嘉庆十七年活字本。

程兼善纂修：光绪《于潜县志》，民国二年谢青翰石印本。

于尚龄修，王兆杏纂：道光《昌化县志》，道光三年刻本。

陈培廷、曾国霖修，许昌言纂：民国《昌化县志》，民国十三年铅印本。

袁国梓等纂修：康熙《嘉兴府志》，康熙二十年刊本。

于尚龄纂修：道光《嘉兴府志》，道光二十年刻本。

许瑶光等修，吴仰贤等纂：光绪《嘉兴府志》，光绪五年刊本。

赵惟瑜修，石中玉等纂：光绪《嘉兴县志》，光绪三十四年刻本。

阎幼甫修，陆志鸿等纂：民国《嘉兴新志》，民国十八年铅印本。

任之鼎、范正辂等撰：康熙《秀水县志》，清康熙十年刊本。

金蓉镜等纂修：民国《重修秀水县志稿》，民国九年稿本。

朱士楷纂：《新塍镇志》，民国十二年平湖绮春阁铅印本。

严一萍纂：《新塍新志初稿》，民国三十七年铅印本。

杨谦纂：《梅里志》，光绪三年仁济堂刊本。

余霖纂：《梅里备志》，民国十一年阅沧楼刊本。

江峰青等修，顾福仁等纂：光绪《嘉善县志》，光绪十八年刊本。

江峰青修，顾福仁等纂：光绪《重修嘉善县志》，光绪二十年刊本。

王恒修，张篯等纂：乾隆《平湖县志》，乾隆五十五年刻本。
彭润章等纂修：光绪《平湖县志》，光绪十二年刻本。
季新益、柯培鼎纂：民国《平湖县续志》，民国十五年抄本。
宋景关纂：《乍浦志》，乾隆五十七年增刊本。
许河纂修：《乍浦续志》，道光二十三年刊本。
张素仁修，彭孙贻等纂：康熙《海盐县志》，康熙十二年抄本。
王彬修，徐用仪纂：光绪《海盐县志》，光绪三年刻本。
许三礼纂修，黄承珽续纂修：康熙《海宁县志》，康熙二十二年刻本。
战效曾修，高瀛洲纂：乾隆《海宁州志》，乾隆四十一年刻本。
李圭修，许传沛纂：民国《海宁州志稿》，民国十一年铅印本。
董谷纂修：《续澉水志》，民国二十五年铅印本。
方溶纂修：《澉水新志》，民国二十五年铅印本。
严辰纂：光绪《桐乡县志》，光绪十三年刻本。
余丽元纂修：光绪《石门县志》，光绪五年刻本。
濮孟清纂：《濮川志略》，浙江省图书馆藏清抄本。
金淮纂：《濮川所闻记》，嘉庆二十五年刊本。
杨树本纂：《濮院琐志》，浙江省图书馆藏传抄本。
胡琢纂修：《濮镇纪闻》，北京图书馆藏抄本。
岳昭垲纂：《濮录》，南京图书馆藏稿本。
夏辛铭纂：《濮院志》，民国十六年刊本。
宗源瀚等修，周学浚等纂：同治《湖州府志》，同治十三年刊本。
罗愫修，杭世骏纂：乾隆《乌程县志》，乾隆十一年刻本。
潘玉睿等修，周学睿等纂：光绪《乌程县志》，光绪七年刻本。
李昱修，陆心源纂：光绪《归安县志》，光绪八年刻本。
姚彦渠纂：《菱湖志》，同治间纂，北京师范大学图书馆藏稿本。
孙志熊等纂修：《菱湖镇志》，光绪十九年临安孙氏刊本。
汪日桢纂：《南浔镇志》，同治二年刊本。
周庆云纂：《南浔志》，民国十一年刊本。
范来庚纂：《南浔镇志》，民国二十五年铅印本。
茅应奎纂：《东西林汇考》，上海图书馆藏稿本。

蔡蓉升原纂：《双林镇志》，民国六年铅印本。
李乐纂：《重修乌青镇志》，万历二十九年刊本。
张国真：《乌青文献》，康熙二十七年春草堂刻本。
董世宁纂：《乌青镇志》，民国七年铅印本。
卢学溥修：《乌青镇志》，民国二十五年刊蓝印本。
潭肇基修，吴棻等纂：乾隆《长兴县志》，乾隆十四年刻本。
钱大昕等纂：嘉庆《长兴县志》，嘉庆十年刻本。
赵定邦修，周学浚、丁宝书纂：同治《长兴县志》，光绪元年刻本。
朱镇等纂修：《长兴志拾遗》，光绪二十三年刻本。
刘浚修，潘宅仁纂：同治《孝丰县志》，光绪五年刊本。
汪荣等修，张行孚等纂：同治《安吉县志》，同治十三年刻本。
王任化等修，程森纂：民国《德清县新志》，民国二十一年铅印本。
疏筤修，陈殿阶等纂：道光《武康县志》，道光九年刻本。

4. 征信录、报刊、家谱等

《莫厘三善堂征信录》，光绪三十三年铅印本。
《莫厘三善堂征信录》，民国十年铅印本。
《吴江盛泽镇种善堂征信录》，同治四年至光绪十五年，吴江市图书馆藏刻本。
《吴江盛泽镇育婴堂征信录》，民国九年刻本。
《王江泾兴仁善堂征信录》，光绪二十三、二十四年版。
《徽宁思恭堂征信录》，光绪三年刻本。
《新安怀仁堂征信录》，光绪四年刻本。
《新安惟善堂征信全录》，光绪七年刻本。
丁丙：《乐善录》，光绪二十八年，钱塘丁氏刻本。
《杭州善堂文稿》，不分卷，浙江图书馆古籍特藏部藏。

5. 资料汇编

［日］《中国经济全书》（《支那经济全书》），光绪三十四年两湖督署藏版。
江苏省博物馆编：《江苏省明清以来碑刻资料选集》，生活·读书·新知三联书店1959年版。

苏州历史博物馆等合编：《明清苏州工商业碑刻集》，江苏人民出版社1981年版。

上海博物馆编：《上海碑刻资料选集》，上海人民出版社1981年版。

王汝润，陈左高：《清代日记汇抄》，上海人民出版社1982年版。

彭泽益主编：《中国工商行会史料集》，中华书局1995年版。

袁啸波编：《民间劝善书》，上海古籍出版社1995年版。

王国平、唐力行主编：《明清以来苏州社会史碑刻集》，苏州大学出版社1998年版。

洪焕椿：《明清苏州农村经济资料》，江苏古籍出版社1988年版。

南京国民政府司法行政部编：《民事习惯调查报告录》，中国政法大学出版社2005年版。

李文海主编：《民国时期社会调查丛编》社会保障卷，福建教育出版社2005年版。

二　今人研究

1. 著作部分

池子华、郝如一主编：《红十字运动与慈善文化》，广西师范大学出版社2010年版。

陈宝良：《中国的社与会》增订本，中国人民大学出版社2011年版。

常建华：《清代的国家与社会研究》，人民出版社2006年版。

曹树基：《中国人口史》第五卷，复旦大学出版社2001年版。

邓云特：《中国救荒史》，商务印书馆1999年版。

傅衣凌：《明清时代商人及商业资本》，中华书局2007年版。

费孝通：《江村经济》，商务印书馆2003年版。

费孝通：《中国绅士》，中国社会科学出版社2006年版。

范金民、夏爱军：《洞庭商帮》，黄山书社2005年版。

范金民：《赋税甲天下：明清江南社会经济探析》，生活·读书·新知三联书店2013年版。

冯贤亮：《太湖平原的环境刻画与城乡变迁（1368—1912）》，上海人民出版社2008年版。

冯玉荣：《明末清初松江士人与地方社会》，中国社会科学出版社

2011年版。

樊树志：《江南市镇：传统的变革》，复旦大学出版社2005年版。

黄宗智：《长江三角洲小农家庭与乡村发展》，中华书局2006年版。

黄鸿山：《中国近代慈善事业研究：以晚清江南为中心》，天津古籍出版社2011年版。

黄永昌：《传统慈善组织与社会发展——以明清湖北为中心》，光明日报出版社2012年版。

何炳棣：《明初以降人口及其相关问题：1368—1953》，葛剑雄译，生活·读书·新知三联书店2000年版。

洪璞：《明代以来太湖南岸乡村的经济与社会变迁》，中华书局2005年版。

蒋兆成：《明清杭嘉湖社会经济史研究》，杭州大学出版社1994年版。

梁其姿：《施善与教化：明清的慈善组织》，河北教育出版社2001年版。

刘石吉：《明清时代江南市镇研究》，中国社会科学出版社1987年版。

李伯重：《江南早期的工业化（1550—1850）》，社会科学文献出版社2000年版。

李孝悌：《恋恋红尘：中国的城市、欲望和生活》，上海人民出版社2007年版。

李文治、江太新：《中国宗法宗族制和族田义庄》，社会科学文献出版社2000年版。

李文海、夏明方编：《天有凶年：清代灾荒与中国社会》，生活·读书·新知三联书店2007年版。

马敏：《官商之间：社会剧变中的近代绅商》，华中师范大学出版社2003年版。

瞿同祖：《清代地方政府》，法律出版社2005年版。

全汉昇：《中国行会制度史》，百花文艺出版社2007年版。

秋爽、姚炎祥主编：《寒山寺文化论坛论文集（2009）》，上海三联书店2010年版。

吴晗、费孝通等：《皇权与绅权》，上海观察社发行1948年版。

吴仁安：《明清江南望族与社会经济文化》，上海人民出版社2001年版。
吴建华：《明清江南人口社会史研究》，群言出版社2005年版。
吴琦：《漕运·群体·社会：明清史论集》，湖北人民出版社2007年版。
吴琦主编：《明清地方社会与地方力量》，中国社会科学出版社2009年版。
吴琦主编：《明清社会群体研究》，中国社会科学出版社2009年版。
吴震：《颜茂猷思想研究》，东方出版社2015年版。
吴震：《明末清初劝善运动思想研究》修订版，上海人民出版社2016年版。
王日根：《明清民间社会的秩序》，岳麓书社2003年版。
王卫平：《明清时期江南城市史研究——以苏州为中心》，人民出版社1999年版。
王卫平、黄鸿山、曾桂林：《中国慈善史纲》，中国劳动社会保障出版社2011年版。
王春霞、刘惠新：《近代浙商与慈善公益事业》，中国社会科学出版社2009年版。
王子今、刘悦斌、常宗虎：《中国社会福利史》，武汉大学出版社2013年版。
万明主编：《晚明社会变迁：问题与研究》，商务印书馆2005年版。
巫仁恕：《品味奢华：晚明的消费与士大夫》，中华书局2008年版。
谢国桢：《明清之际党社运动考》，上海书店出版社2004年版。
徐吉军、贺云翱：《中国丧葬礼俗》，浙江人民出版社1991年版。
徐茂明：《江南士绅与江南社会（1368—1911）》，商务印书馆2004年版。
余英时：《士与中国文化》，上海人民出版社2013年版。
余英时：《中国思想传统的现代解释》，江苏人民出版社1998年版。
余新忠：《清代江南的瘟疫与社会：一项医疗社会史的研究》，中国人民出版2002年版。

游子安：《劝化金箴：清代善书研究》，天津人民出版社1999年版。

游子安：《善与人同：明清以来的慈善与教化》，中华书局2005年版。

游子安：《善书与中国宗教：游子安自选集》，（台北）博扬文化事业有限公司2012年版。

杨念群：《中层理论：东西方思想会通下的中国史研究》，江西教育出版社2007年版。

杨念群：《何处是"江南"：清代正统观的确立与士林精神世界》，生活·读书·新知三联书店2011年版。

袁啸波：《民间劝善书》，上海古籍出版社1995年版。

张文：《宋朝民间慈善活动研究》，西南师范大学出版社2005年版。

张仲礼：《中国绅士》，李荣昌译，上海社会科学院出版社2002年版。

张仲礼：《中国绅士的收入》，费成康、王寅通译，上海社会科学院出版社2002年版。

郑功成：《社会保障学——理念、制度、实践与思辨》，商务印书馆2003年版。

章开沅、马敏、朱英主编：《辛亥革命前后的官绅商学》，华中师范大学出版社2011年版。

朱浒：《地方性流动及其超越：晚清义赈与近代中国的新陈代谢》，中国人民大学出版社2006年版。

朱浒：《民胞物与：中国近代义赈（1876—1912）》，人民出版社2012年版。

朱友渔：《中国慈善事的精神：一项关于互助的研究》，商务印书馆2016年版。

周秋光、曾桂林：《中国慈善简史》，人民出版社2006年版。

周秋光：《近代中国慈善论稿》，人民出版社2010年版。

周秋光主编：《中国近代慈善事业研究》，天津古籍出版社2014年版。

赵世瑜：《小历史与大历史：区域社会史的理念、方法与实践》，生活·读书·新知三联书店2006年版。

周荣：《明清时期两湖社会保障研究》，武汉大学出版社2007年版。

［美］包筠雅：《功过格：明清社会的道德秩序》，杜正贞译，浙江人

民出版社 1999 年版。

［美］孔飞力：《叫魂：1768 年中国妖术大恐慌》，陈兼等译，上海三联书店，1999 年版。

［美］施坚雅主编：《中华帝国晚期的城市》，叶光庭等译，陈桥驿校，中华书局 2000 年版。

［美］顾德曼：《家乡、城市和国家》，宋钻友译，上海古籍出版社 2004 年版。

［美］林达·约翰逊主编：《帝国晚期的江南城市》，成一农译，上海人民出版社 2005 年版。

［美］罗威廉：《汉口：一个中国城市的冲突和社区（1796—1895）》，鲁西奇等译，中国人民大学出版社 2008 年版。

［美］艾志瑞：《铁泪图：19 世纪中国对于饥馑的文化反应》，曹曦译，江苏人民出版社 2011 年版。

［美］韩德林：《行善的艺术：晚明中国的慈善事业》，吴士勇等译，江苏人民出版社 2015 年版。

［法］魏丕信：《18 世纪中国的官僚制度与荒政》，徐建青译，江苏人民出版社 2003 年版。

［加拿大］卜正民：《为权力祈祷：佛教与晚明中国士绅社会的形成》，方骏等译，江苏人民出版社 2005 年版。

［日］小浜正子：《近代上海的公共性与国家》，葛涛译，上海古籍出版社 2003 年版。

［日］夫马进：《中国善会善堂史研究》，伍跃等译，商务印书馆 2005 年版。

［日］井上彻：《中国的宗族与国家礼制》，钱杭译，上海书店出版社 2008 年版。

［日］酒井忠夫：《中国善书研究》，刘岳兵等译，江苏人民出版社 2010 年版。

［韩］田炯权：《中国近代社会经济史研究——义田地主和生产关系》，中国社会科学出版社 1997 年版。

Ping-Ti Ho., *The Ladders of Success in Imperial China*, Columbia University Press, 1962.

Frederic Wakeman, Jr. and Carolyn Grant eds., *Conflict and Control in Late Imperial China*, Berkeley: University of California Press 1976.

Joseph Esherich and Mary Rankin eds., *Chinese Local Elites and Patterns of Dominance*, Berkeley: University of California Press 1990.

Will, Pierre-Etienne, R. and Bin Wong, *Nourish the People: The State Cililian Granary System in China*, 1659—1850, Ann Arbor: Center for Chinese Studies, University of Michigan, 1991.

[日] 川胜守:《明清江南市镇社会史研究》,(日本)汲古书院1999年版。

[日] 森正夫:《森正夫明清史论集》第三卷,(日本)汲古书院2007年版。

2. 论文

曹树基:《太平天国战争对苏南人口的影响》,《历史研究》1998年第2期。

范金民:《清代徽州商帮的慈善设施———以江南为中心》,《中国史研究》1999年第4期。

冯贤亮:《土火之争:清代江南乡村的葬俗整顿与社会变革》,载《传统中国研究集刊》第二辑,上海人民出版社2006年版。

《义冢坟茔:明清江南的民众生活与环境保护》,载《中国社会历史评论》第七辑,天津古籍出版社2006年版。

黄永昌:《清代江南的阻葬问题与社会调控》,载《近代史学刊》第七辑,华中师范大学出版社2010年版。

黄永昌:《清代江南的善人群体与慈善网络》,《三峡大学学报》2012年第1期。

刘威:《国家在场的慈善事业:经验局限与转型进路》,《学术论坛》2015年第10期。

唐力行、徐茂明:《明清以来徽州与苏州社会保障的比较研究》,《江海月刊》2004年第3期。

魏文享:《近代工商同业公会的慈善救济活动》,《江苏社会科学》

2004 年第 5 期。

吴琦、黄永昌：《清代湖北育婴事业时空分析》，《史学月刊》2007 年第 10 期。

吴琦、黄永昌：《清代江南的义葬与地方社会——以施棺助葬类善举为中心》，《学习与探索》2009 年第 3 期。

王卫平：《清代苏州的慈善事业》，《中国史研究》1997 年第 3 期。

王卫平：《论中国传统慈善事业的近代转型》，《江苏社会科学》2005 年第 1 期。

王卫平、黄鸿山：《清代慈善组织中的国家与社会——以苏州育婴堂、普济堂、广仁堂和丰备义仓为中心》，《社会学研究》2007 年第 4 期。

王卫平：《慈风善脉：明末清代江南地区慈善传承与发展》，《苏州大学学报》2016 年第 3 期。

徐茂明：《同光之际江南士绅与江南社会秩序的重建》，《江海学刊》2003 年第 5 期。

张传勇：《因土成俗：明清江南地区的自然地理环境与葬俗》，《中国社会历史评论》第 9 卷。

张传勇：《似葬非葬：清代江南地区的浮厝习俗》，《民俗研究》2009 年第 1 期。

周秋光：《中国慈善发展的历史与现实》，《史学月刊》2013 年第 3 期。

朱英：《戊戌时期民间慈善公益的发展》，《江汉论坛》1999 年第 11 期。

朱英：《经元善与晚清慈善公益事业的发展》，《华中师范大学学报》2001 年第 1 期。

梁其姿：《明末清初民间慈善活动的兴起——以江浙地区为例》，《食货月刊》卷 15 第 7—8 期，1986 年。

梁其姿：《清代慈善机构与官僚层的关系》，《"中央研究院"民族学研究所集刊》第 66 期，1988 年版。

梁元生：《慈惠与市政：清末上海的"堂"》，《史林》2000 年第

2 期。

何淑宜：《以礼化俗：晚明士绅的丧俗改革思想及其实践》，《新史学》第 11 卷第 3 期（2000 年 9 月）。

游子安：《明末清初功过格的盛行及善书所反映的江南社会》，《中国史研究》1997 年第 4 期。

3. 未刊硕博论文

何淑宜：《明代士绅与通俗文化的关系——以丧葬礼俗为例的考察》，硕士学位论文，台湾师范大学，1998 年。

赖进兴：《晚清江南士绅的慈善事业及其教化理念——以余治（1809—1874）为中心》，硕士学位论文，成功大学，2005 年。

张炜深：《清代善书刊刻与传播》，博士学位论文，复旦大学，2010 年。